कबीर की खोज

कबीर की खोज

सम्पादक
राजकिशोर

वाणी
प्रकाशन
प्रकाशन के उत्कृष्टतम 61 वर्ष

सजिल्द पहला संस्करण : 2001
सजिल्द दूसरा संस्करण : 2015
सजिल्द तीसरा संस्करण : 2024

vaniprakashan.com

वाणी प्रकाशन

4695, 21-ए, दरियागंज, नयी दिल्ली-110 002

फ़ोन : +91 11 23273167, 23275710

शाखाएँ

अशोक राजपथ, पटना-800 004, बिहार

कॉफ़ी हाउस कैम्पस, महात्मा गांधी मार्ग, प्रयागराज-211 001, उत्तर प्रदेश

महात्मा गांधी अन्तरराष्ट्रीय हिन्दी विश्वविद्यालय, वर्धा-442 001, महाराष्ट्र

36/ए, शेक्सपियर सरणी, रानी बिरला गर्ल्स कॉलेज के पास, कोलकाता-700 017, प. बंगाल

sales@vaniprakashan.in
vaniprakashan@gmail.com

KABIR KI KHOJ
edited by Rajkishor

ISBN : 81-7055-801-8
Criticism

मूल्य : ₹ 600

जी.एस. ऑफ़सेट द्वारा दिल्ली-110 095 में मुद्रित

वाणी प्रकाशन का लोगो मक़बूल फ़िदा हुसेन की कूची से

अनुक्रम

1. साँस-साँस लहकी आग : रामजी यादव 9
2. किंवदंतियाँ तथा इतिहास : डेविड लारेंजन 32
3. भक्ति साहित्य के परिप्रेक्ष्य में : शम्भुनाथ 38
4. कबीर की समाज दृष्टि : दिनेश्वर प्रसाद 53
5. कवि कबीर की खोज : पुरुषोत्तम अग्रवाल 69
6. कबीर के मस्तक पर मोर पंख : अरुण कमल 86
7. हम न मरै मरिहैं संसारा : विद्यानिवास मिश्र 96
8. राग लखै सो तरियाँ : रामाश्रय राय 109
9. सम्यक जीवन की कला : मंजुरानी सिंह 118
10. सूर्य पर पूरा ग्रहण : धर्मवीर 128
11. स्त्री की जगह : ममता जी. सागर 152
12. दलित आलोचना की कसौटी : वीर भारत तलवार 163
13. दो पाटों के बीच : सदानन्द शाही 179
14. कबीर का दुख : नामवर सिंह 185
15. कबीर और आज का समय : मैनेजर पांडेय 193
16. बूड़ा बंस कबीर का : विवेक दास 204
17. कबीर की मुश्किलें : राजकिशोर 215

कबीर : एक चयन **221**

प्रस्तावना

जब हिंदी आलोचना का विकास हो रहा था, कबीर उस समय किसी गिनती में नहीं थे। संघर्ष सूर और तुलसी तथा बिहारी और मतिराम के बीच था। रामचन्द्र शुक्ल की स्थापनाओं के कारण तुलसी बहुत समय तक हिंदी साहित्य के आकाश में छाये रहे। पचास-साठ साल बाद आज हम पाते हैं कि कबीर की तूती बोल रही है और वे आधुनिक युग के पूर्व के हमारे पुरखों में सबसे महत्त्वपूर्ण कवि हो गये हैं। क्या यह कबीर की छह सौवीं जयंती का प्रताप है ? या, इसके कुछ ऐतिहासिक कारण हैं ? आखिर बात क्या है कि आज के भारतीय समय में कबीर की प्रासंगिकता लगातार बढ़ती ही जा रही है ?

आधुनिक साहित्य का मूल स्वर प्रश्नाकुलता का है, तो कबीर हिंदी के पहले प्रमुख कवि हैं जिनमें गहरी प्रश्नाकुलता दिखाई पड़ती है। यथास्थिति से विद्रोह करनेवाला उनके जैसा बड़ा व्यक्तित्व मध्य युग में नहीं हुआ। कबीर में समता और स्वतंत्रता के आधुनिक मूल्यों का जैसा परिपाक मिलता है, वैसा किसी और लेखक में नहीं। वे विवेकवादी थे और अंधास्था का कोई भी रूप उन्हें मंजूर नहीं था। आश्चर्य की बात यह है कि इसके बावजूद उनकी रचनाओं में प्रेम का निगूढ़ तत्त्व हर जगह मौजूद मिलता है। यही कबीर की रचनात्मकता है।

हिंदी में कबीर को समझने की अनेक सुव्यवस्थित कोशिशें हुई हैं। लेकिन प्रायः सभी में कुछ न कुछ खोट रहा है। इसका कारण यह है कि हर आलोचक ने उन्हें किसी न किसी चौखटे में बाँधने की कोशिश की। जिन्होंने कबीर के बेहदपने को पहचाना, उन्होंने भी दबे-छिपे ऐसे संकेत दिये, जिनकी मदद से कबीर को किसी खास विचारधारा से जोड़ा जा सके। कुछ के लिए उनका समाज सुधारक रूप मुख्य बन गया, तो कुछ के लिए उनका भक्त रूप। इन सब चेष्टाओं से कबीर के अनेक रूपों का उद्घाटन हुआ, लेकिन उनके समग्र व्यक्तित्व का कोई खाका उभर नहीं पाया। ऐसा लगता है कि कबीर में कुछ ऐसा है जो सारे प्रतिपादन और विश्लेषण से फिसल जाता है। शायद यही मूल कबीरियत है।

कबीर को समझना हो, तो इस कबीरियत के मर्म तक पहुँचना होगा। मेरी विनम्र सम्मति में, इस संकलन के लेखों में ऐसा ही प्रयास किया गया है। इस

प्रयास में न किसी प्रकार का पूर्वाग्रह है और न ही कुछ आरोपित करने का आग्रह। उद्देश्य कबीर की खोज है। कबीर को समझने के लिए खुले मन और दिमाग से काम लिया गया है। यह अकारण नहीं है कि हर लेखक ने कबीर तक पहुँचने का अपना रास्ता बनाया है। यह स्वाभाविक भी है और उचित भी, क्योंकि कबीर को किसी एक सूत्र में बाँध पाना असंभव है। जो कवि हदों से पार जाने में ही सार्थकता का अनुभव करता हो, उसकी हदें तय करने का प्रयास बुद्धिमानी नहीं है। इसीलिये कबीर को कई-ओर से देखना होगा। एक महत्त्वपूर्ण कोण आज के संदर्भ में कबीर की प्रासंगिकता का भी है। निश्चय ही इस प्रासंगिकता के अनेक आयाम हैं। आशा है, यह पुस्तक कबीर को समझने में मदद करेगी।

मूल कबीर का रसास्वादन किये बगैर कबीर की कोई भी खोज अधूरी होगी। अतः कबीर का एक चयन भी साथ दिया जा रहा है।

–राजकिशोर

साँस-साँस लहकी आग

रामजी यादव

उस दिन नीरू गौन करा कर लौट रहे थे। रास्ते में लहरतारा नामक जगह पर एक विशाल पोखरे के पास उन्होंने कहारों से डोला उतारने को कहा। उन्होंने सोचा कि शायद उनकी पत्नी को प्यास लगी है। पोखरे के चारों ओर एक बड़ा हरा-भरा बगीचा था। रास्ता उसी बगीचे से हो कर गुजरता था। थोड़ी देर सुस्ताने के बाद नीरू ने अपनी दुलहिन से कहा कि वह उतर कर पानी पी ले और थोड़ी देर हवा में टहल ले। जब नीरू की दुलहिन नीमा बाहर निकली, तो उसे बगीचा बड़ा सुंदर लगा। थोड़ी देर बाद वह तालाब में पानी पीने गयी। तालाब में ठंडे पानी के छींटे मुँह पर मार-मार कर वह तरोताजा हुई और फिर पानी पिया।

अचानक उसके कानों में धीमे-धीमे रोने की आवाज आयी। उसे लगा कि कोई बच्चा रो रहा है। लेकिन कहीं भी बच्चा दिखाई नहीं पड़ा। धीरे-धीरे तेज होती रुलाई कलेजे को धार-धार चीरती जा रही थी। लिहाजा नीमा कुछ कदम आगे बढ़ गयी। थोड़ी ही दूर पर कमल पुंजों के पास एक दुबला-पतला और बहुत सुंदर नवजात शिशु दिखाई पड़ा। वह ठिठक कर खड़ी हो गयी। अचानक उसके रोंगटे खड़े हो गये। दिल की धड़कनें बढ़ गयीं। वह वहाँ से भागने को उद्यत हुई, लेकिन कदम उठ नहीं पाये। सहमते-सहमते उसने एक बार फिर शिशु की ओर देखा। शिशु की निरीह सुंदरता से वह ठगी रह गयी। उसे लगा जैसे शिशु उसे ही पुकार रहा है। उसके कलेजे में एक हुलास उठी कि वह उसे उठा ले, लेकिन यह भी न कर सकी। धीरे-धीरे वह वापस डोले के पास पहुँची। नीरू उसे देख कर मुस्करा दिया, लेकिन प्रत्युत्तर में वह कहीं और खोयी हुई थी। नीरू को लगा कि दुलहिन कुछ कहना चाहती है—कुछ बदहवास भी है। उन्होंने पास जा कर पूछा कि तुम्हारी तबियत ठीक तो है? नीमा ने कमल पुंजों के पास पड़े शिशु की बात पति को बता दी।

लगभग दौड़ने-की-सी तेजी से नीरू उस जगह पहुँचे। पीछे-पीछे दुलहिन भी थीं। शिशु को आँख भर निहारने के बाद नीरू ने दुलहिन की ओर नजर उठायी। उनकी भी हालत पत्नी की ही जैसी हो रही थी। दोनों की आँखें मिलीं

तो कई क्षण तक एक-दूसरे को देखते रहे। पता नहीं किस प्रेरणा से नूर अली ने बालक को उठा लिया और बहुत क्षणों तक देख-देख कर मुग्ध होते रहे। उनकी आँखें छलछला आयीं। यंत्रवत उन्होंने शिशु को दुलहिन की गोद में डाल दिया। सकुचाती-सी दुलहिन ने शिशु को आँचल में समेटकर प्यार से उसके चेहरे पर अँगुलियाँ फेरीं। शिशु हुलस कर रोया और अपनी नन्ही-पनीली आँखों से उसे देखने लगे।

अब क्या हो ? इस ऊहापोह में दंपति कोई निर्णय नहीं कर पा रहा था। इस नये मेहमान का वे क्या करें जो बिना सूचना के ऐसे ऊटपटाँग समय में आ गया था जिसके बारे में बताने के लिए दुनिया की सबसे अनूठी सच्चाई ही सहायक़ हो सकती थी, जो सिर्फ साहस से पैदा होती है। नीमा शिशु को बड़े राग से देखती और दुलराती जा रही थी। नीरू उसे पुनः कमल पुंजों के पास छोड़ देना चाहते थे, लेकिन इसके बारे में कुछ कह सकने की हालत में नहीं थे। दुलहिन ने धीरे से कहा कि इस शिशु को घर ले चलो। नीरू ने कोई उत्तर न दिया। एक ओर उनका मन कहता कि शिशु को साथ ले जायें। तो दूसरी ओर वे आगा-पीछा सोच कर विचलित होने लगते। वे सोचते थे कि इस नवजात शिशु और नवविवाहित पत्नी को ले कर उनकी कितनी बदनामी होगी और इस कलंक को वे जीवन-भर ढोने के लिए शप्त हो जायेंगे। एक बार मन कड़ा कर बालक को वापस कमल पुंजों में रखने के लिए वह दुलहिन की ओर बढ़े, लेकिन उसे छोड़ न सके। आखिरकार उन्होंने उच्छ्वास छोड़ते हुए धीरे से कहा कि दुलहिन शिशु को अपने साथ ले चले। वह उसे स्वीकारने का मन बनाते हुए समाज के सामने अपनी जवाबदेही के प्रति सँजो हो रहे थे।

डोला उतरते ही आस-पड़ोस की औरतें नयी दुलहिन को देखने के लिए उमड़ पड़ीं। नीरू की अम्मा ने जब ओहार (पर्दा) हटाया तो दुलहिन की गोद में नवजात शिशु देख कर भय और विस्मय से पीछे हट गयीं। उनकी हालत देख कर अन्य औरतों ने भी डोले के भीतर झाँका, तो वे भी अल्ला-तौबा कहते पीछे लौटीं। थोड़ी ही देर में यह समाचार पूरे गाँव में फैल गया कि नीरू की बहुरिया नैहर से 'नफदूता' (अवैध) ले कर आयी है। इसके बाद जो भीड़ जुटी, उसका तेवर अलग था। सबकी शंकालु आँखें नीरू की ओर थीं। खामोश, लेकिन बेचैन नीरू एक जगह बैठे थे। उनमें शिशु के प्रति करुणा और समाज के प्रति अपराध बोध था। नीरू की अम्मा औरतों को सुना-सुना कर पतोहू को गरियाने लगीं। नीरू को झर-झर आँसू बह रहे थे।

अंततः नीरू के चाचा मजहर अली ने सबसे पहले प्रश्न किया कि नीरू को यह शिशु कैसे मिला। नीरू ने सारी घटना बयान कर दी। लोगों ने आधा-तिहाई विश्वास से सुना और बार-बार सवाल करते रहे। नीरू ने बिना

घबराये सभी का उत्तर दिया। इसी बीच शिशु रोने लगा था, शायद उसे भूख लगने लगी थी। दुलहिन तो पहले से ही रो रही थी, शिशु को रोते देख एक पड़ोसन ने दुलहिन को इंगित करके कहा कि कैसी माँ हो, जो बेटे की भूख की भी परवाह नहीं करती। इस पर भरपूर व्यंग्य से दुलहिन कसमसा कर रह गयी। ताने और भी आये। किसी ने कहा कि जनमाते नहीं शरमायी, तो अब क्यों शर्म से दूध सुखा रही हो। इस बार दुलहिन चुप न रह सकी। तिलमिला कर बोली कि जो किसी के बच्चे पर दया नहीं कर सकतीं, उन बेशर्मों से शर्म करके मैं शर्म की मिट्टी काहे पलीद करवाऊँगी और अपनी छातियाँ शिशु के मुँह में रख दीं, लेकिन उनमें दूध कहाँ से हो। शिशु उन्हें छोड़ फिर से रोने लगा। अब उन तमाशबीन औरतों में भी कुतूहल होने लगा। कइयों ने जाँच-परख के बाद पाया कि वे छातियाँ प्रसूता की नहीं बल्कि अल्हड़ और भोली नवयुवती की थीं। सुगबुगाहट ने रुख बदला। अब नीरू की बात पर लोगों का विश्वास ठहरने लगा। लोग धीरे-धीरे अपने घरों को लौट गये। शिश दुबक कर नीमा की गोद में सो गया।

उस नये मेहमान को ले कर नीरू-नीमा को काफी दिक्कत हुई। अभी वह बाहर का दूध नहीं पीता था। जब नीमा रूई के फाहे को बकरी के दूध में डुबो कर शिश के मुँह में लगाती, तो वह निस्पृह केवल उसे ही देखता रहता। सारा दूध नीचे ढुलक जाता। परेशान नीमा कभी झुँझलाहट में रोने लगती–*आन क लड़िका में लड़िकोरी, देखो राम ये फजिहत मोरी।* लेकिन बालक की सुंदरता और किलकारियों ने सभी का मन मोह लिया। बाद में नीमा ने जैसे-तैसे सब सँभाल ही लिया। बच्चा भी उसे ही माँ समझने लगा। अपनी गरीबी में भी वह उसके लिये अच्छे-अच्छे सपने देखती, जो शिशु के बड़े होने के साथ-साथ परवान चढ़ रहे थे।

जब बच्चा छह-सात महीने का हो गया, तो वह नीमा-नीरू को चीन्हने लगा और जब दोनों थोड़ी देर को उससे दूर होते, तो रोने लगता। अब उसे बुलाने के लिए एक नाम की आवश्यकता थी। नीरू ने कई लोगों से सलाह ली। लोगों ने तरह-तरह के नाम सुझाये, लेकिन कोई भी नाम उसे पसंद न आया। अंत में उसने स्वयं बच्चे का नाम 'कबीर' रख दिया। इस पर कई लोगों ने एतराज किया। कुछ ने कहा कि यह नाम अल्लाह-पाक का है, जिसे केवल धर्मगुरु के वंशज ही रख सकते हैं। कहाँ नीरू साधारण जुलाहा, जात का कोरी और कहाँ कुरैशी! माली हैसियत में भी जमीन-आसमान का फर्क था। राजा भोज और गंगू तेली की हालत थी। लेकिन नीरू अपने दिये गये नाम पर अड़े रहे। वह इतनी उम्र में जान चुके थे कि राजा भोज कैसे बनते हैं! कुरैशियों की अभिजात्यता के विरोध में ही उन्होंने यह नाम रखा था। आगे तो इस बात का इतना विरोध हुआ कि बालक कबीर का खतना वगैरह करने से भी मौलवियों ने इनकार कर दिया। एक तबका यह कहता

था कि पहले कबीर को कलमा पढ़ा कर उसका 'हरामीपन' खत्म किया जाये, फिर खतना किया जायेगा। लेकिन दूसरा प्रभावशाली तबका मानता था कि 'नफइता' बच्चा कभी सच्चा मुसलमान नहीं बन सकता। दरअसल, उन्हें नीरू के दुस्साहस का जवाब दे कर उसकी गर्दन झुकानी थी। कुछ लोगों ने नीरू पर डाँड़ भी लगाया।

बालक कबीर शैशव से ही क्षुद्र धार्मिक जिल्लतों के बीच पलने लगा। यद्यपि वह माँ-बाप की आँखों का तारा था, लेकिन समाज में और बच्चों की तुलना में उसे मद्धिम ठहराया जाता। जब वह समवयस्कों को खेल में हराता, तो उसके साथ अक्सर धाँधली होती और बड़े भी हिकारत से उसे डाँटते-डपटते, नीरू के पास उलाहना भी देते। नीरू जानते थे कि बच्चे का असली दोष कुछ और है और वे इनसान की बराबरी के तर्क से सबसे भिड़ते भी, लेकिन इस तरह और मुसीबतें बढ़तीं। कबीर की जिंदगी दरअसल किसान की कमाई की तरह थी–जिस पर मंडी के आढ़ती, पुलिस-प्रशासन और दलाल कब्जा कर लेते हैं। गरीबी और जिल्लत से अलग नीमा की ममता और नीरू का प्यार उस पर उमड़ता रहा, लेकिन समाज के प्रति जो कसैलापन उसके मन में पैदा होने लगा, उसने उसकी संरचना ही कुछ अलग तरह से की।

उस जमाने में आज की तरह स्कूल तो थे नहीं। मदरसे होते थे। बकरीद पर जो बकरे काटे जाते थे, उनकी खाल मदरसों को दी जाती थी। उस खाल को बेचकर जो मुद्रा मिलती थी, उसी से मौलवी साहब को तनख्वाह दी जाती थी। पैसेवाले अमीर मुसलमान बकरे की कुरबानी करते थे। कोरी, चूड़िहार, दर्जी तथा दफाली जैसे नीच जाति के और आर्थिक रूप से विपन्न मुसलमानों को महाजन धार्मिकों के यहाँ से मिले बकरे से ही बकरीद मनानी पड़ती थी। ये जातियाँ मुसलमान जमींदारों, सामंतों और कोठी वालों पर आश्रित थीं और उन सभी की पिछलग्गू हो कर जीने के लिए विवश थीं। चूँकि नीरू वगैरह चमड़ा नहीं देते थे, लिहाजा उनके बच्चों के लिए मदरसे में कोई जगह नहीं थीं। बालक कबीर वैसे भी स्कूल से बिदकता था। अंततः वह बाप के साथ करघे पर ढरकी थमाने, डोरा उठाने जैसे कामों में दिलचस्पी लेने लगा।

कबीर ने उस उम्र में ही सामाजिक भेदभाव और छुआछूत से अच्छी तरह परिचय प्राप्त कर लिया था। वैसे तो नीमा-नीरू कभी भी कबीर से ऐसा व्यवहार नहीं करते जिससे उसे कोई कमी महसूस होता तथापि कुछ ऐसी बातें हैं जो आदमी-आदमी में फर्क पैदा करती हैं। इसी जगह से कबीर के मन में एक बेचैनी और असंतोष पैदा होने लगा था। कबीर ने पाया कि जमीन-जायदाद और जाति ने आदमी को ऊँचे और नीचे लोगों में बाँट दिया है। जो लोग ऊँची जाति के माने जाते थे, वे जुलाहों, दर्जियों और डफालियों, मेहतरों से बेगार कराना अपना अधिकार

समझते थे और उनका मेहनताना देने में अपनी ऊँचाई और उनकी नीचाई का एहसास कराते थे। उन लोगों के पक्ष में मुल्ला-मौलवी-बाभनों का तर्क था कि ईश्वर ने नीची जातियों को ऊँचे लोगों की सेवा के लिए ही बनाया है। यदि इन लोगों की सेवा करते-करते कोई नीच जाति का आदमी मर जाये, तो उसके लिये ईश्वर की तरफ से स्वर्ग से विमान आयेगा, जिस पर सवार होकर वह स्वर्ग में अपने उस महल में जायेगा जो पहले से उसके नाम बैनामा कर दिया गया है और जहाँ फरिश्ता उसकी देखभाल करेंगे और हूरें (अप्सराएँ) उसका दिल बहलायेंगी, भाँति-भाँति के पकवान, कपड़े वगैरह उसकी मर्जी के मुताबिक मिलेंगे।

अशांत मन से कबीर मस्जिदों में गये। पीर-फकीरों की शरण ली लेकिन उन्हें न तो कहीं शांति मिली और न ही उनके सवालों का जवाब ही। वे रात-रात भर जागते, लेकिन उनकी परेशानियों का कोई हल नहीं था। उस समय काशी में एक हिंदू संत रहते थे—रामानन्द स्वामी। कबीर ने सुन रखा था, वे बड़े ज्ञानी और सिद्ध पुरुष हैं। उनके पास दुनिया के सारे सवालों का जवाब है। वे तमाम बुराइयों के खिलाफ झंडा उठाये हुए थे। कबीर ने सोचा कि 'रामानन्द सोआमी' से मिला जाये, ताकि उनसे दुनिया और समाज के रहस्य मालूम हों। वह तो खुद ही स्वामी हैं, संत हैं। वे तो बता ही देंगे कि ईश्वर कैसा है, कहाँ मिलता है। कबीर उठ कर खड़े हुए और टहलते हुए सोचने लगे कि स्वामी रामानन्द जी से कैसे मिला जाये।

अगले दिन कबीर ने स्वामी जी के आश्रम की ओर प्रस्थान किया। स्वामी जी पंचगंगा घाट पर रहते थे। लुंगी-कमीज पहने, टोपी लगाये एक किशोर को देख कर आश्रम के एक बाबा ने उसे रोकते हुए पूछा कि वह कहाँ जा रहा है। कबीर ने कहा कि मैं स्वानी रामानन्द से मिलना चाहता हूँ और स्वामी जी का शिष्य होना चाहता हूँ। हालाँकि ऐसे किसी आदमी के लिए आश्रम में आने की मनाही थी, फिर भी बाबा ने गुरु जी से पूछ आने तक कबीर को वहीं रुकने का संकेत किया। बाबा ने लौट कर बताया कि गुरु जी किसी मुसलमान को शिष्य नहीं बनाते, इसलिये वह तत्काल वहाँ से वापस हो जाये। किशोर कबीर ने यह सुना तो जड़वत खड़े रह गये। कितनी आशा से वह यहाँ तक आये थे लेकिन यहाँ भी उनके साथ भेदभाव का बरताव किया गया। उन्हें अभी तक वहीं खड़ा देख कर बाबा ने इस बार थोड़ा डाँट कर कहा कि वे जल्दी ही यहाँ से चले जायें। अन्यमनस्क-सा वापस लौटने लगे। इस तरह कबीर स्वामी जी से मिले बिना लौट गये। उनके मन में गहरा दुख और अकेलापन था। लेकिन इसी बीच उनके मन में यह इच्छा जगी कि यदि स्वामी जी से उनकी भेंट हो जाये, तो शायद वे मुझे अपना शिष्य बना लें। कबीर के मन में स्वामी जी से मिलने की बेचैनी पुनः पैदा होने लगी। उन्होंने सुन रखा था कि स्वामी जी भोर में ही गंगा स्नान करने जाते हैं। कबीर ने सोचा कि भोर से अच्छा उनसे मिलने का समय दूसरा नहीं है। वह

रात कबीर ने करवट बदल-बदल कर काटी। वे भोर के इंतजार में रात भर सो नहीं सके।

ठीक तीन बजे भोर में ही उठ कर कबीर चुपचाप पंचगंगा घाट पर चल दिये। घाट रात की नीरव शांति में डूबे हुए थे। गंगा के पानी से भाप उठ रही थी और कभी-कभी मछलियाँ गड़ाप-गड़ाप पानी में कूद रही थीं। कबीर चुपचाप जा कर एक सीढ़ी पर लेट गये। उनका कलेजा धकधकाने लगा। बड़ी देर तक उनके कानों में किसी के आने की आहट नहीं पड़ी। वे आने वाले समय की कल्पना में खोये हुए थे। अचानक उन्हें खड़ाऊँ की खट-खट सुनाई पड़ी। उनके कान चौकन्ने हो गये। खट-खट पास आती जा रही थी। आनेवाला *राम-राम कहु बारंबारा, चक्र सुदर्शन है रखवारा* गाता आ रहा था। कबीर बड़े व्यग्र हो उठे–पता नहीं क्या हो ? खड़ाऊँ खटखटाते हुये एक पैर अचानक कबीर पर पड़ा। कबीर चिहुँक गये। आनेवाला चौंक कर बगल हट गया। आनेवाले ने पाया कि नीचे कोई लेटा है, जिसके ऊपर पाँव पड़ गया था। वह संत रामानन्द थे। वह राम-राम कहते हुए कबीर का शरीर सहलाने लगे। बोले, 'बेटा, राम-राम कहो। सब ठीक हो जायेगा।' कबीर ने उठ कर उनके पाँव पकड़ लिये। उन्हें इतना रोमांच हो आया था कि कई क्षण तक रामानन्द सागर का पैर वे छोड़ न सके। रामानन्द पुनः बोले, 'बेटा! मैंने समझ लिया। तू राम-राम कहता घर चला जा।' इसके बाद वह गंगा नदी की ओर चले गये।

थोड़ी देर बाद कबीर उठे। उन्हें लगा कि उन्होंने जैसे कोई रत्न पा लिया है। वे बड़ी खुशी से लौटने लगे। अपनी देह झाड़-पोंछ कर खड़े हुए। उन्होंने नहा कर तिलक लगाया और गले में कंठी डालकर घर आये तथा राम-राम जपने लगे। सबेरे पहले इस वेश में उन्हें उनकी माँ ने देखा तो चकित रह गयीं। उन्हें कबीर का यह नया रूप कुछ जँचा नहीं। उन्होंने कबीर से पूछा, 'बेटा, यह तुमने क्या किया। अभी कल तक किसी से बोलते नहीं थे। आज तुम बड़े खुश नजर आ रहे हो। और यह कंठी-माला पहनकर तुम हिंदू बन रहे हो। आखिर तुम्हें हो क्या गया है ?' कबीर बोले, 'अब मेरा दुख और प्रपंच दूर हो गया। अब मुझे गुरु मिल गया है। यह वेश मुझे मेरे गुरु रामानन्द ने दिया है।' यह सुनते ही नीमा 'अल्ला-तौबा' करने लगीं। शोर सुन कर पड़ोस के और लोग भी इकट्ठा होने लगे। मालूम हुआ कि कबीर हिंदू हो गया है। लोगों ने नीमा को समझाया कि यह लड़का जैसे भी रहता है, रहने दो और लोग अपने-अपने घर लौट गये।

लेकिन यह बात धीरे-धीरे पूरे नगर में फैल गयी। कुछ हिंदू इसलिये खुश हुए कि चलो रामानन्द स्वामी ने एक मियाँ शुद्ध किया है। उस जमाने में मुसलमानों ने तलवार के बूते बहुत-से हिंदुओं को मुसलमान बनाया था। उन्होंने उनकी गरीबी और मजबूरी का फायदा उठाकर उन्हें अपना धार्मिक समर्थक बना

लिया। ठीक उसी तरह, जैसे आजकल आदिवासियों के बीच ईसाई धर्मगुरु करते हैं। परंतु यह बात मुसलमानों के लिए असह्य थी कि एक मुसलमान हिंदू बन जाये। मौलवियों ने तो इसे इस्लाम पर खतरे के तौर पर लिया। भले ही कबीर के नफइतियत के कारण उन्होंने उनका खतना करने से इनकार कर दिया था, फिर भी इस मामले की संगीनी को उन्होंने सूँघा। उन्होंने हमपेशा बाभनों से भी इस बात का जिक्र किया। बाभन भी इस बात पर उग्र हो उठे कि रामानन्द जैसे महान संन्यासी ने एक जुलाहे को शिष्य बना लिया। बाभन भाग कर रामानन्द स्वामी के पास पहुँचे और उन्हें इस प्रकरण की सूचना दी। यह सुन कर रामानन्द स्वयं फेर में पड़ गये कि उन्होंने कब किस मुसलमान को दीक्षा दी। उन्होंने उन लोगों से 'दीक्षित' को लाने को कहा। आनन-फानन में वे लोग कबीर को ले कर उनके आश्रम में पहुँचे। इस तमाशे को देखने के लिए बहुत-से लोगों की भीड़ जमा हो गयी थी।

स्वामी रामानन्द ने कबीर से पूछा, 'बेटे, सच-सच बताना, मैंने कब तुम्हें दीक्षा दी ?' कबीर ने निर्भीकता से उत्तर दिया, 'गुरुदेव! मैं आपके आश्रम में दीक्षा लेने आया था, लेकिन आपने इनकार कर दिया। तब मैंने सोचा कि यदि आप मेरे भौतिक शरीर के कारण मुझे दीक्षा नहीं देना चाहते हैं, तो मैं क्यों न उस शरीर का स्पर्श आपके पारस शरीर से करूँ। यही सोच कर मैं गंगा घाट की सीढ़ी पर लेट गया। गंगा-स्नान के लिए भोर में जाते हुए आपका पैर मेरे ऊपर पड़ गया और आपने मेरे शरीर को सहला कर कहा, 'बेटा, राम-राम कहो। मैं सब समझता हूँ। अब आप ही बताइए कि जब आपकी वर्जना टूटी और आपने मुझे राम नाम का मंत्र दे दिया, तो मैं आपका शिष्य होने के काबिल भी नहीं हूँ ?'

रामानन्द स्तब्ध रह गये। उन्हें पिछले दिनों की घटना याद हो आयी। उनके जीवन में पहला मौका था, जब किसी ने उनके गुरुत्व को इतना आदर दिया था। उन्होंने अब तक बहुतेरे शिष्य बनाये थे–लेकिन उन सबमें ऐसा कोई भी नहीं था, जो शिष्य बनने की जिद में भोर के सन्नाटे में सीढ़ियों पर जा कर लेट जाये। पहली बार आने पर कबीर को तिरस्कार और भेदभाव ही मिला था, फिर भी उनकी लगन कितनी अप्रतिम थी। उन्हें महसूस हुआ कि उनकी खड़ाऊँ का निशान अभी भी कबीर की छाती पर पड़ा है। उनकी आँखें भर आयीं। उन्होंने कबीर को पास बुलाकर पूछा, 'बेटा कबीर! तुम्हें मेरा शिष्य बनने की प्रेरणा किसने दी ?'

कबीर ने उत्तर दिया, 'गुरुदेव, मैं आपकी महिमा जानता हूँ। आप जैसा कोई इस समय दूसरा नहीं है। लेकिन जब मैं आपके पास आया, तो आपके इनकार से काफी दुख हुआ, लेकिन इसी दुख ने मुझे प्रेरणा दी कि आप जिस शरीर को दीवार मानते हैं, उसे स्वयं देख लें कि वह किस चीज का बना है। क्या मुसलमान का शरीर हिंदू के शरीर से अलग है ? आपको तो पता होगा, गुरुदेव!'

रामानन्द विस्मित थे और निरुत्तर भी। कबीर की सच्चाई और वाग्वैदग्ध ने उनको रोक दिया। सब कुछ भुला कर उन्होंने कबीर को गले लगा लिया। कबीर की पीठ सहलाते हुए बोले, 'मैं समझ गया, बेटा। संतई में रह कर भी भेदभाव करना संसारी होने जैसा ही है। संसारी रह कर भी सबको बराबर समझना दुनिया की सबसे बड़ी संतई है। तू वास्तव में गुरु मंत्र का अधिकारी है, कबीर! बेटा! संत वही है, जो इस दुनिया में हर मनुष्य को समान समझे और अपनी करनी से मनुष्य को भूत-भव-बाधा से मुक्त करा दे। लोभ-लालच-मोह-माया से स्वयं ऊपर उठ कर सभी लोगों को इस दलदल से निकाले, ताकि धीरे-धीरे इस समाज से गैरबराबरी समाप्त हो सके। संत को बाहर-भीतर एक होना चाहिए। यही उसके जीवन का पुरुषार्थ है। उसके मन में जरा भी अदाई पैदा हुई, तो समझो वह संत नहीं है। आज मुसलमान वही करते हैं जो हिंदुओं में गुस्सा और नफरत पैदा करे। हिंदू मुसलमानों को मलेच्छ कह कर उनसे दूर होते हैं। मैं तुमसे मुसलमान होने के कारण दूरी नहीं रखता था। वास्तव में मैं उस प्रपंच से दूर रहना चाहता था, जो मेरी साधना में खलल पैदा करे। संत के वेश में तमाशा लगाना बहुरूपियों का काम है। बेटा! संत का काम उस विचार तक पहुँचना है, जो संसार को समझने का सूत्र है। विचार वेश से ज्यादा महत्त्वपूर्ण है। संत का काम उसी विचार का प्रक्षालन करना है, जिससे वह अच्छे-बुरे का निर्णय ले सके। संत का गुरुत्व दुनिया-भर के चेलों की जमात से नहीं, उसके विचार से महान होता है। वही विचार तुम्हारे जीवन का लक्ष्य होना चाहिए। वही विचार तुम्हारी वाणी का उत्स है। उसी विचार को सहज भाषा में दुनिया के सामने व्यक्त कर दो। यही तुम्हारी जीवन-भर की उपलब्धि होगी।' गुरु जी गद्गद थे। वे बार-बार कबीर को आलिंगित कर रहे थे।

कबीर की तीसरी आँख खुल गयी थी। उन्होंने गुरु जी के प्रति आभार से अपना माथा झुका दिया। गुरु जी का पैर पकड़ लिया। रामानन्द ने उन्हें उठा कर कहा, 'बेटा कबीर! तुमने तो मेरी आँख खोली है रे, तभी मैं तुम्हारे जैसे अनगढ़ हीरे को पा सका लेकिन तुम्हें देने के लिए मेरे पास इससे ज्यादा कुछ है भी नहीं, बेटा! अब तो तुम्हें ही संसार समुद्र से सब कुछ हासिल करना पड़ेगा। मैं तो केवल हेतु हूँ। तुम्हारे लिये आश्रम ही नहीं, मेरे हृदय का दरवाजा भी हमेशा के लिए खुल गया है। कबीर, हमारे-तुम्हारे बीच जो अज्ञान का ताला लगा था, आज वह तुम्हारे इरादे और श्रद्धा से टकरा कर टूट गया है। अब तुम घर जाओ, कबीर। मनुष्य को उसकी मनुष्यता सिखाओ। उसमें आचरण की सभ्यता पैदा करो। यह तुम्हारे विचार से ही होगा। जैसे तुम रहोगे, वैसा ही यह संसार तुम्हें दिखाई देगा।' कुछ देर बाद रामानन्द उठ कर आश्रम में चले गये।

कबीर बड़े प्रफुल्लित मन से घर लौटे। उनके मन का असंतोष जिज्ञासा में

रूपांतरित हो चुका था। गुरु जी ने उन्हें कोई वेश नहीं दिया था, केवल सूत्र दिया था। उस सूत्र ने उनके भीतर एक आंदोलन पैदा कर दिया। जो वेश उन्होंने स्वयं धारण कर लिया था, उसे नोच कर उन्होंने फेंक दिया–

माला फेरत जुग भया, गया न मन का फेर।
कर का मनका डारि के, मन का मन का फेर।

कबीर आडंबरहीन हो गये। उन्होंने ऐसे मनके की तलाश कर ली थी, जिसके आगे सारे मनके, सारे मंदिर, सभी मस्जिदें फेल थीं। अब कबीर को कहीं और जाने की जरूरत नहीं थी। संत रामानन्द ने कबीर के अंदर युगांतकारी परिवर्तन की आग जला दी थी। इस आग में सारा बनाव-ठनाव और कर्मकांड भस्म हो गया। कबीर की भाषा बदल गयी थी। वे हिंदू, तुर्क, मंदिर, मस्जिद और मुल्ला, पंडित का अर्थ समझने लगे थे। जुलाहा जमात, दर्जी, डफाली, मेहतर, हाड़तोड़ मेहनत के बाद भी जिल्लत, शोषण और भेदभाव के शिकार थे; कबीर ने उन्हीं को अपना लक्ष्य बनाया। कोठी वाले जुलाहों की बुनी साड़ियों में 'छीर मत्ती' के बहाने इतनी कटौती कर डालते कि जुलाहे हमेशा कर्ज में डूबे रहते। आर्थिक विपन्नता के कारण उनके दुखों का पारावार न था। अपने दुख दूर करने के लिए वे पीरों-फकीरों के मजारों पर चक्कर लगाते, जहाँ तरह-तरह के भय दिखा कर मुल्ला और मौलवी उनकी कमाई पर हाथ साफ करते। दूसरी तरफ, हिंदू मजहब में चूड़ा-चमारों को जमींदारों के यहाँ बेगार करना पड़ता तथा कुर्मियों को उनके कब्जियाये खेतों की बँटाई करनी पड़ती, जिसका अधिकांश हिस्सा वे साम-दाम-दंड-भेद के सहारे हड़प लेते। अहीरों को उन्हें दूध वगैरह पहुँचाना होता था। इन जमींदारों के सबसे बड़े हित सहायक पंडे होते थे, जो इस गुलामी की शाश्वतता का उपदेश दे कर इन लोगों को बंधक बनाने में सहायक होते थे। वे जमींदारों से लूट में हिस्सा और इन लोगों से दक्षिणा वसूला करते थे। कबीर को मुसलमान न माना गया, न बनाया गया। हिंदू उनसे मुसलमानों जैसा बरताव करते थे। इस दोहरे भेदभाव ने कबीर को ऐसा आदमी बनाया, जो सभी धर्मों से परे था। कबीर ने इन सारी कुरीतियों के खिलाफ जिहाद छेड़ा। पंडे-बाभन उन्हें लाठी लेकर ढूँढ़ते। मुल्ला-काजी उनके घर में फूट डाल कर, नीमा-नीरू के कान भरने लगे। उन्होंने ऐसी पट्टी पढ़ाई कि कबीर का उनके माता-पिता से मतभेद उभर आया। बात इतनी बढ़ी कि कबीर ने घर छोड़ने का निर्णय किया और वे कहीं चले गये। लेकिन नीमा-नीरू ने बाद में उन्हें मना लिया और वापस ले आये।

उधर रामानन्द द्वारा कबीर को चेला बनाने से बहुत-से हिंदू और नागापंथी उनके खिलाफ उपद्रव करने लगे। एक गोरखपंथी योगी ने तो रामानन्द के आश्रम के सामने अपना पचास हाथ लंबा त्रिशूल गाड़ दिया और उसी पर बैठ कर उसने

स्वामी जी को शास्त्रार्थ के लिए ललकारा। स्वामी जी ऐसे गोरखधंधी के मुँह नहीं लगना चाहते थे। यह खबर कबीर तक पहुँची। वे उस समय करघे पर बैठे थे। उन्होंने पास पड़ा बाना उठाया और दौड़े-दौड़े गुरु के पास पहुँचे। गुरु का चरण स्पर्श कर वे हाथ में बाना लिये बाहर आये। कहते हैं कि उन्होंने बाने को ऊपर आकाश में फेंका, फिर उसे पकड़ कर सौ गज ऊपर चढ़े और गोरख को ललकारते हुए कहा, 'गोरख! ऐ गोरख! बराबरी पर आओ और शास्त्रार्थ करो।' गोरखपंथी ने कबीर को इतनी ऊँचाई पर देखा, तो हतप्रभ रह गया। उसके मुँह से बात न निकली। कबीर ने पुनः पुकारा। इस बार गोरखपंथी ने कहा, 'तुम इतनी ऊँचाई पर चढ़ कर बराबरी की बात करते हो ?'

कबीर ने छूटते ही कहा, 'अरे बेवकूफ! मेरे गुरुदेव तो जमीन पर चलते हैं। तुम त्रिशूल के मद में बराबरी की बात भूल गये थे। कबीर का आसन तो बाना है, जो स्वर्ग तक जाता है। उस पर बैठे कबीर से तुम बराबरी का न्याय माँगते हो।'

गोरखपंथी तुरंत कूदकर नीचे आ गया और जाकर रामानन्द जी के चरणों में लोट कर माफी माँगने लगा। गुरु जी ने उसके सिर पर हाथ फेरा और कबीर को वापस बुला लिया।

इस घटना से कबीर बहुत प्रसिद्ध हो गये। उनके अनुयायियों की संख्या बढ़ने लगी, लेकिन उनके दुश्मन मुल्ला-काजी, पंडे-बाभन भी एकजुट होने लगे। उस समय नगर में दो तरह के गुट बन गये। एक तरफ परजीवी पुजारियों का जमावड़ा था, तो दूसरी ओर कबीर के साथ सताये हुए और मेहनतकश लोगों की जमात थी। कबीर ने उन्हें कर्मकांड, आडंबरों और कुरीतियों के खिलाफ लड़ने की शिक्षा दी। धीरे-धीरे लोगों के आचरण में परिवर्तन होने लगा। इसका परिणाम यह हुआ कि लोगों ने मंदिर-मस्जिद का रुख करना छोड़ दिया। चढ़ावा और सिधा-पिसान की कमी से बाभनों-पंडों की चिंता बढ़ने लगी। अब उन लोगों ने कबीर के खिलाफ खुल कर मोर्चा खोल दिया। तरह-तरह के षड्यंत्र होने लगे। कइयों ने कबीर को जान से मारने के लिए घात लगाना शुरू कर दिया।

एक बार बाभनों-पंडों-काजियों की भीड़ कबीर के घर पर उमड़ पड़ी। सभी के हाथ में कोई-न-कोई हथियार था। वे सभी गालियाँ दे रहे थे। कबीर उनके सामने आये और पूछा कि क्या बात है। एक पंडे ने उन्हें जद-बद कहते हुए ललकारा, 'अरे कबीर, तू ढोंगी, अब बड़ा पंडित बना फिरता है। इन भोले-भाले गरीबों को बहका कर इनका जीवन खराब करना चाहता है। तू समाज में फूट डाल कर देशद्रोह का भागी बन रहा है। तेरी भलाई इसी में है कि चुपचाप नगर छोड़ कर भाग जा। वरना तुझे अपनी जान से हाथ धोना पड़ेगा।'

कबीर ने तुरंत उसे डाँटते हुए कहा, 'रे मूर्ख बाभन! इन लोगों के दुखों से तेरी छाती क्यों फटी जा रही है।'

'कबीर, तुझे मालूम नहीं है, क्या कि हम खानदानी पुरोहित हैं। नगर का सारा धरम-करम हमारी जिम्मेदारी है। सारे लोग हमारे जजमान हैं। हमें ईश्वर ने इन्हें रास्ता दिखाने के लिए नियुक्त किया है। सारी जातियों से पवित्र हम ब्रह्ममुखी ब्राह्मण हैं।'

'चलो, मान लिया। तुम ईश्वर का दिया नियुक्ति पत्र दिखाओ और उस रास्ते का विवरण दो जिधर से तुम आये। सारी दुनिया औरत के पेट से निकली है। यदि तुम बाभन हो, तो बताओ कि तुम कहाँ से आये। औरत के पेट से निकले हर मनुष्य का हक बराबर है। कोई पवित्र-अपवित्र नहीं है।'

यह सुनते ही भीड़ पर वज्रपात हुआ। किसी के मुँह से आवाज़ न निकली–जैसे सभी को साँप सूँघ गया हो। उस बात कहे पंडे का तो सिर लटक गया। यहाँ लफ्फाज़ी का नहीं, बल्कि प्रत्यक्ष प्रमाण देने की आवश्यकता थी। कबीर के पक्ष के लोगों ने हुँकार भरी। पंडा दाँत पीस कर रह गया। उसे चुप खड़ा देख कर कबीर ने कहा, 'तुम अपने बाभन होने का प्रमाण चीख-चीख कर देना चाहते हो। अनपढ़, गँवार और अपने दुखों के बोझ से झुके इन असहाय और बेजुबानों को फुसलाने में तुम सब माहिर हो। आखिर तुमने इन्हें क्या शिक्षा दी है ? सिवा लोक-परलोक का भय दिखा कर लूटने के तुम उन्हें किस स्वर्ग में पहुँचाते हो ? अपनी कामचोर प्रवृत्ति और परजीवी मानसिकता को बभनई के रंग में रँगकर तुम कुल पुरोहित बने फिरते हो। उन्हें नीच और अपने को महान साबित करते हो। मुझे कोई एतराज नहीं है, बशर्ते कि तुम ईश्वर का नियुक्ति पत्र और बाभन होने का सबूत दे दो। सोच लो, अब उन लोगों ने अपनी जिंदगी का रहस्य जान लिया है। आज तुम हथियारों से कबीर की हत्या करने नहीं, उनकी गरदन काटने आ रहे हो, लेकिन बदले में अब वे भी लाठी सँभाल चुके हैं। अभी एक आवाज पर तुम सबकी सारी हेकड़ी मिट्टी में मिल जायेगी।'

इतना कह कर कबीर ने आवाज लगायी–'सोमारू, भूल्लन, पताई, नत्थू, करिया, जुम्मन, मतीन, इकबाल! सभी लोग अपनी लाठी लेकर बाहर आ जाओ।' बाभनों की भीड़ को साँप सूँघ गया। कबीर की ललकार सुन कर वे हतप्रभ रह गये। उन्हें इस बात की कतई आशा नहीं थी। कुछ तो तुरंत खिसकने लगे। कबीर-समर्थकों का जत्था लाठियों से लैस निकला। कबीर ने इशारा किया। मुकाबले से पहले ही बाभनों के बीच 'यह जा-वह जा' भगदड़ मच गयी। बिना एक भी लाठी चले मैदान कबीर के हाथ में आ गया। कबीर-समर्थक बाभनों की बहादुरी पर जोरदार कहकहे लगाने लगे। किसी बुनकर ने गाया–*एगा तेगा अगले बगले, तेल चुए जुलफन में, ई का लड़िहन रन में।*

कबीर ने महसूस किया कि अपने लोगों के बीच एकता और शिक्षा का प्रसार अब ज्यादा जरूरी है। वे जानते थे कि केवल लाठी ही नहीं, ज्ञान की

तेज-धार तलवार भी इन कुरीतियों को खत्म करने के लिए जरूरी है। इस विषय में उन्होंने सत्संग मंडलियाँ स्थापित कीं, जो मंदिरों-मठों की काली करतूतों का पर्दाफाश करें। लोगों के जीवन से आडंबरों और थोथी मान्यताओं को निकाल फेंकने के लिए कबीर ने लौकिक मानवीय आचरण पर ज्यादा जोर दिया। वे मनुष्य के मन की सभी भावनाओं से उसे परिचित कराना चाहते थे। आदमी देख ले कि उसमें भय है, तो बहादुरी भी है। अज्ञान के साथ ज्ञान और क्रूरता के साथ ही दया भी है। एक सो गया, तो दूसरा जागता है। कबीर जानते थे कि कोई न कोई नकारात्मक भावना पैदा करके ही दरिद्र नारायणों को बाभनों-मौलवियों ने लूटा है। अब नकारात्मक और सकारात्मक का सही अर्थ समझना जरूरी है।

कबीर अपने बाप की गरीबी के कारण शिक्षा नहीं प्राप्त कर सके। लेकिन इसी गरीबी ने उनके भीतर एक ऐसी आग जलायी थी कि उनका सारा अज्ञान जल कर राख हो चुका था। उनके पास जीवन-मूल्यों की कसौटी थी। संसार का विलक्षण साधुमत था। उनके लिये उस शिक्षा का कोई भी अर्थ नहीं था, जिससे वे बच गये। वे वेदों-उपनिषदों, कुरान-हदीस से बड़ी शिक्षा प्राप्त कर चुके थे। उनका लक्ष्य वह समाज था, जिससे वे खुद आते थे, जो सदियों से दलित और उपेक्षित था। उसी समाज में उन्होंने दुनिया का रहस्य देख लिया था। उसी समाज के प्रति वे प्रेम और करुणा से भर उठे थे। उनके मन में उन सभी पोथियों से घृणा थी, जो किसी ईश्वर का निर्माण करती हैं। जिसमें मानव प्रेम का संदेश न हो, वह पोथी उनके लिये हेय थी। जो अध्येता प्रेम रस से सराबोर न हो, वह सबसे बड़ा मूर्ख था।

और इस प्रेम को पढ़ने के लिए त्याग की योग्यता होनी चाहिए तथा पढ़ाने के लिए खाँटी व्यवहार का सबक। इसलिये कबीर स्वयं विद्यार्थी थे और गुरु भी थे। यही परिपाटी उन्होंने अपने समाज में चलायी। कबीर के चारों ओर समाज में विचित्र किस्म की मान्यताएँ फैली हुई थीं। जन्म से लेकर मृत्यु तक होनेवाले सारे कर्मकांड पुजारियों-पंडों के लिए केवल दान के लिए थे। दुनिया में मनुष्य के रूप में पुजारी वर्ग ऐसा है, जिसमें जरा भी मानवीय संवेदना नहीं होती-बल्कि नीम पर करेला यह कि उसकी क्रूरताओं और षड्यंत्रों की मिसाल खोजना भी दुनिया में बहुत मुश्किल है। कबीर जानते थे कि इन्होंने कभी हल नहीं चलाया, कपड़ा नहीं बुना, मकान नहीं बनाया, लेकिन सबसे श्रेष्ठ उपभोग यही करते हैं। इन कामचोर लोगों ने अपनी ऊर्जा और प्रतिभा का इस्तेमाल दूसरे के आटा-घी पर शंख बजाने और अपनी बेहयायी को पवित्र बनाने में किया।

अकेले कबीर ने सारे हलाहल को पी लिया। वे बहुजन समाज के साथ हुए अन्याय के खिलाफ अकेले खड़े थे। उनके पास प्रेम का बल और ज्ञान की तलवार थी। धीरे-धीरे वे पूरे समाज के होते गये।

इसी बीच स्वामी रामानन्द जी की हालत बिगड़ने लगी। उन्होंने शिष्यों से कहा, 'अब मेरा आखिरी समय है।' यह सुनते ही सभी बिलखने लगे। उन्होंने कबीर को बुलवाया। कबीर आकर गुरु के चरणों से लिपट गये। गुरु की आँखों में प्रेम के आँसू बहने लगे–'बेटा, इस शरीर से जग की यात्रा हुई। आत्मा नामक यात्री तुम्हारे जैसा हीरा पा गया, यही इसकी सार्थकता है। मेरी यात्रा पूरी हो गयी है। अब तुम्हारा दायित्व है, तुम देखो।' स्वामी जी की आँखें ढँपने लगीं। कबीर ने उन्हें स्नेह से सहलाया। गुरु जी ने धीरे से कहा, 'रे कबीर! तुझे ज्ञान देने के लायक तो मैं स्वयं को भी नहीं मानता। केवल यही कहूँगा कि आत्मा किरायेदार है, उसे जीवन-भर शरीर का किराया चुका कर अंत में जाना पड़ेगा। लेकिन इस किराये के घर में ऐसा कुछ भी मत करना कि किरायेदार की गरिमा को हानि पहुँचे, और बेटा! घर भी चाहे कितना आलीशान हो, मिलेगा तो एक दिन मिट्टी में ही।'

कबीर ने भरे कंठ से कहा, 'गुरुदेव! आप जैसे प्रकाश की मौजूदगी आखिर कब तक किराये के घर का भ्रम बना रहने देगी! आप जो दायित्व दे रहे हैं, उससे बड़ा तो मेरे लिये कुछ भी नहीं है।'

स्वामी जी के मुखमंडल पर अपूर्व शांति थी–इतना प्रकाश कि वह ब्रह्म प्रकाश से एकाकार हो गया। कबीर ने महसूस किया कि गुरुदेव उनकी आत्मा को सहला रहे हैं।

करघे पर बैठे-बैठे कबीर ध्यानमग्न हो जाते। वे जितनी गुत्थी सुलझाते, वह उतनी ही उलझी नजर आती। कभी-कभी नया सूत्र हाथ में आता, तो गाने लगते। मन-मंदिर के देवता की सेवा में लीन हो जाते–

मन ऐसो निर्मल भयो जैसे गंगा नीर
पीछे-पीछे हरि फिरै कहत कबीर-कबीर

रास्ते में चलते-चलते कबीर किसी बच्चे को गोद में उठा लेते। उनका वात्सल्य उमड़ पड़ता। उसके सिर पर हाथ फेरते, पुचकारते कबीर की आँखों में आँसू बहने लगते। वे जानते थे कि इस समाज में जैसे-जैसे यह लड़का बड़ा होता जायेगा, वैसे-वैसे गुलामी की बेड़ियों में जकड़ता जायेगा। उस बच्चे में कबीर स्वयं को देखते। वे ठान चुके थे कि उनका जीवन इन्हीं अनाथ-अज्ञानियों के लिए है। वे अकेले सारे षड्यंत्र से लड़ने को तत्पर थे।

ब्राह्मण उन्हें किसी भी तरह हराना चाहते थे। अपमानित करके काशी से निकालने की योजना वे सब हर वक्त बनाते रहते। एक बार कुछ ब्राह्मणों ने देश के सभी साधु-संतों को जाकर कबीर की तरफ से नेवता दे दिया कि अगले महीने की पाँच तारीख को कबीर के यहाँ बड़ा भारी भंडारा होने जा रहा है। सारे लोग

सुबह-सुबह पहुँच जायें। इस बात की कबीर को भनक भी नहीं लगने दी। होते-हवाते अगले महीने की पाँच तारीख भी आ गयी। उस दिन सबेरे से ही साधु-संतों का जमावड़ा कबीर के दरवाजे पर होने लगा। कबीर ने जब साधु-संतों की भीड़ देखी, तो माजरा समझ गये। घर में अमीरी तो थी नहीं कि इतने लोगों को खिलाया जाये, लेकिन अब इन सबसे कबीर आँख भी नहीं चुरा सकते थे। वे परात में पानी लेकर तत्काल संत-मंडली में पहुँचे। और सभी के पैर धोने लगे। इस निर्मल प्रेम से संतों के आँसू बहने लगे। बहुत-से कबीर को गुरु मानते थे। कबीर के हाथ से परात लेकर स्वयं उन्हीं के पैर धोने लगे। सभी संत इतने आह्लादित हुए कि स्वयं मेजबान बन गये। जब कबीर के पड़ोसियों ने देखा कि साहब इतने भक्त वत्सल बने संतों की सेवा में लीन हैं, तो उन्होंने अपने घरों से खाद्य सामग्री लेकर भोजन तैयार करने में देर नहीं की। जल्दी ही पकवान बन कर तैयार हो गये और संतों को खिलाया गया। सब भोजन कर तृप्त हुए। इतना प्रेमिल भंडारा संतों के जीवन में कभी नहीं हुआ था। बहुत ही खुशी-खुशी संत लोग विदा हुए।

ब्राह्मणों ने यहाँ भी जब दाल न गलते देखी, तो वे जल कर कोयला हो गये। यह तो तय था कि वे कबीर से लाठी के बल पर पार नहीं पा सकते थे, लेकिन कबीर ने सदियों से सोये जिस समाज को झिंझोड़ कर जगा दिया था, वह समाज अब बाभनों, मौलवियों को समाज से खदेड़ देना चाहता था। जिन तैंतीस करोड़ देवी-देवताओं के भरोसे बाभन छप्पन भोग करते रहते थे अब उन देवताओं को कबीर के अनुयायियों ने बहिष्कृत कर दिया था। मंदिर के चढ़ावे बंद हुए, तो ब्राह्मणों में हाहाकार मच गया। मस्जिद में नमाजी घट कर आधे से भी कम हो गये। यह बात मौलवियों को असह्य थी, लेकिन उनमें कबीर के खिलाफ कुछ करने का साहस नहीं था। कबीर ने सवाल किया–

कांकर पाथर जोरि के, मस्जिद लई बनाय
ता चढ़ि मुल्ला बाँग दे, क्या बहरा हुआ खुदाय

इस बात का जवाब मुल्ला जी नहीं दे सके। थोड़े ही दिनों में दृश्य बदलने लगा। जो बाभन और मुल्ला एक-दूसरे के शत्रु माने जाते थे, वे धीरे-धीरे एक होने लगे। सत्ता दोनों की छिन रही थी इसलिये धर्म भेद भूल कर दोनों कबीर के खिलाफ षड्यंत्र करने लगे। फैलते-फैलते यह बात दिल्ली में सिकंदर लोदी तक पहुँची। उसका दरबार चापलूसों और चाटुकारों से भरा हुआ था। इन चाटुकारों में बहुत से कवि-कथाकार भी थे, जो उसे धरती का देवता बना चुके थे। सिकंदर लोदी स्वयं एक अवसरवादी लुटेरा था; अब तक सत्ता के मद में चूर हो चुका था और अपने को खुदा समझता था। यही वह समय था, जब हिंदू अपने वैदिक

देवताओं से विमुख होकर राम और कृष्ण जैसे नये देवताओं की पूजा करने लगे थे। पहले हिंदू अग्नि, इंद्र, यम, वायु और सूर्य की पूजा करते थे, जो उनके जीवन और मृत्यु से लौकिक-प्रतीक रूप से जुड़े थे। लेकिन यह ऐसा समय था, जब नये-नये सम्राट पैदा हो रहे थे। उनके हरम सैकड़ों रूपसी औरतों से भरे रहते थे। उनकी ऐयाशियों का पारावार न था। जब जनता ने इन बातों का विरोध किया, तो राजाओं-सम्राटों ने ऐसे कवियों को धन देना शुरू किया, जो उनके सम्मान में गीत लिखते थे। धीरे-धीरे बड़ी संख्या में कवि पैदा हो गये। ये सभी राम और कृष्ण की लीलाओं पर काव्य रचने लगे। कृष्ण की हजारों गोपियों की तरह सम्राटों के हरम और अवैध संबंध जायज हो गये। राम द्वारा सीता को जंगल में छोड़ने की लीला तमाम औरतों का परित्याग करने में सहायक हुई। कबीर ऐसे समय में जी रहे थे, जो खंडित आस्थाओं का दौर था। उस समय छुआछूत और अशिक्षा का बोलबाला था। कबीर उच्चकोटि के संत थे। वे कविताएँ करते थे। मनुष्य के भीतर जीवन के प्रति आस्था भरने का दायित्व कबीर ने सँभाला। वे पूरा संसार एक देखते थे। समाज द्वारा बनाया गया कोई भी बंधन उन्हें स्वीकार नहीं था। वे एक ईश्वर की आराधना करते थे, जो न राम था, न कृष्ण। उन्होंने इन दोनों देवताओं को लूट और अन्याय तथा ऐयाशी की ढाल बनते देखा, तो उनकी समझ में नहीं आया कि उनका ईश्वर किस शक्लो-सूरत का है। उन्होंने अपने ईश्वर को बेचेहरा ही रहने दिया और सारे लौकिक देवताओं से अकेले संघर्ष किया। प्रेम उनका अस्त्र था, प्रेम ही उनका कर्म और प्रेम ही साधना।

चाटुकार कवि भी कबीर को अपना एक नंबर का दुश्मन समझते थे। इसलिए जब काशी के पंडे और मुल्ला सिकंदर लोदी के दरबार में पहुँचे, तो इन कवियों ने भी उसकी कचहरी में कबीर की बदतमीजियों का बढ़-चढ़ कर न केवल वर्णन किया, बल्कि यह भी कहा कि यदि बादशाह हुजूर कबीर जैसे सरफिरे समाज-तोड़क को दंड नहीं देते, तो वह एक दिन दिल्ली सल्तनत के लिए खतरा बन जायेगा। गरज यह कि सिकंदर लोदी के मन में भय पैदा हो गया और कबीर से मुकाबले के लिए फौज-फाटा सजा कर काशी की राह चल पड़ा। काशी के कबीर-विरोधियों ने सिकंदर लोदी की अगवानी की और उसकी आवभगत करने लगे। उन सबने नीमा को अपनी ओर मिला लिया था। नीमा कबीर से इसलिये नाराज थी कि कबीर सामान्य गृहस्थ की तरह घर बसाकर रहने के बजाय समाज का संगठन कर लोगों को जाग्रत कर रहे थे। कबीर विरोधियों ने नीमा को सिकंदर के सामने करके कहा, 'बादशाह सलामत! वह नास्तिक कबीर, जो रात-दिन अल्लाह पाक की शान में गुस्ताखी करता रहता है, वही अपनी इस बूढ़ी और असहाय माँ का भी कहना नहीं मानता, जिसने उसे पाल-पोस कर बड़ा किया। क्या बादशाह आलम के रहते किसी लाचार, औरत की बात न सुनी जाये ?'

'कौन कहता है कि यह औरत लाचार है। यह अब मेरी शरण है!' सिकंदर ने दहाड़ कर कहा। चाटुकारों ने जय-जयकार किया। नीमा की आँखों से भावावेश में आँसू बहने लगे। दर्प भरे स्वर में सिकंदर लोदी ने अपने अनुचरों को आदेश दिया कि वे कबीर को पकड़ कर लायें।

इस शहर में कबीर को ढूँढ़ना कतई कठिन नहीं था। बच्चा-बच्चा उनका पता जानता था। अनुचरों ने पहुँच कर उन्हें अपने बादशाह का हुक्म सुनाया, तो कबीर ने डाँट कर पूछा, 'तुम्हारा बादशाह मुझे कैसे जानता है ?'

अनुचरों ने बताया कि आपकी माता, नगर के ब्राह्मण, काजी और बनियों ने आपकी शिकायत बादशाह सिकंदर लोदी से की है। वे आपसे मिलना चाहते हैं।

कबीर ने कहा, 'तुम्हारा बादशाह मुझसे मिलना चाहता है, तो मुझे यहाँ आकर मिले। वह मेरा मालिक नहीं है कि मैं जहाँ वह चाहे जाकर मिलूँ। जाकर कहो कि उसे कबीर ने यहाँ आने का निमंत्रण दिया है।'

कबीर का साहस देख कर अनुचरों की हिम्मत नहीं हुई कि वे उनसे और कुछ कहें। दो अनुचर वहीं आसपास रह कर पहरा देने लगे और दो अन्य सिकंदर लोदी के पास लौट गये। अनुचरों को खाली हाथ लौटा देख कर सिकंदर लोदी बहुत तमतमाया। उसने डाँटते हुए कहा कि जा कर कबीर को पकड़ लाओ। एक जुलाहे की यह मजाल कि वह हमारे हुक्म की तौहीन करे! फिर तो एक बड़ा दल घोड़े पर सवार होकर गया और कबीर को पकड़ लाया। कबीर सिकंदर लोदी के सामने लाये गये। एक काजी ने आगे बढ़ कर कहा कि 'ऐ मस्तान! बादशाह सलामत को आदाब करो।'

कबीर ने सहज भाव से जवाब दिया, 'काजी! यह बादशाह तुम्हारा बादशाह है। तुम इसके भरोसे जीवन गुजारते हो। तुम्हारा अन्नदाता है यह। इसे तुम सिर झुकाओ, दंडवत करो। मेरा बादशाह तो बादशाहों का बादशाह है। मैं केवल उसे ही आदाब करता हूँ।'

कबीर की निर्भीकता सिकंदर को अच्छी न लगी। वह अभी कुछ कहता कि शेख तकी ने कबीर से कहा, 'दीवाने कबीर! जहाँपनाह को तसलीम करो। वह तेरे गुनाओं को माफ करेगा।'

यह सुनकर कबीर भड़क गये, 'एक अन्यायी और लुटेरे सम्राट की चापलूसी में कसीदे काढ़ने वाले शेख! दीवाना तू है। तेरी अक्ल घास चरने चली गयी है। तू मेरे किस गुनाह की बात कर रहा है ?'

'इससे बड़ा गुनाह और क्या हो सकता है कि तू हिंदू-मुसलमानों को बहका कर उन्हें नास्तिक बना रहा है।'

'नास्तिक तो तेरा यह बादशाह है, जो मंदिर तोड़ कर मस्जिदें बनवाता है। गुनाह तो यह कर रहा है कि यह हिंदू और मुसलमानों का अलग-अलग ईश्वर

मानता है। सजा तू इसे दे। यह खुद अपने को सजा दे। है इसकी आँख में पानी ? बची है जरा भी शर्म ? मंदिर की जगह मस्जिद काहे भाई ? तलवार के बल पर मजहब बदलवाना कैसा ? दूसरों की औरतों का अपहरण क्यों ? अनपढ़-गँवार भोले लोगों को जबरन मुसलमान बनवा कर अपनी लूट और निर्दयता को उचित ठहराना कौन-सी आस्था है ?' कबीर का चेहरा तमतमा उठा। उनकी आँखों से खून टपक रहा था।

सिकंदर लोदी तिलमिला उठा। उसने कड़ककर कहा, 'बदजबान जुलाहे! मैं अभी तुझे फाँसी पर चढ़ाता हूँ।'

कबीर ने भी वैसे ही जवाब दिया, 'ओ अपने मन के राजा! जिस तलवार का भय दिखा कर लाचारों पर तू शासन करता है, वह कबीर का कुछ नहीं बिगाड़ सकती। तू एक साधारण आदमी से बात कर रहा है, तो जरा आँख मिलाकर बात कर।' सिकंदर को ऐसे जवाब की आशा न थी। अभी तक उसे कोई भी ऐसा आदमी नहीं मिला था, जो उसके सामने ठहर सके। लेकिन आज लग रहा था कि स्वयं वही हिल जायेगा। वह दाँत पीस कर रह गया। कबीर की खुली चुनौती उसके चारों ओर गूँज रही थी। कबीर की आँखें उसके चेहरे पर बादशाहत तलाश रही थीं। उसकी आँखों में सहज निर्भीकता नहीं थी। उनमें अहंकार की कालिमा थी। वे कुटिल आँखें कबीर के दमकते माथे का सामना नहीं कर पा रही थीं। एक निहत्थे ने उसकी मरी आत्मा को ललकारा था। बादशाह के पास लाव-लश्कर था, मगर उसमें आत्मा की ताकत नहीं थी। वह कबीर को जीतने आया था, लेकिन उसे लगा, कबीर के सवालों और आत्मशस्त्र का वार वह नहीं झेल पायेगा। उसकी एक आवाज पर जान देने और जान लेने वाले सूरमे और सेवक भी उसके लिये किसी काम के नहीं रह गये थे। शेख तकी ने कुरान उठा कर कबीर से कहा, 'कबीर, तुम कुरान पाक पर ईमान लाओ, कुरान तुम्हें ज्ञान देगा।'

कबीर ने पूछा, 'घास-फूस खा कर गुजारा करने वाली गाय-बकरी का मांस खानेवाले शेख! कुरान ने तुम्हें क्या ज्ञान दिया है ?'

शेख तकी चुप रह गया। सिकंदर ने सिपाहियों को आदेश दिया कि कबीर को हाथी से कुचलवा दो। सिपाहियों ने फौरन इस पर अमल किया। एक पागल हाथी लाया गया। सिकंदर की सेना का वह हाथी बड़ा बहरखाल माना जाता था। गाँवों पर हमला करते समय उसे तीन-चार पीलवान अंकुश भौंकते, जिससे वह गुस्से में आ कर गाँवों को रौंद डालता था। जब हाथी पर चारों ओर से अंकुश लगने लगे, तो वह तिलमिलाकर दौड़ पड़ा। कबीर बिना घबराये अपनी जगह पर दृढ़ खड़े रहे। वे लड़ाई जीत चुके थे। इस अन्याय के सामने पीठ दिखाने के बजाय वे हाथी के पाँव तले कुचल जाना बेहतर समझते थे। उन्होंने हाथी की ओर देखना शुरू किया। पास तक आ चुके हाथी की समझ में नहीं आया कि वह किसे

कुचले। दरअसल हाथी भय से भागते लोगों को खदेड़ने का आदी था। एक जगह खड़े आदमी को देख कर वह उन्मत्त नहीं हो सका। वह कबीर के पास आया, तो उन्होंने उसे प्यार से देखा। वह सूँड़ लटका कर जड़वत खड़ा रह गया। कबीर ने उसके माथे पर हाथ फेरा और देर तक उसे सहलाते रहे। हाथी की आँखों से आँसू ढुलक पड़े।

इतने में दो पीलवान आकर दनादन उसे अंकुश चुभोने लगे। हाथी ने जोर से चिंघाड़ मारी और पलट कर हमला कर बैठा। दोनों पीलवानों को पटक कर जब वह औरों पर झपटा, तो चारों ओर भगदड़ मच गयी। भगदड़ देखते ही हाथी बौरा गया। अकेले उस हाथी ने सारी सेना को तबाह कर दिया। सेना को भागते-मरते देखकर सिकंदर घिघिया कर कबीर के चरणों में गिर पड़ा और क्षमा माँगने लगा। कबीर ने उसे उठाकर प्यार से थपथपाते हुए कहा, 'थोड़ी देर पहले मद में चूर और अब भय से गिड़गिड़ाने वाले सिकंदर! तुम सहज होओ। यही तुम्हारी जिंदगी की सफलता होगी। तुम न्याय से शासन करो। जनता के काम आ कर ही तुम सच्चे मनुष्य हो सकोगे।'

कहते हैं सिकंदर लोदी जब अपने वतन लौटा, तो वह कबीर को गुरु मान चुका था और उसने उन्हें दिल्ली आने का न्यौता बड़े आदर से दिया।

कबीर ने जो आंदोलन चलाया, उसने पूरी व्यवस्था को झकझोर कर रख दिया। पुरोहितवाद और कठमुल्लई के गढ़ उजड़ने लगे। लोगों ने आचरण की सभ्यता पर जोर देना शुरू किया। जो कोठी वाले बड़े व्यापारी गरीब जुलाहों को लूटा करते थे, वे जुलाहों में आयी जागृति और एकता से भय खाने लगे थे। कबीर ने ज्यादा लोभ-लालच के बजाय जरूरत भर कमाने और करुणाशील होने पर जोर दिया। वे जानते थे कि अधिक अमीरी का लालच आदमी को कभी सहज नहीं होने देगा।

वह जमाना ऐसा था, जिसमें तरह-तरह के अजूबे साधु-संतों, बैरागियों, औघड़ों और तांत्रिकों का चारों ओर बोलबाला था। एक पानी पर पैदल चलता, तो दूसरा आग के दहकते अंगारों से सही-साबुत बचकर निकल आता था। कोई और आकाश में उड़ने का चमत्कार करता तथा सैकड़ों कनफटे औघड़ अपनी कठिन साधना का परचम लहराना चाहते थे। कबीर ने बड़े समूह को इन चमत्कारों से जकड़ा पाया। वे सोचते कि यदि पानी पर चलना योग है, तो मछली से बड़ा योगी कौन हो सकता है ? चिड़िया से बेहतर कौन उड़ सकता है ? तो क्या ये सभी जीव योगी हैं ? उन्होंने पाया कि यदि मछली तैरे नहीं और चिड़िया उड़े नहीं, तो वह अपना चुग्गा कहाँ से पायेगी ? इसका मतलब यह हुआ कि उड़ना, पानी पर चलना और आग में जलना भी चुग्गा जुटाने का ही जरिया है। भोजन परिश्रम से जुटाना ही गौरवपूर्ण है। योग का ढोंग कर भोजन जुटाना पाप है। इसी प्रक्रिया

में कबीर की समझ में आया कि जीवन का स्रोत बहुत सहज है। उसी सहज को जानना ही वास्तव में जीवन का सार है :

सहज-सहज सब कोई कहै, सहज न चीन्है कोई
जिन सहजै विषया तजी, सहज कही जे सोई

कबीर उन क्रांतिकारी भक्त कवियों के नेता थे, जो सांसारिक ढकोसलों से अलग होकर इस संसार का अर्थ समझ गये थे। सीर गोबरधनपुर के संत रैदास का तो यह हाल था कि जूता भिगोनेवाली कठवत के पानी से नहा कर वे गंगा स्नान का बोध करते। धन्ना, सेना, पीपा, भवानंद, सुखानंद, आशानंद, सुरसुरानंद, परमानंद, महानंद और सिरी आनंद अपने किस्म के बेजोड़ भक्त कवि थे, जिन्होंने लोगों को सच्ची मनुष्यता का पाठ पढ़ाया। इन सभी ने अपनी जिन्दगी की लड़ाई के साथ ही समाज की लड़ाई में अपने को मन-प्राण से लगाया। कबीर के वचन चारों ओर गाये जाने लगे :

संतो सहज समाधि भली है
गुरु प्रताप भई जा दिन से सुरतिन अंत चली है

★

सुर नर मुनिजन औलिया, ये सब उरली तीर
अलह राम का गम नहीं, तहँ घर किया कबीर

राजा वीरसिंह जूदेव बघेल भी इस सत्संग मंडली में शामिल हो चुके थे। कबीर साहब को गुरु मानते थे। इसीलिये गाहे-बगाहे काशी का चक्कर लगाया करते। कहा जाता है कि एक बार राजा वीरसिंह जूदेव बघेल किसी बात से इतने प्रभावित हुए कि उन्होंने कबीर से दीक्षा देने की प्रार्थना की। कबीर साहब ने उन्हें आदेश दिया कि वे दीन-दुखियों की सेवा करें तथा जबर्दस्ती धर्म-परिवर्तन के खिलाफ मोर्चा सँभालें। तब से राजा बघेल ने हमेशा गुरुदेव के आदेश का पालन किया।

उस जमाने में अरब देश में एक संत जहानीगस्त रहा करते थे। वे इस्लाम के धुरंधर प्रचारक थे। इसी सिलसिले में वे भारत भी आये। यहाँ उन्हें मालूम हुआ कि काशी प्रांत में एक बड़े संत रहते हैं; जिन्होंने अपने आत्मबल और सच्चाई से काशी के ब्राह्मणों-मौलवियों को तो परास्त कर ही दिया, दिल्ली के बादशाह सिकंदर को भी हरा दिया। कबीर के बारे में प्रचलित और कई बातें सुन कर वे काशी चले आये। जब संत जहानीगस्त कबीर चौरा में कबीर के घर पहुँचे, तो उनके दरवाजे पर एक सूअर बँधा पाया। संत सन्न रह गये। उनके मन में कबीर के लिए बड़ी घृणा पैदा हो गयी। उन्होंने सुन रखा था कि कबीर एक मुसलमान

जुलाहे के घर पैदा हुए थे। लेकिन इस नये माजरे से वे ऊहापोह में पड़ गये। वे जद-बद कहते हुए लौटने को हुए कि कबीर पास आये और अभिवादन किया। जब उन्होंने संत को आसन ग्रहण करने को कहा, तो उनकी घृणा मुखरित हो गयी–'कबीर साहब! मैं तो आपको पहुँचा हुआ संत सुनता आ रहा था। लेकिन दरवाजे पर सूअर बाँध कर आपने बहुत गलत नजीर पेश की है।'

कबीर मुस्कराये–'संत जहानी जी, आपको सूअर से क्या समझ में आया ?' संत बोले, 'कबीर साहब! आपने अग्राह्य को ग्राह्य किया है। मैंने आपकी पवित्रता के बारे में बहुत कुछ सुना था, लेकिन यहाँ ठीक उसका उलटा है।'

कबीर उसी तरह मुस्कराते हुए बोले, 'जहानी जी! मैंने अग्राह्य को बाहर निकाल कर बाँध दिया है। काम, क्रोध, लोभ, लिप्सा का यह सूअर कतई छिपाने लायक नहीं है। यह ग्राह्य होता, तो इसे मैं छिपा कर रखता। लेकिन अभी देखता हूँ कि आपके मन में बहुत भेद है। ग्राह्य और अग्राह्य का सही आकलन करने के बजाय आप बाहर की चीजों से प्रभावित हैं। दरअसल, एक सूअर मैंने बाहर बाँधा है और एक सूअर अभी आपके दिल में है।'

जहानी संत बिल्कुल हतप्रभ रह गये। उनकी समझ में कुछ नहीं आया। वे इस सच्चाई को अपना अपमान भी समझ रहे थे। लेकिन अब आगे कुछ कहने से हिचक भी रहे थे। फिर भी विनम्रता से बोले, 'कबीर साहब! सूअर बाँधना क्या इस्लाम के खिलाफ नहीं है, जबकि आप स्वयं एक मुसलमान के घर से हैं ?'

कबीर हँस पड़े। बोले, 'संत जहानी! यदि इस्लाम में सब कुछ होता, तो हम इतने प्यासे क्यों होते! आखिर इस्लाम में सूअर और गाय में फर्क क्यों है ? इसीलिये न कि हिंदुओं के लिए गाय पूजनीय है। फकीर कहाँ इस तरह का भेद करता है! उसके लिये क्या गाय क्या सूअर, क्या हिंदू क्या तुर्क ? यदि उसके भीतर इतनी एकात्मकता नहीं है कि वह जहाँ देखे, वहाँ एक ही ब्रह्म दिखाई दे तो फिर वह काहे का संत है ?'

संत जहानीगस्त चुप रह गये। उनके ज्ञान-चक्षु खुले और वे कबीर के मुरीद हो गये। कबीर का प्रभामंडल बढ़ता गया। अँधेरे को चीर कर आकाश के बीचोंबीच विराजमान सूर्य की तरह चमकते कबीर के हजारों शिष्यों ने लोक प्रेम की अनूठी अलख जगा दी थी। वीरदेव सिंह बघेल और वाजिद अली खाँ जैसे राजा-नवाब स्वयं कबीर साहब की आज्ञा से लोक हित के कार्यों में लग पड़े थे। बाद में गोरखपुर के नवाब बिजली खाँ भी कबीर साहब के शिष्य हो गये।

कबीर ने पूरी उम्र काशी के ब्राह्मणों से लोहा लिया। नाथयोगियों के पाखंडों को चकनाचूर किया। मौलवियों के अत्याचारों का परदाफाश किया। उनके जीवन के तीसरेपन में पुनः काशी एक चुनौती थी। कहा जाता था कि काशी में मरने से मुक्ति होती है और दूसरी जगह मरने पर कुत्ते-बिल्ली का जन्म मिलता है।

इसीलिये काशी में मरणासन्न बूढ़ों और विधवाओं की भारी भीड़ जुटती थी। बचा-खुचा जीवन ब्राह्मणों को दान-दक्षिणा दे कर कृतार्थ होते हुए ये सब मर-मरा जाते थे। एक तरफ ब्राह्मणों की चाँदी थी, तो दूसरी ओर बनिये-व्यापारियों के भी पौ बारह थे।

कबीर ऐसे भक्त थे, जो ईश्वर को भी कसौटी पर कस देते थे। वे सोचने लगे कि यदि मैं काशी में मर कर मुक्त होऊँ, तो राम का कौन-सा निहोरा है। इस भ्रम को तोड़ना बहुत जरूरी था। सो कबीर साहब ने निर्णय किया कि वे काशी से बाहर अपना अंतिम समय गुजारेंगे। वे मगहर चले आये। मगहर में लोग अकाल से बहुत त्रस्त थे। लोग सोचते कि हमारा नगर ईश्वर की कृपा से वंचित है। कबीर साहब ने मगहर आकर लोगों का जीवन ही बदल दिया। जिस कठिन परिश्रम और एकनिष्ठता की उन्होंने अलख जगायी उसने बंजर के कलेजे में भी संवेदना के अंकुर उगा दिये। नियमित बरसात होने लगी और चारों तरफ हरियाली फैल गयी। नवाब बिजली खाँ असीम श्रद्धा से हाथ बाँधे कबीर साहब के आदेश का इंतजार करते।

अपनी कुटी में बैठे कबीर अक्सर ध्यानमग्न हो जाया करते। यह जीवन उन्होंने सच ही खोज में बिताया था। अब उनका काम बहुत-से लोगों ने बाँट लिया था। उनके सच्चे अनुयायियों की संख्या सीमित थी, लेकिन ऐसे लोगों की संख्या बहुतायत थी, जो उनकी पूजा करते थे। वे वास्तव में वह काम करते, जो कबीर साहब वर्जित कर चुके थे। उन सभी शिष्यों के मन में बाहरी ढोंग-धतूरों के प्रति आकर्षण ज्यादा था। वे उस प्रकाश को नहीं पा सके, जो कबीर साहब की प्रज्ञा से उत्पन्न हुआ था।

कहते हैं कि अंत समय में कबीर साहब अपने अनुयायियों से बहुत निराश थे। उन्होंने जान लिया था कि हर हालत में सारे चेले उनका बाजार लगायेंगे। उनके नाम पर मठाधीशी करेंगे और अपनी नालायकी को भक्ति के आवरण में लपेट कर ब्राह्मणों-मौलवियों-कनफट्टों की ही तरह भ्रमजाल फैलायेंगे। उनकी वाणी के सहारे फलने-फूलनेवाले ब्राह्मणवाद को सदियों तक लोग समझ नहीं पायेंगे। इसीलिये कबीर साहब अकसर रोने लगते। ठीक वैसे ही, जैसे सुकरात के बारे में कहा जाता है। यूनान के सम्राट ने जब सुकरात को मृत्यु दंड सुनाया, तब की बात है। सुकरात एक दिन शाम को कहीं जा रहे थे। प्यास के मारे वे एक कुएँ पर पहुँचे, तो उदास भिश्तियों को अपने ही बारे में बात करते पाया। उन्होंने भिश्तियों की उदासी का कारण पूछा, तो सब ने भरे गले से बताया कि राजा ने सुकरात जैसे महान आदमी को मृत्यु दंड दे दिया है। सुकरात ने पूछा, आप सब सुकरात को क्यों महान् मानते हैं ? भिश्तियों ने बताया कि सुकरात जैसे नामी आदमी को सभी जानते हैं, इसलिये वह तो महान् होगा ही। यह सुन कर सुकरात

सिर पीट कर रोने लगे। भिश्तियों ने चकित होकर पूछा, तो उन्होंने जवाब दिया, 'भाई मेरा ही नाम सुकरात है। आने वाले दिनों में राजा मुझे जहर का प्याला देगा, लेकिन मैं तो आज ही मर गया। तुम सब या पूरा यूनान यह तो जानता है कि सुकरात बड़ा नामी है, लेकिन एक भी आदमी ठीक से नहीं जानता कि वह क्यों नामी है। मैं आज अपने जीवन की निरर्थकता पर आँसू गिरा रहा हूँ।' फिर वे बहुत देर तक फूट-फूट कर रोते रहे।

बहुत दिनों तक कबीर साहब निराश रहे, लेकिन उन्होंने इस निराशा से पार पा लिया। एक दिन कबीर साहब ने राजा वीरदेव सिंह बघेल से कुछ फूल मँगवाये। कबीर साहब ने राजा से कहा कि तुम सब मेरी कुटी का द्वार बंद कर दो, अब मैं अनंत विश्राम करूँगा। यह सुन कर राजा रोने लगे। कबीर ने उन्हें समझाया, 'बहुत दिनों से मेरे साथ रहकर भी तुम मोह से छूट नहीं पाये ? यह अच्छी बात नहीं है। तुम सचेत होओ—यह संसार मोह पैदा करता है। मोह दुख का पिता है। तुम सभी निर्मल-मन होओ।'

माघ सुदी एकादशी संवत् 1519 वि. को कबीर साहब ने संसार को वह चादर लौटा दी, जिस पर लोगों को बड़ा नाज होता है और उसी के बूते तमाम खटकरम करते हुए अंत में उसे चीकट कर डालते हैं—

जो चादर सुर नर मुनि ओढ़ी, ओढ़ि के मैली कीन्हीं
दास कबीर जतन से ओढ़ी, जस की तस धर दीन्हीं
चदरिया झीनी रे बीनी...

जब पर्ण कुटी का दरवाजा खुला, तो लोगों ने पाया कि साहब एक अपूर्व निंद्रा में लीन हैं—जीवन भर जागनेवाले ने जब सोने का निर्णय किया, तो समाज आंदोलित हो उठा। कई लोग भहरा कर गिर पड़े और जोर-जोर से विलाप करने लगे। पल-भर में खबर चारों ओर फैल गयी कि कबीर साहब ने संसार से विदा ले ली।

बाद में राजा वीरदेव सिंह बघेल और नवाब बिजली खाँ में तक-झक हो गयी। यहाँ तक कि तलवार निकालने की नौबत भी आयी। बिजली खाँ कहते थे कि शव पर मेरा अधिकार है, क्योंकि कबीर साहब मुसलमान थे और उन्होंने मेरे क्षेत्र में आकर अपना शरीर त्याग किया। इसलिये मेरा अधिकार है कि मैं उनका संस्कार इस्लामी विधि से करूँ। बघेल का तर्क था कि साहब को मानने वाले हिंदू ज्यादा हैं, वे स्वयं हिंदू संत रामानन्द के शिष्य थे। इसलिये उनके दाह संस्कार का अधिकार मेरा है।

बात बढ़ गयी। दोनों पक्ष के लोग मरने-कटने को उद्यत हो उठे। आखिर में किसी ने सुझाया कि शिष्य तो हिंदू-मुसलमान दोनों हैं, लेकिन कबीर साहब

के शरीर का बँटवारा कैसे हो सकेगा ?

इधर तकरार चल ही रही थी कि उधर अजूबा हो गया। कबीर साहब का पार्थिव शरीर लोगों के ढूँढ़े से भी न मिला–हाँ, कुछ फूल उस कुटिया में जरूर महमहा रहे थे। तकरार करते दोनों पक्षों ने कोई और उपाय नहीं देख कर उन फूलों को ही आपस में बाँट लिया और अपनी-अपनी धार्मिक रीतियों के अनुसार उन फूलों का ही अंतिम संस्कार कर दिया।

किंवदंतियाँ तथा इतिहास

डेविड लारेंजन

अन्य जगहों की तरह भारत में भी संतों तथा महानायकों के बारे में किंवदंतियों का होना रहस्यमय है। केवल इतना ही नहीं है कि किंवदंतियों के ऐतिहासिक साक्ष्य उपलब्ध हैं, वहाँ भी किंवदंतियों का उदय क्यों कर हुआ, यह व्याख्या कर पाना मुश्किल है। अधिकांश किंवदंतियों में इतिहास कम और फंतासी अधिक, रोज-ब-रोज की वास्तविकता कम और स्वप्न अधिक होते हैं। अकसर महापुरुषों व महानायकों के अप्रासंगिक व उलझनपूर्ण विवरणों में उनके व्यक्तित्व को आदर्श स्वरूप देने की प्रक्रिया में उनकी जो कमियाँ व दोष हटाये नहीं जा सकते, वास्तव में क्या हुआ होगा इसकी थोड़ी-बहुत स्मृति उन्हीं में परिरक्षित रहती है। बाकी सब कुछ तो कल्पना मात्र है।

कल्पना किंतु बहुत-से आकार ग्रहण करती है। संतों और महानायकों के इर्द-गिर्द किंवदंतियाँ यों ही इकट्ठी नहीं हो जातीं। इतिहास समाज को विषय-वस्तुओं तथा अभिप्रायों का जो विपुल भंडार देता है, उसी से जन्म लेती हैं किंवदंतियाँ, परंतु प्रत्येक संत या महानायक के लिए इनकी रचनात्मक प्रक्रिया चयनात्मक होती है। कुछ विषय-वस्तुएँ तथा अभिप्राय ऐसे होते हैं जिन्हें बरकरार रखा जाता है और बाकी को छाँट दिया जाता है। आम तौर पर किंवदंतियों के अनजान रचयिता, वह व्यक्ति हो या समूह, किंवदंतियों को अपनी तथा अपने श्रोता या पाठकों की आवश्यकता, रुचि, आशा तथा आकांक्षाओं के आधार पर ही गढ़ते हैं। सच्ची या झूठी कोई भी घटना, जो इन उद्देश्यों की पूर्ति नहीं करती, समय के साथ भुला दी जाती है। और वह घटना जो इन उद्देश्यों की पूर्ति करती है, उस प्रिय गीत की तरह यादों में बसा ली जाती है, जिसकी नये गायक पुनर्व्याख्या तो करें, किंतु अपने रंगपटल से उसे मिटने न दें।

बहुत सारी किंवदंतियों के पुन:कथन के क्रम विकास की केवल खोज करना उतना ही कठिन काम है जितना कि किसी पुरातत्त्ववेत्ता द्वारा वह उत्खनन, जो बहुपरतों वाले मेक्सिकन पिरामिड के कई पुनर्निर्माणों को अनावृत करता है। इस काम का अपना आकर्षण है और पुरस्कार भी, किंतु मैं दो संबंधित प्रश्नों पर

अधिक ध्यान देना चाहूँगा : वे कौन-सी सामाजिक व मनोवैज्ञानिक आवश्यकताएँ, रुचियाँ, आशाएँ तथा आकांक्षाएँ हैं, जिन्होंने किंवदंतियों को गढ़ने तथा लोकप्रिय बनाने में मदद की ? और, किस प्रकार क्रमविकसित तथा ऐतिहासिक वातावरण में परिवर्तित होती इन अभिप्रेरणाओं ने किंवदंतियों के क्रम विकास को प्रभावित किया। ऐलेन डंडेस के कहे अनुसार लोक-कथाओं में लोक को रखा जाना चाहिए। (डंडेस 1980 : 8)।

पौराणिक कथाओं तथा परी-कथाओं के विपरीत किंवदंतियों में यह दावा होता है कि ऐतिहासिक काल में वे ऐतिहासिक व्यक्तित्व के कृत्य का वर्णन करती हैं। (डंडेस 1980 : 231) ऐसे मामले में जहाँ किसी संत या महानायक विशेष के संबंध में थोड़ा भी ऐतिहासिक आभास नज़र आता है, तो अक्सर विद्वान् उसके 'सच्चे इतिहास के पुनर्निर्माण' में जुट जाते हैं। चूँकि अधिकांश मामलों में इन ऐतिहासिक पुनर्निर्माणों के लिए स्वयं किंवदंतियों द्वारा उपलब्ध मूल सामग्री पर ही निर्भर करना पड़ता है, इसलिये यह तय कर पाना कि क्या इतिहास है और क्या नहीं, कोई आसान काम नहीं। अधिकांश विद्वान् इस बात को मानेंगे कि चमत्कारों तथा दैवीय अथवा अलौकिक हस्तक्षेपों को अमान्य करना होगा तथा इस बात की अत्यधिक संभावनाएँ हैं कि किंवदंतियों से संबंधित अप्रीतिकर घटनाएँ तथा प्रसंगातीत विवरण सही हों। इन दो चरम स्थितियों के बीच सामग्री का ऐसा विपुल भंडार होता है, जिसे स्पष्टतः 'तथ्य या कथा-साहित्य' नहीं कहा जा सकता। सवाल यह है कि अपने संतों तथा महानायकों के अपौराणिकीकरण में हमें कितना आगे बढ़ना चाहिए ?

दुर्भाग्यवश, इस प्रकार के प्रश्नों के उत्तर से भी इस बात की व्याख्या में कोई मदद नहीं मिलती कि संतों तथा धर्म-संस्थापकों संबंधी किंवदंतियाँ तथा संतचरित लेखन लगभग हर मुख्य धर्म व संप्रदाय की मान्यताओं तथा आचरण में प्रमुख भूमिका कैसे निभाते हैं। ये किंवदंतियाँ ऐतिहासिक तथ्यों पर आधारित हों या न हों, अकसर बाद के वर्षों में प्रतिकूलताओं की उपस्थिति में ये धर्म व संप्रदाय दावे के साथ इस बात की ऐतिहासिक व्याख्याएँ प्रस्तुत करते हैं कि किस प्रकार धार्मिक आंदोलनों का उदय हुआ तथा किस प्रकार उनकी परंपराओं को सुरक्षित रखा गया। किंवदंतियाँ उन कथाओं का स्वरूप ग्रहण कर लेती हैं जो कथाएँ संप्रदाय के सदस्य कहते हैं। यह दरअसल निजवाचक विवरण होते हैं, जिनमें संप्रदाय के काल्पनिक भोगे हुए अतीत, उसकी ऐतिहासिक पहचान, इसके धार्मिक, सामाजिक, नैतिक, राजनीतिक तथा आर्थिक मूल्यों तक को परिभाषित किया जाता है (ओबेराय 1987 : 26-28; गीर्त्ज़ 1973 : 448-53)।

किंवदंतियाँ सामाजिक-धार्मिक सिद्धांतों को मूर्त रूप देती हैं। 'सिद्धांत' से मैं जॉन बी, थाम्प्सन (1984 : 4) जिसे सिद्धांतों की 'विवेचनात्मक अवधारणा'

कहते हैं, की ओर खासतौर से इंगित करना चाहता हूँ। यह वह अवधारणा है, जो आदर्श को सामाजिक सत्ता के प्रयोग से सीधे जोड़ती है। थाम्प्सन आदर्शों सिद्धांतों को प्रभुत्व का उपकरण मात्र मानते हैं–'वे मार्ग जिनमें अर्थ या अभिप्राय प्रभुत्व के संबंधों को कायम रखने में सहायक होते हैं।' ऐसे सामाजिक प्रभुत्व के विरुद्ध जो विभिन्न आवाज़ें उठती हैं, मैं उन्हें भी सिद्धांत का स्वरूप मानता हूँ। कबीर की किंवदंतियों में प्रत्यक्ष या अप्रत्यक्ष जो भी सामाजिक अभिप्राय हैं, उनका प्राथमिक उद्देश्य सामाजिक विषमता तथा आर्थिक शोषण का प्रतिवाद है, न कि प्रभुत्व के जो वर्तमान संस्थान हैं उन्हें वैध ठहराना। कबीर की किंवदंतियों में निर्धन व असहायों की विचारधारा अभिव्यक्त होती है, न कि धनी व प्रभुत्वशालियों की। चीजें जैसी हैं वैसी क्योंकर हुईं, इसके संदेश भी लोक साहित्य के सर्जक विवरणात्मक भाव में अथवा मिथकीय सिद्धांत या विचार धारण स्वरूप में प्रस्तुत करते हैं। हालाँकि मिथकों के मामले में यह संदेश अधिकांश उन आधारभूत वैचारिक, सामाजिक तथा मनोवैज्ञानिक संरचनाओं से संबंधित होते हैं जो संप्रदायों और उनके सदस्यों को परिभाषित करते हैं। इसके विपरीत किंवदंतियों का सीधा संपर्क आमतौर पर उन सामाजिक व राजनीतिक स्थितियों से होता है, जिनका सामना ऐतिहासिक विकास की प्रक्रिया में संप्रदायों को करना पड़ता है। फलस्वरूप किंवदंतियों को मिथकों से कम 'गहरे' विश्लेषण की आवश्यकता होती है। यह कोई मात्र संयोग नहीं है कि संरचनावादी मानवशास्त्री क्लॉड लेवि-स्ट्रॉस तथा धर्मसंबंधी मनोवैज्ञानिक मिर्सिया इलियेड, दोनों ने ही किंवदंतियों की बनिस्बत मिथकों पर काम करना पसंद किया।

इसका आशय यह कतई नहीं कि किंवदंतियों को एकदम अपने बारे में कहने दिया जाये। उनके विचारधारात्मक संदेशों का चरित्र मिथकों के समान नहीं भी हो सकता है तथा न ही मिथकों के समान किंवदंतियाँ मनोवैज्ञानिक संघनन, विरूपण या तोड़-मरोड़ का विषय हो सकती हैं। फिर भी किंवदंतियों के संदेश बहुधा सूक्ष्म होते हैं तथा खुले तौर पर सुस्पष्ट न होकर छद्मस्वरूप या अस्पष्ट भी हो सकते हैं। कबीर के बारे में जो किंवदंतियाँ हैं, उनके श्रोता निम्न श्रेणी के वे किसान, मज़दूर, कारीगर हैं, जिनके लिये या कुछ हद तक जिनके द्वारा किंवदंतियों का संयोजन हुआ, वे बड़े उदात्त भाव से उन किंवदंतियों के विचारधारात्मक संदेशों को आत्मसात् करने को अभिमुख हुए होंगे। बाहरी बुद्धिजीवी इन संदेशों की सुस्पष्ट व्याख्या बेहतर ढंग से कर सकते हैं, परंतु उन्हें अपने और किंवदंतियों के निर्माताओं के बीच जो बहुत बड़ा ऐतिहासिक व मनोवैज्ञानिक अंतराल है, उसका सामना करना पड़ता है। कल्पना की एक संवेदी उड़ान इस अंतराल को दूर तो कर सकती है, परंतु ऐसे बुद्धिजीवियों की किंवदंतियों के मूल ऐतिहासिक व मनोवज्ञैानिक संदर्भों में सीधी व संपूर्ण पैठ

कभी नहीं हो सकती। फलस्वरूप किंवदंतियों के जो बहुत सारे सामाजिक, राजनीतिक व मनोवैज्ञानिक निहितार्थ हैं, वे काल्पनिक पुनर्निर्माण की पकड़ से अछूते रह जाते हैं।

कबीर के बारे में जो किंवदंतियाँ हैं, तुलनात्मक रूप से उन पर शास्त्रीय विद्वानों का ध्यान कुछ कम गया। अधिकतर ऐसे विद्वानों ने किंवदंतियों से कुछ हद तक कबीर के ऐतिहासिक 'जीवन–चरित' का अनुमान भर लगाया है। किंतु ऐसा नज़रिया बहुत दूर तक नहीं ले जाता। मसलन शार्लोट वॉडेविले ने जिस श्रमसाध्य ऐतिहासिक मीमांसा से काम लिया, उसने कबीर के ऐतिहासिक जीवन चरित संबंधी कुछेक तथ्यों को छोड़कर लगभग सारे तथ्यों को संदेह के घेरे में ला दिया। ऐतिहासिक अवशेषों का सार निकालने के अतिरिक्त कबीर की किंवदंतियों के बारे में वॉडेविले की कोई रुचि नहीं लगी। वह तो इतना मानकर ही संतुष्ट लगीं कि कबीर का जीवन भारतीय जीवन–चरित के सुपरिचित प्रारूप के अनुरूप ही है (वॉडेविले 1974 : 46), लगभग यही बात अधिकांश अन्य शास्त्रीय विद्वानों पर भी लागू होती है। अपवादस्वरूप हैं डेविड स्कॉट तथा जी एच वेस्कॅट, एफ ई केय, परशुराम चतुर्वेदी, केदारनाथ द्विवेदी, के.के. भट्ट आदि विद्वान्, जो कबीर के साथ–साथ कबीर पंथ में भी रुचि रखते हैं, हालाँकि ये विद्वान् भी कबीर संबंधी किंवदंतियों की सामाजिक व धार्मिक सिद्धांतों की अभिव्यक्ति के रूप में चर्चा न कर उनसे ऐतिहासिक जीवन–चरित का सार तत्त्व निकालने की ओर अधिक आकृष्ट लगते हैं।

जब कबीर संबंधी किंवदंतियों की कथावस्तु की हम तुलना करते हैं, तो यह स्पष्ट हो जाता है कि लगभग सारी किंवदंतियाँ दो या तीन संबद्ध श्रेणियों में आती हैं। इसके अलावा कहा जा सकता है कि इन किंवदंतियों की कथावस्तु में आम तौर पर भारतीय संत चरित्र की जो विशेषता होती है वह नहीं है, ऐसा वॉडेविले का मानना है। बल्कि यह तो कथावस्तु है, जिस पर खास तौर से निम्न श्रेणी के संत–महापुरुषों के जीवन–चरित्र में दिया जाता है।

कबीर की अधिकांश किंवदंतियों में मुख्य विवरणात्मक कथावस्तु है शक्तिशाली राजनीतिक, आर्थिक या धार्मिक हस्ती : एक राजा, एक सुल्तान, एक व्यवसायी, एक ब्राह्मण, एक मुसलमान काजी, एक देवी या देवता द्वारा कबीर को परखना। कोई अचंभा नहीं कि ये सारी हस्तियाँ ताकत, जादू या चालाकी से कबीर को बदनाम करना या नुकसान पहुँचाना चाहती हैं, पर वे कबीर का कुछ नहीं बिगाड़ पातीं। सिकंदर द्वारा कबीर को परखने की किंवदंती में ब्राह्मणों और काजियों के प्रोत्साहन द्वारा कबीर को डुबाने, जलाने और कुचलकर मार डालने की सारी कोशिशों से कबीर उबर आते हैं। कबीर की पत्नी तथा कामुक व्यवसायी की किंवदंती में कामुक व्यवसायी द्वारा अपनी पत्नी के यौन शोषण की कोशिश

को वह नाकाम कर देते हैं। ब्राह्मणों द्वारा अनपेक्षित भोज व खाद्य की माँगवाली किंवदंती में ब्राह्मणों के लोभ व ईर्ष्या पर कबीर की जीत होती है। ब्राह्मण भक्त तत्त्व तथा जीव, ब्राह्मण विद्वान् सर्वजीत, योगी गोरखनाथ, मुस्लिम काज़ी शेख तकी आदि से हुए संघर्ष की किंवदंतियों में कबीर अपनी आध्यात्मिक श्रेष्ठता तथा चमत्कारिक शक्तियों का प्रदर्शन करते हैं। भिक्षुक के वेश में भगवान को अपने वस्त्र दान कर कबीर अपनी सदाशयता तथा एक देवी या अप्सरा द्वारा परखे जाने पर अपनी शुचिता प्रमाणित करते हैं।

अन्य बहुतेरी किंवदंतियों में कबीर उस सहनशील व्यक्ति की भूमिका को नकार देते हैं, जो परखनेवाले शक्तिशाली लोगों पर अपनी श्रेष्ठता का सिक्का जमा देता है। इन किंवदंतियों में स्वयं कबीर एक चालाक व्यक्ति की भूमिका अख्तियार कर राजनीतिक और धार्मिक शक्ति संपन्नों को अपने ढंग से परखते हैं। दीक्षा संबंधी किंवदंती में कबीर चालाकी से गुरु रामानन्द से दीक्षा मंत्र हासिल करते हैं और बाद में अपने अनिच्छुक गुरु पर अपनी आध्यात्मिक पात्रता प्रमाणित करते हैं। मुस्लिम धार्मिक व्यक्ति जहाँ-गस्ता की कबीर से भेंट की किंवदंती में कबीर अपने रूढ़िवादी मुलाक़ाती को सबक सिखाने के लिए अपने घर के सामने सूअर बाँध देते हैं। वेश्या की किंवदंती पंडा और राजा में कबीर ऐसी चालाकी करते हैं कि राजा को उनके नैतिक चरित्र तथा चमत्कारिक शक्ति पर संदेह हो जाये। परंतु सच्चाई का पता चलने पर राजा को पश्चात्ताप होता है और वह कबीर के सामने नतमस्तक हो जाता है। मगहर में कबीर की मृत्यु की किंवदंती भी एक तरह से कहानी है कि किस प्रकार चालाकी से कबीर ने अपने दो शिष्यों (बिजली खां और वीर सिंह) के अपनी लाश पर अधिकार के झगड़े को टाला।

कुछ किंवदंतियाँ हैं, जो कबीर के गुणों और शक्ति की परख से सीधे जुड़ी नहीं हैं, फिर भी उनकी सहज श्रेष्ठता को उजागर करती हैं। इस संदर्भ में सबसे महत्त्वपूर्ण है, कबीर की जन्म संबंधी किंवदंतियाँ। इनमें यह दिखाने का प्रयास किया गया है कि कबीर वास्तव में नीची जाति के मुस्लिम नहीं थे। वह या तो मुसलमानों द्वारा गोद लिये गये थे (कुछ विवरणों के अनुसार यह मुसलमान पतित ब्राह्मण थे), पूर्व जन्म में वह ब्राह्मण ही थे या स्वयं ईश्वर के अवतार थे।

इन दो या तीन आम विवरणात्मक कथाओं में दुर्बल का शक्तिशाली के विरुद्ध, निर्धन का संपन्न के विरुद्ध, तिरस्कृत का तिरस्कार करने वाले के विरुद्ध प्रतिशोध का तत्त्व साझा है। किंवदंतियाँ अधिकतर यश, धन तथा सत्ता के वे स्वप्न हैं जो कबीर के अनुयायियों सदृश निम्न श्रेणी के लोगों ने देखे।

शाहिद अमीन (अमीन 1988 : 288-348) ने अपने लेख में महात्मा गांधी के बारे में जो कुछ लिखा, उससे कबीर की किंवदंतियों की वाचिक कथावस्तु की तुलना की जा सकती है। गांधी के बारे में ये किंवदंतियाँ 1920 में उत्तर प्रदेश

के गोरखपुर अंचल के गरीब किसानों ने बतायीं। इन कथाओं में चार मूल कथावस्तुओं की ओर अमीन इंगित करते हैं–'महात्मा की शक्ति की परख, महात्मा का विरोध, गांधीवादी संप्रदाय का विरोध और वरदान या/और चमत्कार का निष्पादन।'

कबीर की किंवदंतियों में किसी ऐतिहासिक आधार के अभाव का यह अर्थ नहीं कि उनका कोई ऐतिहासिक महत्त्व ही नहीं। इसके ठीक विपरीत ये किंवदंतियाँ अपने आपमें ऐतिहासिक शक्तियाँ हैं। जिस संप्रदाय ने इन किंवदंतियों का निर्माण किया, ये उस संप्रदाय के क्रम-विकसित मूल्यों का प्रतिरूप हैं। इस विचार से इतिहास की भूमिका को किंवदंतियों की स्थिति के संधान के लिए पृष्ठभूमि या संदर्भ तक सीमित रखना स्पष्टतः भूल होगी। किंवदंतियों के निष्पादन की पटभूमि नहीं है इतिहास। इतिहास तो स्वयं नाटक है और किंवदंतियाँ इसके महत्त्वपूर्ण पात्र।

कबीर पंथ के अंतर्गत तथा इसके बाहर भी कबीर के जो अनुयायी हैं, उनके लिये ये किंवदंतियाँ उनकी धार्मिक आस्था, उनकी व्यक्तिगत व सामुदायिक पहचान तथा उनके सामाजिक व धार्मिक सिद्धांतों का महत्त्वपूर्ण स्रोत व हिस्सा हैं। इन किंवदंतियों के अभाव में, सच तो यह है, कबीर-पंथ ठीक वैसे ही बेमानी है जैसे राम और कृष्ण की किंवदंतियों के बिना वैष्णव धर्म, यीशु-बुद्ध-मुहम्मद की किंवदंतियों के अभाव में क्रमशः ईसाई धर्म, बौद्ध धर्म तथा इस्लाम।

कबीर संबंधी किंवदंतियों को सुसंगत रूप से समाहित करने वाले दो मूल ग्रंथ हैं, जो शायद सबसे पुराने हैं–अनन्त दास का 'कबीर परिचय' और 'निर्भयांजन'। निर्भयांजन का प्रकाशन नहीं हुआ। इलाहाबाद में हिंदी साहित्य सम्मेलन के पुस्तकालय में मैंने संक्षिप्त रूप से निर्भयांजन की पांडुलिपि देखी, परंतु विस्तृत अध्ययन के लिए प्रति न मिल पायी। केदारनाथ द्विवेदी ने लेख का सार अपनी पुस्तक 'कबीर और कबीर पंथ' में दिया है। उनका यह भी दावा है कि वाराणसी के नागरी प्रचारिणी सभा पुस्तकालय में निर्भयांजन की एक पांडुलिपि है। 1985 में नागरी प्रचारिणी सभा के पुस्तकालय में मुझे यह उपलब्ध न हो पायी। द्विवेदी जी का कहना है कि निर्भयांजन में कबीर तथा उनके शिष्य धर्मदास के बीच वार्तालाप है। इसका तात्पर्य यह हुआ कि यह ग्रंथ कबीर पंथ की धर्मदास शाखा से संबंधित होगा। इस तथ्य से इस मूलपाठ की तिथि पर संदेह होता है, क्योंकि स्वयं द्विवेदी जी के अनुसार धर्मदास कबीर के सौ वर्षों बाद हुए। जब तक निर्भयांजन की पुरानी तिथि के स्पष्ट प्रमाण नहीं मिल जाते, मुझे संदेह है कि निर्भयांजन अठारहवीं सदी का ग्रंथ है।

(अंग्रेजी से रूपांतर : प्रेम कपूर)

भक्ति साहित्य के परिप्रेक्ष्य में

शम्भुनाथ

वेदांत और बौद्ध धर्म के बाद भक्ति आंदोलन भारतीय सामाजिक चेतना में तीसरा क्रांतिकारी नवोन्मेष है। वह धर्म और मानवता का एक नया संकल्प बन कर आया। संपूर्ण भक्ति आंदोलन ही, जिसकी शुरूआत दक्षिण से हुई, धर्म और मानवता की एक नयी चेतना है। बौद्ध धर्मावलंबी सनातन हिंदू व्यवस्था से विद्रोह कर बाहर निकल चुके थे, जबकि भक्तों ने भीतर रह कर सुधार का उद्घोष किया। भक्ति आंदोलन ने मानव के दिलों से भेद मिटाना चाहा, जो धर्म पर विशेषाधिकार प्राप्त पुरोहितों–आचार्यों के आधिपत्य को चुनौती थी। उसका समाज पर असर देर तक सुरक्षित न रह पाया हो, हिंदू कट्टरता और कूपमंडूकता की कठोर तहें बिंध न पायी हों; इसके बावजूद, वह सामाजिक उत्थान के कुछ नये स्वप्न बो गया।

भक्ति आंदोलन में सगुण और निर्गुण ही नहीं, आध्यात्मिकता और भौतिकता, शास्त्र और लोक, द्विज और दलित, हिंदू और मुसलमान, स्थावर और भ्रमणशील एक लंबी आपसी टकराहट के बाद अंतर्मिश्रित हो रहे थे। भारतीय सामाजिक विकास का यह स्वभाव उल्लेखनीय है कि दो विरोधी तत्त्व टकराते–टकराते परिस्थितिवश अंततः अंतर्मिश्रित हो जाते हैं, भले विकास के दुश्मन उनमें दुबारा भेद डालने में सफल हो जायें। भक्ति की लहरों ने पढ़े–लिखों और निरक्षरों के बीच दूरी कम की, काव्य भाषा और जनभाषा का भेद मिटाया। यह भक्ति आंदोलन की लहरों का ही असर था कि कबीर निरक्षर भले हों, अशिक्षित न थे।

कबीर तुलसी से करीब सौ साल पहले हुए थे। सगुण और निर्गुण के अंतर्मिश्रण की संस्कृति उन्हीं की देन है। कबीर ने कहा, *गुण में निरगुण, निरगुण में गुण, वाट छाड़ि क्यों बहिये।* उन्होंने ईश्वर को जीव में तथा सृष्टि के घट–घट में रमा हुआ बता कर धर्म की राजनीति करने वालों का पत्ता गोल कर दिया, *खालिक खलक में खलक में खालिक, सब घट रह्यो समाई।* कृष्ण के सगुण प्रेम में डूबी रहनेवाली मीरा ने भी निर्गुण सेज बिछाया और गाया, *रोगी अंतर वैद बसत है, वैद ही ओखद*

जाणो रे। भक्ति की विभिन्न अंतर्धाराओं में सामान्य गुण स्वाभाविक हैं। फिर भी यह एक तथ्य है कि संत अंतर्धारा के सभी महत्त्वपूर्ण कवि दलित हैं और राम भक्ति धारा का एक भी कवि दलित नहीं है। निःसंदेह संत कवियों ने केवल दलितों के लिए कविता नहीं रची थी, उनके सामने पूरा मानव समाज था। इसी तरह तुलसीदास ने केवल द्विजों के लिए नहीं लिखा था। वे दलितों पर भी भक्ति का प्रभाव पैदा करना चाहते थे, जिसके लिये उन्होंने राम कथा में अनेक संरचनात्मक परिवर्तन किये। फिर भी *सगुनहिं अगुनहिं नहिं कछु भेदा* कहने वाले तुलसी ने *साखी–सबदी–दोहरा* के संत कवियों को कोसने में कोई कसर नहीं छोड़ी थी। रामविलास शर्मा सफाई पेश करते हैं कि *साखी–सबदी–दोहरा* कहने वालों को तो खुद कबीर ने भी कोसा था। कबीर ने कहा था, *साखी सबदै गावत भूले आतम खबर न जाना। घर घर मंत्र जो देत फिरत हैं माया के अभिमाना।* कबीर अपनी परंपरा के रूढ़िवादियों को कोसते हैं, यह आत्मालोचना है। तुलसी का उपर्युक्त रुख परनिंदापरक है। वे सूर के प्रति भी आलोचनात्मक रुख रखते हैं और असहिष्णुता का परिचय देते हैं। कबीर और सूर में सांप्रदायिक आग्रह जरा भी नहीं है, जबकि तुलसी में एक हद तक है। ऐसा लगता है कि तुलसी में सहिष्णुता कम है।

निःसंदेह तुलसी ने अपने युग के विशेषाधिकार–प्राप्त पुरोहित वर्ग को चुनौती दी थी। उसके धार्मिक मनमानेपन, बड़बोलेपन, धूर्त्तता और दंभ की आलोचना करते हुए उन्होंने लिखा था, *मारग सोई जाकहुँ जो भावा। पंडित सोई जो गाल बजावा।* उन्होंने बाह्याचार की तुलना में नाम सुमिरन को महत्ता दी। धर्म की परंपरागत मर्यादा घटाये बिना तुलसी ने गरीबों–दलितों के लिए भी रामभक्ति का रास्ता सुगम बना दिया। हजारीप्रसाद द्विवेदी ने इस पहलू पर खास तौर से लिखा, 'यह ध्यान देने की बात है कि तुलसी ने रूप की अपेक्षा नाम को श्रेष्ठ बताया है, यहाँ तक कि 'ब्रह्म राम ते नाम बड़' कहा है। अर्थात् निर्गुण भाव से भजन किया गया हो या सगुण भाव से, नाम की महिमा में कोई संदेह नहीं। इस सिद्धांत के द्वारा उन्होंने सहज ही अपने विरुद्धवादियों को भी अपनी श्रेणी में ले लिया है।' दूसरे कई संदर्भों में द्विवेदी जी का विरोध करते हुए रामविलास शर्मा इस खास संदर्भ में दो कदम आगे बढ़ कर लिखते हैं, 'यह कोई समन्वयवादी दाँव नहीं था, जिसके लिए तुलसीदास को झुकना पड़ा हो। उन्होंने दार्शनिक स्तर पर निर्गुण और सगुण की जो एकता स्थापित की थी, उसकी परिणति निर्गुणपंथी भक्तों को अपनी श्रेणी में ले लेने में ही हो सकती थी।' हजारीप्रसाद द्विवेदी ने अप्रत्यक्ष रूप से और रामविलास शर्मा ने प्रत्यक्ष रूप से, पर दोनों ने ही भक्तिकालीन लोक जागकरण को मुख्यतः राम और तुलसी के संदर्भ में देखा। उन्होंने भक्ति आंदोलन को उसके समग्र विकास में नहीं देखा। वे साहस से कह नहीं सके कि यह संत

साहित्य का दबाव था, जिसके कारण मन के किसी कोने में उससे वितृष्णा रखते हुए भी तुलसी को बाह्याचार की तुलना में नाम सुमिरन को महत्त्व देना पड़ा। कबीर पर रामानन्द का प्रभाव था, तो तुलसी पर कबीर का।

वह जमाना भौतिक सुख को जीवन की सर्वश्रेष्ठ वस्तु समझने का था और सांप्रदायिक उन्माद का भी। ऐसे वातावरण में संत कवि अपनी सरलता, सादगी और प्रेमभरे हृदय की वजह से ही संत थे। उन्होंने हिंदू-मुसलमान दोनों के लिए सामान्य भक्ति मार्ग का विकास किया। भक्ति और सामाजिक यथार्थ के बीच एक द्वंद्वात्मक संबंध था, जिसने भक्ति को धार्मिक कर्मकांड से काफी ऊँचा उठा कर सामंती व्यवस्था और उसकी विचारधारा से विद्रोह का रूप दे दिया था। लेकिन कबीर सहित तमाम संतों का काव्य केवल प्रतिवाद का काव्य नहीं है, उसमें लोक संस्कृति का सौंदर्य और उसकी उच्चतर आकांक्षाएँ भी हैं। संत साहित्य ही भक्ति आंदोलन का एवरेस्ट है। दक्षिण से भक्ति की जो लहर उठी, उसने पश्चिम और उत्तर दिशाओं में भी समाज की भयावह दरारों को पाटने का काम किया।

भक्त कवियों की परंपरा की अखंडता में आस्था थी। तुलसी 'नाना पुराण निगमागम संमत' भक्ति के पक्षधर थे तो कबीर भी शब्द साधना की महत्ता निरूपित करते हुए कहना नहीं भूलते–*शब्दै वेद पुराण कहत हैं, शब्दै सब ठहरावै।* जिस तरह निराकार ब्रह्म का प्रभाव राम और कृष्ण भक्त कवियों पर था, अवतारवाद का प्रभाव संत कवियों पर था। कबीर कहते हैं, *अजामल गज गनिका पतित करम कीन्हा, तेऊ उतर पार गये राम नाम लीन्हा।* वह राम और कृष्ण का फर्क जरूर भूल जाते हैं, पर अवतारवाद से अप्रभावित नहीं रहते। दूसरी ओर, तुलसी ज्ञान की महत्ता बतलाते हैं, *कहहिं संत मुनि वेद पुराना। नहिं कछु दुर्लभ ज्ञान समाना।* कबीर ने भक्ति की और तुलसी ने ज्ञान की महत्ता जगह-जगह बतायी है, क्योंकि भक्तिरहित ज्ञान अहंकार है और ज्ञानरहित भक्ति अंधविश्वास।

सभी भक्त कवि अपने-अपने स्तर से ज्ञान-चेतना और भाव-चेतना दोनों का प्रसार चाहते थे। इसीलिये भक्ति काल में प्रेम को इतना महत्त्व मिला। सूर ने मानवीय राग के विस्तार का केंद्र राधा को ही नहीं, बालक कृष्ण को भी बनाया। भक्ति साहित्य में इतना बाल वर्णन नयी पीढ़ी में आस्था का द्योतक है। यह नये सुबह ले आनेवाले नये मनुष्य का आह्वान है। सूरदास के पदों में कृष्ण बार-बार असुरों-दुष्टों का वध करने की इच्छा प्रकट करते हुए अपनी माँ से पूछते हैं, कि वह कब बड़े होंगे, उनकी चोटी कब बड़ी होगी। उनकी चोटी हिंदुत्व की शान नहीं थी। उन्हें कंस को पछाड़ना था, *होऊँ बेगि मैं सबल सबनि में सदा रहों निरभै री, रंगभूमि में कंस पछारौं घीसि बहाऊँ बैरी।* बुराई से संघर्ष में कबीर ही नहीं, सूर भी 'निरभै' थे। भले सूर ने तुलसी के समान लोक संघर्ष का व्यापक रूप प्रस्तुत नहीं किया, पर वह बुराई के प्रति सजग थे। *जाति गोत कुल नाव गनत नहिं*

रंक होय कै रानो–यह सूरदास हैं। वह कृष्ण के सौंदर्य के प्रति अधिक आकर्षित हुए, जो जीवन के सौंदर्य के प्रति निश्छल आकर्षण का ही काव्यात्मक प्रतिबिंब है। दूसरी ओर, यह सूर नहीं, कबीर हैं, जो ईश्वर को माँ और खुद को बालक के रूप में देख कर कहते हैं, *हौं जननी मैं बालक तोरा।* कबीर राम ही नहीं, कृष्ण भाव से भी भर जाते हैं, जो भक्ति की अंतर्मिश्रणशील प्रकृति का खूबसूरत उदाहरण है।

ऐसी सामाजिक परिस्थितियाँ नहीं थीं कि भक्त कवि नारी के स्वतंत्र अस्तित्व की कल्पना करते। फिर भी पारिवारिक ढाँचे में उसके ऊँचे मानवीय स्थान की परिकल्पना सभी ने की। उन्होंने नारी से कामासक्ति के एकायामी संबंध की निंदा की, इसे माया माना। कबीर कहते हैं, *पतिव्रता के रूप पर वारूँ कोटि सरूप।* वह खुद एक अच्छे गृहस्थ थे। उनकी दृष्टि में सुहागिन का पूरा महत्त्व था, *भीजै चुनरिया प्रेम रस बूँदन। आरती साज के चली सुहागिन अपने पिय को ढूँढ़न।* उस काल में एक स्त्री मीरा का उभरना एक बड़ी घटना है। काफी कठोर सामंती व्यवस्थावाले राजस्थानी समाज में मीरा का लोक–लाज छोड़ कर कृष्ण भक्त होना साधारण घटना नहीं है। उनकी भक्ति एक 'प्रोटेस्ट' है। इससे भक्ति आंदोलन को एक खास आयाम मिला। तुलसी ने नारी की महत्ता घोषित की, *जिय बिनु देह, नदी बिनु बारी। तैसिय नाथ पुरुष बिन नारी।* आधुनिक जमाने में भी जब कई स्पष्ट मामलों में द्वैध कायम है, चार–पाँच सौ साल पहले के समाज में स्त्री की जगह को लेकर विभ्रम स्वाभाविक है। इसलिये भक्ति आंदोलन में स्त्री माया है और यथार्थ भी। उसे माया कह कर भक्त कवियों ने दरअसल स्त्री के प्रति एकायामी भोगवादी नजरिये को चुनौती दी थी। एक और बात है, स्त्री के प्रति गैर–बराबरीपूर्ण और एकयामी नजरिये का एक मुख्य स्रोत जाति व्यवस्था है। जाति व्यवस्था ने एक तीर से दो शिकार किये हैं–दलित और स्त्री। जाति व्यवस्था टूटे बिना स्त्री की पराधीनता खत्म नहीं होगी!

भक्त कवियों में सृष्टि के एक–एक तत्त्व के प्रति अद्‌भुत ममता थी। इसे कबीर की पर्यावरण–सचेतनता कह सकते हैं, *पाती तोरे मालिनी, पाती–पाती जीव।* भक्त कवियों में राजस्थान के जांभो जी में पर्यावरण सचेतनता सबसे अधिक है। वे पेड़ों को बचाना चाहते हैं। मीरा ने भी प्रकृति से मानवीय नाता जोड़ा, *बादल रे थे जल भरया आज्यो। झर–झर बूँदाँ बरसों आली कोयल सबद सुनायो।* भक्ति साहित्य में व्यापक प्रकृति सचेतनता है, जो मानव अनुभूति का विस्तार है। भक्त कवियों का प्रकृति सौंदर्य के प्रति आकर्षण जीवन को यथार्थ मानने के समान है। उन्होंने अपने धर्म को किसी पाखंड से जोड़ने की जगह प्रकृति से जोड़ा था, स्वानुभूति से जोड़ा था। केवल काशी, नवद्वीप, दिल्ली, आगरा में ही नहीं, राजस्थान, गुजरात और महाराष्ट्र में भी भक्ति मानवीय चेतना में गुणात्मक परिवर्तन

ला रही थी। वह भक्ति आज जैसा धर्म का शोर नहीं थी, धर्म का संगीत थी।

रामविलास शर्मा ने रीतिवादी धारा के समानांतर लोकजागरण की धारा के संबंध में लिखा है, 'लोकजागरण वाले साहित्य की धारा विद्यापति और खुसरो से आरंभ हो कर सूर, तुलसी के अलावा सेनापति और रहीम को समेटती हुई रीतिमुक्त घनानंद तक प्रवाहित रहती है। भारतेंदु हरिश्चन्द्र से जो नवजागरण शुरू होता है, वह नयी परिस्थितियों में पुराने लोक जागकरण का विकास है।' लोक जागरण की धारा के उपर्युक्त महत्त्वपूर्ण नामों में कबीर और मीरा के नाम नहीं हैं। यदि इसे सामान्य चूक मान कर चलें, तो भी सबसे बड़ी विडंबना यह है कि लोक जागरण के जो प्रमुख संदर्भ रामविलास शर्मा ने उपस्थित किये, वे हैं बस (क) सगुण साधना और (ख) भाषा। सगुण साधना के संदर्भ में भी रामविलास शर्मा का मूल इरादा इन पंक्तियों में जाहिर होता है, 'भारतीय भाषाओं में यथार्थवाद का अधिक विकास इसी सगुण साधना के साहित्य में हुआ है। सूर-तुलसी-कबीर के काव्य रूप अनेक हैं, इन काव्य रूपों द्वारा बहुत कुछ उनकी विषयवस्तु निर्धारित होती है। प्रगीत काव्य और प्रबंध काव्य में यथार्थवाद का चित्रण समान रूप से संभव नहीं है। हिंदी प्रदेश में श्रेष्ठ प्रबंध काव्य रामचरितमानस है।' निष्कर्ष यह निकला कि भक्तिकालीन लोक जागरण का प्रधान संदर्भ है सगुण साधना और इस धारा का प्रबंध काव्य रामचरितमानस। प्रबंध काव्य होने के कारण ही इसमें यथार्थवाद का सबसे अधिक विकास हुआ। जब काव्य वस्तु से काव्य रूप के निर्धारण के स्थान पर, काव्य रूप द्वारा काव्यवस्तु के निर्धारण का सिद्धांत प्रतिपादित होगा, तब यही निष्कर्ष निकलेगा। काव्य-ग्रंथ जितना मोटा होगा, उतना ही अधिक विकसित यथार्थवाद होगा उसमें। भला *साखी-सबदी-दोहरा* वाले कबीर, दादू, रैदास आदि यथार्थवादी कैसे होंगे, इन्होंने तो प्रबंध काव्य लिखा नहीं! लोक जागरण के संदर्भ में रामविलास शर्मा को संत कवि भी याद आये, लेकिन सिर्फ भाषा के संदर्भ में। उनके शब्दों में, 'निर्गुण पंथी कबीर के पद ब्रज भाषा में हैं, सगुणपंथियों में कृष्ण भक्त सूर के पद और रामभक्त तुलसी के पद (गीतावली और विनय पत्रिका) इसी भाषा में हैं।...कबीर और दादू अपने पद ब्रजभाषा में, जायसी अपना प्रबंध काव्य अवधी में रचते हैं। साहित्य की परंपराएँ जाति-बिरादरी की सीमाएँ लाँघकर विकसित हो रही हैं।' यह हुआ भाषा के संदर्भ में लोक जागरण।

सगुण और निर्गुण का भेद दिखाते हुए रामविलास शर्मा एक और पॉलिमिक्स करते हैं। वह हजारीप्रसाद द्विवेदी पर आरोप लगाते हैं, 'द्विवेदी जी ने पहले तुलसीदास को कबीर से अलग किया, फिर कबीर को गुरु नानक से अलग किया। सूरदास को उन्होंने तुलसीदास से अलग किया, क्योंकि तुलसी मधुर भाव की उपासना पर झुँझलाये हुए थे।' दरअसल द्विवेदी जी ने सगुण और निर्गुण के

समानांतर शास्त्र और लोक अनुभव का भेद किया था, *तू कहता कागद की लेखी, मैं कहता आँखिन की देखी।* हजारीप्रसाद द्विवेदी ने फर्क पर अधिक ध्यान दिया, जिसकी प्रतिक्रिया में रामविलास शर्मा ने सामान्य खूबियाँ गिनाना आरंभ कर दिया। एक खास आंदोलन से जुड़े सभी रचनाकारों में कुछ सामान्य खूबियाँ होती हैं और हर कवि की अपनी कुछ विशेष खूबियाँ भी होती हैं। सामान्य धरातल पर वह पूरे आंदोलन से जुड़ता है तथा विशेष के धरातल पर अपनी अलग पहचान बनाता है। न सामान्य की ओर अधिक झुक कर किसी खास कवि या सांस्कृतिक अंतर्धारा की विलक्षणता को ढँकना चाहिए, न ही विशेष की ओर अधिक झुक कर अखंडता का परिप्रेक्ष्य खो देना चाहिए। रामविलास शर्मा की विलक्षणता यह है कि वह सामान्यीकरण की पद्धति अपना कर भी भक्ति आंदोलन को अपनी आलोचना में टुकड़े-टुकड़े कर देते हैं। अव्वल तो वह लोक जागरण को संत साहित्य से काट कर प्रबंध काव्यों और सगुण साधना तक सीमित कर देते हैं। दूसरी ओर, नायक पूजा की अपनी परंपरागत प्रवृत्ति के कारण यह भी लिखते हैं, 'तर्क पद्धति के आधार पर, दार्शनिक ज्ञान के आधार पर, आत्मविह्वल भावबोध के आधार पर कबीर और तुलसीदास में गहरी समानता है। ऐसी समानता कबीर और किसी अन्य निर्गुणपंथी संत के बीच नहीं है।' निःसंदेह कबीर और तुलसी का स्थान सबसे ऊँचा है, लेकिन कबीर और बाकी निर्गुण कवियों के बीच कोई संबंध नहीं देखना, तुलसी और बाकी सगुण कवियों के बीच कोई संबंध नहीं देखना या कबीर-तुलसी के अलावा बाकी भक्त कवियों को हेय दृष्टि से देखना भक्ति आंदोलन के प्रति एक संकुचित दृष्टि है।

अब प्रश्न है कि संत साहित्य की बुनियादी विलक्षणताएँ क्या हैं। संत साहित्य में भक्ति आंदोलन के सामान्य गुणों के अलावा अपनी तीन मुख्य विलक्षणताएँ हैं : (1) भक्ति की वैयक्तिकता, सहजता और सामासिकता, (2) निर्वैर और (3) विवेक। ये खूबियाँ सभी संत कवियों में कमोबेश हैं। अपने अनोखे अक्खड़ और फक्खड़पन के बीच कबीर में ये खूबियाँ सबसे ज्यादा हैं।

सभी संत कवियों की भक्ति, धर्म भावना, साधना जो कह लें, सबसे पहले वैयक्तिक थी और अपनी बुनियादी प्रकृति में सांप्रदायिकता नहीं थी। उनका 'मैं' एक मुखर मध्यस्थ था—अनुभूति और सामाजिक यथार्थ के बीच। उनकी भक्ति बाह्याचारों से मुक्त होने के कारण सहज थी। यह सहजता कठिन आत्मसंघर्ष का परिणाम थी। उन्होंने पूरे काल को, इतिहास बोध को निचोड़कर भक्ति का अमृत तैयार किया था—*काल निचोड़ अमृत पियो।* जाहिर है, ऐसी भक्ति सामासिक और मिश्रित होगी। उसमें अद्वैत, सगुण, निर्गुण, योग, सूफीवाद, माधुर्य, दास सभी

परंपराएँ आ कर मिलेंगी। संतों ने अपनी मिश्रित भक्ति को शुद्ध करने का प्रयास कभी नहीं किया तथा भारतीय सांस्कृतिक विकास की मूल प्रकृति को अपनाया। शायद यही कारण है कि सत्ता और संपन्न वर्ग दोनों से दूर रहते हुए वे भक्ति आंदोलन के दिनों में पूरे भारत को सुदूर उत्तर से दक्षिण और पश्चिम तक सांस्कृतिक स्तर पर एकताबद्ध रखने में सफल थे। संतों ने हर समुदाय और विचार से 'इंटरएक्ट' किया और अपनी सामासिक भक्ति में विभिन्न धार्मिक तत्त्वों को बेहिचक मिश्रण किया।

पुरानी योग साधना, अवतारवाद तथा चमत्कारवाद के अवशेषों के बावजूद, संत साहित्य मिश्रित संस्कृति का महत्त्वपूर्ण उन्मेष है। यह केवल दलित जागरण नहीं है, बल्कि आध्यात्मिक आयामों में लोकजागरण है। धार्मिक शुद्धतावाद, कट्टरतावाद और पाखंड से निर्भयतापूर्वक जितना संत साहित्य ने लोहा लिया, दूसरे ने नहीं। यह सूरा का संग्राम था–*कायर भागे पीठे दे, सूरा करे संग्राम!*

रामचन्द्र शुक्ल की संत साहित्य के संबंध में सबसे महत्त्वपूर्ण टिप्पणी है, 'मुसलमानों के बस जाने से देश में जो नयी परिस्थिति उत्पन्न हुई, उसकी दृष्टि से हिंदू–मुसलमान दोनों के लिए एक सामान्य भक्ति मार्ग का विकास भी होने लगा।' सिख धार्मिक उभार के दिनों में गुरु गोबिन्द सिंह ने ऐसा ही अनुभव किया :

देहरा मसीत सोई, पूजा और नमाज ओई
मानस सब एक है, अनेक को भ्रमाउ है
देवता, अदेव, जच्छ–गंधर्व, तुरक, हिंदू
न्यारे–न्यारे देखन के भेस को प्रभाउ है
अल्लाह अभेष सोई, पुरान और कुरान ओई
एक ही सरूप सबै, एक ही बदाउ है

भक्ति आंदोलन धर्मनिरपेक्षता का एक मजबूत गवाह है। क्या आधुनिक युग के धर्म प्रेमी उस युग के भक्तों से ज्यादा श्रेष्ठ हैं ? संत कवियों ने एक ऐसे ईश्वर का अनुभव किया, जो मंदिर और मस्जिद में न होकर, किसी धार्मिक कर्मकांड में न होकर, योग और वैराग्य में भी न होकर मनुष्य के अंदर ही वर्तमान है। उसके लिए किसी पाखंड और भागदौड़ की जरूरत नहीं है :

मोको कहाँ ढूँढे बंदे, मैं तो तेरे पास में
ना मैं देवल ना मैं मस्जिद, ना काबे कैलास में
ना तो कौने क्रिया करम में नहिं योग वैराग में
खोजी होय तो तुरतै मिलिहों, पल भर की तालास में
कहै कबीर सुनौ भाई साधो, सब स्वाँसों की स्वाँस में

यह स्वाभात्रिक है कि संत कवियों में रहस्यवाद है। कबीर *हरि मेरा पिव मैं हरि को बहुरिया* तथा दादू *खेले पीव सों* कह कर रहस्यवादी अनुभूति की ही अभिव्यक्ति कर रहे थे। पर उनके रहस्यवाद की मूल प्रेरणा लौकिक है। वह जीवन-विमुख नहीं है। संत कवियों का रहस्यवाद उनके युग के अमानवीय भेदभाव और घृणा का ही आध्यात्मिक प्रत्युत्तर है। वह खून की बह रही नदी में प्रेम की नौका है। संत कवियों का मूल लक्ष्य ऐसी धर्म भावना का प्रवर्तन है, जो निर्मल हो और मानवीय आत्मा की श्रेष्ठ वस्तु हो। फिर भी परवर्ती निर्गुण साधकों और आलोचकों ने रहस्यवाद का अलौकिक नगाड़ा ही अधिक बजाया। इसमें ब्रह्म का सूक्ष्म रूप ढूँढ़ते रहे। वे रहस्यवाद का केवल छिलका पा सके।

संत साहित्य की दूसरी मुख्य विलक्षणता है 'निर्वैर' की धारणा। तुलसी ने भी लिखा, *वयरु न कर काहू सन कोई।* संत कवियों का निर्वैर अधिक स्पष्ट रूप में अंतरसांप्रदायिक है। सांप्रदायिक वैर के उस वातावरण में कबीर ने निर्वैर को ही पहला स्थान दिया, *निरवैरी, निहकामता, साईं सेती नेह। विषयों से न्यारा रहे, संतनि का अंग एह।* निर्वैर को प्राथमिकता साधारण बात नहीं है। इससे साबित होता है कि संत कवि अपने युग के धार्मिक वैर-वैमनस्य के प्रति कितने सचेत थे। दादू ने तो निर्वैर को संत मत का सार मान लिया था–*निरवैरी निज आत्मा साधन का मत सार।* जो आलोचक भक्ति साहित्य की 'तन्मयता' पर अधिक रीझते हैं, उन्हें भक्ति आंदोलन के सार 'निर्वैर' के महत्त्व को पहले रेखांकित करना चाहिए। लोक जागरण का स्वर यहाँ अधिक व्यापक है।

संत साहित्य पर अब तक जिन लेखकों ने लिखा है, आज भी उनमें सबसे वस्तुपरक परिप्रेक्ष्य रवीन्द्रनाथ ठाकुर का है। उन्होंने भक्तों में संतों को ही यथार्थ भारतीय माना और एक जगह लिखा, 'मध्य युग में मुसलमानों के साथ हिंदुओं का धार्मिक विरोध था। उस समय लगातार साधुओं और साधकों का जन्म हुआ। उनमें कई मुसलमान थे, जो प्रेम के सत्य द्वारा धार्मिक विरोधों के मध्य सेतु निर्माण में प्रवृत्त हुए। वे पालिटिशियन नहीं थे, प्रयोजनमूलक पालिटिकल एकता को उन्होंने कल्पना में भी सत्य नहीं समझा। वे एकदम उस मूल में गये, जहाँ समस्त मानव में एकता की स्थापना ही ध्रुव सत्य है। आज भी भारत के प्राणस्रोत के मध्य उन्हीं साधकों की अमरवाणी की धारा प्रवाहित हो रही है, वहाँ से यदि प्रेरणा ग्रहण कर सकें, तो उसी की शक्ति से हमारी राष्ट्रनीति, अर्थनीति, कर्मनीति जीवित हो सकती है।'

रवीन्द्रनाथ की 'विश्वभारती' से जुड़े हजारीप्रसाद द्विवेदी कबीर के महत्त्व को उजागर कर एक भिन्न दृष्टिकोण उपस्थित करते हैं। वह कबीर के बारे में कहते हैं, 'भक्ति तत्त्व की व्याख्या करते-करते उन्हें उन बाह्याचार के जंजालों को साफ करने की जरूरत महसूस हुई है, जो अपनी जड़ प्रकृति के कारण विशुद्ध

चेतन तत्त्व की उपलब्धि में बाधक है। यह बात ही समाज सुधार और सांप्रदायि ऐक्य की विधात्री बन गयी है। पर यहाँ भी यह कह रखना ठीक है कि वह भी फोकट का माल या बाइप्रोडक्ट है।' द्विवेदी जी के इस कथन के विपरीत, यह कहना सच के ज्यादा करीब है कि विषम भारतीय समाज में सुधार और सांप्रदायिक ऐक्य ही मूल चीज है, भक्ति तत्त्व को कोई चाहे तो फोकट का माल या बाइप्रोडक्ट कह ले। समाज सुधार, सांप्रदायिक ऐक्य और जातीय अखंडता की उपेक्षा की प्रवृत्ति के कारण '47 के बाद धर्मनिरपेक्षता फोकट का माल या बाइप्रोडक्ट बनती गयी और मूल उत्पाद हो गया संप्रदायवाद!

संत साहित्य की तीसरी विलक्षणता है विवेक, जिसके बीज धार्मिक पाखंडों के अनावरण, मानवीय गरिमा की अनुभूति और श्रमचेतना में प्रस्फुटित हुए। भक्तिकालीन लोक जागरण और आधुनिक नवजागरण को कोई चीज आपस में जोड़ती है, तो वह है यही विवेक। निःसंदेह पृष्ठभूमि और लक्ष्य के थोड़े-बहुत अंतर के कारण सभी संत कवियों में विवेकपरकता का समान अंदाज और स्तर नहीं है। कबीर में धार्मिक पाखंडों के अनावरण की प्रवृत्ति अधिक उग्र है। राजस्थान के संत कवियों का स्वर इस संदर्भ में मुलायम है, क्योंकि वहाँ कबीर के समाज की तुलना में आर्थिक गतिशीलता कम थी। राजस्थान के बाजार और नगर भौगोलिक-राजनीतिक कारणों से आत्मसंकुचित थे। उसकी तुलना में गुजरात और महाराष्ट्र के संत कवियों में, उनके समाजों में गतिशीलता के कारण, विद्रोह की चेतना अधिक प्रबल है। फिर भी एक बात समान है कि हर कहीं भ्रम और यथार्थ के बीच संघर्ष छिड़ चुका था। कबीर नयी चेतना के इस उन्मेष को पहचान कर ही कहते हैं–*संतो आयी ज्ञान की आँधी रे। भ्रम की टाटी सबै उड़ानी माया रहे न बाँधी रे।* प्रेम की उत्कटता के बावजूद, कबीर अपने युग की कट्टरता, कूपमंडूकता और पाखंड से जम कर बहस करते हैं।

वे पूछते हैं, कि जब सभी मनुष्यों के खून का रंग एक है, एक ही तरह का मल-मूत्र एक ही जैसी चमड़ी है और सभी एक ही रास्ते से पैदा हुए हैं, तो फिर यह ब्राह्मण-शूद्र का भेद कैसा। वे तर्क करते हैं, ललकारते हैं। वे जातिवाद का खुल कर विरोध करते हैं, पर यह उल्लेखनीय है कि वे जाति-घृणा को प्रश्रय नहीं देते। कबीर हृदय से भक्त, पर दिमाग से तार्किक थे। कबीर पर चर्चा करनेवाले कुछ चिंतक कहना चाहते हैं कि कबीर पांडित्य नहीं, प्रेम के कवि हैं, प्रार्थना के कवि हैं। वे तर्क-वितर्क नहीं, अनुभूति के कवि हैं। भक्ति का वाद-विवाद से क्या संबंध ? कबीर ने कहा भी है, *पंडित वाद वदंते झूठा* या *कहत कबीर तरक दुइ साधै तिनकी मति है मोटी।* उन्होंने यहाँ धर्मशास्त्रीय तर्क की खिल्ली उड़ायी है, सामाजिक गतिशीलता के मार्ग में बाधक धार्मिक कट्टरतावादी कुतर्क की खिल्ली उड़ायी है। अन्यथा संत साहित्य से यदि तर्क

को बहिष्कृत कर दिया जाये, तो बृहत्तर मानवीय प्रेम भी नहीं रह जायेगा। कबीर के लिए प्रेम का अर्थ है–हर संकीर्ण दीवार तोड़ कर मनुष्य जाति की एकता। कबीर के राम भी समाज में भेद की जगह अभेद लानेवाले, मनुष्य के हृदय में घृणा की जगह प्रेम की तरंगें पैदा करनेवाले राम हैं। कबीर धार्मिक पाखंडियों से कहते हैं, तेरी प्रीति राम से नहीं है, धन-दौलत, पद और प्रतिष्ठा से है। इसीलिये तू भक्तों पर हँसता है–*साँची प्रीति विषय माया से, हरि भगतन सूँ हाँसी।* कबीर अपने ऊपर हँसनेवालों से नहीं डरते, वे अपने बेगानेपन से नहीं घबराते। वे मतांधता और पाखंड से जम कर टकराते हैं, सिर्फ प्रेम-प्रेम नहीं भजते।

संत कवियों ने भक्ति को बहुविस्तारात्मक बनाया, आत्मजागरण का माध्यम। उनका मानो कहना था कि भीतर जितना जागते रहोगे, जीवन के सौंदर्य का उतना ही व्यापक अनुभव कर पाओगे। उन्होंने पुरोहितवाद, धार्मिक अहंकार, जातिभेद, सामाजिक विषमता, ऊँच-नीच के भेदभाव और कर्मफलवाद का विरोध किया, जिसका न केवल ऐतिहासिक महत्त्व है, बल्कि आज भी उसकी अर्थवत्ता कम नहीं है।

भक्ति आंदोलन में मनुष्य की महत्ता और सार्वभौम एकता का सार ही प्रबल है। यह सार जब से अस्तित्व में आया, तभी से इसे विकृत करनेवाली कट्टरतावादी तत्त्वों ने नग्न रूप धारण करना शुरू कर दिया था। कबीर को हिंदू-मुसलमान दोनों के धार्मिक ठेकेदारों का विरोध झेलना पड़ा होगा। उन्होंने चक्की का ज्यादा महत्त्व घोषित करते हुए हिंदू पंडितों पर व्यंग्य किया, *पाथर पूजे हरि मिले तो मैं पूजूँ पहाड़, ताते ये चक्की भली पीस खाय संसार।* उनकी दृष्टि धरती के भौतिक जीवन पर थी। उन्होंने चुनौती के स्वर में कहा था, *मुल्ला कहाँ पुकारे दूर क्या बहरा हुआ खुदाय।* उन्होंने संन्यास का भी विरोध किया, *मन ना रँगाये रँगाये जोगी कपड़ा।* कबीर ने चार्वाक की तरह एक हिंदू अंधविश्वास पर इस तरह चपेट की, *कहे कबीर मोहि अचरज आवै, कौवा खाई पितर क्यों पावै।* विवेक की ऐसी आवाजें ऐसे कंठों से गूंजीं, जो निरक्षर थे या सिर्फ 'प्रेम' का ढाई अक्षर पढ़ा था।

विवेकपरक दृष्टि के कारण ही संत साहित्य में भाग्यवाद का विरोध है। भाग्यवाद ने ही उत्पीड़ित लोक के प्रतिरोध के स्वर को सुन्न किया था। लोग सोचते थे कि उनका दुख-दर्द पूर्व जन्म के बुरे कर्मों का फल है; उन्होंने वर्ण-धर्म का पालन नहीं किया था, इसीलिये वे निर्धन और पीड़ित हैं। भक्त कवियों के पास वैज्ञानिक दृष्टि नहीं थी, जिससे वे जनता की निर्धनता और पीड़ा की वास्तविक वजह समझते। फिर भी भक्ति की आँख से उन्होंने मानव जीवन को बदसूरत, व्यर्थ और गरिमाहीन बनानेवाली जिन 'बुराइयों' को पहचाना, वे विज्ञान के युग में आज भी लहलहा रही हैं। उन बुराइयों में मुख्य हैं 'मिथ्या भेदवाद' और

'दौलत का असीम लालच'। भक्त कवियों ने संप्रदायवाद और जातिवाद का ही विरोध नहीं किया, धन संचय की भी आलोचना की। उन्होंने मानवीय स्वाभिमान के कारण जहाँ यह कहा कि मांगण मरण समान है, वहीं त्याग का आदर्श भी रखा। कहा, *जो जल बाढ़े नाव में घर में बाढ़े दाम। दोनों हाथ उलीचिये यही सयानो काम।* दौलत का असीम लालच निर्बुद्धिपरकता है। इसके बुरे नतीजे होते हैं, यह भक्त कवियों ने जाना था। इसीलिये कबीर ने भी सिर्फ उतना ही कमाना चाहा, जितने में भरण-पोषण और अतिथि सत्कार हो जाये। राजस्थान के कवि लालदास ने कहा, *लालजी साधु ऐसा चाहिए धन कमा कर खाय। हिरदै हर की चाकरी पर घर कभू न जाय।* कबीर से लेकर तुलसी और लालदास तक सभी कवि परजीवी धार्मिक वर्ग का सख्त विरोध कर रहे थे। वे इन दो चीजों का महत्त्व बार-बार उद्घोषित कर रहे थे–श्रम (कर्म) और त्याग। जुगनू तभी तक चमकता है, जब तक उड़ता रहता है!

भक्ति की असाधारण कसौटी थी, *जाति पाँति पूछे नहिं कोई, हरि को भजे सो हरि का होई।* आज मूर्तिपूजा, कर्मकांड, तीर्थ-यज्ञ और प्रवचन-कीर्तन का फैशन बढ़-चढ़कर चल पड़ा है, परंतु किसी जमाने में ये भक्ति के बाधक तत्त्व थे। क्या निर्गुण भक्त कवि-क्या सगुण भक्त कवि, सभी एक स्वर से खर्चीले धार्मिक आडंबरों के खिलाफ थे। उनकी भक्ति धर्म को एक सृजनात्मक स्वरूप देनेवाली, जन-संस्कृति के उत्थान के उद्देश्य से प्रेरित थी। इसलिये कबीर ने ही स्वर्ग का टिकट देनेवालों को नहीं झिड़का, तुलसी ने भी अपने समय की धार्मिक विकृति और आडंबर का विरोध किया। कबीर ने स्वर्ग के लालच में धर्म में प्रवृत्त होनेवालों पर व्यंग्य किया, *चलन चलन सब कोई कहत है, न जाने बैकुंठ कहाँ है।* तुलसी भी अपने युग के पंडितों पर व्यंग्य करने में पीछे नहीं थे, *पंडित सोइ जो गाल बजावा।* हालाँकि तुलसी ने वर्ण व्यवस्था का विरोध नहीं किया, वे शास्त्र तथा लोक दोनों को साथ लेकर चलना चाहते थे। लेकिन इसमें संदेह नहीं है कि तुलसी की भक्ति भी ऊँच-नीच के भेदभाव से मुक्त, आडंबरहीन और सुमति-उन्मुखी थी। तुलसी के काव्य में विवेक और सुमति का बार-बार उल्लेख है, *जहाँ सुमति तहँ संपत्ति नाना।* इनके काव्य में भी प्रेम से बढ़ कर कुछ नहीं है। 'रामचरितमानस' के उत्तर कांड में राम राज्य का 'यूटोपिया' है, जिसमें तुलसीदास ने प्रेम को ही सबसे बड़ा जीवन मूल्य माना है, *सब नर करहिं परस्पर प्रीति, चलहिं स्वधर्म निरत श्रुति नीति।* उन्होंने 'स्वधर्म' कह कर धार्मिक स्वतंत्रता का तथा 'श्रुति नीति' कह कर धर्म के मूल तत्त्वों का पक्ष लिया, जो विकृत धार्मिक व्यवस्था के संकीर्ण तत्त्वों से भिन्न थे।

सामाजिक विषमता ने तुलसी को भी मथा था। उन्होंने कहा, *सबते कठिन जाति अपमाना* और *नहिं दरिद्र सम दुख जग माही।* एक खास अवसर पर वह समाज व्यवस्था को चुनौती देते हुए अपना अक्खड़पन भी दिखाते हैं। वह अपने को जातिविहीन घोषित कर देते हैं। मस्जिद को तोड़ने की बात तो दूर, उसमें सोने तक से गुरेज नहीं करते, *माँग के खैबो, मसीत को सोइबो लेबे को एक न देबे को दोऊ।* तुलसी गृहस्थ नहीं थे। किसी गृहस्थ के लिए बड़ी कठिन है ऐसी बेपरवाही। उसे अपनी बेटी किसी से ब्याहनी हो सकती है। सिर्फ इसलिये नहीं कि तुलसी के सामने यह समस्या नहीं थी, बल्कि भक्ति के जिन अनोखे मूल्यों का वे राम के माध्यम से प्रचार कर रहे थे, उन मूल्यों के प्रति उनके गहरे विश्वास ने ही उन्हें उनके समाज में बेगाना बना दिया था। धर्म के ठेकेदारों ने तुलसी को उनके जीवनकाल में अलग-थलग कर दिया था और उन्हीं लोगों ने तुलसी के मरने के बाद उनको अपना झंडा बना लिया।

तुलसी के अंत:करण में सनातनता और सृजनात्मकता का संघर्ष चल रहा था। उनकी सनातनता कहती है, *होइहिं सोइ जो राम रचि राखा।* उनकी सृजनात्मकता सावधान करती है, *करम प्रधान विस्व करि राखा, जो जस करइ सो तस फल चाखा।* उच्च वर्ग के लोगों का चरित्र उनके सामने स्पष्ट है, *ऊँच निवासु नीचि करतूती देख न सकहिं पराइ विभूती।* उनके राम अग्निपरीक्षा के बावजूद, सीता को अयोध्या से निष्कासित करने वाले जय श्रीराम नहीं हैं, आम जनता के जय सियाराम हैं। समाज में 'जय सियाराम' का अधिक प्रचलन साबित करता है कि जनता ने अंतत: उस राम को ठुकरा दिया, जो सीता के बिना है। तुलसी की राम भक्ति का अर्थ है, *तुलसी ममता राम सौं समता सब संसार।* यह महज तुकबंदी नहीं है, तुलसी की सृजनात्मक नैतिकता है। अपने समय के कृषकों की पीड़ा को उन्होंने अपनी पीड़ा बना ली। यह भी कहा, *परहित सरिस धर्म नहीं भाई, पर पीड़ा सम नहिं अधमाई।* तभी उनकी भक्ति में यह कौंध भी है–*बड़े भाग मानुष तन पावा।* वह चंडीदास की उक्ति के नजदीक चले जाते हैं–*सबार ऊपरे मानुष सत्य, ताहार ऊपरे नाइ।* ये भक्ति के पौधे में विवेक के फूल हैं। पलटू साहब थोड़ा और आगे बढ़ कर कहते हैं, *जीव बिनु ब्रह्म न होई।* यह मनुष्य की गरिमा का उद्घोष है।

भारतीय प्रकृति की एक प्रमुख खूबी है सनातनता और सृजनात्मकता की टकराहट। यह टकराहट लंबे समय से चलती आयी है। तुलसी में भी यह टकराहट थी। यही वजह है कि वे भक्ति को न केवल एक नयी जमीन दे सके। बल्कि उसे उन वर्णों, वर्गों, परिवारों और समुदायों में भी प्रवेश दिला सके, जिनमें संत या सूफी कवि प्रवेश नहीं दिला पाये थे। लेकिन तुलसी को कई बिंदुओं पर सनातनता से टकराते हुए भी, उससे समझौता भी करना पड़ा। यही वजह है कि

अपने मानवतावादी रुझान के बावजूद, तुलसी अपनी अन्तिम भूमिका में रामानन्द से हट कर रामानुजाचार्य के नजदीक चले जाते हैं। रामानुज के धर्म में कट्टरता पूरी तरह खत्म नहीं हुई थी और उदारता पूरी तरह शुरू नहीं हुई थी। तुलसी के धर्म में उलटा मामला था। कट्टरता पूरी तरह शुरू नहीं हुई थी और उदारता पूरी तरह खत्म नहीं हुई थी। दरअसल, भक्ति वर्ण व्यवस्था के समर्थक तुलसीदास तक पहुँचते-पहुँचते अपने कई अनोखे और परिवर्तनकामी तत्त्व खोने लगी थी।

तुलसी के जमाने में उदारतावाद कमजोर हुआ था और धार्मिक कट्टरता बढ़ी थी। मुल्ला और पंडित दोनों ही भक्ति के ज्वार से काफी खीझ गये होंगे। वे समाज में आयी गतिशीलता और सूफियों-दलितों की आवाज से भयभीत होंगे। समाज में खूनी अंत:सांप्रदायिक संघर्ष भी काफी बढ़ गये थे। नये-नये अंधविश्वासों का जन्म हो रहा था। अकबर का 'दीन-ए-इलाही' नहीं चला। सभी धर्मों के ठेकेदार वैचारिक अपच के मरीज थे। जनता हताशा के गहरे अंधकार में थी। इस वातावरण में ब्राह्मण-संस्कारों से बँधे तुलसीदास 'सनातन' से भक्ति का रणनैतिक गठबंधन किये बिना अपने समय की विकृत धार्मिक दशाओं को चुनौती नहीं दे सकते थे। अपने युग की धार्मिक मतांधता से टकराने के लिए धर्म के तत्त्वों को हथियार बनाना 'फंडामेंटलिज्म' या कट्टरता नहीं है, जिसकी आजकल चर्चा है। तुलसी कट्टरतावादी न थे। उन्होंने धर्म के 'फंडामेंटल्स' को चुना, पर उनका उद्देश्य धर्म के उन बुनियादी तत्त्वों का इस्तेमाल किसी दूसरे धर्म या अपने धर्म के किसी दूसरे वर्ण के खिलाफ करना नहीं था। इसलिये तुलसी की भक्ति में, वर्ण व्यवस्था के कीटाणुओं के बावजूद, एक उच्चता, मिश्रणशीलता और गतिशीलता थी। उसमें पंडित-पुरोहित वर्ग को चिढ़ाने के लिए ढेर सारी चीजें थीं। उसमें ऐसा बहुत कुछ था, जो मनुष्य को आत्मविश्वास देता था और लोभ से विमुख रहने की अंत:शक्ति देता था। भले आज 'धर्म सिर्फ सत्ता के लिए' हो, पर तुलसी की भक्ति मनुष्य को आत्मग्लानि से मुक्त कर गरिमा का अहसास कराती थी :

हम चाकर रघुवीर के पटौ लिखो दरबार
तुलसी अब क्या होहिंगे नर के मनसबदार

लोग भक्ति काव्य में अक्सर अपनी-अपनी पसंद के हिस्से खोजते रहे हैं। वे इसके सामाजिक-सांस्कृतिक संदर्भ को ध्यान में रखते हैं न इसके सृजनात्मक स्वरूप को। वे भक्ति को उसके समग्र विकास में नहीं देखते। कुछ के लिए भक्ति काव्य पुराने संस्कृत साहित्य का ही नया रूप है, कुछ के लिए इसके अलंकार, विरह और शृंगार ही प्रमुख रहे हैं। कुछ इसके दार्शनिक स्रोत खोजने में डूब जाते हैं, कुछ की रुचि सिर्फ अखंड पाठ द्वारा परलोक में अपनी जगह बनाने में है, कुछ

इसका इस्तेमाल जगत् को मिथ्या साबित करने और परमात्मा के चरणों से प्रीति बढ़ाने के लिए करते हैं, कुछ को भक्ति के पद सुन कर तनाव से शांति मिलती है और कुछ के लिए भक्ति काव्य अतीत को मनुष्य के जीवन की कसौटी बनाने का एक सबल अस्त्र है—उनका लक्ष्य सिर्फ अतीत की रक्षा है। धर्म के बाजारीकरण की प्रक्रिया में भक्ति काव्य भी व्यावसायिकता और नव-पाखंडवाद के जाल में फँसा हुआ है। कबीर-तुलसी आज के भक्तों का हाल देखते तो अपना सिर पीट लेते।

कबीर बहुत तो नहीं, पर पर्याप्त संपन्न रहे होंगे। उस समय शिल्प और दस्तकारी की काफी उन्नति हो रही थी, बाजार का विस्तार हो रहा था। इसी परिमाण में समाज में हिंसा के अलावा विलासिता और कृत्रिमता भी बढ़ने लगी थी। संतों ने सादगी पर जोर दिया। बाजार के प्रलोभनों से पैदा हुई कृत्रिम इच्छाओं पर नियंत्रण का संदेश दिया। संत साहित्य की माया विभिन्न भौतिक प्रलोभनों का ही एक रूप है। काम पिपासा, लालच, अनावश्यक क्रोध, मद, झूठी लालसा और ईर्ष्या—यही सब तो माया है। ये वस्तुतः भ्रम हैं, जिनके बंधनों को तोड़ कर संत कवियों ने भक्ति के ढाँचे में अपने युग के यथार्थ और यूटोपिया का साक्षात्कार किया। इस प्रक्रिया में वे जिस गहराई से अध्यात्म की ओर बढ़ रहे थे, उसी व्यापकता से मनुष्य-मनुष्य के बीच एकता, बंधुत्व और बराबरी की चेतना लाने की ओर भी बढ़ रहे थे। उनकी भक्ति का अर्थ था—आध्यात्मिक ढाँचे में लोक जागरण, एक सांस्कृतिक विद्रोह।

यह विडंबना ही है कि कबीर, रैदास, दादू, रज्जब, सुंदरदास, सेना, पीपा, दरिया साहब, लालदास, गरीबदास आदि के बाद हिंदी प्रदेश में संत साहित्य का विभिन्न सांप्रदायिक पंथों में संकीर्ण विभाजन हो गया। उनकी नयी चेतना को विकसित करनेवाले कवि दलित और मुसलमान समुदाय से फिर पैदा नहीं हुए। धार्मिक पाखंड और कट्टरता के खिलाफ वैसी रचनात्मक आवाज फिर सुनाई नहीं पड़ी। कबीर और तुलसी के समय के बीच करीब सौ सालों का फर्क है। कबीर के बाद धर्माचार्यों ने इस लंबी कालावधि में अपने को काफी संगठित कर लिया था। कट्टरता का युग फिर आरंभ हो गया था। संत परंपरा में भी इसकी प्रतिध्वनि गूँजी। दादू पंथियों ने कबीर को तिलांजलि दे दी, कबीर पंथियों ने दादू को। रैदास पंथी भूलकर भी कबीर का नाम नहीं लेते, कबीर पंथी रैदास को अपना नहीं मानते। संत साहित्य मठों में विभक्त हो गया। जनता उसकी चेतना से कट गयी, भले समाज में संत कवियों के प्रति आदर भाव हमेशा था। समाज ने संतों से थोड़ी-बहुत प्रेरणा ली, पर संत परंपरा का विकास और लोकजागरण का काम रुक

गया। दरअसल, कबीर ने अपनी विच्छिन्नता का अनुभव अपने जीवन काल में ही कर लिया था–*सुखिया सब संसार है, खावै अरु सोवै। दुखिया दास कबीर है, जागै अरु रोवै।* ठीक ऐसा ही मीरा ने कहा, *री म्हाँ बैठ्याँ जागा, जगत सब सोबा।* तुलसीदास ने कहा, *धूत कहौं, अवधूत कहौं, रजपूत कहौं जुलहो कहौं कोऊ।* यह कठोर सामंती समाज में भक्त कवियों का 'एलियनेशन' है।

भक्ति साहित्य की परंपरा मुख्यतः निर्वैर, विवेक और मिश्रित संस्कृति की परंपरा है, जो अवरुद्ध हो गयी। दरअसल, भक्ति आंदोलन ने घोड़े को गाड़ी के सामने नहीं बाँध कर पीछे बाँध दिया था। घोड़ा गाड़ी के सामने बँधे, यह 19वीं सदी के नवजागरण काल में ही संभव था। इस काल में तर्क, बुद्धि और विज्ञान के परिप्रेक्ष्य के साथ एक नयी चेतना पुनः पैदा हुई। लेकिन 1947 के बाद विवेक का यह घोड़ा वास्तविक पोषण के अभाव में सूख कर काँटा हो गया और धर्म की गाड़ी पर राजनीतिक बंदरों का कब्जा हो गया। यह पुनरुत्थानवादी हादसा तब हुआ, जब समाज कंप्यूटर युग में पहुँचा।

हिंदी समाज में उस स्तर के रचनात्मक हिंदी लेखक दलित वर्ग से फिर क्यों नहीं पैदा हुए ? तुलसी ने अगृहस्थ होकर भी एक ऐसे घर का स्वप्न देखा था, जिससे स्वर्ग ज्यादा दूर नहीं था–उनका स्वप्न क्यों बिखर गया ? भक्ति पुनः धार्मिक पाखंड और कर्मकांड में क्यों बदल गयी ? हिंदी समाज में ही धर्मांधता का पुनरुत्थान और नयी चेतना का विपर्यय क्यों हुआ ? धर्म की वैसी वैयक्तिक, सहज और सामासिक भावना वर्तमान सांप्रदायिक उन्मादों पर कैसे पुनःप्रभावी होगी ? विवेक का घोड़ा पुनः कैसे सरपट दौड़ेगा ? इतिहास हम से यह सब पूछ रहा है।

कबीर की समाज दृष्टि

दिनेश्वर प्रसाद

अपनी जिन विशेषताओं के कारण कबीर आज भी हमें प्रभावित करते हैं, उनमें एक विशेषता उनकी समाज दृष्टि है।

कबीर की समाज दृष्टि में दो बातें सम्मिलित हैं। पहली बात यह कि वे अपने समय के समाज को किस दृष्टि से देखते हैं और दूसरी बात यह कि आदर्श समाज के विषय में उनकी दृष्टि क्या है। दोनों बातें एक-दूसरे से जुड़ी हुई हैं, बल्कि यह कहना अधिक सही होगा कि दूसरी बात पहली बात पर आधारित है। कारण, अपने युग के समाज में उन्हें जो त्रुटियाँ या बुराइयाँ दिखाई देती हैं, उनसे मुक्त समाज ही उनकी कल्पना का आदर्श समाज है। लेकिन यहीं एक और सवाल उपस्थित होता है। वह सवाल यह है : वह अपने समय के समाज की जिन बातों को त्रुटियों या बुराइयों के रूप में देखते हैं, उन बातों को त्रुटियाँ या बुराइयाँ मानने का उनका आधार क्या है ? ध्यान देने पर यह प्रतीत होगा कि यह आधार उनकी वह अद्वैतवादी दृष्टि है, जो सभी लोगों को समान या बराबर मानती है। इस विचार के आधार पर ही वे अपने समय के समाज की बनावट की जाँच-परख करते हैं और यह बतलाते हैं कि उसमें आदमी और आदमी में भेद करने वाली बातें कौन-कौन-सी हैं।

स्पष्ट है कि कबीर के समय के समाज को जाने बिना उनकी समाज दृष्टि को ठीक-ठीक नहीं समझा जा सकता। इसलिये उनकी समाज दृष्टि की चर्चा के प्रसंग में सबसे पहले उनके युग की मुख्य बातों का उल्लेख ज़रूरी है।

कबीर भारतीय इतिहास के जिस युग में पैदा हुए थे, वह युग मुस्लिम काल के नाम से जाना जाता है। उनके जन्म से बहुत पहले दिल्ली में मुस्लिम शासन स्थापित हो चुका था। यों तो भारत में इस्लाम धर्म का प्रवेश दसवीं सदी में हो चुका था, लेकिन दिल्ली में मुस्लिम शासन स्थापित होने के बाद इसका प्रचार बहुत बढ़ गया था। कबीर के समय तक उत्तर भारत की आबादी का एक अच्छा-खासा भाग मुसलमान हो चुका था। स्वयं कबीर जिस जुलाहा जाति में पैदा हुए थे, वह एक-दो पीढ़ी पहले मुसलमान हो चुकी थी। लेकिन न केवल कबीर

की जुलाहा जाति, बल्कि हिंदू समाज की जो भी दलित जातियाँ इस्लाम स्वीकार कर चुकी थीं, उनके पुराने संस्कारों में, रीति-रिवाज और धार्मिक विश्वासों में, बहुत बदलाव नहीं आया था। वे न पूरी तरह हिंदू थीं और न पूरी तरह मुसलमान। स्वयं कबीर की जुलाहा जाति में, जो इस्लाम क़बूल करने के पहले नाथपंथी जोगी (योगी) जाति थी, नाथपंथ और हठयोग की बहुत-सारी बातें पहले की तरह ही सुरक्षित थीं। हिंदू समाज में इस प्रकार की दलित जातियों का स्थान बहुत नीचा था और ये ऊँची जातियों के भेदभाव और अन्याय-अत्याचार का शिकार थीं। इसलिये यदि इनमें सामाजिक ग़ैर-बराबरी के प्रति विद्रोह का भाव था, तो कोई अचरज नहीं। कबीर के जन्म से पहले से ही इन जातियों की वाणियों में विद्रोह की भावना प्रकट होती आ रही थी।

कबीर के समय का हिंदू समाज न केवल ऊँची मझोली और छोटी जातियों जैसे भागों में बँटा था, बल्कि उसमें धर्म संप्रदायों की संख्या भी बहुत बड़ी थी। स्वयं कबीर ने इन संप्रदायों का बड़ा मनोरंजक वर्णन किया है। वह कहते हैं कि कोई वेद पाठी है, कोई उदासी है और कोई नग्न है। कोई योग की तरह-तरह की युक्तियों (उपायों) से अपना शरीर क्षीण करता है। कोई दीन बन कर भिक्षाटन करता है और कोई दान-पुण्य में लगा हुआ है। कोई मोरपंख धारण करता है; कोई सुरा (शराब) पान कर अपने को पहुँचा हुआ सिद्ध समझता है। कोई तंत्र-मंत्र और औषध (भाँग आदि) की साधना में लगा हुआ है। कोई अपान वायु को वश में कर सभी सिद्धियाँ पाना चाहता है। कोई तीर्थ-व्रत द्वारा अपनी काया को वश में करना चाहता है। कोई धुआँ घोंटकर अपना शरीर काला कर रहा है।[1]

ये जोगी, जती (यती), तपी और तीर्थों में भ्रमण करते रहने वाले संन्यासी, काया को कष्ट देने वाले लुंचित (जैन संन्यासी), सिर मुँड़ाने वाले मौनी और जटाधारी-सब-के-सब भ्रम में पड़े हुए हैं। वे यह नहीं जानते कि इस प्रकार के बाहरी आडंबरों से कुछ नहीं होता। वे यह नहीं समझते कि वे कुछ पाये बिना ही अंत में मर जायेंगे।[2]

एक ओर हिंदू समाज का स्वरूप यह था। दूसरी ओर, देश का शासक मुस्लिम समाज था, जो हिंदुओं को अपने से छोटा समझता था। इस समाज के

---

1. इक पढ़हि पाठ इक भ्रमैं उदास, इक नगन निरंतर रहैं निवास।
   इक जोग जुगुति तन होहिं खीन, ऐसैं राम नांम संगि रहैं न लीन।
   इक होहिं दीन एक देहिं दांन, इक करैं कलापी सुरापान।
   इक तंत-मंत औषध बांन, इक सकल सिध राखैं अपान।
   इक तीर्थ ब्रत करि काया जीति, ऐसैं रांम नांम सूँ करैं न प्रीति।
   इक धूम घोटि तन होंहि स्याम, यूँ मुकति नहीं बिन रामनांम।
2. जोगी जती तपी सनियासी, बहुतीरथ भ्रमना।
   लुंजित मुंजित मौनि जटाधर, अंति तऊ मरना ॥

प्रतिनिधि बादशाह, सरकारी कर्मचारी, क़ाजी, मुल्ला और मौलवी अपने धर्म को एकमात्र सच्चा धर्म मानते थे और हिंदुओं के धर्मांतरण में विश्वास करते थे। वे यह मानने को तैयार नहीं थे कि अल्लाह और ईश्वर में कोई भेद नहीं है तथा नमाज़ और पूजा एक हैं। वे यह नहीं समझते थे कि हिंदू और मुसलमान एक ही ईश्वर या अल्लाह की संतान हैं, इसलिये दोनों भाई हैं। धर्म के मामले में वे भी 'हिंदुओं' की तरह बाहरी आडंबरों में विश्वास करते थे। वे रोज़ा, नमाज़, हज़ आदि की औपचारिकता को सच्ची ईश्वर भक्ति मान रहे थे। वे मस्जिद को तो खुदा का घर मानते थे, लेकिन उसके ही दूसरे घर मंदिर को अपवित्र मानते थे। ऐसा करते समय वे यह बात भूल जाते थे कि अल्लाह सर्वव्यापी है।

अपने समय के मुस्लिम समाज की इस धर्म भावना पर कबीर ने बहुत बार विचार किया है। एक पद में उन्होंने कहा है कि नमाज़ से पहले लोग बजू करते हैं–हाथ-पैर और मुँह धोते हैं। वे (हिंदू लोग) माला फेरते और तीर्थ आदि में नहाते हैं। ये लोग मस्जिद नें सिर झुकाते हैं। लेकिन इन सब बातों से क्या लाभ ? अगर दिल में कपट है, तो नमाज़ गुज़ारने और काबा जाकर हज़ करने से क्या होगा ? ब्राह्मण एक वर्ष में चौबीस एकादशी करते हैं और क़ाज़ी एक पूरा महीना रमज़ान में बिताते हैं। लेकिन यह तो बताओ कि वर्ष के बाकी ग्यारह महीने क्यों ख़ाली छोड़ देते हो ? क्या एक ही महीने में पूरा वर्ष समा जाता है ? यदि खुदा केवल मस्जिद में रहता है, तो बाक़ी मुल्क (स्थान) किसका है ? यदि राम (ईश्वर) तीर्थों और मूर्तियों में निवास करता है, तो कोई दोनों में उसे कहाँ खोज सका है ? हिंदू पूर्व दिशा में प्रभु का निवास मानते हैं, मुसलमान पश्चिम दिशा में। लेकिन दोनों-के-दोनों ग़लत हैं। भगवान तो हृदय में निवास करते हैं। उन्हें हृदय या दिल में खोजो। राम-रहीम का निवास वहीं है :

क्या ऊजू जप मंजन कीए, क्या मसीति सिरुनाए।
दिल महि कपट निमाज गुजारै, क्या हजकाबै जाये।
ब्राह्मन ग्यारसि करै चौबीसौं, काजी माँह रमजांना।
ग्यारह मास कहौ क्यूँ खाली, एकहि मांहि नियांना।
जौ रे खुदाइ मसीति बसतु है, और मुलुक किस केरा।
तीरथि मूरति रांम निवासी, दुहु मंहि किनहु न हेरा।
पूरब दिसा हरी का बासा, पच्छिमि अलह मुकांमा।
दिल महिं खोजि, दिलै दिल खोजहु, इहंई रीमां रामां।

कबीर के समय के समाज में सिर्फ़ जाति-पाँति, ऊँच-नीच और हिंदू-मुसलमान के भेद ही नहीं थे। उसमें धनी और ग़रीब जैसे भेद भी थे। किसी के पास अपार धन था, तो किसी को दो जून रोटी भी नसीब न थी। अधिकांश

लोग गरीब थे और किसानों और मजदूरों के रूप में अपनी रोटी कमाते थे। धनी किसानों की संख्या बहुत कम थी। खेती करने वाले अधिकांश किसान, दिन-रात के कठोर परिश्रम के बावजूद, किसी तरह अपना परिवार चलाते थे। खेती योग्य भूमि की उपज के अनुपात में सरकारी लगान इतना अधिक था कि उनके लिये पूरे वर्ष का ख़र्च जुटा पाना कठिन था। खेती, घर-गृहस्थी, धनपतियों की सुख-सुविधाओं के सामान आदि से जुड़े कई प्रकार के काम थे, जिनके लिये कुशल और अकुशल मज़दूरों की बहुत बड़ी संख्या मौजूद थी। किसानों की तुलना में इन मज़दूरों (मज़दूर जातियों) की आबादी कहीं अधिक थी। इन सब के सिवा न केवल भिखारी और घुमंतू साधु-जैसे समुदाय थे, बल्कि गुलाम या दास भी थे, जो ख़रीदे और बेचे जाते थे और मनुष्य होते हुए भी मनुष्य के सम्मान से वंचित थे।

इसके विपरीत, सुलतान, राजा, सरकारी अधिकारी और कर्मचारी तथा बड़े व्यापारी थे, जो ऊँचे-ऊँचे महलों या सुविधायुक्त आवासों में रहते थे। वे कीमती पोशाक और आभूषण पहनते और भोग-विलास का जीवन बिताते थे। शासक वर्ग के पास अपार धन था, जो आम जनता के शोषण से जमा हुआ था। अमीर ख़ुसरो ने ठीक ही लिखा है कि 'शाही मुकुट का हर मोती ग़रीब किसान की आँसू भरी आँखों से टपकने वाले खून की बूँद है।' यह प्रसिद्ध है कि कबीर का जन्म जिस तुगलक शासन के अंतिम चरण में हुआ था, उस वंश के एक बादशाह मुहम्मद तुग़लक के समय 'चार मंत्रियों में से प्रत्येक को प्रतिवर्ष 20,000 से 40,000 टंका मिलते थे, सचिवालय के कर्मचारी, जो लगलग 300 थे, कम-से-कम 10 हज़ार टंका प्रतिवर्ष पाते थे। उनमें से कुछ को 50 हज़ार टंका भी मिलते थे।'[1] धनी और ग़रीब के बीच की यह खाई ग़रीबों के प्रति धनियों के व्यवहार में प्रकट होती थी। जिनके पास अधिकार, बल और पैसा था, वे गर्व से फूले रहते और ग़रीबों को सताते थे। वे ग़रीबों को तुच्छ समझते थे। वे उनका अपमान और शोषण करते थे। स्वयं कबीर ग़रीब परिवार में पैदा हुए थे। उनके लिये दो जून रोटी जुटा पाना कठिन था। इससे उन्हें भक्ति करने में कठिनाई होती थी। अपनी दरिद्रता की चर्चा करते हुए एक जगह उन्होंने प्रभु से यह प्रार्थना की है : 'हे स्वामी! मैं भूखे रह कर तुम्हारी भक्ति करने में असमर्थ हूँ। तुम अपनी यह माला मुझसे ले लो। मैं तुमसे संतों की चरण धूलि माँगता हूँ। मैं कुछ इस तरह जीता हूँ कि मैं किसी का कर्ज़दार भी नहीं हूँ। तब भी मैं कितने कष्ट में जी रहा हूँ। हे माधव! यदि तुम कुछ न दोगे, तो मेरी तुमसे कैसे निबह पायेगी। यदि तुम खुद नहीं दोगे, मैं ही तुमसे माँगूँगा।'[2]

---

1. हिन्दुस्तान के निवासियों का जीवन और उनकी परिस्थितियाँ, के.एम. अशरफ़, पृ. 158
2. भूखे भगति न कीजै। यह माला अपनी लीजै ॥
   हउ माँगउ संतन रैना। मैं नाही किसी का दैना ॥
   माधो कैसे बने तुम संगे।
   अपिन देहु त लेवउ मंगे ॥

इसी पद में आगे वे कहते हैं कि अपनी और अपने परिवार की जरूरतें पूरी करने के लिये क्या-क्या चाहिए :

'मैं तुमसे दो सेर आटा माँगता हूँ। इसके साथ मैं तुमसे पाव भर घी और थोड़ा नमक माँगता हूँ। मैं तुमसे आधा सेर दाल माँगता हूँ। इससे मेरा दोनों जून का जीवन चल जायेगा।

'मैं तुमसे एक खाट माँगता हूँ, जिसके चारों पैर दुरुस्त हों। मैं एक तकिया और रज़ाई माँगता हूँ। इनके सिवा मुझे एक कंबल भी चाहिए। इससे यह दास तुम्हारी भक्ति में लीन हो सकेगा।

'मैंने किसी से कुछ नहीं लिया। मैंने केवल तुम्हारा नाम लिया, जिससे मैं शोभा पाऊँ। कबीर कहते हैं–इससे मेरा मन संतुष्ट हो जायेगा। जब यह मन संतुष्ट रहेगा, तो मैं हरि को जान सकूँगा।'[1]

स्वयं निर्धन होने के कारण कबीर अपने जैसे धनहीन लोगों की दशा से परिचित थे। वह धनी लोगों के भोग-विलास, ठाट-बाट और अहंकार को पसंद नहीं करते थे। वे उन्हें फटकारने से भी नहीं चूकते थे। वे कहते हैं–'इस बात का गर्व न करो कि तुम ऊँचे महल में रहते हो। कल जब तुम मर जाओगे, तो तुम इस ऊँचे महल में नहीं रहोगे। तुम्हें ज़मीन के अंदर गाड़ दिया जायेगा और तुम्हारे ऊपर घास जम जायेगी।'[2] जो लोग सुखी जीवन बिताते हैं, धुले हुए उजले कपड़े पहनते और पान-सुपारी खाते हैं, उनका सुख बस इसी जीवन तक है। भगवान का नाम नहीं लेने के कारण वे स्वर्ग नहीं, बल्कि नरक (यमपुर) जाते हैं।'[3]

---

1. दुइ सेर माँगउँ चूना।
पाउ घीउ संग लूना ॥
अध सेरु माँगउ दाले।
मोकउ दोनउ बखत जिवाले ॥
खाट माँगउ चउपाई।
सिरहाना अवर तुलाई ॥
ऊपर कउ माँगउ खीधा।
तेरी भगति करै जनु बीधा ॥
मैं नाहीं कीता लेवो।
इकु नाउ तेरा मैं फबो ॥
कहि कबीर मन मानिआ।
मनु मानिआ तउ हरि जानिआ ॥
2. कबीर कहा गरबियौ, ऊँचे देखि अवास।
काल्हि परै भुइं लोटना, ऊपर जमसी घास ॥
3. ऊजल कपड़ा पहिरि करि, पान सुपारी खाँहिं।
एकै हरि का नाँव बिन, बाँधे जमपुर जाँहिं ॥

मतलब यह कि धनपतियों के संबंध में कबीर के मन में कोई अच्छा भाव नहीं था। वे नहीं मानते थे कि कोई ग़रीब होने से छोटा और धनी होने से बड़ा हो जाता है।

यह सच है कि कबीर के समय के समाज में जाति, संप्रदाय, धर्म और धन संबंधी भारी भेद-भाव थे। अपने चारों ओर फैले इस तरह के भेदों को सामने रख कर ही उन्होंने समाज संबंधी बातों पर विचार किया है। उन्हें अपने समय के समाज में जो कुछ ग़लत और मानव-विरोधी लगा है उन्होंने उसकी तीखी आलोचना की है। इसके साथ-साथ उन्होंने यह भी बताया है कि उनके अनुसार समाज का सही और आदर्श रूप क्या होना चाहिए।

इस संबंध में कबीर का मूल विचार यह है कि पूरी मानव जाति एक है, क्योंकि वह ईश्वर की संतान या रचना है। इस नाते सब लोग बराबर हैं। समाज में जाति, धर्म-संप्रदाय या पद और धन के आधार पर प्रचलित विभिन्न प्रकार के भेद अनुचित और अन्यायपूर्ण हैं। इस प्रकार के भेदों का विरोध किया जाना चाहिए और ऐसे समाज की रचना की जानी चाहिए, जिसमें प्रत्येक व्यक्ति आत्म सम्मान और बराबरी का जीवन जी सके।

कबीर की समाज दृष्टि को ठीक-ठीक और पूरी तरह समझने के लिए इसे तीन मुख्य प्रसंगों में विभाजित किया जा सकता है। वे प्रसंग हैं : (1) जाति, (2) धर्म-संप्रदाय और (3) धन।

यहाँ क्रमशः इन प्रसंगों पर विचार किया जा रहा है।

जाति व्यवस्था

आज की तरह कबीर के समय के समाज में भी जाति के आधार पर ऊँच-नीच के भेदभाव मौजूद थे। यही नहीं, नीची या निम्न समझी जानेवाली जातियों में से अनेक को अछूत समझा जाता था और उनके स्पर्श ही नहीं, छाया तक को अपवित्र माना जाता था। इस संबंध में कबीर का मत बिल्कुल स्पष्ट है। ईश्वर ने सभी जातियों की सृष्टि एक ही रूप में की है। सबके शरीर एक ही तरह रक्त, मज्जा, मांस और अस्थि से बने हैं। सब का जन्म एक ही रूप में होता है और मृत्यु के बाद सब की गति एक ही होती है। इसलिये कौन ब्राह्मण है और कौन शूद्र ? सब तो एक जैसे हैं।

कबीर कहते हैं :

गरभ बास महि कुल नहिं जाती।
ब्रह्म बिंदु ते सभु उतपाती ॥
कहुरे पंडित, बामन कब के होए।

बामन कहि कहि जनमु मत खोए ॥
जो तू ब्राह्मण बभनी जाया।
तो आन बाट काहे नहीं आया ॥
तुम कत ब्राह्मण हम कत सूद।
हम कत लोहू तुम कत दूध ॥
कहु कबीर जौ ब्रमहु बीचारै।
सो ब्राह्मन, कहीअतु है हमारे ॥

अर्थात्, जब कोई गर्भ में होता है, तो उसकी कुल या जाति नहीं होती। एक ही ब्रह्म बिंदु से सबकी उत्पत्ति होती है। ऐ पंडित! यह तो बताओ कि तुम ब्राह्मण कब से हुए ? तुम अपने को ब्राह्मण कह कर अपना जन्म (जीवन) मत नष्ट करो। यदि तुम ब्राह्मणी से पैदा होने के कारण ही ब्राह्मण हो, तो तुमने किसी दूसरे मार्ग से जन्म क्यों नहीं लिया ? (यदि किसी के शरीर के जिस मार्ग से दूसरे सभी जनमते हैं, तुम उससे किसी अलग रूप में जनमते, तो तुम्हें दूसरों से श्रेष्ठ मान लिया जाता।) जब ऐसा नहीं है, तो तुम कैसे ब्राह्मण हो और हम कैसे शूद्र हैं? हम (शूद्र) कैसे गंदे लहू हैं और तुम कैसे पवित्र दूध हो ? कबीर कहते हैं, ब्राह्मण और अब्राह्मण के भेद के विषय में हम तो एक ही बात मानते हैं। हम ब्राह्मण उसी को कहते हैं, जो ब्रह्म ज्ञानी है, जो ब्रह्म का विचार करता है।

अभिप्राय यह कि जन्म के आधार पर जाति का विचार गलत है। यदि जाति का संबंध जन्म से होता, तो इसके प्रमाण गर्भ से ही मिलने लगते। यदि ब्राह्मण श्रेष्ठ होता, तो वह गर्भ से ही वेद पढ़ कर आता, *पेट न काहू वेद पढ़ाया।*

सच तो यह है कि जन्म के समय पूरी मनुष्य जाति एक जैसी होती है। जन्म के बाद उसे बनावटी ढंग से अलग-अलग जातियों में बाँट दिया जाता है। इस तरह हमारी पूरी जाति व्यवस्था बनावटी और अप्राकृतिक है। यदि कोई यह कहे कि ब्राह्मण की श्रेष्ठता इसी से प्रमाणित है कि वह सदियों से सात्विक जीवन जीता आ रहा है, उसके आचार और विचार, दोनों पवित्र हैं, तो यह बात भी गलत है। कबीर को इस जाति के लोगों का जीवन कहीं से भी धार्मिक नहीं लगता। ईश्वर और धर्म से उनका संबंध बहुत दूर का है :

जाकें पाइं जगत सभ लागै, सो पंडित जिउ घात करै
आपन ऊँच-नीच घर भोजन, धीन करम करि उदर भरहि
ग्रहन, अमावस रुचि रुचि माँगहि, कर दीपकु लै कूप परहि

अर्थात्, जिस ब्राह्मण को बड़ा मान कर सारा संसार पाँव लगता है, वह ब्राह्मण देवी-देवत की पूजा के नाम पर जीव हत्या करता है। वह अपने को ऊँचा

कहता है, लेकिन नीच कहे जाने वाले लोगों के घर से भोजन लेता और घिनौने कर्म कर अपना पेट भरता है। ग्रहण और अमावस्या के दिन वह पूरी रुचि के साथ दक्षिणा माँगता है। उसके हाथ में ज्ञान का दीपक है, लेकिन वह पाप के कूप में गिरता है।

अपने समय के ब्राह्मणों के विषय में कबीर की सबसे बड़ी आपत्ति यह है कि वे धर्म के नाम पर पशु बलि करते हैं। यही काम तो कसाई भी करते हैं। पंडित लोग भी कुशल कसाई हैं। इससे कुछ फ़र्क नहीं पड़ता कि वे स्नान कर तिलक लगाते और विधि-विधान से देवताओं की पूजा करते हैं, लेकिन उनके हाथ के एक ही झटके से पशुओं की आत्मा पल-भर में निकल जाती और खून की नदी बहने लगती है। यह देख कर हँसी आती है कि उनसे सब लोग दीक्षा लेना चाहते हैं। लोगों का पाप काटने के लिए वे पुराणों की कथाएँ कहते हैं, लेकिन जीव-हत्या जैसा नीच कर्म करते हैं। जो लोग गाय का वध करते हैं, उन्हें तुर्क (मुसलमान) कहा जाता है। इन ब्राह्मणों से तुर्क किस अर्थ में छोटे हैं ? संतो! सुनो। कलियुग में ब्राह्मण ऐसे ही खोटे होते हैं उनमें दया का अभाव है :

संतो, पांडे निपुन कसाई
बकरा मारि भैंसा पर धावैं, दिल में दर्द न आयी
करि असनान तिलक दै बैठे, विधि से देवि पुजाई
आतम राम पलक में विन से, रुधिर की नदी बहाई
अति पुनीत ऊँच कुल कहिये, सभा माँहि अधिकाई
इन्हते दीक्षा सब कोई माँगै, हँसि आवै मोहि भाई
पाप कटन को कथा सुनावहिं, कर्म करावहिं नीचा
बूढ़त दोउ परस्पर देखो, जम लाये हैं खींचा
गाय बधे तेहि तुरका कहिये, इन्हते वे क्या छोटे
कहहिं कबीर सुनहु हो संतो, कलि में ब्राह्मन खोटे

हिंदू जाति व्यवस्था का एक निंदनीय पक्ष छुआछूत है। छुआछूत का विचार सबसे अधिक ब्राह्मणों में मिलता है। उन्होंने ही इसका पूरे समाज में प्रसार किया है। जब एक ही बिंदु से सारी सृष्टि पैदा हुई है, तो कौन ब्राह्मण है और कौन शूद्र ? कौन पवित्र है और कौन अछूत ? एक ही मिट्टी है, जिससे सब बने हैं और उनका कुम्हार भी एक है।[1] कबीर को यह छुआछूत विचार बड़ा हास्यास्पद लगता है। इसका कोई तार्किक आधार नहीं है। यह मूर्खतापूर्ण है। कबीर इस पर ब्योरेवार विचार करते हैं और इसकी मूढ़ता स्पष्ट करते हैं।

पंडित लोग अछूत के हाथ का पानी नहीं पीते। वे अछूत द्वारा छुये हुए

1. एक बिन्दु ते सृष्टि उपज्यौ को ब्राह्मन को सूद्रा

मिट्टी के बरतन को भी अपवित्र मानते हैं। लेकिन वे जो पानी शुद्ध मान कर पीते हैं, क्या वह शुद्ध है ? वे मिट्टी के जिस घर में रहते हैं, क्या उसकी मिट्टी शुद्ध है ? यदि विचार करें, तो मिट्टी अपने आप में अशुद्ध है। मिट्टी में सारी सृष्टि समाती रहती है। छप्पन करोड़ यादव और अठासी हज़ार ऋषि-मुनि मर कर इसी मिट्टी में विलीन हो गये। इसमें कदम-कदम पर पैगंबरों की लाशें गड़ी हैं। ये सभी सड़कर मिट्टी हो गये हैं। कबीर पांडे या ब्राह्मण से कहते हैं कि तुम्हारे पास मिट्टी के जो शुद्ध बरतन हैं, वे इसी मिट्टी से बने हैं। यही नहीं, तुम जिस पानी को शुद्ध मान कर पी रहे हो, उसे खूब सोच-समझ कर पियो। पानी में मछलियाँ, कछुये और घड़ियाल रहते हैं। वे वहीं बच्चे जनते हैं। बच्चे जनते समय उनके शरीर से निकला खून नदी, तालाब आदि के पानी में भरता है। पशु और मनुष्य की लाशें उसी में सड़ती हैं और उसी में अपना नरक बहाती हैं :

पांडे बूझि पियहु तुम पानी
जेहि मटिया के घर मँहू बैठे, तामे सृष्टि समानी
छपन कोटि जादव जँह भीजे, मुनिजन सहस अठासी
पैग-पैग पैगंबर गाड़े, सो सब सरि भो माटी
तेहि मटिया के भाँड़े पांडे, बूझि पियहु तुम पानी
मच्छ कच्छ घरियार बियाने, रुधिर नीर जल भरिया
नदिया नीर नरक बहि आवै, पसु मानुष सब सरिया

कबीर को इस विषय में कोई संदेह नहीं है कि छुआछूत के समर्थन में पंडित लोग धर्म-ग्रंथों के जो प्रमाण देते हैं, वे निरर्थक हैं। वे प्रमाण धर्म-ग्रंथों के नहीं, बल्कि उनके मन के भ्रम हैं। छुआछूत का संबंध धर्मग्रंथों से नहीं है। वे वास्तव में वहाँ हैं नहीं। छुआछूत तो पंडितों का कर्म है–यह उनकी रचना है।[1]

सच तो यह है कि छूत जैसी कोई चीज़ नहीं होती। कबीर पंडित से यह कहते हैं कि तुम ज़रा मन में सोच-विचार कर देखो। यह तो बताओ कि यह छूत क्या है और यह कहाँ से उत्पन्न हुई है, जो तुम इसमें विश्वास कर रहे हो ? प्राणवायु, रज (रुधिर) और वीर्य (बिंदु) के संयोग से स्त्री के शरीर में हर जाति के मनुष्य का शरीर बनता-बढ़ता है। स्त्री के शरीर के आठवें कमल (मूलाधार) के समीप की योनि से इस पृथ्वी पर सभी लोग जन्म लेते हैं। ऐसा नहीं है कि ब्राह्मण किसी दूसरे रूप में जन्म लेता है और अछूत किसी दूसरे रूप में। तो, यह तो बताओ कि मनुष्य और मनुष्य के बीच यह छूत कहाँ से आ गयी ? चौरासी लाख योनियों में अलग-अलग शरीर हैं। वे सब शरीर मृत्यु के बाद सड़कर मिट्टी

---

1. बेद कितेब छाँड़ि देहु पांडे, ई सब मन के भर्मा
 कहैं कबीर सुनो हो पांडे, ई सब तुम्हरे कर्मा

में मिल जाते हैं। ईश्वर ने धरती नाम के एक ही पाट पर सभी प्राणियों को बिठाया है–एक ही पाट पर रख कर सब को समान बना दिया है। इसलिये तुम किसे छूत कहोगे ? विचार करने पर यह प्रतीत होगा कि भोजन और पानी, दोनों में छूत (अशुद्धता) भरी हुई है। छूत (रज-वीर्य की अशुद्धता) से सारा जगत् उत्पन्न हुआ है। इसलिये जाति, जल और भोजन में छूत का विचार गलत है। असली छूत (अशुद्धता) का वास तो हमारे मन के भीतर है। कबीर कहते हैं–छूत से विवर्जित (परे) तो वह है, जो माया के वश में नहीं है :

पंडित देखहु मन में जानी
कहुधौं छूति कहाँ से उपजी, तबहिं छूति तुम मानी
नादे बिंदु रुधिर के संगे, घट ही में घट सपचै
अस्ट कमल होइ पुहुनी आया, छूति कहाँ से उपजै
लख चौरासी नाना वासन, सो सब सरि भो माही
एकहि पाट सकल बैठाये, छूत लेन धौं काकी
छूतिहि जेवन छूतिहि अँचवन, छूतिहि जग उपजाया
कहैं कबीर ते छूति विवरजित, जाके संग न माया

इस प्रकार, कबीर जाति व्यवस्था के भीतर पनपने वाले ऊँच-नीच के भेद और छुआछूत का खंडन करते हैं। वह इस मूल बात पर ज़ोर देते हैं कि इस तरह के सामाजिक भेदभाव गलत हैं, क्योंकि ये भगवान के बनाये हुए न होकर ब्राह्मणों के दिमाग की उपज हैं।

धर्म और संप्रदाय

कबीर के समय का समाज आज की तरह जिस प्रकार जात-पाँत में बँटा था, उसी प्रकार अलग-अलग संप्रदायों और धर्मों में। सिद्धांत के रूप में यह बात कही जाती है कि सभी धर्म और सभी संप्रदाय हमें अलग-अलग रास्तों से एक ही ईश्वर तक ले जाते हैं। इसलिये इनके भेद को महत्त्व नहीं दिया जाना चाहिए। लेकिन व्यवहार में कुछ और ही दिखाई देता है। जिस समाज में अलग-अलग धर्मों और संप्रदायों को माननेवाले लोग रहते हैं, उस समाज में अक्सर मतभेद और झगड़े होते हैं। यह बात कबीर के युग के विषय में भी सच थी। यह बात हमारे आज के युग के विषय में भी सच है।

उस समय जैसे हिंदुओं के यहाँ शैव, वैष्णव, शाक्त, जोगी, मौनी, दिगंबर आदि संप्रदाय थे, वैसे मुसलमानों के यहाँ शिया, सुन्नी आदि संप्रदाय। इनके विषय में कबीर की दृष्टि बहुत साफ़ थी। उनके अनुसार इस प्रकार के विभिन्न संप्रदायों में पाये जानेवाले भेद निरर्थक हैं। इनका संबंध धर्म की मूल आत्मा के साथ नहीं

है। इनका संबंध पूजा-पाठ के तरीकों, साधना के ढंग, संप्रदाय की सूचना देने वाली वेशभूषा आदि बातें से है। कबीर ने दोनों धर्मों के संप्रदायों को पाखंड कहा है और इनकी संख्या छियानवे बतायी है :

आलम दुनी सबै फिरि खोजी, हरि बिन सकल अयाना
छह दरसन पाषंड छ्यानबे, आकुल किनहूँ न जाना
जप तप संजम पूजा अरचा, जोतिग जग बौराना

अर्थात्, मैंने पूरी दुनिया में खोज कर यह देख लिया है कि भगवान के सिवा सब कुछ अज्ञान या झूठा है। लेकिन दुनिया के लोग छह दर्शन (वैशेषिक, योग आदि) और योगी, जंगम, दरवेश आदि संप्रदायों की विभिन्न शाखाओं को मिला कर छियानवे पाषंड के पीछे व्याकुल हैं। इनमें से किसी को सत्य क़ी कोई जानकारी नहीं है। जप, तप, संयम, पूजा-अर्चना और ज्योतिष के पीछे सारी दुनिया पागल है।

ये संप्रदाय एक ही धर्म को मानने वाले हर समाज को अलग-अलग कुनबों में बाँट रहे हैं। ये भगवान से जोड़ने के नाम पर लोगों को एक-दूसरे से तोड़ रहे हैं। ये सच्चा ज्ञान नहीं कराते। सच्चा ज्ञान आत्म-ज्ञान है, जो आदमी को आदमी से जोड़ता और उनके बीच के भेदभाव मिटाता है। ये संप्रदाय आत्मज्ञान कराने में असमर्थ हैं, इसलिये कबीर लोगों को इनसे बचने को कहते हैं।

कबीर के युग में विभिन्न संप्रदायों के आपसी मतभेदों से भी अधिक बड़ी समस्या हिंदुओं और मुसलमानों के आपसी मतभेदों की थी। उस समय इन दोनों के संबंध बहुत अर्थों में आज जैसे थे। लेकिन दोनों के संबंधों में एक बहुत बड़ा फ़र्क भी था। उस युग में मुसलमान शासक थे। आज वे शासक नहीं हैं। लेकिन इस फ़र्क के बावजूद दोनों के संबंध पहले की तरह आज भी मतभेद और तनाव के हैं। कबीर दोनों कि विषय में जो बात कहते हैं, वह उनके युग की तरह आज भी सच है :

हिंदू कहै मोहि राम पियारा, तुर्क कहै रहिमाना
आपस में दोउ लरि-लरि मूए, मर्म न काहू जाना

राम और रहीम का यह झगड़ा दोनों संप्रदायों को एक-दूसरे से अलग करता रहा है। दोनों यह समझने को तैयार नहीं हैं कि राम और रहीम (या रहमान) एक ही ईश्वर के अलग-अलग नाम हैं। कबीर धार्मिक भेदभाव और कट्टरता के लिए दोनों को फटकारते हैं। वह अपने समय के मुसलमानों को हिंदुओं पर अत्याचार करने के लिए कडी डाँट-फटकार सुनाते हैं। वह उनसे यह कहते हैं कि अन्याय, अत्याचार और हिंसा धर्म या मज़हब के मेल में नहीं हैं मजहब तो प्रेम और दया

सिखाता है। इसलिये वह विधर्मी (क़ाफिर) के साथ ज़ोर-ज़बर्दस्ती (बल प्रयोग) करने की बात करने वाले मुल्ला-मौलवियों (मीयां) से यह कहते हैं :

मीयाँ तुम्ह सौं बोल्यो बनि नहिं आवै
हम मसकीन खुदाई बंदे तुम्हरा जस मनि भावै
अल्लह अवलि दीन को साहिब जोर नहीं फुरमाया
मुरसिद पीर तुम्हारे है को कहौ कहाँ ते आया
रोजा करै निवाज गुजारै कलमै भिस्ति न होई
सत्तर काबे घट ही भीतरि जे करि जानै कोई
खसम पिछानि तरसि करि जिय मैं माल मनी करि फीकी
आपा जानि साईं कौं जानैं तब होइ भिस्ति सरीकी
माटी एक भेख धरि नाना तामैं ब्रह्म समाना
कहै कबीर भिस्ति छोड़ि करि दोजग ही मन माना

अर्थात्, सुनो मियाँ! तुमसे कुछ कहते नहीं बनता। हम तो दीन हैं, खुदा के बंदे (सेवक) हैं। तुम जो चाहो, हमें वही समझो। अव्वल तो अल्लाह दीन-हीन लोगों का स्वामी है। उसने किसी से जोर-जबर्दस्ती करने का हुक्म नहीं दिया है। तुम्हारे वे धर्मगुरु (मुर्शीद) और पीर कौन हैं, जो तुमसे यह कहते हैं कि विधर्मियों पर बल प्रयोग और अत्याचार करना चाहिए ? रोज़ा रखने, पाँचों वक्त नमाज़ अदा करने और कलमा पढ़ने से स्वर्ग (बहिश्त) नहीं मिलता। जो जाना चाहता है, उसे यह ज्ञान हो जाता है कि प्रत्येक घट (मनुष्य) में कई काबा मौजूद हैं। प्रभु हर मनुष्य में निवास करता है। इसलिये उस पर अत्याचार करने का अधिकार किसी को नहीं दिया गया है। तुम अपने स्वामी (खसम) को पहचानो दिल में तरस या दया लाओ और अपने मन में धर्म-दौलत (माल) को फीका समझो। अपने आपको–अपने स्वरूप को–और अपने स्वामी प्रभु को जानो। तभी तुम स्वर्ग (भिस्ति या बहिश्त) में शरीक हो सकते हो–उसमें प्रवेश पा सकते हो। सब एक ही मिट्‌टी के बने हैं। उसी मिट्‌टी के कई रूप हो गये हैं। इन सभी रूपों में ब्रह्म समाया हुआ है। कबीर कहते हैं, तुमने स्वर्ग (बहिश्त) का मार्ग छोड़ दिया है और तुम्हारा मन नरक (दोजक या दोजख़) में ही रम गया है।

ईश्वर मुसलमान और हिंदू में कोई भेद नहीं करता। दोनों उसकी ही रचना हैं। इसलिये कबीर दोनों से अपना हठ छोड़ने को कहते हैं। ईश्वर को अलग-अलग नाम से पुकारने के कारण दोनों यह मान बैठे हैं कि राम और रहीम अलग हैं। वे अलग-अलग ढंग से एक ही ईश्वर की उपासना करते हैं और उपासना के ढंग को असली धर्म या मजहब मान लेते हैं। धर्म के नाम पर हठ या झगड़े की जड़ यही है। कबीर यह बताते हैं कि हिंदू और मुसलमान, दोनों

ऊपरी बातों में उलझे हुए हैं। वह उनके आपसी भेद और झगड़े को दूर करने के लिए उन्हें समझाते हुए यह कहते हैं :

हमारे राँम रहीम करीमा केसो, अलह राँम सति सोई
बिसमिल मेटि बिसंभर एकै, और न दूजा कोई
इनके काजी मुला पीर पैकंबर, रोजा पछिम निवाजा
इनके पूरब दिसा दिव दिज पूजा, ग्यारसि गंग दिवाजा
तुरुक मसीति देहुरै हिंदू, दुहूंठा राँम खुदाई
जहाँ मसीत देहुरा नाँहीं, तहँ काकी ठकुराई
हिंदू तुरुक दोऊ रह टूटी, फूटी अरु कनराई
अरध उरध दसहूँ दिसि जित तित, पूरी रहा राम राई
कहै कबीरा दास फकीरा, अपनी राह चलि भाई
हिंदू तुरुक का करता एकै, ता गति लखी न जाई

अर्थात् हमारे लिये तो राम और रहीम, करीम और केशव, अल्लाह और राम एक ही सत्य के अलग-अलग नाम हैं। बिसमिल्लाह के बदले विश्वम्भर कह दो, तो इससे क्या फ़र्क पड़ता है ? दोनों एक हैं, दोनों कोई और नहीं हैं। मुसलमानों के काज़ी, मुल्ला, पीर और पैग़ंबर हैं। उनके धर्म में रोज़ा है और पश्चिम की ओर मुँह कर नमाज़ पढ़ने की बात है। हिंदुओं में पूर्व दिशा की ओर मुँह कर पूजा करने का चलन है। वे देवताओं और ब्राह्मणों (द्विज) की पूजा करते हैं। वे एकादशी करते, गंगा में नहाते और दिये जलाते हैं। मुसलमान (तुर्क) मस्जिद को और हिंदू मंदिर को ईश्वर का निवास-स्थान मानते हैं। लेकिन दोनों जगह तो एक ही राम या ख़ुदा रहता है। वह तो सब जगह है—सर्वव्यापी है। नहीं तो यह बताओ कि जहाँ मंदिर या मस्जिद नहीं है, वहाँ किसकी प्रभुता (ठकुराई) है ? हिंदू और मुसलमान, दोनों के रास्ते टूटे, फूटे और सच्चे मार्ग से हटे हैं। ऊपर और नीचे, दशों दिशाओं में, सब जगह राजा राम व्याप्त हैं। फ़कीर कबीर कहते हैं—भाई! अपनी-अपनी राह से चलो। हिंदू और मुसलमान (तुर्क), दोनों का कर्त्ता (बनाने वाला) एक ही है। उसकी गति (मर्म) समझ पाना असंभव है।

इस तरह, कबीर यह बताते हैं कि धार्मिक मतभेद और टकराव धर्म के मूल स्वरूप की ग़ैर-जानकारी के कारण पैदा होते हैं। मूल धर्म एक है, जो पूजा-उपासना के अलग-अलग ढंग के कारण अलग-अलग धर्म के रूप में दिखाई देता है। यह बात समझ लेने पर हिंदुओं और मुसलमानों के वे झगड़े और हठ, जो हमारे समाज को तोड़ते हैं, अपने आप समाप्त हो जायेंगे।

पद और धन

कबीर की समाजदृष्टि का महत्त्वपूर्ण अंग उनकी पद और धन संबंधी दृष्टि है। कबीर यह नहीं मानते कि कोई राजा, सुलतान या राज्य का अधिकारी होने से बड़ा हो जाता है। वह यह भी नहीं मानते कि कोई धनी होने से ऊँचा और ग़रीब होने से नीचा हो जाता है। जाति और धर्म के भेद की तरह वह राजा और प्रजा या धनी और निर्धन जैसे भेद को भी अस्वीकार करते हैं। उनका विचार है कि हर व्यक्ति बराबर है। सब ईश्वर के बनाये हुए हैं, इसलिये सब का मूल्य-महत्त्व एक-जैसा है।

लेकिन कबीर यह देखते हैं कि उनके समय के समाज में जाति और धर्म की तरह पद और धन भी गैर-बराबरी के कारण हैं। जो आदमी पद की हैसियत से जितना ही बड़ा है, वह दूसरों को उतना ही बड़ा समझता है। जो धनी है, वह निर्धन को तुच्छ समझता है। कबीर कहते हैं–*निर्धन आदर कोई न देई।* राजा और प्रजा या धनी और गरीब का यह भेद उन्हें अनुचित और दुःखद लगता है, लेकिन वह जानते हैं कि सामाजिक जीवन का यथार्थ यही है। इस यथार्थ का चित्रण करते हुए यह कहते हैं कि भगवान ने किसी को मुक्ताहल मोती दिये हैं, तो किसी को रोग दिया है। उसने किसी को पहनने और बिछाने को रेशमी कपड़े दिये हैं, तो किसी को सोने के लिए नीवार का बिछावन। उसने किसी के गले में गूदड़ी दी है और किसी को पुआल (पयाल) की सेज :

एकनि को मुकताहल मोती, एकनि व्याधि लगाई
एकनि दीना पाट पटंबर, एकनि सेज निवारा
एकनि दीनी गरे गूदड़ी, एकनि सेज पयारा

इससे यह बात स्पष्ट है कि धनी या ग़रीब होना किसी के अपने वश में नहीं है। अपने भाग्य और भोग को नहीं बदला जा सकता। भगवान ने जिसके लिए जितना भोग रचा है, उसे उतना ही मिलता है। कोई कितना ही सर क्यों न पटके, वह न रत्ती भर घट सकता है, न तिल भर बढ़ सकता है :

जाकौ जेता निरमया, ताकौ तेता होइ
रत्ती घटै न तिल बढ़ै, जो सिर कूटै कोइ

अगर धनी या ग़रीब होना अपने हाथ में नहीं है, तो धन या अधिकार मिलने पर किसी को इस पर गर्व भी नहीं करना चाहिए। कोई नहीं जानता कि कब तक उसका धन, पद या राज्य बना रहेगा और कब उसके हाथ से छिन जायेगा। इसीलिये अपने को धनी या बड़ा और दूसरे को निर्धन या छोटा मानना ठीक नहीं है। पता नहीं, किस वृक्ष के नीचे शरीर ही हड्डियाँ कूड़े का ढेर बन कर रह

जायें :

आपनपौ न सराहिये, और न कहिये रंक
ना जानौं किस बिरिख तलि, कूड़ा होइ करंक

धन या पद के गर्व के खंडन के लिए कबीर एक और तर्क देते हैं। वह यह कहते हैं कि संसार का कोई भी व्यक्ति मृत्यु से नहीं बच सकता। सब कुछ क्षणिक है। कुछ भी स्थायी नहीं है। सब कुछ बदलता रहता है। सब कुछ बीतता जाता है। जिस मंदिर (घर) में कभी संगीत के सातों स्वर बजते थे और छत्तीसों राग सुनाई देते थे, वह आज खाली हो गया है–उसमें आज कोई नहीं रहता। अब उस पर कौए बैठने लगे हैं।[1] बादशाह जिस बादशाही में मद में चूर रहता है, वह बादशाही वन के हरे पत्ते की तरह चार दिन की होती है।[2] महल और बावडी बनाने वाले राजा सब कुछ यहीं छोड़कर चले जाते हैं।[3] आश्चर्य की बात तो यह है कि जीवन के इस कठोर सत्य–मृत्यु–को जानने पर भी राजा और सुलतान भोग-विलास और अहंकार में लिप्त रहते हैं। उन्हें सावधान करते हुए, चेतावनी देते हुए, कबीर यह कहते हैं कि एक दिन ऐसा आयेगा, जब धन–वैभव और अधिकार, सबसे बिछोह हो जायेगा। कुछ भी अपने हाथ में नहीं रहेगा–मृत्यु के बाद सब कुछ यहीं धरा रह जायेगा। इसलिये इसी समय से राजा, राणा और छत्रपति क्यों नहीं सावधान हो जाते, क्यों नहीं पवित्र और धार्मिक जीवन जीना शुरू कर देते ?

इक दिन ऐसा होइगा, सब सूँ पडे विछोह
राजा राणा छत्रपति, सावधान किन होइ

कबीर यह चाहते हैं कि अधिकारी और धनपति अधिकार और धन का गर्व और मोह न करें। वे जीवन की क्षण भंगुरता को याद रखें और अपना आचरण और जीवन सुधारें। वे अधिकारहीन और निर्धन लोगों के साथ अन्याय और अत्याचार न करें।

कबीर के साहित्य का कोई भी पाठक यह अनुभव कर सकता है कि धन–वैभव, भोग–विलास और अधिकार–अहंकार के बारे में उनकी कोई अच्छी धारणा नहीं है। नहीं तो वह इनकी निंदा नहीं करते। ये आदमी को भगवान से दूर ले जाते हैं। इनके कारण आदमी और आदमी के बीच भी दूरी और भेदभाव पैदा हो जाते हैं। इसलिये जीवन जीने के लिए जितना वित्त या धन ज़रूरी है,

---

1. सातो सबद जु बाजते, होत छतीसो राग
   सो मन्दिंर खाली पड़ा, बैठन लागे काग
2. दिवस चारि की है पातिसाही, ज्यूँ बन हरियल पात
3. नैड़ी महल बावड़ी छाजा, छाँडि गये सब भूपति राजा

मनुष्य को उतने ही धन की कामना करनी चाहिए। स्वयं कबीर अपने लिये अपने स्वामी (प्रभु-ईश्वर) से उतना ही माँगते हैं, जितना घर-परिवार चलाने के लिए उनके लिए जरूरी है :

साईं इतना दीजिये जामैं कुटुम समाय
मैं भी भूखा ना रहूँ साधु न भूखा जाय

धन या पद किसी के अपने हाथ में नहीं है, बल्कि भाग्य या ईश्वर के हाथ में है–इस आधार पर कबीर समाज के निर्धन लोगों को हीनता के भाव से मुक्त कर उनमें आत्मविश्वास भरना चाहते हैं। जैसे वह शूद्र के मन में यह भाव भरते हैं कि वह ब्राह्मण से छोटा नहीं है, वैसे ही वह निर्धन के मन में यह भाव भरते हैं कि वह अपने को किसी राव-राजा, सुलतान या धनपति से छोटा नहीं समझे। लेकिन वह उससे यह अपेक्षा करते हैं कि वह न किसी की धन-संपत्ति से ईर्ष्या करे और न किसी के सामने हाथ पसारे, क्योंकि *'माँगन मरन समान है'।* वह ईश्वर पर भरोसा रखते हुए परिश्रम और ईमानदारी का जीवन जिये :

भूखा भूखा क्या करै, कहा सुनावै लोग
भाँड़ा गढ़ि जिन मुख दिया, सोई पुरवन जोग

अर्थात्, तू 'भूखा-भूखा' क्यों कहता है ? क्यों लोगों को अपनी भूख की बात सुनाता है ? जिस प्रभु ने तेरे शरीर-रूप घड़े को गढ़ कर मुख दिया है, वही तेरे भोजन का प्रबंध भी करेगा।

शायद यह दुहराना ज़रूरी नहीं कि कबीर का विश्वास मनुष्य और मनुष्य की बराबारी के समाज में है। उनका मूल तर्क यह है कि जब सभी मनुष्य ईश्वर के अंश हैं, तो न कोई छोटा है और न बड़ा। इस प्रसंग में एक और उल्लेख जरूरी है। कबीर सामाजिक बराबरी के समाज में ही विश्वास नहीं करते, बल्कि उस बराबरी को सामाजिक व्यवहार में भी देखना चाहते हैं। यही वह विशेषता है, जो उनकी समाज दृष्टि को समग्रता प्रदान करती और हमारे अपने समय और समाज से जोड़ती है।

कवि कबीर की खोज

पुरुषोत्तम अग्रवाल

इस लेख का शीर्षक बड़ा उद्धत है–कबीर की ही तरह अक्खड़। हम क्या कबीर की खोज करेंगे–उन्हें तो सारी दुनिया कवि मानती ही है। लेकिन क्या सचमुच ? क्या वास्तव में हिंदी आलोचना की परंपरा में और वहीं क्यों–कबीर के अध्ययन के विभिन्न प्रयत्नों में भी कबीर को सहज रूप से कवि माना गया है ? शायद नहीं, वरना हमारे छात्र अब तक ऐसे प्रश्नों को परीक्षा के लिए महत्त्वपूर्ण न मान रहे होते कि 'कबीर कवि थे या समाज सुधारक ?' या कबीर की कविता उपदेश ही देती है या कुछ भावोन्मेष भी करती है ?

यहाँ तक कि जिन आचार्य हजारीप्रसाद द्विवेदी को हिंदी साहित्य में कबीर की प्रतिष्ठा करने का उचित श्रेय प्राप्त है, उनका कहना है, रूप के द्वारा अरूप की व्यंजना, कथन के जरिये अकथ्य का ध्वनन काव्य शक्ति का चरम निदर्शन नहीं तो क्या है ? फिर भी वह ध्वनित वस्तु ही प्रधान है, ध्वनित करने की शैली और सामग्री नहीं। इस प्रकार काव्यत्व उनके पदों में फोकट का माल है–बाई प्रोडक्ट है, वह कोलतार और सीरे की भाँति और चीजों को बनाते-बनाते अपने आप बन गया है। (कबीर, पृ. 225) यदि आशय यह है कि आधुनिक कवियों के विपरीत कबीर की प्राथमिक आत्मछवि कवि की नहीं थी, वे बतौर कवि के लोकस्मृति में जीने के लिए बहुत उत्सुक नहीं थे, तो उपर्युक्त कथन से असहमति नहीं हो सकती। लेकिन यह सवाल जरूर पूछा जा सकता है कि स्वयं को प्राथमिक रूप से कवि तो तुलसी और सूर भी नहीं मानते थे। उद्देश्य तो उनका भी भक्तिपरक ही था फिर उनके काव्यत्व को भी हम फोकट का माल या 'बाई-प्रोडक्ट' क्यों न कहें ? सचाई तो यही है कि हमारे भक्त और सूफी कवियों में केवल जायसी हैं, जो स्वयं को प्राथमिक रूप से कवि मानते हैं; उनका आत्मपरिचय यही है : *मुहम्मद कवि प्रेम का न तन रक्त न मांस/जिइ देखा तिइ हंसा, सुना तो आये आँसु।*

ऐसा नहीं कि कवि के भक्ति करने या किसी तरह की साधना करने पर कोई रोक है। जायसी परंपरा में बड़े साधक माने गये हैं। सवाल स्वयं कवि और

स्वयं परंपरा द्वारा निर्धारित प्राथमिक पहचान का है। और इस दृष्टि से तो कोई भक्त स्वयं को कवि नहीं कहलाना चाहता, सभी का लक्ष्य भक्ति ही है, फिर खास कबीर ही के प्रसंग में यह कहने की क्या जरूरत थी कि 'ध्वनित वस्तु ही प्रधान है ध्वनित करने की शैली या सामग्री नहीं ?'

समस्या को समझने के लिए उन रूपों का त्वरित सर्वेक्षण सहायक होगा, जिनमें आधुनिक अध्ययन दृष्टियों ने कबीर को देखा है। आरंभिक ब्रिटिश अध्येताओं के लिए कबीर एक नये पंथ के प्रवर्तक, ब्राह्मण धर्म के कठोर आलोचक और सामी धर्मों के प्रभाव के कारण मूर्ति पूजा तथा अवतारवाद की आलोचना करनेवाले एकेश्वरवादी थे। स्मरणीय है कि ये अध्येता कबीर का अध्ययन हिंदू धर्म को समझने के प्रसंग में कर रहे थे, इसलिये ये कबीर की चर्चा अनिवार्य रूप से कबीर पंथ को ध्यान में रख कर करते थे। यहाँ तक कि विल्सन (1862) की तो मान्यता थी कि कबीर किसी व्यक्ति विशेष का नहीं, बल्कि पदवी का नाम है, एक 'जेनेरिक' नाम है। इन विद्वानों ने कबीर और उनके पंथ को मिल कर पढ़ा, पंथ को घर जोड़ने की माया मात्र समझ कर नहीं। वे कबीर को कभी मार्टिन लूथर जैसा समाज सुधारक मानते थे, तो कभी हिंदू-मुसलमान दोनों को एकेश्वरवाद का उपदेश देनेवाला महात्मा। भक्ति संवेदना को अपने पौरुष से हताश, हतदर्प जाति की बेबसी और कबीर को उस बेबसी की पहली आवाज माननेवाली पद्धति के बीच भी इन ओरियंटलिस्ट विद्वानों की पद्धति में ही मौजूद थे।

हिंदी साहित्य की परंपरा का आधुनिक हिसाब से निर्माण करनेवाले आरंभिक आलोचकों की दृष्टि में कबीर हिंदू-मुस्लिम संघर्ष में हिंदू धर्म और हिंदू जनता के आत्मसम्मान के रक्षक हैं, हालाँकि कबीर और दूसरे निर्गुण पंथी संतों में हिम्मत की थोड़ी कमी थी, इसीलिये 'मुसलमानों के बीच रह कर भगवान के दुष्टदलनकारी रूप की ओर दृष्टि ले जाने का साहस वे न कर सके।' (आचार्य शुक्ल) इस साहसहीनता के बावजूद उन्होंने 'निम्न श्रेणी की जनता में आत्म-गौरव का भाव जगाया' और परवर्ती सगुण भक्ति के लिए भावभूमि का निर्माण किया।

आचार्य द्विवेदी ने कबीर पर लगाये गये 'लोक विरोध' और विदेशीपन के आरोप को मुख्य चुनौती माना और कबीर की व्याख्या समाज सुधारक कवि से अलग हट कर ऐसे भक्त के रूप में की, समष्टि वृत्ति जिसके चित्त का 'स्वाभाविक धर्म' नहीं था। उनका काव्यत्व तो भक्ति का बाई-प्रोडक्ट है ही, उनकी सामाजिक आलोचना भी भक्ति का बाई-प्रोडक्ट ही है। आचार्य द्विवेदी के अनुसार 'भक्ति तत्त्व की व्याख्या करते हुए उन्हें उन बाह्याचार के जंजालों को साफ करने की जरूरत महसूस हुई है जो अपनी जड़ प्रकृति के कारण विशुद्ध चेतन तत्त्व की उपलब्धि में बाधक हैं। यह बात ही समाज सुधार और सांप्रदायिक

ऐक्य की विधात्री बन गयी है। पर यहाँ भी यह कह रखना ठीक है कि 'यह भी फोकट का माल या बाई-प्रोडक्ट ही है।' (कबीर, पृ. 221)

इधर दलित चिंतकों का ध्यान दलितों की अपनी सांस्कृतिक परंपरा पहचानने की ओर गया है। डॉ. धर्मवीर कबीर के 'ब्राह्मणवादी आलोचकों' की कड़ाई से खबर लेते हुए कबीर को ऐसे 'ब्राह्मण विरोधी समाज दार्शनिक' (कबीर के आलोचक, पृ. 94) के रूप में प्रतिष्ठित करते हैं, जिनका लक्ष्य दलितों के अपने धर्म मत का प्रतिपादन करना था!

कबीर के इन सभी रूपों का विश्लेषण अपने आपमें निहायत जरूरी काम है, लेकिन हम फिलहाल ध्यान इसी बात पर दें कि इन सभी रूपों में कबीर का कवित्व आनुषंगिक है, प्राथमिक है उनका समाज सुधारक या भक्त होना। किसी कोण से वे हिंदू धर्म को भीतर से सुधारने वाले सुधारक हैं, तो किसी कोण से वे दलितों की सामाजिक आकांक्षाओं को धारण कर सकने वाले सधर्म की प्रतिष्ठा के लिए प्रयत्नशील हैं। किसी को कबीर लोक की अवहेलना करनेवाले घटसाधक भक्त लगते हैं, तो किसी को भक्ति के आवेश ही के कारण बाह्याचार का खंडन करने वाले अक्खड़ भक्त। इतना स्पष्ट है कि हर हाल में कबीर परंपरा के न तो जानकार थे और न कायल और बावजूद इसके कि उनमें प्रतिभा बड़ी प्रखर थी, कवि सुलभ भावुकता का तो उनमें अभाव ही था। कुल मिला कर कबीर या तो व्यक्तिवादी भक्त थे या किसी न किसी प्रकार के सामाजिक चिंतक और सुधारक--उनका कवि होना उनका प्राथमिक परिचय नहीं है। कबीर का कवित्व फोकट का माल नहीं, तो उनके व्यक्तित्व का आनुषंगिक पहलू तो अवश्य ही है।

कबीर को कवि मानने में हिचकिचाहट की यह जो आम राय है, जाहिर है कि अध्येताओं की व्यक्तिगत समस्या भर नहीं है। सीधी-सी बात है, आप किसे कवि मानते हैं-यह इस पर निर्भर करता है कि आप कविता किसे मानते हैं। काव्य कर्म की आपकी कसौटी क्या है ? कविता से आपकी अपेक्षाएँ क्या हैं ? कविता की परंपरा को पहचाननेवाला आपका काव्य प्रतिमान-पोयटिक कैनन-क्या है ? इन प्रश्नों पर चर्चा हम करेंगे ही, लेकिन उसके पहले हम अपने आपसे यह मूलभूत प्रश्न पूछें कि : क्या कवि, बतौर कवि के, ईश्वर से, प्रेम से, जगत से, समाज से वास्ता नहीं रख सकता ? क्या स्वाभाविक यही है कि कोई साधक, कोई दार्शनिक, कोई सुधारक अपनी उपलब्धियों का विवरण देने के लिए लक्ष्य श्रोता तक अपनी बात पहुँचाने के लिए कविता का सहारा ले ? या फिर किसी दर्शन या विचार द्वारा कमाये गये सत्य का भावानुवाद करे ? आचार्यों द्वारा किये गये ब्रह्म निरूपण को भावसम्मत और संवेदनागम्य बनाये ? क्या यह संभव नहीं कि कोई कवि अपने आपको और अपनी दुनिया को, अपनी हालत को समझने के क्रम में विचार की परंपराओं से बराबरी का संवाद करे, ब्रह्मांड में मनुष्य की स्थिति को अपनी

आँख–कविता की आँख–से देखें, समाज की दशा-दिशा पर अपने मुहावरे–कविता के मुहावरे–में टिप्पणी करे ? क्या यह सचमुच संभव नहीं कि काव्य और शास्त्र का संबंध अनुकरण की भाषा में नहीं, मुखामुखम के मुहावरे में कल्पित किया जाये, कविता पहले से मौजूद सवालों जवाबों को दोहराने की बजाय अपने सवाल पूछे, अपने जवाब खोजे ?

अग्रणी साहित्य चिंतक और भाषा विज्ञानी श्री अशोक केलकर अपने निबंध–'प्राचीन भारतीय साहित्य मीमांसा' का आरंभ इस वाक्य से करते हैं, 'प्राचीन भारतीय मीमांसा से अभिप्राय उस मीमांसा मात्र से है जो भारतीय इतिहास के प्राचीन कालखंड की अभिजात संस्कृति में उत्पन्न हुई है, तत्पश्चात् मध्य युग में सत्तरहवीं शती तक सीधे विकसित होती रही और संस्कृत भाषा में ग्रथित हुई अन्य सांस्कृतिक उप-प्रवाहों में निहित मीमांसा का विचार यहाँ नहीं किया गया है।' (पृ. 1)

संकेत बहुत महत्त्वपूर्ण है यहाँ। संस्कृत काव्यशास्त्र की परंपरा का एक निश्चित विचार कोश है, उस काव्यशास्त्र के आधार पर रचना और आस्वाद करनेवालों का एक साझा भाव जगत है। कविता और उसमें प्रयोजन की अवधारणा का एक विशिष्ट रूप है यहाँ। कविता का काम 'प्रीति' अर्थात् आनंद की उद्‌भावना करना है, थोड़ा गहरे में जायें तो *संस्कृत काव्यशास्त्र कविता के लिए अनुव्याहरण का अवकाश तलब करता है।* अनुव्याहरण अर्थात् किसी अनुभव, किसी विचार या मान्यता को अपने ढंग से देख सकना, कुछ भीं पूछ सकना। धर्माधर्म का निर्णय करना शास्त्र और स्मृति का काम है, पुराण का काम है, बल्कि पुराण का काम तो धर्माधर्म निर्णय को कथा प्रसंगों में गूँथ करके उसका मूर्तिकरण करना भी है। दूसरे शब्दों में, उपदेश या किसी तात्कालिक वैचारिक या सामाजिक प्रयोजन की सिद्धि संस्कृत काव्यशास्त्र के अनुसार कविता का काम नहीं है। वह उपदेश यदि है भी तो 'कांतासम्मित' ही। इसी के साथ यह भी स्पष्ट है कि अपने विशिष्ट प्रयोजन के प्रति अत्यंत सचेत रहते हुए भी, अपना काम धर्माधर्म निर्णय को न मानते हुए भी संस्कृत काव्यशास्त्र उसी विचार लोक, उसी संवेदना जगत का नागरिक है, जिसमें वेद की अपौरुषेयता, वेद-पुराण-स्मृति की निरंतरता, कर्मफल और अवतारवाद सहज स्वीकृत प्रस्थान बिंदु हैं। यह काव्यशास्त्र मानता है और ठीक ही मानता है कि साधारणीकरण सहृदय के मन में संस्कार रूप से स्थित भाव सत्ता का होता है, और यह भी कि काव्य 'शब्द' के विशिष्ट प्रयोग की परंपरा में ही स्थित होता है।

ध्यान देने की बात यह कि जीवन संस्कार हों या काव्य संस्कार, वे व्यक्ति और समुदाय के सामाजिक अनुभवों और संचित स्मृतियों से गहरे में जुड़े होते हैं। कविता वहाँ तक सार्वजनीन–यूनिवर्सल–है, जहाँ तक वह अपने प्रदत्त या लक्ष्य

भावक के साधारण संस्कारों और उनसे रची-बसी भावसत्ता से आगे जा सके! विशिष्ट सांस्कृतिक साहित्यिक परंपरा और मूल्यबोध से बनने वाले सौंदर्यात्मक मानस का विस्तार कर सके। इसी अर्थ में *कविता सिर्फ विचारधारा को नहीं, विचार लोक मात्र को ट्रांसेंड करती है।* कबीर के पदों के आस्वाद के लिए कबीर पंथी या नेरूदा की कविता को सराहने के लिए मार्क्सवादी होना इसीलिये गैर-जरूरी है। ऐसा ट्रांसेडेंस एक तरह से कविता के अस्तित्व का तर्क ही है और कविता की विश्वव्यापी, सार्वजनीन अपील का आधार भी। लेकिन इसके बाद, अधिक आत्मीय धरातल पर कविता उस विशिष्ट एस्थेटिक मानस में ही उतरती है, जिनके साथ उसके विचार लोक, संवेदना जगत के साझेपन का रिश्ता होता है। ऐसे साझेपन के रिश्तेवाला भावक कवि को जिस ढंग से सराह सकेगा, उस ढंग से सराह सकना उस भावक के लिए कठिन है जिसके साथ कवि के विचार लोक का संबंध अजनबीपन या विरोध का है। मैं 'राबिन्सन क्रूसो' के साथ उसके नायक की आकांक्षाओं, समस्याओं और तकलीफों के साथ वैसा तादात्म्य किस तरह महसूस करूँ जैसाकि 'वाइट मैन्स बर्डन' से परेशान यूरोपीय कर सकता है ? यही वजह है कि जो कविता अपने समय के सांस्कृतिक पूर्वग्रहों और वर्चस्व को जितने गहरे ढंग से, जितनी मानवीय आकुलता से प्रश्नबिद्ध करती है, वह वर्चस्वशील काव्यशास्त्र में उतनी ही तिरस्कृत लेकिन कालांतर में उतनी ही स्वीकृत होती चली जाती है-बशर्ते वह कविता की शर्तों पर कविता हो, कोरा उपदेश न हो।

कबीर की कविता ऐसी ही कविता है-वर्चस्वशील काव्यशास्त्र द्वारा उपेक्षित होने पर भी धीरे-धीरे अपनी काव्य स्वीकृति का दायरा बढ़ाती कविता।

इस तथ्य पर ध्यान नहीं दिया गया है कि आधुनिक युग से ठीक पहले तक के साहित्य विमर्श में भक्त कवियों को बतौर कवि के विमर्श का विषय नहीं बनाया जाता था। एक विशिष्ट सांस्कृतिक प्रवाह में विकसित संस्कृत काव्यशास्त्र और उसका अनुकरण करते भाषा के कवि और आचार्य भक्तों की अवहेलना तो निश्चय ही नहीं करते थे, लेकिन कविता की परंपरा का बोध अन्य प्रकार का था। लक्षण का प्रसंग हो या उदाहरण का, मध्यकालीन दौर में बतौर कवि के वे ही स्मरणीय माने जाते थे जिन्हें हम रीतिवादी कवि कहते हैं। दूसरी ओर, एक भिन्न प्रकार का काव्य बोध समानांतर रूप से मौजूद था-अस्पष्ट और अर्निदिष्ट रूप से ही सही। इस बोध को व्यक्त करनेवाला सबसे महत्त्वपूर्ण ग्रंथ नाभादास का भक्तमाल है, जो उनकी विलक्षणताओं को रेखांकित करता है जिन्हें उस वक्त कवि के रूप में नहीं, भक्त के रूप में ही महत्त्वपूर्ण माना जाता था। सच तो यह है कि 'भक्तमाल' उस समय के मुहावरे के कवियों का तो नोटिस तक नहीं लेती और उन्हीं ऐतिहासिक व्यक्तित्वों का बखान करती है जिन्हें परंपरा किसी न किसी वैष्णव आचार्य से जोड़ती है। रीतिकालीन कवि की उक्ति *आगे के सुकवि*

रीझें तो कविताई नहिं तो राधिका कन्हाई सुमरन को बहानो है ऐसे काव्य विवेक के संदर्भ में ही संभव है जहाँ कवि का भक्त होना उसका निजी मामला है, और कवि के रूप में स्वीकृत होना सुकवियों द्वारा स्वीकृत परंपरा में स्थान पाने के बाद ही संभव है।

1857 के बाद न केवल ब्रिटिश राज एक तरह की दैवीय सचाई बन गया, बल्कि धर्म, संस्कृति और साहित्य के विमर्श की परंपरा में भी गहरा विच्छेद उत्पन्न हो गया। पारंपरिक बौद्धिक वर्ग हतप्रभ, निस्तेज हो गया और नवविकासमान बौद्धिक वर्ग परंपरा को आधुनिकता के कोण से देखने लगा। कविता के प्रयोजन और समाज से उसके संबंध की परिकल्पना में रेडिकल बदलाव आया, साहित्य 'राष्ट्र की आत्मकथा' के रूप में देखा जाने लगा जिस सवाल ने आगे चल कर एक रिटॉरिकल काव्य पंक्ति का रूप लिया, वह उन्नीसवीं सदी में ही भारतीय समाज को मथने लगा था : *हम कौन थे, क्या हो गये और क्या होंगे अभी ?* विडंबना यह थी कि इस 'हम' की व्याप्ति अत्यंत सीमित थी। वर्ण, वर्ग और लिंग–तीनों ही के संदर्भ में नवजागरण कालीन बौद्धिक वर्ग ने अपने आपको ही समूचे 'राष्ट्र' का वाचक मान लिया। राष्ट्र की आत्मकथा का अर्थ हो गया सवर्ण अभिजात पुरुष की आत्मकथा। ऐसी आत्मकथा, जिसकी सर्जनात्मक कल्पना और परंपरा बोध में दरिद्र, वंचित, दलित आदिवासी और स्त्रियाँ अपनी आवाजों को या तो परिशिष्ट में सुन सकते थे या फिर हाशिये पर। राष्ट्र की आत्मकथा अर्थात् साहित्य की परंपरा भी स्वाभाविक रूप से उन्हीं सीमाओं में पढ़ी जा सकती थी जिन सीमाओं में राष्ट्र की आत्मछवि गढ़ी जा रही थी।

अब साहित्य का प्रयोजन आंनद तक सीमित नहीं रह सकता था। काव्यानंद यदि लोकोत्तर हो, तो भी उसकी प्रतिष्ठा लोक सामान्य भाव भूमि पर ही संभव थी। साहित्य का प्रयोजन राष्ट्र की आवश्यकताओं के अनुरूप सामाजिक प्रतिबिंबन ही नहीं, बल्कि सामाजिक परिवर्तन की प्रेरणा देना और लोक मंगल की प्रतिष्ठा करना भी है–यह परंपरा का आधुनिक 'कंस्ट्रक्ट' था। 'लोक मंगल' का अर्थ भी सूक्ष्म बहसों में भले इधर-उधर हो जाये, मोटे तौर पर उसका आशय स्पष्ट ही था। समस्या इन मानदंडों पर खरे उतरनेवाले साहित्य की परंपरा के निदर्शन और फिर उस परंपरा के सूक्ष्म काव्यशास्त्रीय बखान की थी। आधुनिक युग के हिंदी बौद्धिक ने ग्रियर्सन की पहल पर तुलसीदास को प्रधानतः कवि के रूप में पहचाना–ग्रियर्सन के आधुनिक मानदंडों पर भी खरे उतरनेवाले कवि के रूप में। परंपरा-भावित मानस तुलसी को प्रधानतः भक्त मानता था, परंपरा के आधुनिक संस्कारकर्ता ने तुलसी को एक तरफ हिंदू जाति के सांस्कृतिक रक्षक और दूसरी तरफ श्रेष्ठ कवि के रूप में पहचाना। यह पहचान स्वाभाविक थी, क्योंकि तुलसी द्वारा प्रस्तावित समाजादर्श और इस बौद्धिक द्वारा कल्पित समाजादर्श में

बोध और सरोकार की गहरी निरंतरता थी। जिस लोक मानस का निर्माण उन्नीसवीं-बीसवीं सदी का हिंदू बौद्धिक कर रहा था, उसके आदर्श कवि तुलसीदास ही हो सकते थे।

तुलसी को केंद्र में रख कर विकसित होनेवाला साहित्य विमर्श एकाएक नहीं विकसित हो गया। इस विकास में सामाजिक उथल-पुथल, सांस्कृतिक विक्षोभ और इनके ठोस रूपों–सभाओं, संस्थाओं और विश्वविद्यालयों की दूरगामी भूमिका थी। यह कथन इस बात के परीक्षण से ही पुष्ट किया जा सकता है कि तुलसीदास पर भारतेंदु युग में कितना ध्यान दिया गया, 'सरस्वती' के दौर में कितना और शुक्ल जी के दौर के तथा उसके बाद के साहित्य विमर्श में कितना। तुलसी-केंद्रित साहित्य परंपरा के बारीक विश्लेषण के लिए काव्यशास्त्र की जरूरत थी। वह संस्कृत परंपरा में मौजूद था ही, बस उसकी पद्धतियों और मान्यताओं को साहित्य के प्रयोजन की नयी धारणा के साथ समायोजित करने की जरूरत थी। ऐसे समायोजन के बीजवपन के लिए भी तुलसी की कविता आदर्श जमीन प्रस्तुत करती थी। संस्कृत काव्यशास्त्र की चिंताओं को प्रयोजनपरक कविताधारणा के साथ समायोजित कर कविता की जो समझ विकसित हुई, उसने भक्तों की कविता को रीति काव्य से अलग, अधिक प्रामाणिक (लोक मंगलपरक होने के कारण) अधिक जातीय (राष्ट्र की आत्मकथा के उतार-चढ़ाव को प्रतिबिंबित करने के कारण) और अधिक प्रासंगिक (समाज सुधार में सहायक होने के कारण) काव्य परंपरा के रूप में पहचाना।

कविता की इस धारणा के केंद्र में हैं तुलसीदास–क्योंकि संस्कृत काव्यशास्त्र के विचार लोक के साथ और आधुनिक बौद्धिक के विचार लोक के साथ उन्हीं का तादात्म्य सर्वाधिक है। कबीर इस धारणा में हैं जरूर, क्योंकि उन्होंने राष्ट्र की निम्न श्रेणियों में आत्मगौरव का भाग जगा कर बड़े नाजुक मौके पर राष्ट्र को सँभालने में कुछ सहायता अवश्य की, लेकिन कुल मिला कर वे विदेशी परंपरा में तो थे ही, लोक विद्वेषी भी थे।

जिस काव्य संस्कार का सामाजिक आधार, वर्ण, वर्ग और लिंग की सीमाओं से बाधित है, जो संस्कृत काव्यशास्त्र की परंपरा को ही एकमात्र भारतीय परंपरा मानता है और उस काव्यशास्त्र का भी समायोजन अपनी विशिष्ट प्रयोजनकारी कविता धारणा के अनुकूल कर डालता है, उस काव्य संस्कार की भावभूमि पर खड़े हुए व्यक्ति को कबीर का कवित्व स्वीकारने में हिचक होगी ही। लेकिन भावक की भावना शक्ति में परिवर्तन आते हैं। राष्ट्र की अवधारणा उन प्रश्नों से टकराने को विवश होती है, जिन्हें अवरुद्ध कर दिया गया था। इन प्रश्नों के जो उत्तर सामाजिक धरातल पर उभरते हैं, वे भावक या सहृदय कहे जाने वाले वर्ग का विस्तार करते हैं। सामान्य संवेदनशीलता के विस्तार के साथ मिल कर भावक

वर्ग का यह विस्तार साधारणीकरण की संभावनाओं का सिर्फ विस्तार ही नहीं करता, साधारणीकरण की सर्वथा नयी प्रक्रियाओं का प्रस्ताव भी करता है। सामाजिक शक्ति विमर्श के नये संतुलन अब तक सहज माने गये साधारणीकरण को समस्यामूलक बना देते हैं।

सीता हरण और लक्ष्मण शक्ति के प्रसंगों में राम का दुख अभी भी सार्वजनीन साधारणीकरण का विषय है, लेकिन अब ऐसे मुखर सामाजिक वर्ग मौजूद हैं जो सीता हरण के प्रसंग में नारी, शास्त्र और नृपति की स्वेच्छाचारिता का बखान करनेवाली और लक्ष्मण शक्ति के प्रसंग में नारी हानि को विशेष क्षति न माननेवाली संवेदना को तो स्वीकार नहीं ही कर पाएँगे। इसी तरह इस तथ्य को जो तथ्य तो हमेशा था लेकिन इस रूप में जिसे बखानने से काव्य विमर्श बचता रहा, यदि कवि के इरादे के कोण से देखें, तो कबीर की ही नहीं, तुलसी की कविता भी फोकट का माल ही है। अधिक महत्त्वपूर्ण बात यह कि भाषा की सर्जनात्मकता के अपने धरातल पर भी काव्य कला और काव्य रूढ़ियों की ही नहीं, जीवन के साथ कविता के रिश्ते को पहचानने की भी वैकल्पिक विधियाँ और परंपराएँ संभव हैं। इन विधियों और परंपराओं को संस्कृत काव्यशास्त्र में यदि स्थान नहीं मिला, तो यह संस्कृत काव्यशास्त्र की अपनी सीमा है। उससे भी अधिक उन सांस्कृतिक परिवेश की सीमा है, जिसमें मानुषी वाक और संस्कृत भाषा के बीच अलंघ्य खाई खोद दी गयी। ध्यान इस खाई को पाटने पर देना चाहिए। कविता का प्रयोजन किसी विचार विशेष के चश्मे से समाज या ईश्वर को देखने तक ही सीमित नहीं, बल्कि कविता का अपना एक ढंग हो सकता है समाज और ईश्वर के साथ संवाद स्थापित करने का–इस वस्तु सत्य को पहचानने की जरूरत है।

कबीर के काव्य का सबसे गंभीर महत्त्व इस बात में है कि वह इस पहचान में बहुत सहायक है। वह कविता का एक और ढंग है, जिसे हम यदि ढंग से समझें तो वह हमारे काव्य संसार की ही नहीं, विचार लोक की भी सीमाओं का विस्तार कर सकता है।

क्या है यह कविता का एक और ढंग ? क्या हैं इसकी विशेषताएँ ?

सबसे पहली बात तो यही कि कबीर की कविता उस विचार लोक से जिरह करती है, बल्कि उस विचार लोक में 'आउटसाइडर' की हैसियत रखती है, संस्कृत काव्यशास्त्र जिस विचारलोक का सम्मानित नागरिक है। कबीर की कविता का संबंध जिस विचारलोक से है, उसकी ज्ञान मीमांसा भिन्न प्रकार की है, उसकी समस्याएँ भिन्न प्रकार की हैं। वहाँ ज्ञान का अंतिम प्रमाण 'शब्द' है तो सही, लेकिन वेद में रूपायित होनेवाला शब्द नहीं, बल्कि जीवन के अनुभवों को वर्णाश्रम विरोधी निगाह से देखनेवाला और इस देखने को आध्यात्मिक जिज्ञासा

से तोड़नेवाला शब्द। यही बात कबीर और अन्य निगुर्णपंथी कवि वेद के बरक्स सूक्ष्म वेद की धारणा के जरिये कहते हैं। इसकी परिणति आध्यात्मिक धरातल पर यह होती है कि साधना का रूप वेद या कुरान सम्मत होने के बजाय स्वसंवेद्य पर आधारित हो जाता है और नैतिक धरातल पर आचरण के मानदंड वर्णाश्रम की नैतिकता का विकल्प तलाशने लगते हैं। ऐसी ज्ञान मीमांसा पर आधारित काव्य के लिए स्वाभाविक ही है कि उसकी भाव सत्ता भिन्न प्रकार की हो और यह भी यह भाव सत्ता साधारणीकरण के लिए सहृदय से उसके 'एस्थेटिक' मानस के विस्तार की अपेक्षा करे। ऐसा विस्तार जिस 'एस्थेटिक' मानस में हो नहीं सकता, जो विचार लोक कबीर की कविता में अंतर्निहित स्वायत्त ज्ञान मीमांसा का अस्तित्व तक स्वीकार नहीं सकता, उनसे कबीर कह भी क्या सकते हैं, सिवा इसके कि *मैं कहता सुरझावन हारी, तू राखे उरझाई रे।*

असल में, कबीर के साथ उद्धत, दूसरों को चिढ़ानेवाला, अक्खड़ जैसे जो विशेषण चस्पा किये गये हैं, उसका मूल कारण यही है कि कबीर की कविता की समस्या को उठाया ही गलत ढंग से जाता है। पहले उन्हें सुधारक मान लिया जाता है, फिर इस बात पर खेद प्रकट किया जाता है कि उन्होंने ऐसी आक्रामकता अपनायी जो सुधार भावना के अनुकूल नहीं है। या फिर, यह मान लिया जाता है कि कबीर के व्यष्टिपरक चित्त की मूल चिंता तो आत्मसमर्पण की थी, इसी प्रसंग में थोड़ी-बहुत सामाजिक आलोचना आ गयी है। कुछ लोग यह भी मान लेते हैं कि कबीर का मूल ध्येय तो वर्ग संबंधों में क्रांति करना था; भक्ति उनकी रणनीति मात्र है, और कविता उनका माध्यम।

आलोचकों द्वारा रची गयी कबीर छवियों को दरकिनार कर यदि सीधे उनकी कविता तक पहुँचें, तो स्पष्ट हो जायेगा कि कबीर की उलझन और वेदना का उत्स वास्तविक जीवन में है। साथ ही यह भी कि उनकी आध्यात्मिक खोज और सामाजिक आलोचना वस्तुतः संवेदना के एक ही सिक्के के दो पहलू हैं। उनकी भक्ति स्वयं गहरी भावुकता की परिणति है और उस भावुकता में उनकी सामाजिक चिंताएँ अंतर्निहित हैं। ये चिंताएँ उनके अस्मितापरक अनुभवों की वेदना से पुष्ट होती हैं और कबीर इस वेदना को कविता की आँख से परखते हैं, भक्ति के जरिये इस वेदना से टकराते हैं। उनकी चेतना को सुधारवादी या व्यष्टिवादी मानना भ्रामक है। ऐसा नहीं है कि कबीर की चेतना बाह्य से ऊब कर अंतर्मुखी होने लगती है। जो आंतरिक है, उसका सार स्वरूप बाह्य से यदि अछूता रह जाता तो कबीर प्रखर कवि न हो कर नाथों वैरागियों में से ही एक होते। तब वे भी जाति-पाँति का मुखर प्रतिवाद करने के बजाय या तो उसे व्यावहारिक सत्य मान लेते या फिर वैरागी होकर स्वयं जाति से ऊपर उठ जाते—लेकिन कबीर तो बार-बार अपने जुलाहेपन को रेखांकित करते हैं। दूसरी तरफ जो बहिर्मुख है,

उसका गहरा रिश्ता यदि कबीर की अनुभव-अनभयपरक ज्ञान मीमांसा और विह्वल भावुकता से न होता, तो कबीर कवि नहीं, कोरे उपदेष्टा होते। हमारे सौभाग्य से ऐसा हुआ नहीं। कबीर काव्य की ऊर्जा और जिरह की तीक्ष्णता का आधार ही है भीतर और बाहर के सत्य की निरंतरता का खरा अहसास और भीतर बाहर के बीच सार्थक संवाद। स्वयं कबीर के शब्दों में :

ऐसा लो नहिं वैसा लो, मैं केहि विधि कथौ गंभीरा लो।
भीतर कहूँ तो जगमय लाजै बाहर कहूँ तो जूठा लो।
बाहर भीतर सकल निरंतर चित अचित दोउ पीठा लो–
दृष्टि न सृष्टि परगट अगोचर, बातन कहा न जाई लो

कबीर की काव्य संवेदना बाहर-भीतर की इसी सकल निरंतरता की गंभीरता का कथन करनेवाली विधि की खोज है। इस विधि की खोज के प्रति सजग हुए बगैर हम अपनी सहृदयता, अपने 'एस्थेटिक' मानस का वह विस्तार नहीं कर सकते जो कबीर की कविता के अर्थबोध के लिए आवश्यक है।

इसी के साथ आवश्यक है : निर्गुण भक्ति के बारे में उस आलोचकीय 'कामन सेंस' से मुक्ति पाना जो इन कवियों की भाषा को ही नहीं, उनके जीवन दर्शन तक को 'पंचमेल खिचड़ी' के रूप में देखता है। या तो आप भक्ति के किसी न किसी आचार्य द्वारा प्रतिपादित सिद्धांत पक्ष के आधार पर जनता में भाव और प्रेम का संचार करें या फिर आपके विचारों में दार्शनिक व्यवस्था दिखलाने का प्रयत्न ही व्यर्थ है। उपलब्ध विकल्प यही कि या तो आप शांकराद्वैत की आँख से दुनिया को देख रहे हैं या विशिष्ट द्वैत की आँख से या फिर शायद नाथों के द्वैताद्वैत विलक्षण तत्त्ववाद की निगाह से।

सवाल यह है कि दर्शन की मूल समस्या क्या है। आम तौर से माना जाता है कि यूरोप में दर्शन बौद्धिक प्रक्रिया के जरिये विश्व के यथार्थ का ग्रहण है, जबकि भारतीय परंपरा में दर्शन है आत्म-साक्षात्कार कहना मुश्किल है कि यह सरल विभाजन सही है या गलत, लेकिन यदि सचमुच ऐसा है, तो निर्गुण कविता उस गहन, सार्थक-हस्तक्षेप का अत्यंत उत्तेजक साक्ष्य देती है जो वह बतौर कविता के कर सकती है–उन प्रश्नों और जिज्ञासाओं में, जिन्हें कविता की पहुँच के बाहर घोषित कर दिया जाता है। यहाँ प्रयत्न है विश्व के यथार्थ ग्रहण और आत्मा के साक्षात्कार की प्रविधियों के बीच पुल बनाने का। यहाँ नकार है अनुभव की आध्यात्मिक-सामाजिक समग्रता को पारमार्थिक और व्यावहारिक सत्य की कोटियों में बाँटने का। कबीर जैसे कवियों का इस गहरे अर्थ में, समूची भारतीय मनीषा में बहुत बड़ा योगदान है कि वे भगवत् प्रेम में तो जाति अप्रासंगिक, लेकिन सामाजिक जीवन में वर्णाश्रम ही लोक धर्म के द्वैत और इससे उपजनेवाली फाँक,

इससे पुष्ट होनेवाले अन्याय और पाखंड को एक झटके से नकार कर नयी ज्ञान मीमांसा और नयी नैतिकता का प्रस्ताव करते हैं–कविता की भावगम्य, विचारगम्य भूमि पर।

इस निर्गुण ज्ञान मीमांसा की मूलभूत समस्या आध्यात्मिक अनुभव और सामाजिक अनुभव के बीच फाँक की ही है। यदि आत्मा मूलतः एक है, तो ब्राह्मण और शूद्र की स्थिति उनके गुणों के बजाय उनकी जन्मगत स्थिति से क्यों तय हो ? यदि आध्यात्मिक धरातल पर निर्मलता ही सबसे बड़ा गुण है, तो सामाजिक धरातल पर ज्ञान–गुणहीन विप्र की पूजा करने के, बजाय विप्र देव से ज्ञानी, गुणी और शीलवान् बनने का आग्रह क्यों न किया जाये ? उपासना यदि मनोशुद्धि के लिए है, तो बाह्याचार की जरूरत ही क्या है ? सबसे बड़ी बात यह कि निश्छल, सहज प्रेम यदि ईश्वर और मनुष्य के बीच संबंध की पहली शर्त है, तो यही प्रेम सामाजिक संबंधों का आधार क्यों नहीं हो सकता ?

यह मूलभूत समस्या कबीर के लिए दार्शनिक ऊहापोह की समस्या नहीं, जीवन–मरण का प्रश्न है। वे अपने समूचे अस्तित्व को, विचार, अनुभूति और भावुकता की समग्रता को दाँव पर लगा कर इस समस्या से टकराते हैं। इस समग्र दाँव के ही कारण उनकी अभिव्यक्ति में केवल दार्शनिक विवेचन या केवल भावुक अकुलाहट नहीं, बल्कि विचार, बोध और भावना की वह निरंतर समग्रता है, जो सर्जनात्मक शब्द की–काव्य–की अपनी पहचान है। इस समग्रता के ही कारण कबीर में यह कह सकने का आत्मविश्वास है :

कबीर मन निर्मल भया जैसे गंगा नीर
पाछैं लगा हरि फिरै कहत कबीर कबीर

कबीर की मूलभूत समस्या ध्यान में रखें, तो स्पष्ट हो जायेगा कि उनके लिए प्रेम भाव दशा तो है ही, बोध और विवेक की ऐसी 'कैटेगरी' भी है, जिसके जरिये वे विश्व के यथार्थ और आत्म–साक्षात्कार की एक नयी विधि का प्रस्ताव करते हैं। प्रेम अपने अनुभूत रूप में सार्वजनीन है; ऐसी भावदशा है जो लौकिक भी है, लोकोत्तर भी। कायिक भी है और मानसिक भी। वैयक्तिक भी है और सामाजिक भी। प्रेम किसी प्रदत्त व्यवस्था के लोक धर्म के अनुकूल भी होता है, लेकिन अपने गहनतम रूप में आम तौर से प्रेम तथाकथित लोक धर्म से टकरा जाता है–चाहे वह टकराव प्रत्यक्ष मुठभेड़ का रूप न भी ले। ऐसा टकराव काव्य सर्जना में सामाजिक आध्यात्मिक अनुभवों की नयी व्याख्या का आधार बन सकता है। इसी कारण सामाजिक संदर्भ में तात्कालिक रूप से भले ही अस्वीकार्य हो, लेकिन गहन प्रेम सामाजिक स्मृति कोष में दर्द भरे आदर के साथ सुरक्षित रखा जाता है। अपने घर में मीराँबाई यदि हो, तो हम भी शायद उसे उन्हीं विशेषणों

से नवाजेंगे, जिनसे मीराँ का समकालीन लोकधर्मपरक समाज उसे नवाजता था, लेकिन भक्त मीराँ, कवि मीराँ से हम प्रेम करते हैं, उनका आदर करते हैं, क्योंकि उनमें प्रेम की वह ऊष्मा हमें दीखती है, जो समाज और व्यक्ति के संबंध को अधिक प्रशस्त बना सके। मीराँ हों या जायसी, सूर हों या कबीर–इनकी साझा विशेषता यही है कि इनकी काव्य संवेदना प्रेम को समाज व्यवस्था द्वारा 'एप्रोप्रिएट' किये जाने से बच कर उसे समाज व्यवस्था को परखने का एक आत्मीय और विश्वस्त उपकरण बना देती है।

कबीर की अपनी विशेषता यह है कि उनकी काव्य संवेदना में प्रेम सिर्फ निरीह आत्मसमर्पण का कोमल रूपक नहीं, प्रचंड प्रश्नाकुलता का आधार भी है। प्रश्नाकुलता जिस प्रखर सामाजिक आलोचना और व्यंग्यदक्षता का रूप लेती है, उसके उदाहरण क्या देना–कबीर की अक्खड़ और उद्धत पहचान ही उनसे बनी है। लेकिन उद्धत कबीर ही यह भी कहते हैं :

कबीर कूता राम का मुतिया मेरा नाऊँ
गले राम की जेवड़ी जित खेंचे तित जाऊँ

कबीर 'यह भी ठीक, वह भी ठीक' मार्का समन्वय के तो कवि नहीं ही हैं, ऐसे संतुलन के भी कवि नहीं हैं, जो पारमार्थिक-व्यावहारिक द्वैत के संतुलन का आधार बन जाये। सार-सार को गहने और थोथे को उड़ा देने का आग्रह है कबीर का, और जाहिर है कि सार और थोथे को अलग-अलग करने वाला सूप साधु का अपना विवेक ही हो सकता है। यह उसी को तय करना होगा कि क्या सार है, क्या निस्सार। समन्वय और संतुलन का आत्यान्तिक आग्रह अधिकांशतः सार-निस्सार के विवेक को धूमिल कर देता है–यह अपने अनुभव से जानता है हर मनुष्य, जानती है हर संस्कृति। आध्यात्मिक अनुभव हो या सामाजिक सार-निस्सार का विवेक करने का जोखिम तो हर व्यक्ति को अपने तईं ही उठाना पड़ेगा। यह जोखिम ही मनुष्य का स्वधर्म है, न कि गुण-कर्म विभागशः जन्म के पहले ही बाँट दिये अपने-अपने काम की अंधस्वीकृति।

कबीर की कविता बहुत प्रखर और बहुत भावुक ढंग से मनुष्य को उसका स्वधर्म याद दिलाने वाली कविता है। वह हमें यह भी याद दिलाती है कि कवि कबीर की रचना प्रक्रिया का केंद्रीय तत्त्व प्रेम ही है–अत्यंत कोमल, रोमांचक भावदशा के रूप में भी, अंतर्मन के प्रकाश के रूप में भी और भाषिक सर्जनात्मकता के आधार के रूप में भी :

पिंजर प्रेम प्रकास्या आंतीर भया उजास
मुख कस्तूरी महमही बानी फूटी बास

कवि कबीर की प्रेमपगी कारयित्री प्रतिभा निर्गुण राम को उपासना का विषय नहीं, बल्कि प्रेम की समग्रता का विषय बनाती है–ऐसे प्रेम का विषय, जिसमें एकनिष्ठा का अभिमान है और प्रेमजनित अधिकार भाव भी; विरह की भुजंग सरीखी वेदना है तो मानसिक कायिक मिलन की अदम्य कामना भी। ऐसे मिलन की कवि कबीर बल्कि कहिए कबीर नामक अरध शरीर नारी व्यक्ति कल्पना ही तो कर सकता है, लेकिन इतनी गहरी और मार्मिक है यह कल्पना कि यह कविता में वास्तविक अनुभव के स्मृतिबिंब का रूप ले लेती है :

अब तोहि जान न देऊँ राम पियारे
ज्यूँ भावै त्यूँ होह हमारे
बहुत दिनन के बिछुरे हरि पाये
भाग बड़े घर बैठे आये
चरननि लगि करौ बरियायी,
प्रेम प्रीति राखो उरझाई
इत मन मंदिर रहौ नित चोखे
कहे कबीर परहुमति धोखे

साधक के लिए यहाँ 'राम' निरुपाधि, निर्गुण ही हैं, लेकिन कवि के लिए वे ऐसे प्रिय हैं, जिन्हें प्रेम प्रीति में उलझाये रखने की जरूरत है, ताकि वे चोखा मन मंदिर छोड़ कर किसी धोखे में न जा पड़ें। कविता बड़ी कविता इसी कारण है कि वह साधना का रूपक मात्र बनने का इनकार करती हुई अपने काव्यत्व को बलपूर्वक रेखांकित करती है। शब्द सर्जनात्मक तभी कहलाता है, जब वह एक से अधिक संदर्भों में अर्थ को प्रकाशित करे–अन्यथा वह पारिभाषिक शब्द कहलाता है। जिन आचार्यों को कबीर की कविता केवल घटसाधना की पारिभाषिक शब्दावली प्रतीत होती है या योग के अष्टांगों का परिचय देनेवाली प्रतीत होती है, वे क्या कहना चाहते हैं–यह कम-से-कम कबीर की कविता से गुजरते हुए तो समझ नहीं आता।

कबीर की कविता लौकिक-अलौकिक के साफ-सुथरे विभाजन को हास्यास्पद बना देती है। वह हमें याद दिलाती है कि नितांत लौकिक और बुनियादी अनुभव प्रेम ही अलौकिक अनुभवों, आकांक्षाओं तथा अनुष्ठानों को अर्थ प्रदान करता है; दूसरी तरफ यह कि अलौकिक के अनुभव–उनकी व्याख्या आप जैसे भी करें–मनुष्य की व्यक्तिगत और सामूहिक आकांक्षाओं को रंजित किये रहते हैं। जब मनुष्य की चेतना का ऐसी कोटियों में साफ-सुथरा विभाजन संभव नहीं है, जो परस्पर संबद्ध न हों, तो उस चेतना में रूपायित होनेवाले अनुभव को भला कैसे परस्पर असंबद्ध लौकिक-अलौकिक में बाँटा जा सकता है ?

कबीर काव्य में प्रेम संवेदना भी है, अवधारणा भी। संवेदना के रूप में प्रेम एकदम अकुंठ है–अपनी लालसाओं में और उनकी अभिव्यक्ति में। अवधारणा के रूप में प्रेम एकदम बुनियादी है–अपने आग्रहों में और उनकी तार्किक परिणति में। स्त्री–पुरुष संबंध भावित प्रेम संवेदना अपने दुःख अंदेशे और पिपासा की कैसी मार्मिक व्यंजना करती है :

बाल्हा आव हमारे गेह रे
तुम बिन दुखिाया देह रे
सब कोई कहें तुम्हारी नारी मोकों इक अंदेह रे।
एकमेक ह्वै सेज न सोवें तब लग कैसा नेह रे।
आन न भावै नींद न आवै, ग्रिह बन धरै न धीर रे।
ज्यूँ कामी को काम पियारा, न्यँ पियासे कूँ नीर रे।
है कोई ऐसा पर उपकारी, हरि सूँ कहै सुनाइ रे।
ऐसे हाल कबीर भये हैं, बिन देखे जीव जाइ रे।

इस पद में नारी कबीर भी है, पुरुष कबीर भी। असल में तो मिलन की आतुरता का चित्र नारी का ही है, जिसका नाम पुल्लिग में है। अंतिम पंक्ति पद के तर्क में अधिक खपती, यदि यों होती *ऐसे हाल कबीर भई है, बिन देखे जीव जाई रे।* यों तो साहित्य की एक विधि ही है–परकाया प्रवेश। पुरुष सूरदास भ्रमर गीत में गोपियों की शब्द देह धार लेते हैं, लेकिन यहाँ कवि स्वयं ही नारी बन गया है–राम की दुलहनिया। कबीर के सारे पदों, साखियों को यदि एक विराट रचना के रूप में पढ़ें, तो देखेंगे कि वह प्रेमाभिव्यक्ति के धरातल पर नारी की कविता है–नारी के बारे में कविता नहीं। प्रिय के प्रति वैसा ही अधिकार भाव, वैसा ही संकोच और आतुरता का द्वंद्व, मिलन को लेकर वैसी ही उत्सुकता, वैसी ही घबराहट, विरह की वैसी ही वेदना और यह दर्द भरा अहसास कि *बीन रोवाँ क्यूँ पाइये, प्रेम पियारा मित्त।* कुछ अधिक ही निस्संकोच समझे जाने का जोखिम लेते हुए भी, कबीर की कविता हमसे यह कहती प्रतीत होती है कि प्रेम का दर्द–आपकी जानकारी के लिए–दर्द होता नहीं है। वस्तुतः दिल में दर्द को जगह दिये बिना कोरे इल्म से शायरी होती कहाँ है ? यही तो कहते हैं कबीर :

बिरहा बुरा जिन कहौ बिरहा है सुलतान
जिइ घर बिरह न संचरै सो घर सदा मसान

कैसी विडंबना है कि जो कबीर प्रेमानुभूति के स्तर पर नारी बन जाते हैं, वही कबीर सिद्धांत के धरातल पर नारी की छाया मात्र से भुजंग के अंधे हो जाने की भी याद दिलाते हैं। इस विडंबना में निहित चुनौती से तो हम अन्यत्र टकराएँगे,

लेकिन यहाँ जो बात गौरतलब है, वह यह कि जिसे आचार्य परशुराम चतुर्वेदी 'प्रकृत काव्य परंपरा' कहते हैं, उसकी बद्धमूल काव्य-रूढ़ि है : विरह की वेदना, मिलन की आकांक्षा की काव्याभिव्यक्ति को नारी का अपना विशिष्ट क्षेत्र मानना। इस परंपरा में विरह के गीत गाते तो पुरुष भी हैं, लेकिन उन गीतों में बोलती नारी ही है। विरह की अनुभूति निश्चय ही पुरुषों को भी होती है, लेकिन लोक गीतों में रूपायित प्रकृत काव्य परंपरा में उस अनुभूति को स्वर देता है : नारी का 'आर्केटाइप'! कबीर की कविता—यदि हम केवल संरचना के धरातल तक सीमित रह कर बात करें तो—इस प्रकृत काव्य परंपरा की काव्य रूढ़ियों को आत्मसात् करती है। अभिजातवर्गीय काव्यशास्त्र की रूढ़ियों से कबीर सचमुच न वाकिफ हैं, उनके कायल, लेकिन प्रकृत काव्य परंपरा की रूढ़ियों से वे वाकिफ भी हैं, उनके कायल भी हैं और उनके उत्साही प्रयोक्ता भी। सीमा संस्कृत काव्यशास्त्र और उसके अनुकरण पर बने काव्यशास्त्रों की है कि वे प्रकृत काव्य परंपरा और उसकी रूढ़ियों को विमर्श का विषय नहीं बनाते। जब कभी प्रकृत काव्य परंपरा का भी नोटिस लेनेवाला काव्यशास्त्र बनेगा, तब हम न केवल कबीर की कविता में मौजूद आर्केटाइपल नारी से सार्थक संवाद करेंगे, बल्कि उस सर्जनात्मकता का शास्त्रीय विमर्श भी विकसित कर सकेंगे जो जीवन को तो झीनी-झीनी चदरिया कहती ही है, राम को बड़े आत्मीय भाव से रंगरेज भी पुकारती है :

कहै कबीर रंगरेज पियारे मुझ पर हुए दयाल
सीतल चुनरी ओढ़िके रे भई हो मगन निहाल

जैसे कबीर की कविता एक निश्चित काव्य परंपरा में प्रतिभा का विशिष्ट विस्फोट है, वैसे ही उनकी ज्ञान मीमांसा की भी एक निश्चित परंपरा है। इस परंपरा का अत्यधिक महत्त्वपूर्ण सोपान है : नारद के भक्ति सूत्र, जहाँ भक्ति को स्वतः प्रमाण मानते हुए यह तेजस्वी प्रस्ताव किया गया है कि तरता वही है जो वेदों से भी संन्यास ले ले। कबीर की कविता की परंपरा को गंभीर विमर्श के ही लायक जो नहीं मानते, वे जब अपनी मनचीती परंपरा की कसौटियों पर जाँचें, तो स्वाभाविक ही है कि उन्हें कबीर के कवित्व को स्वीकारने में हिचकिचाहट हो और उन्हें कबीर के अनुभव, अनुभय और विवेक के दावों में लोक विद्वेषी अहम्मन्यता की गंध आये। यह कुछ-कुछ वैसी ही स्थिति है जैसे आप किसी को महज इसलिये अज्ञानी कह दें कि उसे अंग्रेजी नहीं आती।

यह स्थिति दुराग्रह के सांस्कृतिक 'कामनसेन्स' का रूप ले लेने की स्थिति है। कबीर उस सिलसिले के सर्वाधिक आत्मविश्वासी और प्रखर प्रवक्ता हैं, जिसने इस दुराग्रहमूलक 'कामनसेन्स' से सदियों तक जिरह की है। कविता के प्रयोजन से लेकर जीवन के लक्ष्य तक के प्रसंग में। इस जिरह का प्रतिपक्ष इतना

प्रचंड, बौद्धिक रूप से इतना संपन्न है कि वह तर्क के सहारे सहज मानवीय न्याय बोध और स्वाभाविक विवेक को सिर के बल खड़ा कर इस उलटपन को ही शास्त्रीय प्रमाण से पुष्ट सत्य का दर्जा दे सकता है। ऐसी शास्त्रीयता से जन्मजात रूप से वंचित, इस अभिजात लोक के हाशिये पर ही रहने को अभिशप्त संवेदना और कल्पना या तो आत्मसमर्पण कर दे या फिर ज्ञान मीमांसा नैतिकता और भावसत्ता के वैकल्पिक रूपाकार प्रस्तुत करे। कबीर की कविता इस चुनौती को स्वीकारनेवाली कविता है और ऐसी सर्जनात्मक 'विट' से संपन्न कविता, जो विवेक के उलटेपन पर आधारित शास्त्रीयता के सामने ऐसे वक्तव्य प्रस्तुत करती है जो प्रत्यक्ष तर्क की दृष्टि से असंभव प्रतीत हों—ऐसे ही वक्तव्यों को आचार्यगण दुरूह और ऊटपटाँग उलटबासियाँ कहते हैं। वास्तव में ये उलटबासियाँ उस प्रक्रिया की परिणति है, जिसे डॉ. रघुवंश उचित ही अपनी अभिव्यक्ति के लिए नये मिथकों का निर्माण करना कहते हैं।

कबीर की तथाकथित उलटबाँसी तो केवल प्रत्यक्ष के भाषिक तर्क को उलटती है : *ठाड़ा सिंह चराबै गाई* निम्नलिखित पंक्तियों को हम क्या कहेंगे जो मानवीय संबंधों और सामाजिक विवेक के मूलभूत तर्क को ही उलटे दे रही है :

सापत ताड़त परुष कहंता
बिप्र पूज्य असगावहिं सैता
पूजिअ विप्र सील गुनहीना
सूद्र न गुन गन ग्यान प्रवीना

ध्यान रखें कि यह किसी खल पात्र का प्रसंगवश कथन नहीं, तुलसी के राम का निजधर्म है। कैसा विवेक है यह, कैसी है यह मर्यादा, जो साधु का ज्ञान नहीं, उसकी जात पूछती है; तलवार का नहीं, म्यान का मोल करती है। कबीर अपनी उलटबाँसी को इस आत्मतुष्ट मर्यादा के बेतुकेपन के सामने खड़ा कर, प्रत्यक्षभाषिक तर्क को उलट कर याद दिलाते हैं कि जब सारा जग बौराया हो, सच कहने पर मारने आता हो और झूठ कहने पर पतियाता हो, तो ऐसे जग को झकझोरने की एक प्रविधि उसकी भाषा के तर्क को झकझोरना भी है। उलटबाँसी के जरिए कबीर अपनी साधना की उस स्वाभाविकता को, उस मूल विवेक को रेखांकित करते हैं, जो इस मर्यादा—तथाकथित मर्यादा—के जाल में उलझे समाज को समझ नहीं आता। असहज को सहज, अविवेक को विवेक मानने वालों के सामने उनकी भाषा के तर्क को उलट देना जैसे उन्हें याद दिलाता है कि वे इस भाषिक उलटबाँसी के बहाने अपनी सामाजिक और तार्किक उलटबाँस पर ध्यान दें।

यदि हम निरालेपन का अर्थ परंपराविहीन होने या परंपरा में विक्षेप होने के

संदर्भ में लें, तो न कबीर का पंथ निराला है न उनकी कविता हाँ, उनकी परंपरा वर्चस्वशील संस्कृति के प्रतिरोध की परंपरा जरूर है–कवि संवेदना के धरातल पर भी और पंथ में व्यक्त होने वाले अस्मिताबोध के धरातल पर भी।

नि:संदेह कबीर की कविता उस ढंग की नहीं है, जिस ढंग से हम कविता को जाँचने-परखने के आदी हैं। यह हम खुद सोचें कि कबीर की कविता के ढंग को समझने की कोशिश किये बिना अपने मनमाने ढंग से उसे बेढंगी या किसी तरह काबिले बर्दाश्त घोषित कर देना अपने आपमें बेढंगापन है या नहीं। असल में कबीर की कविता निराली इसलिये है कि वह शास्त्र का अनुगमन करने की बजाय उसके साथ मुखामुखम करना चाहती है। किसी विचार का भावानुवाद बनने की बजाय स्वयं संवेदना में विचार का अन्तर्दर्शन करना चाहती है। सामाजिक और आध्यात्मिक के विभाजन को स्वयंसिद्ध मान कर अपने लिए सुविधापूर्ण जगह की तलाश करने की, बजाय भीतर-बाहर के निरंतर को साधने की हौंस रखना चाहती है। दुनिया जैसी दिखाई गयी, उसे वैसा ही देखने की बजाय अपनी विधि से पढ़ना-परखना चाहती है। असल में कवि कबीर हमें कवि शब्द के उस महिमापूर्ण अर्थ को याद दिलाते हैं, जिस अर्थ में ऋग्वेद ऋत्विक को भी कवि कहता है और कारू को भी।

जरूरत कबीर की कविता और उसकी परंपरा से सार्थक संवाद करनेवाले काव्यशास्त्र का विकास करने की भी है–इस परंपरा को 'एप्रोप्रिएट' करने के लिए उत्सुक काव्यशास्त्र की नहीं। कबीर की कविता का ढंग और है, उसे पढ़ने का ढंग भी और ही होगा। जब तक ऐसा ढंग विकसित नहीं होता है, तब तक घटसाधक कबीर चलेंगे, व्यष्टिवादी कबीर चलेंगे, समाज सुधारक कबीर चलेंगे, दलित धर्म के संस्थापक कबीर चलेंगे–हाँ, कवि कबीर यही सोच-सोच कर तड़पते रहेंगे :

ऐसा कोई न मिले जासूँ कहूँ निसंक
जासूँ हिरदै की कहूँ सो फिरि मारै डंक

कबीर के मस्तक पर मोर पंख

अरुण कमल

इस शताब्दी की हिंदी की सर्वाधिक प्रसिद्ध और चर्चित कहानी प्रेमचन्द कृत 'क़फ़न' का अंत कबीर की एक पंक्ति से होता है। पंक्ति है–*ठगिनी क्यों नैना झमकावै! ठगिनी!* घर में औरत की लाश पड़ी है। घीसू और माधव क़फ़न के लिए मिला चंदे का पैसा शराब और खाने पर खर्च कर चुके हैं और नशे में धुत नाचते हुए गाते हैं *ठगिनी क्यों नैना झमकावै!* जीवन की एक अत्यंत विडंबनापूर्ण स्थिति में प्रेमचन्द ने कबीर को याद किया। भारतीय जीवन की त्रासदी का साक्ष्य शायद कबीर के बिना संभव ही नहीं था। कबीर की यही पंक्ति 'क़फ़न' कहानी को एक नया संदर्भ देती है।

पिछले छह सौ वर्षों का भारतीय जीवन और साहित्य, विशेषकर उत्तर भारत का, कबीर की उपस्थिति से भरा हुआ है। अलग-अलग संदर्भों और स्थितियों में कबीर उपस्थित हैं। मैंने और मेरे जैसे अनेक लोगों ने बचपन से ही कबीर को अपने साथ पाया है। बिल्कुल शुरू के दिनों में कबीर के पदों और दोहों को पढ़ते और रटते हुए हमें कभी लगा ही नहीं कि यह सदियों पहले की चीज है। *मन न रँगाये रँगाये जोगी कपड़ा, दढ़िया बढ़ाये जोगी बनि गइले बकरा* या *ना मैं बकरी ना मैं भेंड़ी ना मैं छुरी गडांस में* जैसी पंक्तियाँ न सिर्फ हमें मुदित करती थीं, बल्कि इन पंक्तियों ने ही पहले पहल हमारे भीतर प्रचलित पूजा-पाठ के प्रति शंका और विरोध का बीज भी बोया। पहली बार हमें ऐसे पद मिले–*मूरति से दुनिया फल माँगे अपने हाथ बनाये* या *पत्थर पूजे हरि मिले तो मैं पूजूं पहाड़, ताते यह चक्की भली पीस खाये संसार* या *हिंदुवन की हिंदुवाई देखी तुरकन की तुरकाई,* जिन्होंने हमारे आसपास की दुनिया को संदेह से देखना सिखाया। फिर *हमन तो इश्क मस्ताना हमन को होशियारी क्या* या *मन लागो मेरो यार फकीरी में* जैसे पदों ने हममें बेफिक्री, आजादी और अक्खड़पन का भाव जगाया। थोड़ा सयाने होने पर *निर्भय निर्गुन गुन रे गाऊँगा* या *गगन घटा घहरानी* तथा *अवधूता जनम जनम हम जोगी* जैसे पदों ने हमें आंतरिक रूप से समृद्ध किया। कबीर ने हमारा नया संस्कार किया–निर्भीकता, निस्संगता और गहरी आत्मबद्धता के संकल्प से समृद्ध किया।

हमने यह भी देखा कि कैसे कुछ लोग एक शव को गाते-बजाते ले जा रहे हैं। यह अभूतपूर्व दृश्य था। मृत्यु का उत्सव कबीर साहब की बानी में।

यह वह पृष्ठभूमि है जो आज के औसत कवियों, हिंदी के कवियों-लेखकों की सम्मिलित पृष्ठभूमि है। साहित्यालोचन के भीतरी विवादों-द्वंद्वों तथा धर्म-दर्शन-सामाजिक सुधार आदि के विवादों-झंझटों से भी पृथक् यह वह पृष्ठभूमि है जिस पर प्रायः प्रत्येक हिंदी कवि-लेखक की बेल उगी है। इसलिये कि कबीर हमारे रोज-ब-रोज के जीवन में शामिल हैं–*सब स्वाँसों की स्वाँस में।* फिर भी हम कबीर को आज कैसे पढ़ते हैं, यह सवाल तो है ही।

बचपन से ही हम कबीर का एक चित्र देखते आये हैं। उनकी आँखें झुकी हैं। दाढ़ी खसखसी पतला-सा चेहरा। और, मस्तक पर मोर पंख। आज भी मुझे नहीं मालूम कि मस्तक पर यह मोर पंख क्यों है। कोई न कोई गूढ़ कारण तो होगा ही, जो मैं नहीं जानता या नहीं जान पाया। लेकिन खास बात है कबीर के मस्तक पर मोर पंख का होना। मेरे लिए मोर पंख महत्त्वपूर्ण है। मेरे लिए कबीर का कवि रूप महत्त्वपूर्ण है। कबीर, जो कवि हैं।

अकसर कबीर के दर्शन पर बात होती है। उनके धार्मिक चिंतन पर। समाज-सुधार के पक्ष पर। जाति प्रथा के विरोध और पाखंड के विरुद्ध आक्रमण पर। वह हिंदू थे या मुसलमान इस पर। ये सारी बातें जरूरी और प्रासंगिक हैं। लेकिन मुझे लगता है, ये बातें इसलिये जरूरी हैं कि कबीर कवि थे। कबीर संत कहे जाते हैं। लेकिन संत तो और लोग भी हुए। समाज सुधारक, धार्मिक चिंतक या दार्शनिक भी और हुए। कबीर ने इन सब तत्त्वों का उपयोग अपनी कविता में किया। कविता से बाहर कुछ भी नहीं। इसलिये जो महत्त्व का है, वह कविता के भीतर है; उसे पृथक् करके देखने का कोई अर्थ नहीं। हम कबीर के दर्शन या चिंतन से सहमत हों या न हों, उनकी कविता इसकी मोहताज नहीं। कबीर ने कविता की। उनके लिए ये सारे तत्त्व कविता के तत्त्व बन कर आये, जैसाकि किसी भी कवि में होता है। उनके मस्तक पर मोर पंख था, जो किसी अन्य सन्त या सुधारक के मस्तक पर नहीं लगा। यह मोर पंख क्या है ? कबीर की कविता क्या है ?

किसी संत के लिए जगत अपरिहार्य नहीं भी हो सकता। बल्कि जो विरागी हैं, उनके लिए यह संसार 'कागद की पुड़िया' ही तो है। कबीर में भी यह भाव लगातार मिलता है। *यह संसार रैनि के सपना ओस बुंद झलकी* संत के लिए अपेक्षित है जगत से मुक्ति। सब कुछ छल-प्रपंच है। 'कनक और कामिनी', सारे रिश्ते-नाते, यह शरीर सब कुछ भंगुर और मिथ्या है। *रहना नहीं देस बिराना है।* अंतिम ध्येय है साईं से संयोग, ब्रह्म से मिलना। संत के लिए सब कुछ का त्याग जरूरी है। यहाँ तक कि स्मृति का भी। लेकिन किसी कवि के लिए यह संभव

नहीं। बिना इंद्रियों के, बिना स्मृति के कविता संभव ही नहीं। इंद्रियों की क्रिया को स्थगित कर कविता संभव नहीं। कबीर भी लगातार 'आँखिन देखी' पर जोर देते हैं। दिलचस्प यह है कि कबीर ने संसार की नश्वरता और निस्सारता का वर्णन अत्यंत आवेग तथा गहन इंद्रियबोध के साथ किया है–*उड़ जायेगा हंसा अकेला* या *एक दिन पंछी निकल जायेगा मिट्टी जंगल की* या

तिंविर साँझ का गहिरा आवै, छावै प्रेम मन-तन में
पच्छिम दिस की खिड़की खोलो, डूबहु प्रेम-गगन में

जीवन की निस्सारता और भंगुरता का उनका कोई भी पद हमें वापस जीवन के तट पर ही पटक जाता है :

बागों ना जा रे ना जा तेरी काया में गुलजार
सहस कँवल पर बैठके तू देखे रूप अपार

यही कविता की विवशता है।

दिलचस्प यह भी है कि आत्मा और ब्रह्म के मिलन की, उस दिव्य, वर्णनातीत अनुभूति की अभिव्यक्ति करते हुए कबीर जो बिंब लाते हैं, वे सब प्राय: भौतिक जगत के बिंब हैं–स्त्री-पुरुष मिलन या संभोग के बिंब हैं। जो अनुभूति वर्णनातीत है, उसकी अभिव्यक्ति शायद ऐसे ही बिंबों से संभव थी :

जो सुख चहै तो लज्जा त्यागे पिया से हिलमिल लागे
घूँघट खोल अंग भर भेंटे नैन आरती साजे

मृत्यु के प्रसंग में जो बिंब आते हैं, वे भी जीवन की गहरी आसक्ति के बिंब हैं :

कबीर धवणि धवंती रहि गयी, बुझि गये अंगार
अहरणि रह्या ठमकड़ा, जब उठि चले लुहार

(धमनी धौंकती धौंकती रह गयी, अंगारे बुझ गये और अहरण (निहाई) पर ठमक रह गयी जब लुहार उठकर चला) या फिर :

कबीर मरि मड़हटि रह्या तब कोई न पूछै सार
हरि आदरि आगैं लिया ज्यों गऊ बछ की लार

जिस प्रकार गाय बछड़े को लेती है–*ज्यों गऊ बछ की लार* वैसे ही हरि ने मृत कबीर को लिया। इतना आवेगपूर्ण बिंब कबीर देते हैं मृत्यु के बाद की स्थिति को व्यंजित करने के लिए।

कबीर के विचार चाहे जो हों, जब वे कविता में आते हैं तो उसी रूप में

नहीं जैसे वे अन्यत्र थे। कविता में जीवन की निस्सारता तथा मृत्यु के ऐश्वर्य के चित्र भी जीवन के प्रति लालसा ही उत्पन्न करते हैं, क्योंकि जो बिंब आते हैं, वे साक्षात् भौतिक जगत के एवं इंद्रियों द्वारा गृहीत होते हैं। लेकिन कहीं भी चिंतन तथा काव्य में कोई फाँक नहीं दिखाई देती–*ताता लोहा यूँ मिले, संधि न लखई कोई।*

किंतु कबीर स्थूल जगत के कवि नहीं हैं। कबीर शरीर या मस्तिष्क के कवि नहीं हैं। ज्ञान या संवेदना के नहीं, वह आत्मा के कवि हैं। उनका लक्ष्य जगत व्यापार का चित्रण नहीं है। न ही वह मानसिक प्रतिक्रिया का अंकन करते हैं। मनुष्य के विभिन्न भावों अथवा मानव संबंधों के भी चित्रकार वह नहीं हैं, जैसाकि बहुधा देखा जाता है। कबीर मनुष्य की आत्मा के कवि हैं। अस्तित्व के कुछ बुनियादी प्रश्नों के कवि हैं। जीवन के होने या न होने की चिंता के, जीवन के वास्तविक अर्थों के संधान के कवि हैं। जीवन के विलोप, मृत्यु में इसके पर्यवसान और उपरांत के कवि हैं। मुक्तिबोध ने जिस ज्ञानात्मक संवेदन तथा संवेदनात्मक ज्ञान की बात कवि कर्म के संदर्भ में की है, वह कबीर के मामले में पर्याप्त नहीं है। कबीर एक ऐसे दुर्लभ कवि हैं, जिनमें आध्यात्मिक संवेदन के दर्शन होते हैं और उनकी कविता आत्मा की, जीव की मुक्ति की कविता है :

नाचु रे मेरे मन मत्त होय
राहु-केतु नवग्रह नाचे जन्म जन्म आनंद होइ
गिरी-समुंदर धरती नाचै, लोक नाचै हँस रोइ
सहस कला कर मन मेरो नाचै, रीझै सिरजनहारा

कबीर आत्मा की मुक्ति और उल्लास के कवि हैं, इस ब्रह्मांड के साथ मानव मन के संबंध के कवि हैं। हम साधारण लोगों के लिए सुख-दुख का जो अर्थ है, कबीर की कविता उससे ऊपर उठ कर आत्मा की मुक्ति का गुणगान करती है। कबीर ने भौतिक अस्तित्व के न होने को, दैहिक अनुपस्थिति एवं आत्मा की स्वतंत्रता को काव्य में व्यक्त किया–*अवधूता, जनम-जनम हम जोगी।*

लेकिन कविता की विवशता यह है कि जो इंद्रिय से परे है उसे भी ऐंद्रिक बिंबों के जरिये ही व्यक्त करना होता है। गूँगे को भी गुड़ का स्वाद बताना पड़ता है। कबीर ने इसीलिये जीवन के विभिन्न प्रसंगों से अपनी सामग्री चुनी। यह सही है कि वह स्थूल अर्थ में जीवन के विवरण के कवि नहीं हैं। लेकिन उनकी कविता में सर्वाधिक प्रसंग या बिंब दुख एवं पीड़ा के हैं–*दुनिया भाँडा दुख का।* आत्मा की मुक्ति के आह्लाद के क्षण में भी कबीर उन बिंबों को नहीं भूलते–

कबीर जेते तारे रैणि के, तेते बैरी मुझ
धड़ सूली सिर कंगुरै, तऊ न बिसारौ तुझ

उनके यहाँ भूख के, भीख माँगने के इतने सारे प्रसंग हैं–*सबहिं भुलावा पेट के धंधा, 'कबीर माँगन मरण समान है, कबीर भूखा भूखा क्या करै, गृही तौ च्यांता घणीं, बैरागी तौ भीख* आदि-आदि। कबीर के बाद फिर तुलसीदास में ही भूख और दैन्य के इतने दारुण चित्र मिलते हैं–*जहाँ जाऊँ तह सोग संताप*। बुढ़ापे की असहाय अवस्था के इतने बिंब शायद ही कहीं और हों–

घर की नारि विमुख होय बैठी पुत्र करत बदनाम
बरबरात है बिरथा बूढ़ा अटपट आठो जाम

या,

टूटी खाट पुराना झिलगा पड़े रहो दरवाजा

या,

लड़िका बौहर बोली बोले बुढ़ऊ मरि न गयो

प्राय: उनके बिंब समाज की सर्वाधिक दलित श्रेणियों के जीवन से आते हैं–बुनकर, धोबी, बढ़ई, लुहार, कुंहार, गुलाम, महरा, और भिखारी। देख कर आश्चर्य होता है कि 'सती' के इतने बिंब यहाँ मिलते हैं और प्राय: सभी से सती के समर्थन का बोध होता है।

कबीर को पढ़ते या सुनते हुए गहरी पीड़ा और विषाद की अनुभूति होती है। *रैन गयी मत दिन भी जाय* ऐसा ही एक पद है। कविता की लय में, शब्दों के नाद में बहुत गहरा दुख पेबस्त है, जो केवल कबीर का नहीं, संपूर्ण भारतीय जीवन, विशेषकर दलित-उत्पीड़ित समुदाय का दुख है। क्या यह अकारण है कि 'कफ़न' के पात्रों को कबीर ही याद आते हैं ?

कबीर का संगीत सर्वाधिक विपन्न, निराश और मृत्यु के कगार पर टिकी जाति का संगीत है–*साधो यह तन ठाठ तंबूरे का!* यह दुख भौतिक दुख है, देह धरे को दंड तो है ही! इस दुख से मुक्ति की आकांक्षा के और उस अतींद्रिय मुक्ति के भी कुछ विलक्षण बिंब कबीर में मिलते हैं। बेफिक्री, फक्कड़पन और मस्ती की जैसी अभिव्यक्ति कबीर में मिलती है, वैसी अन्यत्र दुर्लभ है। यह इसलिये संभव हुआ कि यहाँ मृत्यु का भय नहीं है। आदि से अंत तक संपूर्ण कबीर-काव्य मृत्यु के आभास से भरा हुआ है :

कबीर रोवणहारे भी मूये, मूये चलांवनहार
हा हा करते ते मूये, कासिनि करौं पुकार

लेकिन यहाँ मृत्यु का शोक या भय नहीं है। मृत्यु इस भौतिक जीवन का

अंत भले हो, लेकिन वह आत्मा की मुक्ति का केंद्रीय रूपक है। लेकिन कबीर के काव्य में मृत्यु की इतनी लंबी और गहरी छाया क्यों है ? क्या यह निराशा की, विवशता की चरम अभिव्यक्ति है ? क्या यह उन लोगों के जीवन का एकमात्र विकल्प है, जिनके लिए यह दुनिया केवल सोग और संताप है ? मृत्यु की ये कविताएँ हमें इतना अधिक क्यों खींचती हैं ? उनमें ऐसा क्या है, जो हमें बाँधे रखता है और फिर उसी वेग के साथ हमें जगत व्यापार में वापस फेंक देता है ? मृत्यु का यह उत्सव हमें जीवन के प्रति गहरी लालसा से भर देता है– *उड़ जायेगा हंसा अकेला।*

एक बात और। मृत्यु की यह बारंबार आहट हमें निर्मल भी करती है। यह चेतावनी भी है। कबीर हमारे नैतिक शिक्षक हैं। वे हमसे पूछताछ करते हैं, हमसे हमारा ही भेद लेते हैं, हमारे कर्मों के लिए सफाई माँगते हैं। हम सोचने को मजबूर होते हैं कि यदि मृत्यु आसन्न है, तो फिर यह झूठ, पाखंड और लोभ क्यों ?

मन रे तन कागद का पुतरा
लागै बूँद बिनसि जाइ छन में, ग्रब करै क्या इतरा
माटी खोदहिं भींत उसारैं, अंध कहें घर मेरा
आवै तलब बाँधि लै चालै, बहुरि न करिहै फेरा
खोट कपट करि यहु धन जोरयौ, लै धरती में गाड्यो
रोक्यौ घट कि साँस नहिं निकसै, ठौर-ठौर सब छाड्यो
कहै कबीर नट नाटिक थाकै, मँदला कौन बजावै
गये पखनियाँ उझरी बाजी, को काहू कै आवै

एक अन्य मार्मिक दोहे में कबीर कहते हैं :

कबीर आपणपो न सराहिए, और न कहिए रंक
ना जांणौं किस ब्रिष तलि, कूड़ा होइ करंक

पता नहीं किस वृक्ष के नीचे हमारी हड्डियाँ कूड़ा हों। तब क्यों न इस चादर को दास कबीर की तरह जतन से ओढ़ा जाये और फिर ज्यों का त्यों धर दिया जाये। क्योंकि यह जीवन पवित्र है, क्योंकि यह जीवन अमोल है– *हीरा जनम अमोल था कौड़ी बदले जाय,* इसलिये हमें एक-एक क्षण का हिसाब देना है : *पल में प्रलय होने वाला है/बहुरि करोगे कब ?*

कबीर नाउँ न जाँणौं गाँव का, मारगि लागा जाउँ
काल्हि जु काँटा भाजिसी, पहिली क्यूँ न खड़ाउँ

इसलिए अभी करना है जो भी करना है–उठो ज्ञानी खेत संभारो बह निकलेगा

पानी। कबीर की कविता निरंतर कर्म पर आग्रह की कविता है।

कबीर हमारे अहंकार को, हमारे अस्तित्व की मिथ्या को तोड़ते हैं। उनकी कविता के सामने हम निर्वस्त्र खड़े होते हैं। यह हमारी नैतिक भर्त्सना ही नहीं, हमारे परिष्कार और संशोधन की, हमारे जीवन, धर्म के जागरण की कविता है–*तोरी गठरी में लागे चोर बटोहिया का सोवै।* इसीलिये यह निरंतर स्वयं से, आत्म से उलझने-झगड़ने की कविता है–*मन तोहे किहि बिधि मैं समझाऊँ।* मृत्यु के उत्सव के बावजूद कबीर की कविता अंततः जीवन के प्रति प्रेम और ममत्व की कविता है, जैसे गाय बछड़े से लार लगाती है वैसी कविता।

जीवन के प्रति अपने इसी लगाव के कारण कबीर हमें डाँटते भी हैं और समाज की बुराइयों, पाखंड और मिथ्या आचरण पर प्रहार भी करते हैं। उनके लिए मनुष्य सबसे महत्त्वपूर्ण है, जिसे साईं ने गढ़ा है। फिर इतने सारे भेद कैसे ? चाहे ब्राह्मण हो या शूद्र, सब तो एक ही द्वार से निकसे हैं, फिर कैसी शुचिता ? फिर कैसा ऊँच-नीच का भेद ? कबीर ने जिस शक्ति के साथ सामाजिक भेदभाव पर प्रहार किया, वह अपने आपमें एक उदाहरण है। इसी कारण कबीर पिछले छह सौ वर्षों के दौरान हुए सभी सामाजिक आंदोलनों के नायक रहे। कबीर की बानी उनकी बानी है, जो बोल नहीं सकते। कबीर की कविता ने सर्वाधिक दलित जीवों को जीने का तर्क बताया। कविता ऐसा भी करती है। करती रही है। वह केवल व्यक्ति से ही नहीं, पूरे समाज से सवाल-जवाब करती है। यह कैसा जीवन है, जो नरक से भी बदतर है ? इसके बने रहने का क्या औचित्य है ? और कबीर की कविता हमारा आह्वान करती है कि उठो और उसे बदलो। यह कवि की वाणी है, केवल संत की वाणी नहीं है। कबीर सामूहिक कर्म का आह्वान करते हैं। इसलिये उनका हर पद एक संबोधन है–*कहत कबीर सुनो भाई साधो!*

लेकिन–क्षमा करेंगे, मुझे बार-बार लेकिन शब्द का व्यवहार करना पड़ रहा है, क्योंकि कबीर के बारे में कोई भी बात पूरी या अंतिम नहीं। हमेशा उसी साँस में एक दूसरी बात भी कहनी पड़ती है जो पिछली बात के उलट भी हो सकती है। तो, कबीर सामूहिक कर्म के पक्षधर हैं। लेकिन बार-बार वहाँ लौट जाते हैं, जहाँ उनका अंतरंग जीवन है–*हंसा करौ पुरातन बात!* एक व्यक्ति के भीतर का वह अवकाश जहाँ *रस गगन गुफा में अजर झरै।* कहते हैं–

सभी ठौर जमात हमरी सभी ठौर पर मेला
हम सब माय, हम ही सब माय, हम हैं बहुरि अकेला

फिर-फिर अकेला। और यह अकेला होना व्यक्ति की निजता है, उसके अस्तित्व की अनिवार्यता। कबीर उस निजता, उस आंतरिक अवकाश और अकेलेपन के भी कवि हैं। इसीलिये हम अकेले में कबीर को इतना करीब पाते

हैं। यह वह स्वर है जो हमारी ही 'हृत्तंत्री' से बजता हुआ लगता है। गगन में आवाज हो रही झीनी। हालाँकि इस अकेले होने को ही केवल न देखा जाये। उपर्युक्त पंक्तियों में केवल एक खंड है 'बहुरि अकेला'। शेष में जमात है, मेला है और सब है। कबीर फिर-फिर कर वहाँ लौट जाते हैं, जहाँ जीव बिल्कुल अकेला होता है जो हर मनुष्य की नियति है :

देस विदेसन हौं फिरा गाँव गाँव की खोरी
ऐसा जियरा ना मिला लेवे फटकि पिछोरी

इन गंभीर क्षगों में भी कबीर हँसना नहीं भूलते। उनमें हँसी खूब है–*मोहे देखत आवे हाँसी*। जीवन और जीव की दुविधा पर, विडंबना पर और अपने आप पर–*डर लागै और हाँसी आवै*। यह हँसी स्वाधीन चित्त की हँसी है। *कबिरा कुक्कुर राम का मोतिया मेरा नाउ* जैसे पदों में भी एक हास्य है, जो तटस्थता से उपजा है। बिना नैसर्गिक तटस्थता के द्वेषहीन हँसी दुर्लभ है। यह हँसी कितने रूपों में कबीर में मौजूद है, यह देखने के लिए हम इस पद को लें :

कैसे नगरि करौं कुटवारी
चंचल पुरिष विचषन नारी
बैल बियाइ गाइ भई बाँझ
बछरा दूझै तीन्यों साँझ
मकड़ी घरि माषी छछिहारी
मांस पसारि चील्ह रखवारी
मूसा खेवट नाव बिलइया
मींडक सोवै साँप पहरइया
निति उठि स्याल स्यंघ सूं मूझै
कहै कबीर कोई बिरला बूझै

इसकी व्याख्या भी मिलती है। तकनीकी व्याख्या। अपने ऊटपटाँग बिंब विधान के कारण यह कविता हँसी का अवसर तो देती ही है, हमें यह भी छूट देती है कि भिन्न संदर्भ में हम भिन्न अर्थ निकाल लें। क्या इसे पढ़ कर हमें वर्तमान राजनीतिक व्यवस्था की याद नहीं आती ? ऐसी उलटबाँसियाँ क्यों लिखी गयीं या लिखी जाती हैं, मैं नहीं जानता हो सकता है कोई परिपाटी रही हो। लेकिन इतना तय है कि यह शब्दों का खेल है, भाषा की बाजीगरी।

यहीं पर यह भी सवाल उठता है कि क्या कबीर की भाषा अपरिमार्जित या, जैसा प्रायः कहा जाता है, सधुक्कड़ी है, या भाषा की कोई अधम कोटि। कबीर की भाषा बस वैसी है जैसी उसको होना था, जिस काम के लिए वह बनायी गयी

थी। भाषा का ऐसा विराट वर्णक्रम दुर्लभ है। कबीर का कहना है :

कबीर मीठा खांणा मधुकरी, भाँति-भाँति का नाज
दाना किसहि का नहीं, बिन बिलादति बढ़ राज

थोड़ी-थोड़ी मात्रा में अनेक घरों से प्राप्त की हुई भिक्षा मीठा खाना है, क्योंकि उसमें भाँति-भाँति के अन्न रहते हैं, उसमें किसी का दावा नहीं है, और बिना विलाइत (देश-ग्राम) के ही राज्य का सुख रहता है। कबीर की भाषा में इतने घरों के दाने हैं, इतने खेतों के अन्न। कबीर की भाषा स्थूल से लेकर अतींद्रिय तक संपूर्ण जीवन को व्यक्त करती है। इतने कम स्थान में यह कविता मनुष्य के जीवन और मन के इतने सारे द्वंद्वों, संघर्षों, त्रासदी तथा प्रहसन को व्यक्त करती है।

तो क्या कबीर को यह भान था कि वह कविता कर रहे हैं ? क्या यह सब सजग-सचेत रूप से हुआ ? जहाँ-तहाँ ऐसे प्रमाण जरूर मिलते हैं, जिससे लगता है कि कबीर को अपने विशिष्ट कर्म का अहसास था। एक जगह वह कहते हैं :

कबीर चल्या जाइ था आगै मिल्या खुदाइ
मीरा मुझ सू यूँ कहया किनि फुरमाई गाइ

खुदा के कहने पर उन्होंने गाने का रास्ता अख्तियार किया वरना वह तो यूँ ही चले जा रहे थे।

एक और बिंब, जो बहुत महत्त्वपूर्ण है, है अग्निपक्षी का :

अनल आकांसां घर किया, मद्धि निरंतर वास
वसुधा व्योम बिगता रहै, बिन ठाहर बिस्वास

अनल पक्षी (अग्नि पक्षी) 'ककनूस' है, जिसके बारे में प्रसिद्धि है कि जब वह भाव विभोर होकर गाता है, तो उसके शरीर से लपटें निकलने लगती हैं, जिनसे उसका घोंसला जल जाता है। अनल पक्षी ने अपने घोंसले को जला कर आकाश में घर किया, तो उसका निवास धरती तथा आकाश के मध्य हो रहा। वह वसुधा और व्योम से विगत होकर रहता है और दोनों ही स्थानों में उसे विश्वास नहीं है। यहाँ अनल पक्षी मध्यम मार्ग का साधक तो है ही, लेकिन क्या वह स्वयं कवि का प्रतीक नहीं है—हर युग के कवि का, जो अपने गान से अपने ही नीड़ को भस्म कर देता है और, फिर वसुधा और व्योम के बीच गूँजता रहता है एकाकी :

जो घर जारै आपना चलै हमारे साथ

यह अपना नीड़ जलानेवाला, अपना घर जलानेवाला कौन है ? साधक भी है, पर अंततः कवि। एक मार्मिक पद में कबीर कहते हैं—*ठाढ़ी रोवै कबीर की*

माई, ए लरिका क्यों जीवैं खुदाई। कबीर की माँ खड़ी-खड़ी रो रही है कि यह लड़का बिना आजीविका के संसार में कैसे जियेगा। उसने तो अपना नीड़, अपना घर भी जला लिया है। एक जगह कबीर कहते हैं :

साध संग्राम है रैन दिन जूझना
देह परजंत का है काम भाई

यह रैन-दिन जूझने का संग्राम किसका है ? साधक का तो है ही। यह कवि का भी काम है। *रैन-दिन देह परजंत* जूझते रहना। इसीलिये कबीर को कभी भी चैन नहीं–*दुखिया दास कबीर है, जागै और रोवे।*

कबीर की कविता इसी रैन-दिन जूझते रहने की, संग्राम की कविता है, आत्मा की मुक्ति की आकांक्षा में देह *परजंत* जूझने और फिर भी अपनी जीवन चादर को बेदाग रखने की आकांक्षा की कविता। इस कविता का दीपक अनवरत जलता रहेगा :

कबीर दीपक दीया तेल भरि, बाती दई अघट्ट
पूरा किया बिसाहुणां बहुरि न आऊँ हट्ट

हम न मरै मरिहैं संसारा

विद्यानिवास मिश्र

मैं संत कबीर के काव्य की चर्चा लगभग पहली बार करने जा रहा हूँ। निर्गुण और सगुण के बीच छिड़े विवाद का, संत कबीर की वाणी के अनगढ़पन की ख्याति का प्रभाव रहा हो या कोई और कारण हो, मैं इस वाक्य की तह में पैठा नहीं और मेरा यह दुर्भाग्य ही था। यह नहीं कि आचार्य हजारी प्रसाद द्विवेदी, पं. परशुराम चतुर्वेदी की समीक्षाओं और गुरुदेव रवीन्द्रनाथ ठाकुर के अनुवादों ने प्रेरित न किया हो, पर असली प्रेरणा मुझे अपने भीतर से मिली। इधर मैं अधिक तीव्रता से सम्मान-प्रतिष्ठा के खोखलेपन में जीता रहा; जीता क्या रहा जीते-जी मरता रहा, अपने भीतर का अहंकार बार-बार फन उठाता रहा और मैं कितने पानी में हूँ, इसकी झूठी नाप के अनुभव से उस फन को कुचलता रहा। अंतरजामी और वाहिरजामी की बात नहीं जानता, जानने की न उतनी साधना है, न वैसी खुली दृष्टि है, पर अपने रीतने और खोखलेपन की स्थिति में डूबने-उतराने के लंबे अंतराल में मैं सद्गुरु कबीर को पढ़ने के लिए निमंत्रित किया गया; और मैंने इधर संत कबीर की वाणी ऐसे खोखलेपन के बीच पढ़ी। लंबी उम्र के अनेक अभिशापों में एक यह भी है कि आपको कुछ औपचारिक सम्मान मिलने लगते हैं और एक सम्मान मिलता है तो उस सम्मान में सम्मान देनेवालों में उत्साह जाग जाता है और जब भीतर से अनुभव करें तो लगता है ये सम्मान बड़े खोखले हैं, इनको न स्वीकार करने में भी खोखलापन, स्वीकार तो खोखला है ही। इस मन:स्थिति में अहंकार और अस्तित्व के बीच बड़ा तीव्र संघर्ष रहा है और मैंने कबीर को पढ़ना शुरू किया तो मुझे लगा कि विराट पैमाने पर ऐसा ही कुछ संघर्ष बड़े कवि में छिड़ता है; अंतर इतना ही है, वह संघर्ष से पार पा जाता है, मेरे जैसा छोटा आदमी पार नहीं पाता; बड़ा कवि उस संघर्ष के अनुभव को अपने तक नहीं रखता और उस अनुभव को वाणी देता है, छोटा आदमी घुटता रहता है, फूस की आग की तरह जलता, धुआँता और बुझता रहता है। और तब मुझे कबीर के काव्य में पहले जो विसंगतियाँ दिखती थीं, उनकी उपपत्ति कुछ-कुछ दिखने लगी।

संत कबीर के काव्य में एक ओर इतनी तड़प और इतना अकेलापन है,

दूसरी ओर ऐसी मस्ती का ज्वार है, जो सबको, सारी सृष्टि को समेटता चला जाता है। एक ओर अपने भीतर की यात्रा में इतनी तल्लीनता है कि बाहर का कुछ मतलब ही नहीं रखता, दूसरी ओर अपने आस-पास के समाज को परिवर्तित करने का पूरा अभियान है। एक ओर मन मस्त हुआ तो क्या बोले की भरपूर छलकन है तो दूसरी ओर भर्त्सना का तीखा स्वर है :

केसन कहा बिगारिया जे मूड़े सौ बार
मन को काहे न मूड़िए, जामैं विषै बिकार

एक ओर इतना प्यार, दूसरी ओर इतना रोष; लगता है दो भिन्न व्यक्तित्व हों। शरत के निरभ्र आकाश की उपमा दी है—बादल छुटे, खुले और धुले; निर्मल आकाश की छवि सान पर चढ़ाये शस्त्र जैसी होती है। संत कबीर के सबद का आकाश कुछ ऐसा ही है, बड़ा तपता है दिन में, बड़ा जुड़ाता है रात में। बाहरी व्यवहार में बड़ा निर्मम लगता है, इतना कुछ कटना-छँटना, इतना झऊसना, इतना दाह सहा नहीं जाता, पर एकांत की महानिशा में बड़ा शीतल, बड़ा मनोहर, सुख के सपने जैसा लगता है। इतना दूर होते हुए भी इतना अपना लगता है।

कबीर का काव्य शरद का आकाश भी है और एक सान पर चढ़ा शस्त्र भी है। वह शस्त्र हाथ में हो, तो अपने को बड़ा निर्भय करता है; अब किसी से डरना क्या ? इस शस्त्र को हाथ में लेने का साहस नहीं होता, क्योंकि लगता है यह अपने को भी काट देगा। संत कबीर का निमंत्रण उस घर का निमंत्रण है, जहाँ सीस दो तभी प्रवेश-पत्र मिलता है। यह शस्त्र क्या उसी के लिए है ? पर जब उस घर का एक परिदृश्य कबीर की वाणी देती है, तो मन उन्मन होने को व्याकुल हो जाता है।

वह परिदृश्य कैसा है ? ऐसी निर्मलता है कि देखी नहीं जाती। आकाश एकदम भभक कर शीतल हो गया है। जाने किन-किन जन्मों की बसी हुई एक से एक प्रीतिकर-अप्रीतिकर गंध उड़ गयी और उसकी जगह एक विचित्र वासना की सुगंध आ रही है। इनमें गंध का भाव ही नहीं है, क्योंकि गंध तो बाहर होती है, बाहर से आती है। यह गंध भीतर से एकाएक खिले कमलों से आ रही है। इसमें बड़ा अकेलापन लगता है। कोई नहीं है, इतना बड़ा आकाश और बस यह अनुभव और अनुभव में समाया हुआ अनुभव करनेवाला प्राण भी इसी चिदाकाश से एकाकार हो गया है। भ्रम नहीं रहा; मन निष्काम निष्कंप दीप की तरह स्थिर और एकाग्र लौ हो गया है; न नींद है न कोई लगाव; घट के भीतर की ज्योति से आकाश भर गया है, किसी शोक के लिए अवकाश नहीं रह गया है, ऊपर-नीचे जानेवाली वायु को एक साथ रोक कर ऐसा सहज भाव मिला है कि केवल ध्वनि की लहरें भर रह गयी हैं; सब प्रकाश, सब ज्ञान, सब अनुभव अनहद नाद में समा

गये हैं; अब तो अनायास वह युगों-युगों का जोहा प्रिय मिलेगा ही :

आदि अनन्त उगै पख निरमल द्रिष्टि न देखा जाई
ज्वाला उठै अकास पूजल्यौ सीतल अधिक सनाई
एक निगंध वासना प्रगटै जगथै रहे अकेला
प्रान पुरिस काया से बिछुरै राखि लेहु गुरु चेला
भागा मरम भया मन असथिर निद्रा नेह नसाना
घट की ज्योति जगत परगासा माया लोक नसाना
ब्रह्मनाल में सम करि राखै आवागमन न होई
कहै कबीर धुनि लहरी प्रगटी न सहजि मिलेगा कोई

इसी परिदृश्य से दृष्टि पाकर कुछ कहने का साहस जुटा पा रहा हूँ। पर पहले कुछ संत कबीर की वाणी के बारे में विद्वानों की बात कर लूँ। कई विद्वानों ने तो कबीर के नाम से प्रचलित उन पदों को, जिनमें रागात्मिका भक्ति का स्वर बहुत प्रबल है, प्रक्षिप्त या अर्ध-प्रक्षिप्त माना है। कबीर की वाणी के मुख्य रूप से चार पुराने लिखित साक्ष्य हैं–सबसे पुराना रूप मिलता है आदिग्रंथ (गुरुग्रंथ साहब) में, श्री अर्जुनदेव द्वारा संकलित संग्रह में। दूसरा संत दादूदयाल की आज्ञा से दादू, कबीर, नानक, नामदेव, रैदास और हरिदास की वाणी के तैयार किये गये। 'पंचवाणी' नामक संकलन में; इसमें बाद में कुछ-न-कुछ जुड़ता गया है। तीसरा रूप मिलता है दादू के शिष्य रज्जब द्वारा संकलित संतवाणी 'सर्वांगी' में चयनित कबीर-साहित्य में, और चौथा है कबीर पंथ का अपना अभिलेख 'बीजक', जो पूर्वी उत्तर प्रदेश और बिहार में सत्तरहवीं सदी के अंत में ग्रंथ के रूप में उपनिबद्ध हुआ। पश्चिमी भारत में प्राप्त प्रथम तीन पांडुलिपियों और कबीर पंथी 'बीजक' में मुख्य अंतर कई हैं। एक तो यह है कि जहाँ 'बीजक' में राम नाम की आवृत्ति 24 प्रतिशत है, पश्चिमी वाणी संकलनों में 50 प्रतिशत से ऊपर है; जहाँ 'बीजक' कृष्ण का नाम लगभग शून्य प्रतिशत है, वहाँ पश्चिमी संस्करणों में लगभग 5 प्रतिशत है; इसी प्रकार 'भक्ति' शब्द की आवृत्ति बीजक में 9 प्रतिशत है और पश्चिमी संस्करणों में लगभग 50 प्रतिशत है, दूसरा अंतर है खंडनात्मक स्वर की तीव्रता में। 'बीजक' में खंडन का स्वर बहुत तीव्र है, पश्चिमी पाठों में बहुत दबा हुआ है। इसी से बीजक में 'विनय' के पद लगभग नहीं हैं। तीसरा अंतर यह है कि जहाँ बीजक में उद्वेगहीन बौद्धिकता है, वहाँ पश्चिमी पाठों में उत्कंठा और भाव विह्वलता है। ऐसा नहीं है कि 'बीजक' में भक्ति कम है, पर वह भक्ति उतनी उच्छल नहीं है।

इन दो प्रकार के पाठ भेदों और रचनात्मक गठन भेदों का समन्वय दो तरह से किया गया है। आचार्य हजारी प्रसाद द्विवेदी ने निष्कर्ष निकाला है कि कबीर

अपनी साधना के पूर्वार्द्ध में योग की कुलागत रीति में दीक्षित होने के कारण अधिक तीखे हैं, उत्तरार्द्ध में रामानन्द से भक्ति की दीक्षा पाकर वे इतने सरल और भाव विह्वल हुए कि उन्हें लगा कि योग साधना की आवश्यकता नहीं रही, सहज ध्यान से ही सोते-जागते लगन लगी रहती है। वस्तुत: दो प्रकार के मनोभाववाली रचनाएँ काव्य के स्वाभाविक आरोह-अवरोह की दशाएँ हैं; उनमें कोई विरोध नहीं है। जो सचाई के लिए लड़ता है, जो चारों ओर से चोट झेलता है, वह या तो टूट जाता है (और यदि जुड़ा रह गया) या फिर इतना मृदुल, इतना कोमल होता है कि सत्य खड्ग न रह कर धार का पानी बन जाता है।

आचार्य द्विवेदी सद्‌गुरु से भक्ति की दीक्षा को कबीर के जीवन में महत्त्वपूर्ण मोड़ मानते हैं, पर मैं ऐसा समझता हूँ कि कहीं भीतर कोई बेचैनी कबीर के भीतर हो रही थी, हठ साधना के द्वारा गगन मंडल से जो अमृत झरा, उससे पूरी तृप्ति नहीं हुई। उनके भीतर चाहत की प्यास उठी, इसी समय रामानन्द की कृपा उन्हें मिली। भीतर की पात्रता थी, निर्मल हृदय में परमात्मा के मिलन की उत्कंठा ने जमीन की जुताई कर दी थी, अनुकूल समय में बीज पड़ा और कबीर ने ईश्वरानुभूति के कितने नदी-पर्वत पार किये। कभी उन्हें लगा कि मिलन के महासुख में डूब-उतरा रहे हैं; कभी लगा कि साईं के घर जाने की तैयारी करनी है; कभी लगा कि साईं से बिछुड़न असह्य हो रही है; कभी लगा कि हमारी इस पीड़ा में सब पीड़ित हैं, कभी लगा, मैं अकेला पड़ गया हूँ। सबकी पीड़ा में डूब कर अपने में सबको समो कर अकेला पड़ गया हूँ। यह यात्रा अनवरत चलती रही। जब लगा कि अनुभव के उन्हें साझीदार चाहिएँ, तो उन्होंने साधुओं को, संतों को पुकारा; कभी लगा कि साझीदारी के लिए कोई सामने आ नहीं रहा तो अवधूत को, भीतर के अवधूत को पुकारा। कभी उन्हें लगा कि ऐसा सामान्य अनुभव है, साधारण से साधारण के लिए लभ्य है, तो लोगों को पुकारा। अलग-अलग पुकार की अलग-अलग भाषा है। साधुओं व संतों के संबोधनवाली भाषा बराबरीवाले व्यवहार की भाषा है, अवधूत संबोधनवाली भाषा भीतर डूबने की भाषा है। लोगों को संबोधित भाषा लोक-व्यवहार की लेन-देन की भाषा है और एक भाषा और है जहाँ संबोध्य कोई नहीं है, कबीर और उनके संबोध्य उनके प्रियतम एक हो गये हैं यहाँ भाषा अत्यंत सरल हो गयी है। कबीर की रहस्यानुभूति निर्गुण होने के कारण असंभव है और इस अनुभूति का उन्हें जो अभिमान है, वह इस अनुभूति को और काल्पनिक और अवास्तविक बनाता है, ऐसी बात बहुत-से आलोचकों के मन में उठी और सगुण-निर्गुण का दो-टूक विभाजन हो गया। बहुत कम लोगों ने (पं. हजारी प्रसाद द्विवेदी और पं. परशुराम चतुर्वेदी को छोड़ दें) तथाकथित सगुण और निर्गुण कवियों के बीच समानधर्मिता देखने की कोशिश की। दोनों नाम के रस के आस्वादक हैं, दोनों को निराकार की प्रतीति है, दोनों ईश्वर के प्रेम का

प्रत्यक्ष निर्मल सहज करुणा और समस्त जगत के साथ समभाव से मैत्री में करते हैं। सूर भी उस सरोवर की ओर चलने का आमंत्रण देते हैं, जहाँ रात नहीं होती और कबीर का हंस भी उसी सरोवर की ओर उदग्र उत्कंठा से प्रस्थान करता है। अनुभव की वास्तविकता का प्रमाण है दोनों की अनायास प्रस्फुटित वाणी, जिसमें कोई सजाव-सिंगार नहीं है और प्रमाण है उनका निर्मल और लोकार्पित आचरण, जिसके कारण लोगों ने उन्हें कवि कम, संत अधिक माना। उनकी उपस्थिति में लोगों ने भगवान की उपस्थिति का आभास पाया। मीरा, नानक, नरसी मेहता में सगुण-निर्गुण अधिक संश्लिष्ट हैं, पर कबीर, दादू, रज्जब, सुंदर, धरमदास जैसे संत कवि भी नाम के स्तर पर सगुण ही हैं। राम, गोविंद, कृष्ण इनके भी संबोध्य हैं। हाँ, सबका अनुभव अपना-अपना है और इसीलिये उस अनुभव का काव्यात्मक विवरण अधिक प्रामाणिक है। आवश्यकता इस बात की है कि काव्य के रूप में अवतरित अनुभूति की परीक्षा किसी मन के प्रतिष्ठापकवाद की कसौटी से या साधना की मानी-जानी पद्धतियों की कसौटी से न कर शुद्ध हृदय संवाद की क्षमता की कसौटी से की जाये।

मैं अपनी सीमाएँ जानता हूँ। मेरा हृदय इस काव्य का मर्म समझने लायक अभी नहीं हुआ है। कितने जनमों में होगा, यह भी नहीं जानता, पर वह समझना चाहता है। बस मैं कोशिश करने जा रहा हूँ कि कबीर साहब की वाणी का जो आस्वाद मुझे मिला है, कितना भी अपर्याप्त क्यों न हो, आपसे बँटाऊँ। बँटा पाऊँगा भी, नहीं जानता।

तो लीजिए मैं सीधे जुलाहे के घर ले चलता हूँ, जहाँ बुनाई करते समय बराबर ध्यान रहता है कि धागा जहाँ कहीं टूटे, ढंग से जोड़ते जाओ, ऐसे जोड़ो कि धागा धागे में मिल जाये, गाँठ न पड़े, धागे की मँड़ाई करें तो फिर टूटने की संभावना नहीं रहती, पर मँड़ाई के लिए धागे को सुलझाना जरूरी है, उसे सीधा करना जरूरी है। माँडी बनाना भी एक कला है। मैदे को छानो, उसमें स्नेहन दो, तब जाकर तागा मजबूत होगा और उससे बुनाई अच्छी होगी। भक्ति की बुनाई के लिए भी इसी तरह ईश्वर से संबंध का जो तागा है, उसे विषयों की अव्यक्ति से छुड़ाना पड़ता है, जहाँ टूटता है वहाँ जोड़ना पड़ता है, मन को पीस कर मैदा बनाना पड़ता है, उसे ज्ञान की चलनी से छानना पड़ता है और तब प्रेम की माँड़ी देकर उसे मजबूत बनाया जाता है, उसे ताने पर चढ़ा कर ही भक्ति का वस्त्र बुना जा सकता है। कबीर का पूरा पद इस प्रकार है :

धागा ज्यूँ टूटे त्यूँ जोरि
तूटै तूटनि होयगी ना ऊँ मिलै बहोरि
उरझ्यौ सूत पाँन नहिं लागै कूँच फिरै सब लाई

छितके पवन तार जब छूटै तब मेरो कहा बसाई
सुरझ्यो सूत गुढ़ी सब भागी पवन राखि मन धीरा
पचूँ भाइया भए सनमुखाँ तब यह पानु करीला
नान्हीं मैदा पीसि लई है छानि लई द्वै वारा
कहैं कबीर तेल सब मैल्हा बुनत न लागी वारा

कबीर के लिए करघा जीवन है, क्योंकि वह कर्म भी है, ज्ञान भी है, भक्ति भी है; अंततः वह भक्ति ही है। कबीर के सबद इसी करघे पर बुने जाते हैं और कितना सँभाल है; मन, इंद्रिय, प्राण सब कितने एक ही ध्यान में, एक ही सुरति में, एक अनवरत चलनेवाला बुनाई का व्यापार बन गये हैं।

संत कबीर को अपने अनुभव के गहरे क्षण में यह अनुभव हुआ कि पुरुष चित्त से पूरा अनुभव होता ही नहीं, पूरा अनुभव तो स्त्री चित्त में ही उतरता है, क्योंकि उसी में सृष्टि की संभावना होती है, उसी में मातृत्व होता है, इसलिये जुलाहे के घर से अब गोपी के घर चलें जहाँ मक्खन नहीं, हरि बिलाये जा रहे हैं, भीतर को मथ कर अपने हरि का मक्खन बनाओ और सबके हरि को सौंपो। पर ऐसा बिलोओ, जिसमें कहीं भी सार भाग अलग हुए रह न जाये, ढीले हाथ नहीं, और जल्दी नहीं, बड़े धरीज से बिलोओ। इसके लिए मटकी अच्छी हो, दही अच्छी तरह जमाया हो, दूध औटाया गया हो, सिराया गया हो पर कुछ ताप रह गया हो, तब जामन डाला गया हो, मथने के लिए नारी चित्त हो, दो भागों में विभक्त, दो चित्तों में विभक्त, मैं और प्रभु, मेरे प्रभु। ऐसा मथो, ऐसा मथो कि सार निकले कि प्रभु उसे तुरत छक लें और मटकी फोड़ दें, उस छकने में जीवन छक जाये। सूर के पद *मेरे दधि कौ हरि स्वाद न पायौ* की व्यंजना भी क्या ऐसी ही नहीं है ? कबीर का पद है :

हरि का बिलोवना बिलोइ मेरी माई
ऐसे बिलोइ जामें तत्त न जाई
तनु करि मटकी मनहिं बिलोइ
ता मटुकी नहिं सबद सँजोइ
इला पिंगला सुखमन नारी
बेगि बिलाई ठाढ़ि छछिहारी
कहें कबीर गुजरी बौरानी
मटकी फूटी जोति समानी

मथते समय विह्वल हुई गूजरी की मस्ती कबीर ही जान सकते हैं। यह समझना कि गोपी प्रेम की वैष्णव अनुभूति कबीर को नहीं है, कितना थोथा है। सामान्य से सामान्य पद के लिए अर्पित कर्म किस प्रकार दिव्य अनुभूति बन सकता है और

किस प्रकार मटकी दही और दही भी नहीं, मक्खन, मक्खन भी मक्खन नहीं, मक्खन चाखन हरि बन जाता है, यह रस व्यापार अपूर्व कर्म, ज्ञान और भक्ति के सामंजस्य से आता है।

जब शरीर शरीर नहीं रह जाता, तब वह केवल परमात्मा का आसन बन जाता है और आसन बन कर, निवास बन कर आमंत्रण बन जाता है। इस आमंत्रण के ज्वार में शरीर रूपी घड़ा उठाये नहीं उठता, कैसे पानी भरने जायें। पानी तो ऊपर है और रस्सी नीचे जा रही है, पनिहारी पानी भरनेवाली करे तो क्या करे? प्यास बढ़ती जा रही है, इस औंधे कुएँ को कौन पलटाये, पाँचों सखियाँ भी हार-थक गयीं, अब तो गुरु ही कृपा करें तो पानी भरा जाये, इसी कच्चे घड़े से पानी भरा जाये, इतना ही है, जो रस्सी नीचे जा रही है, उसे दिव्य सुरति के बल पर, हरि की तृषा के बल पर, ऊपर उठाओ। ऊपर जो रस का सागर लहरा रहा है, झरने लगेगा। न प्राणों की जरूरत रहेगी, न इंद्रियों की, न शरीर की। हाँ, पहले यह अनुभव हो जाये, बड़ी प्यास लगी है, पानी भरा नहीं जा रहा है, पानी भरने की तलब हो जाये। तब कबीर की आत्मा ही नहीं पानी पीती, पानी ही आत्मा को पीता जाता है। कबीर की पनिहारी कहती है :

दूभर पनियाँ भरा न जाइ
अधिक त्रिषा हरि बिन न बुझाई
ऊपरि नीर लुजु तलिहारी
कैसे नीर भरै पनिहारी
उध्यौ कूप घाट भयौ भारी
चली निरास पंच पनिहारी
गुर उपदेस भरी ले नीरा
हरषि हरषि जल पीवै कबीरा

इस अमृत रस के पान के बाद एक ओर लगता है सब मरे हुए हैं। किसी में प्राण नहीं है, क्योंकि किसी में मृत होने के भाव को, मरने को नकारने का दम नहीं है; दूसरी ओर लगता है हम अकेले कैसे अमृत को पाएँ। एक ओर सारा संसार मुर्दों का गाँव लगता है, सब मरे लगते हैं, राजा-प्रजा, पीर-जोगी, वैद-रोगी, चंदा, सूरज, धरती, आकाश, चौदहों भुवन, उनके चौधरी सब मरे लगते हैं, किसकी आशा करें :

संतौ ई मुरदन के गाँव
तन धरि कोऊ रहिन न पावै काकौ लीजै नाँव
पीर मुआ पैगंबर मूवा मूवा जिंदा जोगी

राजा मूवा परजा मूवा मूवा बैद और रोगी
चन्दौ मरिहैं सुल्जौ मरिहैं मरिहै धरनि अकासा
चौदह भुवन चौधरी मरिहैं काकी धरिए आसा

दूसरी ओर सबको खुला निमंत्रण देने का भाव है : मानुष तनु बड़े भाग से मिला है, यह शरीर अद्भुत वसंत में अद्भुत फाग खेलने के लिए मिला है। गीत गाओ, पर जीभ न हिले; नाचो, पर चरण न हिले; वेणु बजाओ, हाथ न चले; देखो, पर आँखें मुँदी रहें। ऐसी मरजीवा स्थिति में जाओ, जहाँ बिना मृत्यु के मृत्यु जीते जी आती है, अहंकार-मोह-दंभ सब कुछ बिना किसी योग की अग्नि धधकाये जल कर खाक हो जाता है। बिना दिया जलाये ज्योति जलाओ। ऐसे निश्चल और उन्मत्त होकर प्रिय के साथ फाग खेलो, ऋतु के परिवर्तन की, नये होने की आवश्यकता की यही माँग है। यह कौरा भीतर में समाना नहीं है, यह बाहर जो कुछ है, उसे ऐसे भरना है कि वह बाहर रह नहीं पाए, जो भी इंद्रिय-व्यापार बाहर हो रहे हैं, उन्हें भीतर कर देना है, जिससे इंद्रिय व्यापार तो रहे; पर इंद्रिय न रहे। अमृत रहे रसना न रहे; नाद रहे, श्रवण न रहे। कबीर का आमंत्रण है :

मानुष तन पायौ बड़े भाग अब विचारि के खेलो फाग
बिनु जिम्मा गावै गुन रसाल, बिनु चरनन चालै अधर चाल
बिनु कर बाजा बजै बैन, निरखि देखि नहिं बिना नैन
बिनु ही कारे मृतक होइ, बिनु जारे होइ खाक सोइ
बिनु माँगे ही वस्तु देइ, सो सालिय बाजी जीति लेइ

कबीर की काव्य यात्रा में लोक हित की चिंता और लोक से अलग अकेलापन, समष्टि नें एकाकार होने का सुख और व्यष्टि के रूप में बिछुड़न की बेचैनी, झूठ को नकारनेवाली तीखी चुटीली तप्त भाषा और समाधि की सेज से उठी हुई बर्फ पिघली हुई भिगोनेवाली भाषा छंदोबद्ध रूप में मिलते हैं। कबीर लगते हैं महा अभिमानी–*दास कबीर जतन से ओढ़ी जसकी तस धरि दीन्हीं चदरिया* कहनेवाला सतही तौर पर लगता है अभिमानी, पर यह अभिमान अहंकार नहीं है, यह हामी है; यह व्यक्ति का अहंकार नहीं है, यह समष्टि के साथ समरसता का सिंहनाद है। बुद्ध भी ऐसा सिंहनाद अवसर-अवसर पर करते हैं। गुफा से बाहर निकल कर संपूर्ण जीवन की गहराई को अपने में भर कर जो बाहर निकलता है, वह अपनी उपस्थिति अपने लिए नहीं जतलाता, वह जतलाता है क्षुद्रता में, भय में सिमटे हुए लोगों के लिए। दिव्य मानुष भाव पशु भाव को अभय देना चाहता है : डरो मत, व्यक्तित्व में सिकुड़े हुए लोगों, मृत्यु के भय से आतंकित, प्राणियों, संपूर्ण जीवन तुम्हारे बीच आ गया है। भय छोड़ो।

वही सिंहनाद करनेवाला जब फिर व्यष्टियों के संपर्क में व्यष्टि की पीड़ा का साझीदार होता है, तो उसे बेचैनी होती है, तब वह अत्यंत दीन बन जाता है, कातर बन जाता है, इतने घने अंधकारवाली भयावनी रात के बीच वह सामान्य प्राणी की तरह दिखने लगता है। क्या अब प्रभु मेरे नहीं रहे, इतना अंधकार क्यों है, इतनी बेचैनी क्यों है ? जब देह की सुधि होती है, तो देही की याद आती है; गेह के रूप में अपने को जब देखते हैं, तो गेही की याद आती है। लोग कहते हैं कि गृहिणी तो तुम उस विराट निरंजन अकाल पुरुष की हो, पर मुझे अपने ऊपर भरोसा नहीं रहा; अगर कभी होती, तो वे आते क्यों नहीं ? वे आकर मिलते तभी न प्रतीति होती कि उनका प्रेम प्राप्त है। कोई संदेशवाहक मिले, प्रभु से यह पीर कहे, यह प्राण पीड़ा की बात पहुँचाए, यह अधीरता की बात पहुँचाए, प्रिय हमारे घर आओ, मेरा घर नहीं है, तुम्हारे समेत हमारा घर है, तुम नहीं हो तो देह दुःख पाती है तब भूख नहीं लगती, नींद नहीं लगती। कबीर का भाव विह्वल पद इस प्रकार है :

बालम आउ हमारे गेह रे
तुम्ह बिन दुखिया देह रे
सब कोइ कहैं तुम्हारी नारी मोको यह अंदेह रे
एकमेक है सेज न सोवे तब लगि कैसे नेह रे
अन्न न भावै नींद न आवै ग्रिह बन धरै न धीर रे
ज्यों कामी को कामिनि प्यारी ज्यों प्यासै को नीर रे
है कोई ऐसा पर उपकारी हरि सों कहै सुनाइ रे
अब तो बेहाल कबीर भए हैं बिनु देखे जिउ जाइ रे

मीरा, सूर, तुलसी सब जगह यही गूँज मिलती है, तुलसीदास के मन में भी वही उपमा है :

कामिहिं नारि पियारि जिमि

सूरदास के मन में वही निरुपायता है :

कोऊ ब्रज हितू हमारौ जात गोविंदहि राखे

मीरा के मन में भी वही पीड़ा है :

म्हारे नींद न आवा

सबके अनुभव में कुछ समानता है, पर सबकी अभिव्यक्ति ही नहीं, प्रतीति भी अलग-अलग है। सब एक बिंदु से शुरू नहीं करते, पर सब जाते हैं एक गंतव्य

की ओर। वह गंतव्य अगम है, इसलिये इतना प्रिय है, इतना स्पृहणीय है। उस गंतव्य की झलक भी मिल जाती है, तो यात्री का उत्साह बढ़ जाता है। उसके बाद लगता है कि गंतव्य अब अपने हाथ से नहीं छूट पायेगा, लगन नहीं टूट पायेगी, हीरा फोड़े नहीं फूटेगा। एक बार लौ लगी, बाती और ज्योति का अंत मिट गया। एक बार सोने में सुहागा मिला, फिर बाती को और सुहागे को ज्योति और सोने से कोई अलग नहीं कर सकता; ज्योति भी चाहे तो अलग नहीं हो सकती, सोना भी चाहे तो अलग नहीं हो सकता। कीट-भृंग की गति हो जाती है; निरंतर ध्यान जिसका रहता है, उसी के आकार में अपना आकार एक हो जाता है। सूर की राधा भी माधव से मिलती है तो *राधा माधव माधव राधा कीट भृंग गति मँनहुँ भई* की स्थिति हो जाती है। कबीर भी चुनौती के स्वर में कहते हैं, मेरी तुम्हारी लागी अब नहीं छूटेगी। अब सारे संसार को विदित हो गयी है यह लगन, अब इसे छिपाया भी नहीं जा सकेगा, कैसे अस्वीकारोगे ? पूरा पद है :

मोहिं तोहिं लागी कैसे छूटै जैसे हीरा फोरे न फूटै
मोहिं तोहिं आदि अंत बनि आयी, अब कैसे दुरत दुराई
जैसे कँवल पत्र जल वासा ऐसे तुम साहब हम दासा
मोहिं तोहिं कीटभिंग की नाई जैसे सरिता सिंधु समाई
कहैं कबीर मन लागा जैसे सोने में सुहागा

एक बार वह उमड़ चलती है तो सिंधु उसे मिलने से रोक नहीं सकता। कबीर की यात्रा अविराम है। कबीर का हंस बार-बार उड़ान भरता रहता है, पर जब उसे सदा के लिए अपना पड़ाव, अपनी देह की पोखर छोड़ने की बेला आती है, तो एक विचित्र-सा प्यार उमड़ता है—पड़ाव के लिए, शरीर के लिए। शरीर को मिला तो दिया था, बाती को जला तो दिया था, पर शरीर छूट रहा हो, बाती भभक कर राख बन रही हो, सरोवर सूख रहा हो, काल मुरझा रहा हो, तो एक पीड़ा होती है। प्रभु जिस साधन से मिला, जिस देह में रहते मिले, जिस सरोवर में केलि करते मोती चुगा गया, जिसके भीतर चतुर्दल, षड्दल, दशदल, द्वादशदल, षोडशदल, द्विदल और सहस्रदल कमल खिले, पुरइन लहरायी, उससे बिछुड़ना तो दुर्निवार, पर फिर यह अब कब मिलना है, ऐसा साधन-धाम जाने फिर मिलेगा कि नहीं। संतों के बारे में एक भ्रांति है कि वे संसार का निषेध करते हैं, वे देह को अशुचि मानते हैं। ऐसी बात है नहीं। वे इस देह की सार्थकता खोजते हैं और जहाँ देह का दुरुपयोग होता है, वहीं उसे धिक्कारते हैं। पर देह निर्मल आचार का प्रवाह बन जाये, हंस केलिगृह बन जाये, वहाँ देह धन्य हो जाती है और हंसा को देह छोड़ते हुए बड़ा वैसा लगता है, कैसी बेदर्दी कि छोड़ कर जा रहे हैं, पर कैसी लाचारी कि रह नहीं सकता, रुक नहीं सकता। यह असमंजस ही भगवत्प्राप्ति के

अनुभव को कविता बनाता है, यह तनाव ही हंसा की उड़ान को अधिक मार्मिक बनाता है। इस भाव का कबीर साहब का पद इस प्रकार है :

हंसा प्यारे सरवर तजि कहँ जाय
जेहि सरवर बिच मोतिया चुगते, बहुविधि केलि कराय
सूखे ताल पुरइन जल छाड़े, कमल गये कुम्हिलाय
कहै कबीर जो अबकी बिछुरे, बहुरि मिलो कब आय

सब तज कर हंसा को अकेले जाना है, सबमें रम कर अपने में सबको रमा कर अकेले हो जाना है। कुमार गंधर्व के कंठ से *जनम-जनम जोगी अवधूता* पद एक बार सुना, उसके बाद उस पद की अंतिम पंक्ति की गूँज कभी गयी नहीं :

हम सबमें, सब हममें, हम फिरि बहुरि अकेला

ऐसे सर्वव्यापी अनुभव से गुजर कर अकेला होने की कल्पना भी बड़ी रोमांचक लगती है।

एक ओर संसार को रसमय बना कर अकेले चल पड़ने का दर्द है, दूसरी ओर हरि का प्रेम बींधे हुए है। उस दर्द को भी कोई समझनेवाला नहीं, शरीर में कहीं उस बींधने की, राम की भक्ति के–*अनियारे तीर* की कहीं चोट नहीं दिखाई पड़ती, कहीं से ओषधि घिस कर लायें। इतनी जीवात्माओं का एक ही प्रेमान्, पता नहीं किसको-किसको वे चाहते हैं। शायद उसी को चाहते हैं जिसे सबको छोड़ने की बेदर्दी हो, बस उनसे नाता जोड़ने की एकनिष्ठ लगन हो। दूसरे नाते छोड़ने ही पड़ेंगे, पंचरंग चुनरी, कंकड़ चुन-चुन कर बनाया महल, साधना से कमल के सरोवर के रूप में रूपांतरित शरीर, सबको छोड़ने से ही अखण्ड सौभाग्य मिलेगा।

सब छोड़ने का संकल्प ले लेते हैं, तो सरिता का मोह छूट जाता है, सिंधु भीतर पहले ही लहरा जाता है; सरिता का क्या, कहीं भरी, कहीं सूखी, कभी उमड़ी, कभी उतराई, कभी डूबने भर को जल, कभी बिल्कुल थाह, ऐसी सरिता में *रतन* कहाँ मिलेगा ? यह संसरण की सरिता ऐसी है, जिसमें केवट किनारे लासा लगाये रहता है, मछली हाथ नहीं आती, छिटक जाती है, विषयों में डूबती-उतराती वासनाएँ वश में नहीं आतीं। जाने-नहाने के कितने ठाठ आदमी बनाता है; कमल उगाना चाहता है, वह तो उगता नहीं, बस सुख का सपना देखता रहता है। कबीर को लगता है, यह धोखा है मन का, कहीं बैठे हुए हैं और चलने का स्वप्न देख रहे हैं। इस धोखे को झाड़ कर फेंक दो। पं. हजारी प्रसाद द्विवेदी कबीर की उस फक्कड़-भाववाली पंक्ति *बंदा चला लँगोटा झारि कै* को बहुत दुहराते थे। वह फक्कड़ भाव बड़ी गहरी समझदारी से आया होगा; जीवन के, साधना के अनेक चढ़ावों-उतारों के बाद कबीर ने यह समझा होगा और फिर तब समझाया होगा,

समझदार लोगो, अच्छी तरह समझो। कबीर कहते हैं :

बुझ-बुझ पंडित मन चित लाय
कबहुँ भरल बहै कबहुँ सुखाय
खन ऊबै खन डूबै खन औगाइ
रतन न मिलै पावै नहिं थाइ
नदिया नहीं संसरि बहै नीर
मच्छ न मरै केवट रहै तीर
पोखर नहिं बाँधल तह घाट
पुरइन नाहिं कवल मँह बाट
कहैं कबीर ई मन का धोख
बैठा रहै चलन चह चोख

कबीर संकल्प-विकल्पों की अस्थिरता का सौंदर्य नकारते नहीं, उस सौंदर्य में फँसना नहीं चाहते, क्योंकि दूसरा सौंदर्य पुकारता रहता है। वे हद का सौंदर्य स्वीकारते हैं, अनहद का भी; पर हद और अनहद दोनों के पार जाना चाहते हैं; अमृत पीना ही नहीं, अमृत बनना भी चाहते हैं। वे हंस की तरह उड़ कर वहाँ पहुँचना चाहते हैं; वे मीन की तरह उलटी धार चल कर स्रोत के मूल तक पहुँचना चाहते हैं। उस सौंदर्य को पाने के लिए सब आकर्षणों से विलग होना जरूरी है। तभी *अपरंपार पार परसोतम वा सूरति की बलिहारी* की स्थिति आती है, तभी उस परम ज्योति पर अपने को न्योछावर करने का भाग्य प्राप्त होता है। जो न्योछावर हो जाता है, वह मर कर जी जाता है, *मरजीवा* बन जाता है, फिर वह मरता नहीं। संसार मरा करे, मरे; हम क्यों मरें; मैं था मर गया, अब उसके साथ जुड़ कर हम हो गये, हम क्यों मरें; हमारे भीतर के हमसे एकमेक हुए हरि मरें तब न मरेंगे; वे जीवन के जीवन, प्राणों के प्राण, अमृत के अमृत तो मरते नहीं, फिर हम क्यों मरने की बात सोचें ? जीवन की अमरता में हिलोर लें, मरने की बात सोचें ही क्यों ? कबीर के इस अनुभव में विचित्र बौराहपन है, अवधूत भाव है, अपनी खुदी को मिटा कर किनारे खड़े, संस्कृति के किनारे खड़े राम रसायन छकनेवाले अवधूत का उन्मनीभाव है; मन था मरनेवाला, मर गया और मर क्या गया, बड़े विशाल मन में घुल गया। एक छोटी-सी लुनाई की पिंडी दी, घोल दी, समुद्र बन गयी लुनाई भी। हमारे भीतर जो कुछ मरणधर्मा था, वह सब मर-खप गया; सारी दीवारें ढह गयीं; हद नहीं रहा, अनहद नहीं रहा; हम अब जीवन के अनंत महासागर बन गये; हम नहीं मरेंगे, यह हम का भाव अब नहीं रीतेगा, नहीं मरेगा। यह तो कबीर जी के पद की अधूरी व्याख्या है; पद तो ऐसा है कि सुनते ही अपार विश्वास भर देता है जीवन में, ऐसे जीवन में जिसमें विशालता का अनुभव भर गया हो,

हमको भी लगता है, हमको जिलानेवाला मिल गया। पद है :

हम न मरैं मरिहै संसारा
हमको मिला जियावनहारा
साकत मरहिं संत जन जीवहिं भरि-भरि राम रसाइन पीवहिं
हरि मरिहैं तो हमहूँ मरिहैं हरि न मरै हम काहैं को मरिहैं
कहैं कबीर मन मनहि मिलावा अमर भए सुखसागर पावा

तुलसीदास यही बात अपने ढंग से कहते हैं :

को मरिहै, हरि के रितये
रितवै पुनि को हरि जो भरिहैं

जिसे हरि ने खाली किया हो, जिसे हरि की उपस्थिति न मिली हो, उसे कोई भी दूसरा सुख-सम्मान नहीं भर पायेगा और जिसे हरि ने भरा हो, जिसमें हरि भरे हों, उसे फिर खाली करने की शक्ति किसमें है!

कबीर वाणी का थोड़ा-सा ही रसास्वाद मैंने कराया है, वह भी जहाँ अपनी बात बड़ी भौंड़ी और बड़ी असमर्थ भाषा में कहीं, कबीर के सहारे मैं भी अपार सिंधु में तिरता-तिराता रहा और अब बात समाप्त करते-करते लगता है, मैं कुछ भी नहीं कर सका, कुछ भी नहीं हो सका। कोई भी तैयारी नहीं कर सका। कबीर वाङ्मय की थाह कहाँ से पाऊँगा, मैं अपने अज्ञान की भी थाह नहीं पा सका। कबीर के साधनधाम में रहते हुए भी कितना अभागा हूँ कि वंचित रहा एक वैरागी के महाराग की लाली से, जिसे देखने मात्र से आँखें और आँखोंवाला, सब लाल हो जाते हैं।

मैं साधक नहीं, पंथ का पंथी नहीं; मर्मी नहीं, साहित्य का पाठक हूँ और भक्ति-साहित्य मुझे विशेष रूप से प्रिय है। पहली बार मैंने कबीर को पढ़ा, तो मुझे लगा कि अभी और पढ़ना है, अनपढ़ को पढ़ने के लिए मुझे जो पढ़ा है, उसे अनपढ़ना है, जो सीखा है, उसे अब सीखना है। बड़ा सहज होना है, तब यह सहज-सहज समझ में आयेगा। अभी तो केवल यही समझा है कि कबीर को समझने का बूता मुझमें नहीं है, क्योंकि 'मैं' अभी 'हम' नहीं हो पा रहा है; मैं मर भी नहीं रहा है, जी भी नहीं रहा है, इस अधमरे-अधजिए मन से अमर का संधान कैसे हो!

राग लखै सो तरियाँ

रामाश्रय राय

कबीर की सांसारिक यात्रा के तीन महत्त्वपूर्ण पक्ष हमारे लिये बहुत ही अर्थपूर्ण हैं : उनकी सामाजिक स्थिति, उनके जीवन का आध्यात्मिक रूपांतरण और इस रूपांतरण की अर्थवत्ता। जहाँ तक उनकी सामाजिक स्थिति का संबंध है, उसके विषय में कुछ अधिक कहने की आवश्यकता यहाँ नहीं। परंतु यह कहना आवश्यक है कि जिस तरह कबीर ने अपनी सांसारिक स्थिति की कठोर सीमाओं और प्रतिबंधों को अतिक्रमित, पराभूत कर आध्यात्मिक सिद्धि अर्जित की, वह स्वयं उनके दृढ़ निश्चय और ओजस्विता का प्रमाण है। भौतिकता की मादकता में खोए आज के युग के लिए यह अद्‌भुत या अर्थहीन घटना हो सकती है। परंतु यह कहने की जरूरत है कि *जाति जुलाहा नाम कबीरा* का जीवन स्वयं ही भौतिकता की नितांत व्यर्थता का पुष्ट प्रमाण है।

इसके अतिरिक्त, आज के युग में प्रचलित यह विश्वास कि 'मनुष्य मात्र जैविक, मनोवैज्ञानिक और सामाजिक तत्त्वों के द्वारा पूर्णरूपेण निर्धारित-नियमित प्राणी है' का खंडन भी कबीर के जीवन से होता है। *जुलाहा जात कमीना* के साथ जुड़ी हुई हीनताओं के दुश्चक्र को तोड़ कर ब्रह्मज्ञान की लौ से अपने एवं अपने परिवेश को आलोकित करना ही इस बात का अकाट्य प्रमाण है कि मनुष्य प्रतिबंधित होते हुए भी सभी सीमाओं को तोड़ कर *मारग अगम अगाध* का सूर पथिक हो सकता है और अपने अंतर में सुषुप्त अपरिमेय संभावनाओं को प्रस्फुटित और प्रतिफलित कर सकता है। कबीर का जीवन यही चरितार्थ करता है कि मनुष्य जैविक, मनोवैज्ञानिक और सामाजिक प्रभावों से सीमित निर्धारित होते हुए भी एक धार्मिक-नैतिक प्राणी भी है।

हजारीप्रसाद द्विवेदी ने कबीर के विषय में यह कहा है कि वे नृसिंह के भाँति नाना असंभव समझी जाने वाली परिस्थितियों के मिलन-बिंदु पर अवतीर्ण हुए थे। 'जहाँ से एक ओर हिंदुत्व निकल जाता है और दूसरी ओर मुसलमानत्व; जहाँ एक ओर ज्ञान निकल आता है, दूसरी ओर अशिक्षा; जहाँ पर एक ओर योग मार्ग निकल जाता है, दूसरी ओर भक्ति मार्ग; जहाँ से एक तरफ निर्गुण भावना

निकल जाती है, दूसरी ओर सगुण साधना,–उसी प्रशस्त चौराहे पर वे खड़े थे।' परंतु ऐसे चौराहे पर सिर्फ कबीर ही खड़े नहीं थे; सभी व्यक्ति इस चौराहे पर खड़े हैं। फिर भी इस तथ्य का सभी को भान नहीं होता, अनुभूति नहीं होती। अभ्यसित जीवन का सिलसिला या परंपराओं के बंधन या दृष्टिहीनता के कारण या फिर साहस के अभाव में जानी-पहचानी, दैनंदिनी की परिधि में कैद ठोकी-पीटी लीक पर आँखें बंद किये हम, आप, सब चलते जाते हैं। यह अनुभूति ही नहीं हो पाती कि जिस मार्ग पर हम चल रहे हैं, वह तो बंद गली है। इसके और भी विकल्प हैं।

हम कभी रुक कर, मन की आँखें खोल कर यह देखने की शायद लालसा भी नहीं करते कि जिस हद से हम घिरे हैं, बँधे हैं, वह हद हमारे शरीर का परितोष चाहे करे, न करे, हमारी आत्मा को तो अवश और असहाय कर ही देती है। और, जब आत्मा अवश हो जाती है, तो सांसारिकता की व्याधि ऐसी जकड़ लेती है कि हम व्याधि को ही उपचार मान लेते हैं। उन्होंने व्याधिग्रस्त आत्मा की प्रकृति को अच्छी तरह जाना, बूझा। और इसलिये कबीर के लिए यह हद कोई रुकावट नहीं बनी, कोई फाँस नहीं बनी। कबीर ने तो वैयक्तिक और सामाजिक हदों का तिरस्कार कर यह घोषणा की : *हद चले सो मानवा, बेहद चले सो साध हद बेहद दोऊ चले, ताकर मता अगाध!* और इसी *मता अगाध* का अवगाहन कबीर ने किया। इस दृष्टि से कबीर दैनंदिनी जीवन की संगोपक क्षणभंगुरता के प्रति विकट चुनौती हैं, संगोपक इसलिये क्योंकि क्षणभंगुरता सनातन पर आवरण डाल कर, इसे छिपा कर स्वयं सनातन होने का दावा करने लगती है।

हद बेहद चलने की पुकार से अभ्यसित जीवन की सामान्यता अपकारक और गर्हणीय तो सिद्ध होती हैं, परंतु सिर्फ इतने से तो काम नहीं चलता। *कपट-किवड़याँ* पर जब तक 'भ्रम का ताला' पड़ा रहता है, तब तक *हद बेहद* का आह्वान सुनने पर भी सुनाई नहीं देता; आह्वान मन को भले ही कोंचता रहे, सालता रहे, परंतु यह जीवदायिनी प्रेरणा नहीं बन पाता। जब तक यह ताला नहीं खुलता, तब तक *मन बनिया बनिज न छोड़ै* की बात चरितार्थ होती रहती है; असली धन को न पहचानने के कारण मन *तू तो रंडी फिरै बिहंगी, सब धन डारे खोई रे।* फलतः लोग झूठ और सच में विभेद नहीं कर पाते; सच को छोड़ झूठ के पीछे भागते रहते हैं। इसलिये कबीर को यह कहने के लिए विवश होना पड़ता है कि *साधो, देखो जग बौराना। साँची कहो तो मारन धावै, झूँठे जग पतियाना।* यह सारी दुनिया ही हद की निरंकुश शासन-व्यवस्था से शासित है; प्रताड़ित भी होती है, तो आत्म-पीड़न सह लेती है; परंतु आत्म-मुक्ति की बात नहीं सोचती।

आत्मा की व्याधि के लक्षणों का बहुविधि विवरण भी उपलब्ध है। इस व्याधि से मुक्ति के मार्ग भी हैं; इन पर चलने के लिए आह्वान भी होता रहता

है। पंडित भी है, मुल्ला भी है, और उनके बताये मार्ग भी हैं। परंतु वे भी तो हद से बँधे हैं, सीमाओं से घिरे हैं। वे सिर्फ मार्ग की बात करते हैं; परंतु मार्ग के परे जो कुछ है, उसकी तस्वीर तो वे सही तरह से उतार नहीं पाते। और, तस्वीर के सही न होने पर उनके लिए मार्ग ही प्रमुख बन जाता है, उसका अनुसरण ही जीवन का मुख्य उद्देश्य बन जाता है। इसलिये जो खुद हद से बँधा हो, इससे चिपका हो, वह बेहद का अता-पता क्या देगा ? और जब बेहद का अता-पता ही न हो, तो उनके बताये मार्ग की प्रामाणिकता ही क्या है, उसकी उपादेयता ही क्या है ? फिर पंडित और मुल्ला अपनी हदबंदी को सही बताने के चक्कर में *आपस में दोऊ लड़े मरत हैं, मरम कोई नहीं जाना।* लेकिन वे *या विधि हँसत चलत हैं हम को आप कहाबै स्याना। कहै कबीर सुनो भाई साधो, इनमें कौन दिवाना।* और बिना जाने जानने का दावा करना भी तो दीवानगी है न!

पंडित और मुल्ला तो *भूला फिरै लिये गफिलाई,* वे गाफिल हैं; क्योंकि वे भूल जाते हैं परमात्मा बाहर में नहीं है, और न बाह्याचार उसकी प्राप्ति के लिए उपयुक्त साधन है। वे कस्तूरी मृग की तरह अपने अंतरस्थ गंध को अपने चारों तरफ फैला मान कर भ्रमित घूमते रहते हैं, कभी अपने अंदर झाँक कर नहीं देखते। वे उसकी पुकार भी नहीं सुन पाते; या सुन पाते हैं, तो विश्वास नहीं कर पाते। *मौंको कहाँ ढूढ़े, बंदे, मैं तो तेरे पास में। ना मैं देवल ना मैं मस्जिद, ना काबे कैलास में।* लेकिन इस परामर्श को सुनने और सुन कर इस पर अमल करने के लिए तो खोजी, अन्वेषक, बनने की जरूरत है–*खोजी होय तो तुरते मिलिहौं, पल भर की तालास में* और, पंडितों और मुल्लों का सबसे बड़ा दोष तो यह है कि वे इस तलाश का स्फुरण ही नहीं होने देते। और अगर स्फुरण होता भी है, तो अत्याचारों के बवंडर में मन को इस तरह उलझा देते हैं कि जिसको साधना है, उसे हम साध नहीं पाते, और जिसके साधने से कुछ नहीं होता, उसमें हम भटकते रहते हैं। और, इस भटकन में मन भँवरे की तरह मधु-लोभ में एक फूल से दूसरे फूल पर अनवरत चक्कर काटता रहता है। मन तो रँगता नहीं, अलबत्ता कपड़े जरूर रँग जाते हैं। और, जब मन का रँगना कपड़ों के रँगने तक सीमित हो जाता है, तो दूसरों के मन को भ्रमित तो किया जा सकता है, लेकिन उसे बदला नहीं जा सकता।

हजारीप्रसाद द्विवेदी ने यह माना है कि कबीर ने पौराणिक हिंदू धर्म के आचार-बाहुल्य को ही अधिक लक्ष्य किया है, परंतु उसके पीछे छिपा हुआ तत्त्ववाद प्रायः ही उनकी दृष्टि में उपस्थित नहीं होता था। इससे द्विवेदी जी ने यह निष्कर्ष निकाला है कि कबीर को तत्त्ववाद मालूम ही न था। शायद द्विवेदी जी सही कहते हैं। लेकिन वे यह बात नजरअंदाज कर देते हैं कि बाह्याचार प्रतीक मात्र हैं; और प्रतीक अर्थगर्भित होने पर ही सार्थक होते हैं। इन अर्थों में जब व्यापक सहभागिता होती है, तब इस सहभागिता के आधार पर प्रतीकों की संप्रेषणीयता

बढ़ती है, और उनका व्यावहारिक मूल्य स्थिर होता है, उनकी महत्ता उजागर होती है। परंतु प्रतीकों में छिपे अर्थ जब विस्मृत या अबोधगम्य हो जाते हैं, तब प्रतीक तो शरीखत बने रहते हैं, लेकिन उनकी आत्मा मर जाती है; निष्प्राण होने पर, अर्थ के क्षरित होने पर प्रतीक स्वयं ही अपने साध्य हो जाते हैं। जब कबीर बाह्याचारों की निरर्थकता की ओर संकेत करते हैं, तो उनका संकेत इसी अवस्था की ओर है। और कबीर कोई दार्शनिक तो थे नहीं कि वे तत्त्ववाद की विशद विवेचना करते। प्रतीकों से चिपटे रहनेवालों से उनके अर्थहीन क्रियाकलाप की तरफ संकेत करना ही कबीर का लक्ष्य था। और, यह कहने की जरूरत नहीं कि कबीर इसमें सफल भी हुए।

बाह्याचार से अंतरस्थ विभूति की तलाश अवरुद्ध होती है। अतः इस तलाश को स्तम्भित, दमित करने वाले तत्त्वों का पर्दाफाश करना आवश्यक तो है, परंतु यथेष्ट नहीं। तलाश का संधान-बिंदु क्या हो, इस संधान की पद्धति कैसी हो, इसके लिए मार्ग-दर्शक कौन हो, ये प्रश्न तो रह ही जाते हैं। कबीर ने ज्ञान को नहीं चुना, क्योंकि उनकी दृष्टि में ज्ञान भी उलझानेवाला है, भटकानेवाला है। और फिर *पोथी पढ़ि-पढ़ि जग मुवा, पंडित भया न कोई* जो कोई भी पोथियों में डूब कर परमविभूति को पाने की चेष्टा करता है, वह वैसा ही है जैसा *वेद पुरान पढ़त अस पांडे खरचंदन जैसे भारा*। पोथियों में जो कुछ भी है, वह तो जो सत् है उसकी छाया, आभास मात्र ही है न! फिर पोथियों में विविधता है; उनमें मत-मतांतरों के दर्प की अनुगूँज है; सत् की आंशिक झाँकी होने के बावजूद भी संपूर्णता के दावे का कर्ण-कटु घोष घहराता है; सहजता को दुर्बोध बनाने का आग्रह है। साथ ही, जिसके साथ सीधे, बिना ज्ञान-पोथियों की मध्यस्थता से, सहज रूप से तादात्म्य स्थापित किया जा सकता है, तो वेदों, शास्त्रों का सहारा क्यों लिया जाये ? *चारि वेद चहुँ मत का विचार, इह भ्रम भूमि भूलि परयों संसार। सुरति सुमृति दुइको विसवास, बाझि परै अस आसा-पास।*

जो सहज रूप से मिल सके, आखिर वह क्या है ? वह अनगढ़िया देव ही हो सकता है। जो देव गढ़ा जाता है, वह तो पूर्ण ब्रह्म हो नहीं सकता, यद्यपि सारा संसार उसकी पूजा-आराधना करता है– *दस अवतार निरंजन कहिए, सो अपना ना होई। वह तो अपनी करनी भोगें, कर्त्ता और ही कोई।* और जो इनका कर्त्ता है, जिसका भेद ब्रह्मा, विष्णु, महेश भी नहीं पा सकते हैं, जो *बाहरा-भीतरा एक आकासवत* है, जो *निरंकार निर्गुन अविनासी* है, और जिसके आगे *सरगुन नाचै*, तो घट-घट में जो साईं रमता है, उसको छोड़ कर *बाहर नैना क्यों खोले ?* और जब नयन अंतर्मुखी होते हैं, तो चिन्मय की झीनी-झीनी-सी विद्युल्लता कौंधती है; तलाश शुरू हो जाती है उसकी जिसकी यह विद्युल्लता मात्र ईषत् मुस्कान है, और उसकी भी जो चिन्मय का गुर बता दे, उस गुर को समझने का, आत्मसात् करने

का मार्ग खोल दे। यह सच है कि इस गुर का बोध तभी होता है, जब *हम साधन के दासा* बनते हैं परंतु यह साधना कैसी हो, इस साधना का केंद्र-बिंदु क्या हो, यह बताने के लिए तो गुरु चाहिए ही। और जब कबीर को गुरु के वरद हस्त की छाया मिली, आशीर्वाद मिला, तो उनका अंतर-बाहर सभी आलोकित हो गया, अनंत और सान्त के बीच का अंतराल पिघलकर तादात्म्य में बदल गया, और वह अविनाशी एक छोटा-सा ज्योति-स्फुलिंग बन कर कबीर के अस्तित्व को झकझोरता हुआ अनुराग की लाली बिखेर गया। चेतना का दान मिलने पर ज्ञान-चक्षु खुल गये। इसीलिये तो *सतगुरु की महिमा, अनन्त किया उपकार/लोचन अनन्त उघाड़िया, अनन्त दिखावणहार।*

गुरु की सीख में जादू है, अंतर के मुँदे नैन को उन्मीलित कर वह अस्तित्व को दिव्य-प्रकाश से भर देती है; सोधी हुई आत्मा को जगा देती है–*सोवत ही मैं अपने मंदिर में, सब्दन मारि जगाये रे फकीरवा।* आत्मा के जगने के साथ ही विकट साधना प्रारंभ हो जाती है। और यह साधना भी कैसी ? इस साधना में भीरु हृदय ठहर नहीं पाते। यह साधना संयम माँगती है, एकचित्तता माँगती हैं, आठों प्रहर का ध्यान माँगती है, और माँगती है त्याग और बलिदान। कबीर की दृष्टि में सूरमा, सती और साधक ऐसे हैं, जो अपने-अपने प्रण पर अपना सर्वस्व स्वाहा करने को तैयार रहते हैं। परंतु इन सबमें साधक की साधना ही वीरता की सबसे अधिक परीक्षा लेती है।

साध को खेल तो विकट बेंड़ा मती
सती और सूर की चाल आगे
सूर धमसान है पलक दो चार का
सती धमसान पल एक लागै
साध संग्राम है रैन-दिन जूझना
देह परजंत का काम भाई

सती और सूर तो कुछ ही देर तक जूझते हैं, और जूझ कर प्राण विसर्जन कर देते हैं। परंतु साधक का संग्राम तो अनवरत चलता रहता है, कोई विराम नहीं, इसमें शिथिलता की कोई गुंजाइश नहीं, और न ही भीरुता का कोई स्थान है। यह साधना कठिन और श्रमसाध्य तो है ही, अद्‌भुत भी है। इस साधना के द्वारा जब पिण्ड में ब्रह्माण्ड का खेल होते हुए दिखने लगता है, तो एक अभूतपूर्व रूपांतरण होता है। इस रूपांतरण में रागात्मक तनाव पैदा होता है, जो शरीर, मन और आत्मा को झकझोर देता है। इस तनाव के कारण वास्तविकता का एक नया बोध होता है, अधिगम होता है। इस तनाव के तीव्र होने के फलस्वरूप आत्मा के भीतर संवाद-परिसंवाद चलते रहते हैं। इस संवाद-परिसंवाद का दृश्य-जगत के संबंध

में कोई जानकारी प्राप्त करना नहीं। और न ही यह संभव भी है। इसके द्वारा तो दृश्य-जगत संबंधी जानकारियों को एक नयी दृष्टि से देखने की, परखने की क्षमता प्राप्त होती है। यह तनाव तो एक ऐसी घटना है, जिसमें वास्तविकता की प्रक्रिया स्वयं भास्वर, पारदर्शी हो जाती है। रागात्मक तनाव में सूचनाओं का संकलन नहीं होता; इसमें ज्ञान और अज्ञान के बीच आत्मा के झूलते रहने के कारण अंतरतम में चलते रहने वाले संवाद-परिसंवाद की प्रक्रिया में एक अंतर्दृष्टि मिलती है और, इसी अंतर्दृष्टि के कारण वास्तविकता का नया बोध संभव हो पाता है।

रागात्मक तनाव के परिणामस्वरूप जो अंतर्दृष्टि मिलती है, वह सत्य के साक्षात्कार का संवाहक होती है, और आत्मिक व्यवस्था का आधार बनती है। इस सत्य का दिग्दर्शन आत्मा को आलोड़ित-विलोड़ित करने वाले रागात्मक तनाव के दौरान आत्मिक संवाद के परिणामस्वरूप ही होता है। परंतु जब तक तनाव की स्थिति बनी रहती है, आत्मा ज्ञान और अज्ञान के बीच असमंजस में झूलती रहती है। इस असमंजस की स्थिति में एक ही सहारा होता है, एक ही भरोसा : निरंजन की असीम कृपा में अटूट विश्वास! दिव्य सत्ता और आत्मा के बीच का संबंध प्रेम और विश्वास के कच्चे धागे से बँधा होता है। ऐसा संबंध, जिसमें प्रियतम *दृष्टि न दीसै मुष्टि न आवै, बिनसौं नाही नियारा,* विश्वास के कच्चे धागे से ही तो बँधा रहता है। इस विश्वास के आधार पर तो अदृश्य की वास्तविकता प्रमाणित होती है और उसके साक्षात्कार की कामना सार्थक होती है। विश्वास में ही तो वह अदृश्य उपस्थित होकर वास्तविक बनता है। उसकी उपस्थिति का विश्वास के अतिरिक्त और कोई प्रमाण भी तो नहीं है। वैसे भी कबीर ने सभी पोथियों को, सभी बाह्याचारों को, जिनके सहारे लोगों का अदृश्य में विश्वास बना रहता है, तिरस्कृत कर ही दिया था। तो कबीर के लिए विश्वास के अलावा और कोई अवलंब नहीं था।

परंतु विश्वास तो कच्चा तंतु होता है। यह कब टूट जाये, इसका कोई ठिकाना नहीं। इसलिये आत्मा जब ब्रह्मोन्मुखी होकर प्रेमाभिसिक्त होती है, तो प्रियतम की प्रतीक्षा की घड़ियाँ बड़ी दाहक-मारक बन जाती हैं। ये घड़ियाँ रुक्षता, अन्यमनस्कता, दोष-भावना, उदासी, आशा-निराशा, शोकार्तता, विह्वलता, उन्माद, विरह, आदि की अवस्थाओं से गुजरती रहती हैं, और आत्मा को विकल-व्यथित, उल्लसित-आशान्वित करती रहती हैं। ये सारी अवस्थाएँ प्रियतम-मिलन की अनिश्चिता के कारण संशय-निश्चय के झूले पर असहाय झूलती आत्मा के प्रेमोद्‌गार के प्रतीक हैं। और यह अनिश्चितता जितनी गहराती है, प्रेम के *गगन-किबाड़* उतना ही खुलते जाते हैं, मन-मंदिर उतना ही उजियारा होता जाता है। तनाव विभिन्न अवस्थाओं से गुजरता हुआ पीड़ बढ़ाता जाता है। इस पीड़ में कभी *प्यासे प्राण तड़फै दिन-राती, और नीर ना भाई* और कभी बरबस ही यह

बोल फूट पड़ता है–*नाचु रे मेरे मन मत्त होय;* कभी *निस दिन साले घाव* की अनुभूति कराता है, तो कभी *पीले प्याला हो मतवाला प्याला नाम अमीरस का रे* के लिए आह्वान करता है; कभी *निस दिन साले घाव रे* का दंश देता है, तो कभी *वा पाती में अगम संदेसा, अब हम मरने से न डराती* का अदम्य उत्साह भर देता है। प्रेम-भिक्षुक की प्रेम पीड़ा ही उसका जीवनामृत बन जाती है।

जब आत्मज्ञान प्राप्त होता है, तो समरसता पैदा होती है, समशीलता जागती है, और समन्वय के तार में अग-जग, सारा बँध जाता है। *उलटि समाना आप में, प्रगटी जोती अनन्त! साहेब सेवक एक में खेलैं सदा वसंत।* और फिर *जोगी हुआ झलक लगी, मिट गया ऐंचातान/उलटि समाना आप में, हुआ ब्रह्म समान।* इस तादात्म्य की सहज स्वीकृति में कोई गर्वोक्ति नहीं, अहंकार का कोई भाव नहीं। इस तादात्म्य के कारण तो यही बोध होता है कि *कबीरा कूता राम का, मुतिया मेरो नाम।* पूर्ण आत्मसमर्पण के भाव के उद्रेक होने पर गर्व कहाँ, अहंकार कहाँ ? यह तो सनातन सत्य से साक्षात्कार की स्वीकृति है, जिसके आधार पर आत्मा में व्यवस्था का तत्त्व सन्निहित होकर जीवन को सम बना देती है। कपट-किवड़ियाँ पर पड़े भ्रम के ताले को जब प्रेम की कुंजी लगा कर खोला जाता है, तो मात्र अंत:स्तल में सोये हुए पिव का जागरण ही नहीं होता, आत्मा का रूपांतरण ही नहीं होता, जीवन का नव निर्माण भी होता है। साक्षात्कार की बिजली कौंधने पर जीवन दिव्य ज्योति से चकमक हो कर पुनर्गठित भी होता है और व्यक्ति में द्विजता आती है।

लाल की लाली में कबीर तो स्वयं लाल होते ही हैं, इसके साथ ही *जित देखो तित लाल* हो जाता है। अन्दर और बाहर की लाली मिल कर, एकांग हो कर समत्व की जो धारा बहती है, उसमें *अपना सा जिव सबको जाने* की भावना का तीव्र उद्रेक होता है। फिर *असतुति-निंदा आसा छाँड़ें, तजै मान-अभिमाना। लोहा-कंचन समि करि देखै, ते मूरति भगवाना* की स्थिति पैदा होती है। इस स्थिति में सामाजिक भेदभाव मिट जाते हैं; सांसारिकता की व्याधि से उन्मुक्त हो कर जीव समत्वशील हो जाता है। आत्मा की नवीन व्यवस्था में संसार के साथ एक नया समीकरण स्थापित होता है। यह कहना भी आवश्यक है कि लाल की लाली से अभिभूत होने पर सांसारिकता त्याज्य नहीं हो जाती; सिर्फ उसका अर्थ बदल जाता है। संसार को पूर्णरूपेण त्याग देना लाली का अपमान करना ही तो हुआ। इसलिये तो कबीर सार्वभौमिक मनुष्य होने के बाद भी तो जुलाहे बने रहे, कपड़ा बुन-बुन कर सांसारिक वृत्तियों में लगे रहे। और फिर, *साधो भाई, जीवत ही करो आसा* का तथ्य भी तो है। इसलिये कबीर का उद्देश्य संसार को निंदनीय मान कर इसका त्याग करना नहीं था, अपितु इसको नये ज्ञान, आत्मज्ञान, के प्रकाश में फिर से गढ़ना, बनाना था।

यह समीकरण तभी स्थापित होता है, जब *यह तन जालौं, मसि करूँ, ज्यूँ*

धूवाँ जाई सरगि। मति वै राम दया करै, बरसि बुझावै अगि। सांसारिकता की व्याधि से पीड़ित आत्मा के कारण दिव्यलोक और धरती का जो संबंध टूट जाता है, दोनों में आदान-प्रदान की प्रक्रिया के निलंबित होने के कारण जो सहभावना खंडित हो जाती है, उनका पुनरुद्धार होता है, पुनःसंस्थापन होता है। परंतु जब तक यह आत्मिक व्यवस्था किसी विशेष व्यक्ति तक सीमित रहती है, तब तक इनका पुनरुद्धार, पुनःसंस्थापन संभावना के रूप में ही अभिव्यक्त होता है। रागात्मक तनाव के कारण जो एक घटना घटित होती है, वह स्वयं व्यापक अभिव्यक्ति के लिए व्यग्र रहती है। रागात्मक तनाव के कारण वास्तविकता की भास्वरता एक घटना, एक व्यक्ति के जीवन में अभूतपूर्व-घटना के रूप में प्रस्तुत तो होती है, परंतु वास्तविकता का अधिगम किसी एक व्यक्ति का अधिगम नहीं होता। यह तो सारी मानव जाति की दिव्यता में सहभागिता का प्रतीक है और इसीलिये सर्वनिष्ठ भी होता है। आत्मा के संवाद में परमसत्ता की उपस्थिति होती है, इसलिये इस संवाद का व्यापक सामाजिक और ऐतिहासिक निहितार्थ होता है। तनाव की बेखुदी में ही परम तत्त्व का आविर्भाव होता है।

परंतु इस निहितार्थ को अभिव्यक्त करने के लिए दो तत्त्वों का समागम आवश्यक है : संप्रेषणीयता और सहृदयता। जहाँ तक संप्रेषणीयता का संबंध है, दो समस्याएँ उठ खड़ी होती हैं। जो भी इस रागात्मक तनाव के अनुभव से रससिक्त हुआ है, प्राणवंत हुआ है, वह अभिव्यक्ति के लिए व्यग्र तो होता है, परंतु अभिव्यक्ति के माध्यम की दुर्बलता और, कई अर्थों में, अनुपयुक्तता के कारण विवश हो जाता है। इस अनुभव के संप्रेषण के लिए वाणी नहीं, दैनंदिनी भाषा नहीं काम आती। यह तो तभी संभव होता है जब यह तन *ठाठ तंबूरे का* बनता है। फिर *ऐंचत तार मरोरत खूँटी, निकसत राग हजूरे का।* आँखों से देखी वस्तु का वर्णन हो सकता है, परंतु जो अवर्णनीय है, उसके बारे में बोलना तो मुश्किल है। रागात्मक तनाव के फलस्वरूप जो ज्ञान उपलब्ध होता है, वह ऐसे सूत्रों, सिद्धांतों में भी लिखने लायक नहीं जिसे पढ़ाया जाये, सिखाया जाये। साथ ही, जो लिखा जाता है, उसको गलत समझने की संभावना भी तो होती है। और फिर जिन शब्दों में रागात्मक तनाव के अनुभव को अंकित किया जाता है, वह अंकन तो मात्र असलियत की प्रतिच्छाया है।

इस अनुभव के संप्रेषण का माध्यम तो वह होता है, जिसे हम 'विचार-शब्द' कह सकते हैं। ऐसे 'विचार-शब्द' निराकार की अभिज्ञा, उसके साक्षात्कार के अधिगम से अर्थान्वित होकर साधक की आत्मा पर खुद जाते हैं। इन 'विचार-शब्दों' में वह शक्ति होती है कि वे भ्रांतियों से अपनी रक्षा कर सकें, उनमें यह विवेक होता है कि कब मुखर होना है, और कब मूक। ऐसे विचार-शब्द उन सहृदय जीवों में संवाद का, संप्रेषण का माध्यम बनते हैं, जो दिव्योन्मुख हैं और

इसके कारण एक-दूसरे की अनुभूति, अनुभव में सहवर्ती भी है। कबीर ऐसी वाणी का प्रयोग अज्ञानवश नहीं करते, जानबूझ कर करते हैं। अतः द्विवेदी का यह कथन कि 'कबीर वाणी के डिक्टेटर थे, भाषा कुछ कबीर के सामने लाचार सी नजर आती है' कुछ ठीक नहीं जँचता।

रागात्मक तनाव के अनुभव के संप्रेषण के लिए और इस अनुभव को दिव्यताभिभूत सामाजिकता का आधार बनाने के लिए 'विचार-शब्दों' के माध्यम से ही सहृदय जीवों की एकतानता बनती है, बढ़ती है और गहराती है। यह एकतानता एक उत्तम समाज का पृष्ठाधार बनती है। परंतु दिक्कत तो यह है कि *घायल की गति घायल जाने, की जाने जात पतंगी* हो यह बात भी है कि *ऐसा कोई ना मिलै जासों रहिये लागि। सब जग जलताँ देखिया अपनी अपनी आगि।* और जब तक सभी अपनी-अपनी आग में जलते रहते हैं, तो दूसरों की कौन सुनता है ? और अगर सुन भी ले, तो गलतफहमी का डर लगा रहता है। और ऐसा भी होता है कि तब तक *जासो हिरदै की कहूँ सो फिरि मारे डंक।* इसीलिये कबीर का आह्वान है, *कबिरा खड़ा बाजार में, लिये लुकाठी हाथ। जो घर जारै आपना, चले हमारे साथ।* और, जब लोग अपने घरों में आग लगा कर अपनी अलग-अलग आग से त्राण पाते हैं, और सर्वव्यापक सर्वकालिक आग से खेलते हैं, तब घायलों का प्रादुर्भाव होता है, उनकी संख्या बढ़ती है और उनमें एकतानता व्यापक होती है। ऐसी हालत में ही सभी घायल *ठाठ तंबूरे* के तार बन कर हजूरे की तान से खुद झंकृत होते हैं, और दूसरों को भी झंकृत करते हैं। तभी *कबीर भया है केतकी, भँवर भये सब दास/जहँ-जहँ भगति कबीर की, तँह-तँह राम निवास* संभव हो पाता है। और जब राम का निवास होता है, तब समाज समशील होता है, सभी का अभ्युदय संभव होता है। ऐसे मनुष्य का अवतार होता है, जो सांसारिकता के बीच खड़ा होकर भी संसार का नहीं होता; जल बीच कमल की तरह सुरभि फैलाता रहता है।

परंतु ऐसा हो नहीं पाता। जब रागात्मक तनाव के फलस्वरूप आत्मा व्यवस्थित हो जाती है, तभी इसकी अभिव्यक्ति किसी स्थिर परंतु निर्जीव सिद्धांत या तत्त्ववाद का रूप धारण करती है। परंतु इस अनुभव के सिद्धांतबद्ध या संप्रदायबद्ध होने से प्रेम का अबूझ रहस्य अपवित्र हो जाता है। ऐसा करने पर वह रागात्मक तनाव अनुभव का विषय न रह कर तर्क और बाह्याचार का विषय हो जाता है। फिर सांसारिक व्याधि से आत्मा पीड़ित होने लगती है और सामाजिक अपघातों का, कुरीतियों का प्रतिरोध करने में निर्बल हो जाती है। इसी पृष्ठभूमि में कबीर की सार्थकता उजागर होती है। कबीर के रागात्मक तनाव को अपना बनाने के बाद ही इस समाज के अतिक्रमण का प्रतिरोध कर सकते हैं। इस अर्थ में :

शून्य मरै, अजपा मरै, अनहद हू मरि जाय
राम सनेही ना मरे, कह कबीर समुझाय

सम्यक जीवन की कला

मंजुरानी सिंह

भारतीय धर्म साधना का बहुत बड़ा इतिहास संत कबीरदास द्वारा निर्मित है। वे एक ऐसे प्रज्ञा पुरुष थे—जिन्होंने अपने सहज व्यक्तित्व और गहन चिंतन द्वारा जीवन के गूढ़तम रहस्यों का उद्घाटन किया। उन्होंने अध्यात्म की नयी और व्यावहारिक अवधारणाएँ स्थापित कर उसे पाने के लिए सहज साधना की राह बनायी।

कबीर का अध्यात्म जीवन में रूपांतरण के लिए एक निमंत्रण है। वहाँ आचार्यत्व या पांडित्य प्रदर्शन नहीं, बल्कि आत्मानुशासन और जागरण का उद्घोष है। उनके अध्यात्म के रचनात्मक विषय हैं—प्रेम, स्वानुभूति, सतगुरु महत्ता, विश्वास, दया, विचार, औदार्य, क्षमा, अहिंसा, अपरिग्रह, अचौर्य, अकाम, अप्रमाद आदि। इनका इतिहास चाहे जितना पुराना हो, पर ये नये मनुष्य के मानवीय समाज के लिए सदा नवीन हैं, प्रासंगिक हैं।

वस्तुतः भारतीय इतिहास का मध्य युग सांस्कृतिक संकट का युग था। नाना मतभेदों और विघटनकारी शक्तियों के प्रभाव में भारतीय समाज विशृंखलता, आत्महीनता एवं पतनशील मनोवृत्ति का शिकार हो चला था। मध्यकालीन धर्मों में हिंदू, जैन, बौद्ध, पारसी, यहूदी, और ईसाई भारतीय समाज में सक्रिय थे, हालाँकि मुख्यतः हिंदू और इस्लाम धर्मों का ही बोलबाला था। दोनों ही धर्म परस्पर एक-दूसरे को प्रभावित भी कर रहे थे। एक ओर हिंदू धर्म की साज-सजावट, रंग-रोगन यदि इस्लाम के बाध्य रूप को प्रभावित कर रहे थे, तो दूसरी ओर इस्लाम की सामूहिक साधना पद्धति भी व्यक्तिगत साधना प्रमुख हिंदू धर्म में प्रवेश कर रही थी।

यह प्रक्रिया कई प्रकार के भक्ति आंदोलनों को भी जन्म दे रही थी। इसी क्रम में संत-संप्रदाय का भी अपना एक अलग महत्त्व है, जिसका लक्ष्य विश्व धर्म था। इस्लाम के संपर्क से इसने एकेश्वरवाद एवं शंकर दर्शन से अद्वैतवाद की अवधारणा को ग्रहण किया। संत कबीर ने अपनी इस अवधारणा को अपने कई पदों में अभिव्यक्त किया :

हम तो एक एक करि जाना
दोइ कहै तिनही को दोजख, जिन नाहिन पहचाना
एकै पवन, एक ही पानी, एक ज्योति संसारा
एकहि खाक घड़े सब भाँड़े, एक ही सिरजनहारा
जैसे बाढ़ी काष्ठे ही काटे, अगनि न काटै कोई
सब घटि अंतर तू ही व्यापक, धरै सरूपे सोई
माया मोहे अर्थ देखि करि काहे कू गरवाना
निर्भय भया कछु नहीं व्यापै, कहे कबीर दिवाना

अर्थात्, कबीर समस्त सृष्टि में एक परमात्मा को देखते हैं, एक ही शक्ति को देखते हैं, पवन, पानी और ज्योति, धरती और आकाश–इन पंच तत्त्वों में एक ही परम शक्ति समायी हुई है। कबीर मानते हैं कि धर्म असीम है, अस्तित्व अखंड है, मनुष्य उसे खंड-खंड अनुभव करता है, क्योंकि उसके पास खंडित हृदय है। अखंड को अनुभव करने के लिए अखंड व शून्य हृदय चाहिए। जब देखनेवाला भी मिट जाये तो ही शुद्ध का, अखंड का दर्शन हो पायेगा।

असल में चेतना की तीन तरह की अनुभूतियाँ हैं। एक, जब आदमी परतंत्र अनुभव करता है, (डिपेंडेंट), दो, जब आदमी स्वतंत्र अनुभव करता है (इंडिपेंडेंट); और तीन, जब वह परस्पर निर्भर अनुभव करता है (इंटरडिपेंडेंट)। यह तीसरी अवस्था श्रेष्ठतम अवस्था है। कबीर का दर्शन इसी श्रेष्ठतम अवस्था को लक्ष्य बनाने की बात करता है। अस्तित्व के प्रति परस्पर निर्भरता की समझ खो जाने पर संपूर्ण सृष्टि का ध्वंस हो जायेगा, मानव समाज का अस्तित्व खतरे में पड़ जायेगा, इसके बिना वह किसी मानवीय लक्ष्य को पूरा नहीं कर पायेगा। यहाँ ध्यान देने की बात है कि कबीर का ऐसा कोई भी दर्शन केवल आध्यात्मिक महत्त्व नहीं रखता, और यदि रखता भी है तो इसका बहुत बड़ा व्यावहारिक पक्ष भी है। व्यावहारिक जीवन में हमारा संबंध अपेक्षाकृत विज्ञान से अधिक है तो उस माध्यम से भी कबीर को समझा जा सकता है। परस्पर निर्भरता की बात से कौन इनकार कर सकता है ?

सूरज और धरती के संबंध को ही लीजिए। दस करोड़ मील की दूरी से वह धरती को छूता है, उसके पेड़-पौधों और जीवों को ऊर्जस्वित करता है, रंगीन और प्राणवंत बनाता है। एक लाख छियासी हजार मील प्रति सेकेंड की गति है उसकी। हवा में उसकी किरणें प्रतिपल प्राणवायु पैदा कर रही हैं। वृक्षों से हम इसे पा रहे हैं, आदान-प्रदान का यह अनूठा सिलसिला निरंतर चल रहा है।

पर्वतों और जंगलों से, ग्रह-नक्षत्रों से हमारा कितना गहरा संबंध है। पेड़-पौधों की जीवन्तता और संवेदनशीलता को वैज्ञानिकों ने बहुत पहले सिद्ध कर डाला है। इस तरह एक ही शक्ति का फैलाव पूरी सृष्टि में है और वह अखंड है। कबीर

कहते हैं–*जैसे बाढ़ी काष्ठे ही काटे अगिनि न काटे कोई*–लकड़ी कट सकती है, पर अग्नि नहीं कट सकती, क्योंकि अस्तित्व अखंड है, कटी हुई लकड़ी भी एक-दूसरे से टकराती है तो अग्नि उत्पन्न करती है। यह अग्नि उस अखंड के दर्शन कराती है। यह ऊर्जा के भिन्न-भिन्न स्रोतों में व्यक्त है।

किंतु इस अखंड को अनुभव करने के लिए अकंप मन भी तो चाहिए। और, सच तो यह है कि मन होता ही है चंचल। उसका स्वभाव बंदर की तरह माना गया है–अस्थिर स्वभाव वाला। कबीर पहले उस मन को स्थिर करना चाहते हैं; कहते हैं :

डगमग छाड़ि दे मन बौरा
अब तो जरें बनें बनि आवै लीहूनों हाथ सिंधोरा

अर्थात्, रे पागल मन, डगमगाना छोड़ दे, अब मैं मौत को तैयार हूँ, अब तेरी बातों में आनेवाला नहीं हूँ।

होई निसंक मगन ह्वै नाचौ लोभ मोह भ्रम छाड़ौ
सूरो कहा मरन थें डरपै, सती न संचै भाड़ौ

अर्थात्, अब मैं निडर हो चुका हूँ, परमात्मा की पुकार पर चल पड़ा हूँ, उस पुकार पर मन नाच उठा है, अब लोभ, मोह जैसे भ्रम मेरे लिए व्यर्थ हैं। अब तो सती की तरह अपने आपको उस परम के लिए न्योछावर कर देना है। मन तरह-तरह से जीव को डराता है, इस संसार के छूट जाने का भय दिखलाता है। कबीर कहते हैं, *सूरा कहा मरन थें डरपै* वीर पुरुष कहीं मरने से डरते हैं भला और सती भला कुछ संचित करती है ? अब उसे तन, मन-धन के सँवारने की भला क्या चिंता।

यह संसार सकल है मैला राम कहैं ते सूचा

यह सारा संसार अपवित्र है, जहाँ मन काम, क्रोध, लोभ, मोह में फँसाये रहता है पर यह संसार उनके लिए पवित्र है जिन्होंने उस परमात्मा को पहचान लिया है, उस परम सत्य को पहचान लिया है। इस मन को तैयार करना पड़ता है। बुद्ध भी जिस मन को तैयार करने की बात करते हैं, वह अकंप है। इसी को परमात्मा यानी परमशक्ति का दर्शन होता है, यह परमशक्ति अनादि है, अनंत है, अनाहत है। नानक कहते हैं इसे *आदि अनीलु अनादि अनाहतु जुग जुग एको वेसु, आदेसु तिसै आदेसु*। संतों ने जीवन की सार्थकता इस परमशक्ति के साथ एकाकार हो जाने में मानी है।

आधुनिक मनुष्य धर्म की भाषा में परमशक्ति को स्वीकारने में हिचक अनुभव करता है, वह विज्ञान की भाषा में ही कुछ स्वीकार सकता है। पर बात

यदि सत्य की हो, तो प्रकारांतर से दोनों एक-दूसरे से सहमत दिखते हैं। धर्म स्रष्टा की खोज करता है और विज्ञान सृष्टि की। वैज्ञानिक जगत को एक शक्ति से निर्मित मानता है, वह शक्ति है विद्युत अर्थात् एनर्जी। धर्म उसे परमात्मा कहता है। शब्दों का फर्क बड़ा फर्क है। एक का संबंध मस्तिष्क से होता है, दूसरा सीधे हृदय से जुड़ जाता है। ऊर्जा को धर्म चैतन्य बना लेता है, उसके साथ वह तल्लीन हो जाता है। उससे नाता-रिश्ता बना लेता है। धर्म ऊर्जा का व्यक्तित्व निर्माण कर देता है, इसलिये प्रेम, आत्मीयता और मुग्धता के साथ धार्मिक व्यक्ति उससे जुड़ जाता है। इस जुड़ने में सृजन घटता है। मस्तिष्क की यात्रा में बहुत दूर चल कर सृजन की संभावना थमने लगती है, इसलिये विज्ञान की परिणति विध्वंस में होती है, धर्म की परिणति रूपांतरण में–

इब न रहूँ माटी के घर में
इब मैं जाइ रहूँ मिलि हरि में

धार्मिक को उस परम शक्ति से विलगाव का जब गहन बोध होता है तो उसे अपनी विच्छिन्नावस्था असह्य होने लगती है, वह विराट के साथ एकाकार होना चाहता है। मिट्टी की जोड़-तोड़, भौतिक संसार की आपा-धापी का परिणाम उसे समझ आ गया होता है। इसीलिये कबीर कहते हैं कि मुझे अब देह की सीमा में, मिट्टी की सीमा में नहीं रहना, अब हरि के साथ हो जाना है, क्योंकि अब चारों तरफ वही दिख रहा है–

लाली मेरे लाल की जित देखौं तित लाल
लाली देखन मैं गयी मैं भी हो गयी लाल

विज्ञान को भी वह परमशक्ति दिखती चारों तरफ है, पर आस्था का फर्क है। वह इसके अणु-अणु की शक्ति के विश्लेषण में लगा हुआ है, जबकि धर्म संश्लेषण में। वह प्रेमभाव, अहोभाव से उसके साथ जोड़ता है, गठबंधन करता है, भाँवरें रचाता है। कबीर कहते हैं :

साहेब है रंगरेज चुनरी मेरी रंग डारी
स्याही रंग छुड़ायके रे दियो मजीठा रंग
धोय से छूटे नहीं रे दिन-दिन होत सुरंग
भाव के कुंड नेह के जल में प्रेम रंग देइ बोर

हर पल परम ऊर्जा की कृपा का बोध है, जीवन उसके प्रेम रंग में सराबोर है, रंग है ऐसा कि पक्का है। वैज्ञानिक का इसके साथ भाव का संबंध नहीं यांत्रिकता का है। विज्ञान विद्युत शक्ति को विघटित कर तीन कणों–एलेक्ट्रॉन, न्यूट्रॉन,

प्रोट्रान–में विश्लेषित करता है। इन्हीं के आधार पर सृजन और विनाश घटाता है। वैसे धर्म के पास भी तीन शक्तियों के संयुक्त रूप की अवधारणा है; हिंदुओं के पास 'त्रिमूर्ति' (ब्रह्मा, विष्णु, महेश) और ईसाइयत के पास 'ट्रिनिटि' के रूप में। इस तरह दोनों इस बात पर एकमत हैं कि एक का तीन और तीन का एक में रूपांतरण जगत का सूत्र है। हम चाहे कितने ही दूर हो जायें परमशक्ति के इस घेरे से, उसकी इस व्यवस्था से हम अलग नहीं हो सकते। इसलिए उसे खोजने की बात बेमानी है, बस उसे समझने की बात ही महत्त्व की है। उसे समझना इतना आसान नहीं। उसकी तैयारी चाहिए। कबीर इसके लिए सबसे पहली शर्त रखते हैं, अहंकाररहित हृदय की–

सुरति करो मेरे साइयाँ हम हैं भवजल माहिं
आपे ही बहि जायेंगे जे नंहिं पकरौ बाहिं

'सुरति' अर्थात् होश, स्मरण। कबीर सुरति माँगते हैं; जन्मों-जन्मों की बेहोशी है, होश माँगते हैं। यह न हो तो अहंकार और समर्पण के विरोधाभास को आदमी समझ नहीं सकता। सुरति आ जाये तो वह समझ सकता है कि इस संसार रूपी सागर की धार में अपने आप तो बह ही जायेगा। पार पाना मुश्किल है, इसलिये परमात्मा का सहारा चाहिए। अपनी शक्ति का गुमान रहा, तो परमशक्ति के साथ संघर्ष का संबंध बनेगा और तब विध्वंस निश्चित है। इसीलिये विज्ञान जब भी संघर्ष छेड़ता है प्रकृति के साथ प्रतिस्पर्धा करता है, सृष्टि में विनाश घटता है। कबीर श्रद्धा का भाव जगाते हैं, आत्मबोध, आत्मप्रकाश में ले जाते हैं, ताकि जीवन मूल्यों का निर्धारण तर्क, विचार, शास्त्र न करे; सब जीवन के अनुभवों पर आधारित हो–*लिखालिखी की है नहीं, देखादेखी बात।* जब एक ही शक्ति है, जिसके वश में हवा, पानी, मिट्टी आकाश और प्रकाश है, तो उसके सामने कैसा गर्व, कैसा घमंड ? चैतन्य रूप में प्रकृति की करुणा बरस रही है हम पर। हम लाखों घाव कर रहे हैं उसकी छाती में, पर उसका हमारे पोषण के लिए बहना जारी है। मूर्च्छा और अहंकार उग्र हो तो आदमी समझ नहीं पाता इसे, आध्यात्मिक समझता है, वह उस पर मुग्ध रहता है–

प्रीति लागि तुव नाम की पल बिसरे नाहीं
नजर करो अब मिहर की मोहि मिलो गुसाईं

हवा, पानी, प्रकाश सब उसके लक्षण हैं; इन सबके पीछे से वह रहस्यमय बना झाँकता रहता है। जो रहस्य वैज्ञानिक को जिज्ञासा तथा उद्घाटन, विश्लेषण की प्रेरणा देता है, वही भक्त को उत्कट प्यास देता है–तड़प और विरह। वह उस शक्ति के साथ तादात्म्य बनाना चाहता है, उसके साथ संयुक्त होना चाहता है। उसमें मिलन

की आकांक्षा तड़पती रहती है– *राम भगति अनियाले तीर, जेहिं लागे सो जाने पीर।* यह पीर देह से मुक्ति नहीं देती, पर आदमी में विधायक शक्ति को जन्म देती है। वह सृजनोन्मुख होता है। उसमें अहिंसा, अपरिग्रह, अचौर्य, अकाम और अप्रमाद की स्थिति की संभावना घटती है। ये पंच महाव्रत हैं, जो नकारात्मक हैं, पर परिणाम में सकारात्मक हैं। ये व्रत मनुष्यता को चरमोत्कर्ष देनेवाले हैं। कबीर का अध्यात्म भी इनकी उपलब्धि, इनकी साधना पर बल देता है।

प्रेम से अहिंसा का जन्म होता है। दूसरे को अपना समझने के भाव से ही अंत:करण में अहिंसा की एक धारा बहनी शुरू हो जाती है, पर यह धारा तब हिंसा की हो जा सकती है जब अपनों की भीड़ लगाने की प्रतियोगिता शुरू हो जाये। बहुत सारे अपने मिल कर हिंदू, बहुत सारे अपने मिल कर मुसलमान, बहुत सारे मिल कर सिख, ईसाई बन जाते हैं और दूसरों के धर्मस्थल को गिराने, जलाने को तैयार हो जाते हैं। इसलिये संगठन अहिंसा से चल कर हिंसा तक पहुँच जाते हैं। संगठन अहिंसात्मक हो नहीं सकते, क्योंकि वे रूपांतरित मनुष्यों से निर्मित नहीं होते। परिवार से लेकर समाज, राज्य, देश–सभी इकाइयाँ हिंसात्मक सिद्ध हो जाती हैं। इसलिये कबीर ऐसी समस्त इकाइयों के खिलाफ हैं :

तुरक मसीति देहुरै हिंदू दहूंठां राम खुदाई
जहाँ मसीति देहुरा नांहीं, तहाँ काकी ठकुराई
हिंदू तुरक दोऊ रह तूटी, फूटी अरु कनराई
अरध उरध दसहूँ दिस जित तित पूरि रघ्था रामराई

अर्थात्, मुसलमान मस्जिद में और हिंदू मंदिर में पूजा करते हैं पर जहाँ मंदिर, मस्जिद नहीं है, वहाँ क्या किसी का स्वामित्व नहीं है ? कबीरदास कहते हैं कि दोनों की राह त्रुटिपूर्ण है, समस्त ब्रह्मांड में परमसत्ता व्याप्त है। यह भेदभाव ही हिंसा को जन्म देता है।

हिंसा का ही परिणाम है परिग्रह। परिग्रह की व्यर्थता समझ ले तो आदमी अपरिग्रह तक पहुँचता है। दूसरों का मालिक होने का भाव परिग्रह कहलाता है। आदमी भूल जाता है कि मालिक होने के लिए गुलाम होना होता है। किसी गाय को जब किसान रस्सी से बाँधकर खींचता है तो प्रत्यक्ष में गाय रस्सी से बँधी दिखती है, पर परोक्ष रूप में किसान स्वयं भी गाय से बँधा होता है। गाय यदि भाग जाये तो किसान उसके पीछे–पीछे खिंचता चला जाता है। गाय को उसकी कोई परवाह नहीं होती, परवाह होती है किसान को गाय की। फिर देखा जा सकता है कि कौन गुलाम है–गाय या किसान ? कबीर मनुष्य की इस विवशता को जानते हैं :

माया तजूँ तजी न जाइ
फिरि–फिर माया मोहिल पटाइ

माया उसे बार-बार मोह में लपेट लेती है, भ्रमित करती है। इसलिये कबीर चेतावनी देते हैं :

ग्रिह जिनि जांनौ रूड़ौ रे
कंचन कलस उठाइ लै मंदिर राम कहे बिन धूरो रे

बड़े-बड़े महलों को सुंदर मत समझो, राम-नाम के स्मरण के बिना वे मिट्टी के ढेर हैं :

राजा रांणां राव छत्रपति जरि भये भसम कौ कूरौ रे

बड़े-बड़े राजा महाराजाओं की भला क्या हस्ती रही ? सभी जल कर राख हो गये।

जब तक वासना रहेगी, भिखमंगे ही रहोगे, और माँगोगे भी किससे– *मंगन से क्या माँगिस* सभी तो भिखमंगे हैं, सभी की हथेली फैली है, क्या राजा, क्या सेठ। लाख भरो, इनके पात्र खाली के खाली। ऐसे बोध से कबीर ने बार-बार धन, दौलत, महल, अटारी, बावड़ी की व्यर्थता सिद्ध करते हुए इनके प्रति आदमी की मोहग्रस्तता के भाव को तोड़ने का प्रयास किया है, ताकि उसमें अपरिग्रह का जन्म हो।

अपरिग्रह से अचौर्य का विकास होता है–ठीक उसी तरह जिस तरह परिग्रह से चोरी का। परिग्रह की विक्षिप्तावस्था है यह, जब दूसरों की चीजें अपनी दिखाई पड़ने लगती हैं और उसे ले लेने की इच्छा होती है। कबीर चोट करते हैं, आदमी की इस दुष्प्रवृत्ति पर :

रे यामैं क्या मेरा क्या तेरा
लाज न मरहिं कहत घर मेरा

मरने के बाद जो संसार छूट जाता है उसे अपना घर कहना लज्जा की बात है :

प्राणी काहे कै लोभ लागि, रतन जनम खोयौ
बहुरि हीरा हाथि न आवै, राम बिना रोयौ

कबीर हर क्षण आदमी को सचेत करते हैं कि वह लोभ, मोह में रत्न-सा अनमोल जीवन भला क्यों खो रहा है।

तब साधारण आदमी के लिए एक प्रश्न उगता है कि आखिर वह क्या करे ? इस अनमोल जीवन की राह क्या हो, मंजिल क्या हो ? उसके पास भरपूर ऊर्जा है। विज्ञान पहले जगत को पदार्थ मानता था, आज वह इसे ऊर्जा मानने लगा है, उसे ही सत्य कह रहा है, कल चेतना को सत्य कहेगा। आदमी के पास यह ऊर्जा है, जो उसकी कामनाओं की राह में बहती रहती है।

अध्यात्म की भाषा में बाहर बहती हुई ऊर्जा वासना कहलाती है, वह दुष्कर

है, भीतर बहती हुई ऊर्जा अकाम कहलाती है। बाहर की ओर बहती हुई ऊर्जा आदमी को क्षीण, निर्बल, निस्तेज करती चलती है, भले ही इससे वह दुनिया की बहुत-सी चीजें उपलब्ध कर लेता है, पर उसका अपना आपा खो जाता है, उससे वह वंचित रहता है, परंतु जो अकाम में जीता है, वह मृत्यु के साथ भी शक्ति लेकर लौटता है। कबीर ऐसी यात्रा ऐसा जीवन जीने की बात करते हैं :

ज्यों की त्यों धर दीन्हीं चदरिया

बड़ी सँभाल कर ओढ़ी गयी है यह चदरिया कि न मैली हुई, न फटी।

वस्तुतः कबीर आदमी के भीतर चेतना का संश्लेषण चाहते हैं, जिससे ऊर्जा का खोना बंद हो जाये और अनंत ऊर्जा भीतर उपलब्ध हो जाये। वह उपलब्धि परमानंद तक पहुँचा देती है–

सखि, वह घर सबसे न्यारा जहं पूरन पुरुष हमारा
जहाँ न सुख-दुख साँच-झूठ नहिं पाप न पुन्न पसारा

उस पूर्ण पुरुष–परमशक्ति के साथ अपनी समस्त संगृहीत ऊर्जा के मिलन की अनुभूति के बाद सुख-दुख का द्वंद्व खो जाता है, साँच-झूठ के जोड़-तोड़ से मुक्ति मिल जाती है। यदि साधक अपनी इस उपलब्धि में परमात्मा की प्रतीति करता है, तो इसमें क्या संदेह है कि साधारण व्यक्ति इस संग्रहण में रचनात्मकता को उपलब्ध करेगा। यही अकाम की स्थिति है।

अकाम आदमी को तंद्रा से जगाता है, उसके प्रमाद को तोड़ता है। सच्चे अर्थ में कबीर का अध्यात्म अप्रमाद की ही यात्रा है, 'अवेयरनेस' की यात्रा है। हममें से अधिक लोग बस चेतन (कांशस) मन में जीते हुए मर जाते हैं। यह उसकी एक प्रकार की सुप्तावस्था है, मूर्च्छा की अवस्था है। साधना इसे तोड़ती है। इस क्रम में सात अवस्थाएँ आती हैं। दूसरी अवस्था अचेतन (अनकांशस) की होती है। तीसरी समष्टि अचेतन (कलेक्टिव अनकांशस) की, चौथी ब्रह्म अचेतन (कॉस्मिक अनकांशस) की, पाँचवीं अतिचेतन (सुपरकांशस) की, छठी समष्टि चेतन (कलेक्टिव चेतन) की, सातवीं ब्रह्म चेतन (कॉस्मिक चेतन) की। कबीर कहते हैं, *मैं कहता तू जगत रहियो-तू रहता है सोई रे*–यह सिर्फ आँखों के खुले होने की बात नहीं है। यह भीतरी जागरण की बात है, चेतना एक-एक तल को भेद कर आगे बढ़ने की बात है। मन इधर-उधर भटकता फिरे, तो जागरण खो जाता है।

लख चौरासी भरमत भरमत पौ पे अटकी आय

कबीर कहते हैं कि चौरासी लाख जन्म-मरण के बाद जब मनुष्य जीवन पाया, तो वहाँ भी अटक गये ? इससे बड़ा दुर्भाग्य क्या होगा ? मनुष्य जीवन सुबह है,

उसमें आँख खोलने और प्रकाश को पहचानने का अवसर मत खोओ।

कबीर कहते हैं :

मन रे जागत रहिए भाई
गाफिल होइ बसत मति खोवै चोर मुसै घर जाई
षटचक्र की कनक कोठरी बस्त भाव है सोई
ताला कुंजी कुलफ के लागै उधड़त बार न होई
कहै कबीर संसा सब छूटा राम रतन धन पाया

कबीर बेहोशी को तोड़ना चाहते हैं, कहते हैं, गाफिल हो कर सोने पर मति खो जाती है। मति ले भागते हैं चोर। यह मति है चेतना। बुद्ध जिसे अंतस्तल का दीपक कहते हैं। बुद्ध कहते हैं कि घर में यदि दीपक जलता रहे, तो यों भी चोर नहीं घुसता, पर बेहोशी में तो चेतना भी सो जाती है। फिर आदमी के भीतर षटचक्रों की स्वर्ण-संपदा भी है। ये षटचक्र ऊर्जा की कुंजी हैं। ये छह चक्र जब ठीक-ठीक सक्रिय हो जाते हैं तो जीवन में बड़ी ऊर्जा का आविर्भाव होता है। कुंडलिनी जाग्रत करने की चाभी मिल जाये, तो छहों चक्रों में ऊर्जा प्रवाहित होने लगती है। छह चक्रों की एक माला अनुस्यूत हो जाती है। कबीर कहते हैं कि यदि तुम जगते हो, तो ये पाँचों इंद्रियाँ सो जाती हैं। ये पंच पहरेदार सो जाते हैं मानो और इनके सोते ही सारे संशय मिट जाते हैं, सारी यात्रा, आना-जाना, सारे भटकाव समाप्त हो जाते हैं, बस ब्रह्मज्ञान की प्रतीति होती है। रामरतन धन प्राप्त हो जाता है।

इस तरह ज्ञानियों ने कहा कि मूर्च्छा मत करो। कबीर का भी यही सूत्र महत्त्वपूर्ण है। मूर्च्छा टूटती है तो आदमी को सच और झूठ का पता चलता है। वह सारे भ्रमों, आडंबरों से मुक्त हो जाता है। पर उसकी मूर्च्छा सहज ही टूटती नहीं। सूरज का संदेश सभी जीव सुनते हैं। पक्षी चहचाहने लगते हैं, पेड़ जगने लगते हैं, कलियाँ मुस्कुराने लगती हैं, फूल हँसने लगते हैं। पूरी प्रकृति में जागरण का गीत बजने लगता है, पर आदमी इतने भर से नहीं जगता। उसे जगने की बाध्यता चाहिए, अलार्म चाहिए। उसकी नींद गहरी है। उसकी आँखें खुल भी जायें, तो पूरा जागरण नहीं होता। कबीर की अमूर्च्छा यानी उनका जागरण एक आत्मक्रांति है। इस जागरण का प्रभाव उनके व्यावहारिक जीवन में भी पूरी तरह से छाया हुआ था। वे जुलाहा थे, जीवन भर कपड़ा बुनते रहे, पर अपनी फकीरी, अपनी गरीबी में ही बादशाह थे। आत्म बल बड़ा था, कोई ग्रंथि नहीं थी *मोर फकिरवा माँगि जाय*–मैं फकीर होकर यदि माँगू तो भला क्या बात है, पर क्यों माँगू–*बिन माँगे जो देय* देनेवाला स्वयं ही देता है। इसी जागरण ने उन्हें मानव जीवन में झूठे ज्ञान और अहंकार पर प्रहार करने का बल भी दिया :

पंडित और मसालची दोनों सूझे नाहिं
औरन को करै चाँदना आप अँधेरे माँहि

पाखंड से उन्हें तीखा विरोध था :

शेष सबूरी बाहिरा, क्या हज काबै जाइ
जिनकी दिल स्याबति नहीं तिनकौं कहाँ खुदाइ

हृदय सच्चा न हो तो काबा या हज से भला खुदा कहाँ मिलनेवाले ? बाध्य पूजन-अर्चन और कर्नकांड की व्यर्थता भी बताते हैं :

हम भी पाहन पूजते होते रन के रोझ
सतगुर की कृपा भइ, डारया सिर थैं बोझ

अपने अज्ञान के टूटने का बोध भी है। पता है कि सद्गुरु न मिले होते तो मूर्च्छा टूटनेवाली नहीं थी। लगे होते मिथ्याचारों में, पत्थर पूजने में। सद्गुरु ने होश दिया– *जब मैं भूला रे भाई, मेरे सतगुरु जुगत लखाई, किरिया करम अचार मैं छाड़ा, छाड़ा तीरथ का नहाना।* सब आडंबर त्याग दिया, सारे भ्रम टूट गये– *पीछे लागा जाइ था लोक वेद के साथि, आगे थं सद्गुरु मिला दीपक दिया हाथि।* सतगुरु ने हाथ में दीपक दे दिया, अंधकार मिट गया। अब प्रकाश ही प्रकाश आँधी की तरह छा गया– *संतो भाई आयी ज्ञान की आँधी रे, भ्रम की टाटी सबै उड़ानी, माया रहै न बाँधी रे* अब कोई माया बाँधे रख नहीं सकती, ज्ञान की आँधी का इतना प्रबल वेग है।

कबीर का अध्यात्म आदमी को जिन सद्गुणों की ओर अग्रसर करता है, उन्हें पाने के लिए सतगुरु और सत्संग के आश्रय को अनिवार्य मानता है। सतगुरु का अर्थ है–'जाग्रत' आदमी। वह एक प्रकाश है, एक द्वार है अपनी पहचान पाने का, अपना अस्तित्व समझने का। अपने अस्तित्व और परम अस्तित्व की एकात्मकता का बोध जगानेवाला गुरु ही होता है। *गुरु कृपाल कृपा जब कीन्हीं, हिरदै कँवल विगासा*–हृदय कमल का विकास करनेवाला गुरु ही होता है। उसकी कृपा अपरंपार है, उसके प्रति अनुग्रह का भाव चाहिए! तभी सत्संग हो सकता है, क्योंकि सत्संग का अर्थ है किसी के पास श्रद्धा के साथ बैठना। मन में कोई संशय, संदेह न हो। सत्य की ओर जो उन्मुख होता है, उसमें श्रद्धा अवतरित होती है। यह एक परम दृष्टि है, जो परम विश्वास देती है। श्रद्धा गुरु के पास होने की रीति सिखाती है। सतगुरु मिल जाना ही पर्याप्त नहीं, उनके साथ होने की कला भी आनी चाहिए। उनके साथ आने की कला जिन्होंने सीखी है, उनकी संगति, उनका संग साधु-संग कहलाता है। सत्संग का ही एक छोर यह भी है।

कबीर स्वयं एक सद्गुरु हैं जो अध्यात्म को जीवन के साथ जोड़ने की, उसे व्यवहार में लाने की सहज कीमिया देते हैं।

सूर्य पर पूरा ग्रहण

धर्मवीर

डॉ. हजारी प्रसाद द्विवेदी ने कबीर पर 'कबीर' नाम से एक पुस्तक सन् 1941 में लिखी थी। इसे उन्होंने अपने ही शब्दों में कबीर के व्यक्तित्व, साहित्य और दार्शनिक विचारों की आलोचना कहा है। कबीर के अध्ययन में ही नहीं, बल्कि हिंदी साहित्य के इतिहास के अध्ययन में इस पुस्तक को एक मील का पत्थर माना जाता है। इस पुस्तक की वजह से एक तरह से हिंदी साहित्य के मूल्यांकन में एक क्रांति-सी आ गयी थी। इस पुस्तक की हिंदी जगत में कबीर को लेकर सर्वाधिक चर्चा हुई और इसे सर्वाधिक सम्मान प्राप्त हुआ था। इससे पहले अयोध्या सिंह उपाध्याय हरिऔध और डॉ. श्यामसुन्दर दास ने 'कबीर वचनावली' और 'कबीर ग्रंथावली' तैयार करते समय केवल लंबी भूमिकाओं में ही कुछ कहा था। रामचन्द्र शुक्ल ने भी अपनी 'जायसी ग्रंथावली' की भूमिका में ही कबीर पर छिप कर वार किया था। उन्होंने राम बन कर कबीर और जायसी के दो जुड़वाँ भाइयों को क्रमशः बाली और सुग्रीव बना कर कबीर की नाभि में तीर मारा था। लेकिन डॉ. हजारी प्रसाद द्विवेदी ने इस सारे खेल को ही मोड़ दिया। उन्हें पता चल गया था कि कबीर को बाली की तरह नहीं मारा जा सकेगा। इसलिये उन्होंने कबीर को मारने का एक नया रास्ता निकाला। यह नया रास्ता क्या था ?

अयोध्या सिंह उपाध्याय हरिऔध, डॉ. श्यामसुन्दर दास और आचार्य रामचन्द्र शुक्ल ने यह अच्छी तरह देख लिया था कि कबीर भारतीय समाज और दर्शन में एक खतरनराक विस्फोट हैं। कबीर का चिंतन आग की तरह जलता है। इसके सामने वेद और ब्राह्मणवाद भस्म हो जाते हैं। उन सबकी यह कोशिश थी कि कबीर के इस चिंतन से कैसे लड़ा जाये। उन्होंने लड़ाई के तरह-तरह के रास्ते अपनाए। लेकिन डॉ. हजारी प्रसाद द्विवेदी ने कबीर के चिंतन से लड़ने का एक निराला रास्ता अपनाया। उन्होंने सीधी टकराहट के बजाय इसे भीतर से निस्तेज और निष्प्रभावी करना चाहा। वास्तव में, उन्होंने इस मध्यकालीन वेद विरोधी विस्फोट को फ्यूज करने की कोशिश की है। उन्होंने कबीर के चिंतन की सारी आग और चकाचौंध खत्म कर दी है। उन्होंने कबीर को इस तरह का बना दिया

है कि अब वेद कबीर के हृदय की आग में जल नहीं जायेंगे और ब्राह्मणवाद कबीर के तेज के सामने अंधा नहीं हो जायेगा। उनकी व्याख्या की वजह से वेद और ब्राह्मणवाद कबीर की आग और चकाचौंध से मजे में खेल सकते हैं। हाँ, डॉ. हजारी प्रसाद द्विवेदी के लिए कबीर का दर्शन एक खेल ही है–इसे ज्यादा से ज्यादा 'एकेडेमिक खेल' कहा जा सकता है। इस बात को उन्होंने अपनी इस पुस्तक में स्पष्ट भी किया है।

डॉ. हजारी प्रसाद द्विवेदी के सामने आचार्य क्षितिमोहन सेन द्वारा तैयार किया गया कबीर के पदों का संग्रह था। उन्हें मालूम था कि आचार्य सेन कबीर को किस दृष्टिकोण से लेते हैं। जिस सच्चाई और गहराई से आचार्य सेन कबीर के चिंतन को लेते थे, डॉ. हजारी प्रसाद उसे उस तरह से नहीं ले सकते थे। वे अपने पाठकों के लिए कबीर को एक मिशन और संदेश के रूप में नहीं, बल्कि मात्र एकेडेमिक बना कर रखना चाहते थे। वे लिखते हैं, 'उनके (आचार्य क्षितिमोहन सेन के) दृष्टिकोण में और मेरे इस पुस्तक में व्यवहृत दृष्टिकोण में थोड़ा मौलिक अंतर है। वे संतों की वाणियों को म्यूजियम के प्रदर्शन की वस्तु नहीं मानते और यह बात ठीक भी है। जिसे आजकल 'एकेडेमिक' आलोचना कहते हैं वह बात कुछ म्यूजियम की रुचि को ही उत्तेजना देती है।'[1] वे अपनी बात को काट कर और आचार्य सेन की बात को सही करते हुए इसी क्रम में आगे लिखते हैं, 'आचार्य सेन संतों की जीवंत वाणी को जलती हुई मशाल कहते हैं और उनका दृढ़ विश्वास है कि ये वाणियाँ यथासमय भारतवर्ष और संसार की समस्याओं को सुलझाएँगी। ऐसी प्राणमयी वाणी को म्यूजियम में सजा के नहीं रखा जा सकता।'[2] यहाँ देखा जा सकता है कि डॉ. हजारी प्रसाद द्विवेदी आचार्य क्षितिमोहन सेन को सही बात को समझ कर भी उनसे अपना मौलिक अंतर बनाये रखना चाहते हैं। इसका मतलब क्या है ? बात यह है कि डॉ. हजारी प्रसाद द्विवेदी नहीं, बल्कि वेद और संस्कृत साहित्य के घमंड में आया हुआ कोई भी ब्राह्मणवादी विद्वान् शूद्रों और दलितों के ज्ञान और उनकी भाषा को सम्मान की दृष्टि से नहीं देखता। वह जब भी देखता है, दलितों के साहित्य को हेय दृष्टि से देखता है। वह इस साहित्य का अध्ययन नाम मात्र को और वह भी मतलबी ढंग से करता है।

सबसे पहले यह देख लिया जाये कि डॉ. हजारी प्रसाद द्विवेदी ने यह पुस्तक किनके लिए लिखी है अर्थात् उनके अनुमानित पाठक कौन हैं ? इस पुस्तक को पढ़ने से पता चलता है कि यह उन्होंने विद्वानों के लिए लिखी थी। इसे उन्होंने कबीर वंशियों और कबीर पंथियों के लिए नहीं लिखा था। उन्होंने इस पुस्तक में यह भी

1. कबीर, डॉ. हजरी प्रसाद द्विवेदी, हिन्दी ग्रन्थ रत्नाकर कार्यालय, बंबई-4, तृतीय परिवर्द्धित संस्करण, जुलाई 1950, पृ. 21.
2. वही, पृ. 21.

नहीं चाहा कि साधारण जनता उनकी पुस्तक को पढ़ कर कबीर के अनुकरण की ओर अग्रसर हो। जिन विद्वानों के लिए उन्होंने इसे लिखा, वे भी उनके खास ब्राह्मणी विद्वान् हैं। वे साफ शब्दों में लिखते हैं, 'ब्राह्मणों के विषय में कहने की आवश्यकता नहीं। क्योंकि जिन लोगों के हाथ में इस पुस्तक के पहुँचने की आशा है वे सभी लोग इस मत को (ब्राह्मण मत को) भलीभाँति जानते हैं।'[1]

डॉ. हजारी प्रसाद द्विवेदी ने अपने से पहले के कबीर साहित्य के विद्वानों की आलोचना की है। लेकिन वह आलोचना एकदम नाम लेकर नहीं की गयी। इस मामले में वे कुछ बच कर खेले हैं। फिर, दूसरे लेखकों की सामूहिक आलोचना में वे अपने आपको सर्वोपरि भी घोषित नहीं कर सके। वे लिखते हैं, 'ऊपर-ऊपर सतह पर चक्कर काटनेवाले समुद्र भले ही पार कर जायें, पर उसकी गहराई की थाह नहीं पा सकते। इन पंक्तियों का लेखक अपने को सतह का चक्कर काटनेवालों से विशेष नहीं समझता। उसका दृढ़ विश्वास है कि कबीरदास के पदों में जो महान् प्रकाश पुंज है, वह बौद्धिक आलोचना का विषय नहीं है। वह म्यूजियम की चीज नहीं है, बल्कि जीवित प्राणवान वस्तु है।'[2] इतना ही नहीं, बल्कि डॉ. द्विवेदी अपने से पहले के और अपने बाद में आनेवाले सभी लेखकों के बारे में एक समान आलोचना यह लिख कर गये हैं कि 'कबीर पर पुस्तकें बहुत लिखी गयी हैं, और भी लिखी जायेंगी, पर ऐसे लोग कम ही हैं जो उस साधना की गहराई तक जाने की चेष्टा करते हों।'[3] इसके बाद उन्होंने चेतावनी के रूप में यह भी लिख दिया कि 'कबीरदास की सच्ची महिमा तो कोई गहरे में गोता लगानेवाला ही समझ सकता है।'[4]

डॉ. हजारी प्रसाद द्विवेदी की इन पंक्तियों को पढ़ने से लगता है मानो उन्होंने बहुत ही अच्छी बात कह दी हो। पर पूछा जाये कि कबीर का दर्शन उनके लिए इतना दुरूह क्यों है ? जो दर्शन हिंदुस्तान में अनपढ़ और आम आदमी की जबान पर है, वह डॉ. हजारी प्रसाद द्विवेदी जैसे विद्वान् के लिए कठिन और गहरा क्यों हो रहा है ? कहीं ऐसा तो नहीं है कि डॉ. द्विवेदी कबीर के दर्शन को जानबूझ कर दुरूह और दुर्बोध बता रहे हों ? विचित्र बात है कि जो साहित्य अपने समय की जनवाणी में लिखा गया हो और जिसका जन-विरोधी संस्कृत भाषा से घोषित विरोध रहा हो, वह साहित्य विद्वानों के लिए दुर्बोध हो गया है। इसका मतलब यह भी हो सकता है कि ये विद्वान् जनवाणी से कटे हुए हैं। यह अजीब

1. कबीर, डॉ. हजारी प्रसाद द्विवेदी, हिंदी ग्रंथ रत्नाकर कार्यालय, बंबई-4, तृतीय परिवर्द्धित संस्करण, 1950, पृ. 129.
2. वही, पृ. 222.
3. वही, पृ. 222.
4. वही, पृ. 222.

कहानी है कि विद्वान् लोग एक अनपढ़ कहे जानेवाले व्यक्ति की भाषा नहीं समझते। यह वैसी विद्वत्ता है, जो अनपढ़ से लेकर पढ़े-लिखे तक नहीं जाती, बल्कि पढ़े-लिखे से पढ़े-लिखे तक जाती है। विद्वत्ता को अनपढ़ की विरोधिनी न होकर बल्कि उसे समेटती हुई होनी चाहिए। दुख की बात है कि इस भारतीय समाज में निरक्षर और साक्षर के बीच में कभी पुल नहीं बाँधा गया। यहाँ निरक्षर को साक्षर करने की कोशिश नहीं की गयी। निरक्षर अपनी परंपरा में निरक्षर रहे हैं और विद्वान् अपनी परंपरा में विद्वान् रहते चले आये हैं। परिणाम यह होता है कि भारतीय विद्वान अनपढ़ों के सामने खुद परले सिरे के अनपढ़ बन कर रह जाते हैं। यही कारण है कि यदि डॉ. हजारी प्रसाद द्विवेदी की विद्वत्ता शास्त्रीय ढंग की न हो कर कबीर जैसे अनपढ़ों के ज्ञान को समेटती हुई होती, तो वे कबीर की वाणी को इतनी दुरूह नहीं कह पाते जितनी उसे कह गये हैं।

खैर, शब्दों की बात एक तरफ है। यह बात सर्वमान्य सिद्ध की जा सकती है कि भारतवर्ष के संस्कृत भाषा के विद्वान् श्रमिक वर्गों के विशाल भाषा समूह को नहीं जानते। अस्पृश्यता के कारण न वे उनके घरों में जाते हैं और न उन्होंने उनके दैनिक जीवन में काम आनेवाले औजारों के नामों की और शक्लों की जानकारी प्राप्त की है। श्रमिक लोग अपनी भाषा का व्याकरण भी अपनी तरह से चलाते हैं। पर पूछने लायक बात यह है कि क्या डॉ. हजारी प्रसाद द्विवेदी कबीर के अध्ययन में ईमानदार रहे हैं। सच और झूठ का बाद में पता चलेगा, लेकिन पहले इस विषय में डॉ. द्विवेदी का खुद का कथन देख लिया जाये। वे अपनी इस पुस्तक के अंत में लिखते हैं, 'फिर भी लेखक ने इस पुस्तक में जो लंबी व्याख्या प्रस्तुत की है उसके लिए उसे पश्चात्ताप नहीं है।'[1] पर डॉ. द्विवेदी की जबान पर यह शब्द 'पश्चात्ताप' स्वतः क्यों आ गया ? क्या पुस्तक के अंत में लिखने के लिए उनका यह सही शब्द है ? वे एक लेखक के रूप में अपनी पुस्तक लिख रहे हैं, उनका दृष्टिकोण सही या गलत हो सकता है, वह किसी को मान्य हो सकता है और किसी को मान्य नहीं हो सकता, पर इसमें पश्चात्ताप करने या न करने की क्या आवश्यकता है ? पश्चात्ताप का संबंध किसी पाप या गलती से ही होता है। पर एक लेखक पाप या गलती क्यों करेगा ? उसकी समझ में जो बात सही है, वह केवल उसे ही कहता है। लेकिन डॉ. द्विवेदी के इस पश्चात्ताप न करने के उनके शब्दों से लगता है कि इस पुस्तक को लिखने में उनके अंतर्मन में किसी न किसी किस्म का अपराध बोध काम कर रहा है। उलटे, उनकी दृढ़ता से ऐसा लगता है कि जैसे वे कहना चाह रहे हों कि गलती करने के बाद भी उन्हें उसका खेद नहीं है या जो उन्होंने कर दिया है, उन्हें उसकी

1. कबीर डॉ, हजारी प्रसाद द्विवेदी, हिंदी ग्रंथ रत्नाकर कार्यालय, बंबई-4, तृतीय परिवर्द्धित संस्करण, 1950, पृ. 222.

ग्लानि नहीं है।

इस विषय में आगे बढ़ने से पहले एक बार पुनः यह देख लिया जाये कि डॉ. हजारी प्रसाद द्विवेदी के लिए कबीर का चिंतन दुरूह और गहन क्यों है। एक बात का पहले जिक्र किया जा चुका है कि डॉ. द्विवेदी के ब्राह्मण घर में जन्म लेने की वजह से उन्हें कबीर जुलाहे के घर की भाषा अनजानी हो सकती है। लेकिन इस दुर्बोधता का एक दूसरा कारण डॉ. द्विवेदी की धार्मिक हठधर्मिता भी हो सकती है। पर यहाँ इस धार्मिक हठधर्मिता से क्या अर्थ निकलता है ? इसका मतलब यह निकलता है कि कबीर किसी बात को साफ-साफ कहना चाह रहे हों, परंतु डॉ. द्विवेदी का ब्राह्मण उसे साफ-साफ न समझना चाह रहा हो। हिंदुस्तानी समाज में इस बात के पूरे-पूरे अवसर हैं कि समझानेवाला ठीक-ठीक समझाना चाहे, पर समझनेवाला उसे ठीक-ठीक न समझ कर रलाना चाहे। खुद कबीर को इस बात का आभास था जब उन्होंने ब्राह्मण को संबोधित करते हुए कहा है कि, *मैं कहता सुरझावन हारी तू रहता उरझाई*[1] क्या कबीर के सामने डॉ. हजारी प्रसाद द्विवेदी इसी प्रकार के ब्राह्मण तो नहीं हैं ?

वस्तुतः आगे इस बात का पता चलेगा कि डॉ. द्विवेदी ने कबीर के अध्ययन को अपने लिए खुद दुर्बोध और गहन बनाया है। जो कबीर कहते हैं, डॉ. द्विवेदी उस बात को उसी तरह से नहीं लेते। वे इसमें अपनी ब्राह्मणी नमक-मिर्च लगाते हैं। कबीर को आर-पार देखने का एक साफ कबीरी दर्पण है। लेकिन वे उस कबीरी दर्पण को हटा कर ब्राह्मणी दर्पण से कबीर को देखना चाहते हैं। फलतः उनके लिए कबीर एकदम दुर्बोध हो जाते हैं। उदाहरण के रूप में कबीर स्पष्ट शब्दों में वेद का विरोध करते हैं, लेकिन डॉ. द्विवेदी को यह सिद्ध करना है कि वे वेद मत के समर्थक थे; कबीर पुराण और मूर्ति पूजा के विरोधी हैं, लेकिन डॉ. द्विवेदी को यह सिद्ध करना है कि कबीर का दर्शन पुराणों से ही निकला है। कबीर रामानन्द को अपना गुरु नहीं मानते, लेकिन डॉ. द्विवेदी को कबीर से ज्यादा इस जनश्रुति को प्रश्रय देना है कि कबीर के गुरु रामानन्द थे। यदि डॉ. द्विवेदी वेद, पुराण और रमानन्द के चश्मों के बिना कबीर को समझने का प्रयत्न करते, तो उनके लिए कबीर दुर्बोध नहीं रह जाते। पर क्या किया जाये जब डॉ. द्विवेदी खुद अपने रस्सों में बँधे पड़े हैं! यदि किसी वजह से डॉ. द्विवेदी अपने आपको थोड़ी देर के लिए हिन्दू कहना छोड़ दें; तो कबीर को समझने में उनकी सारी समस्याएँ एक झटके से समाप्त हो जायें। वास्तव में, कबीर समस्या नहीं हैं, बल्कि खुद डॉ. द्विवेदी अपने लिए समस्या बने हुए हैं—पर कैसे ?

इस पुस्तक को पढ़ने से पता चलता है कि डॉ. हजारी प्रसाद द्विवेदी की

---

1. कबीर डॉ, हजारी प्रसाद द्विवेदी, हिंदी ग्रंथ रत्नाकर कार्यालय, बंबई-4, तृतीय परिवर्द्धित संस्करण, 1950, पृ. 222.

कबीर को समझने में अपनी समस्या क्या थी। यह बात सौ प्रतिशत सही है कि डॉ. द्विवेदी की रुचि इतनी कबीर को समझने की नहीं थी जितनी उन्हें कबीर को हिंदू और वैष्णव सिद्ध करने की पड़ी थी। वे कबीर के वेद-विरोधी विस्फोट को वैदिक और पौराणिक व्याख्या के बरतनों में सँभालना चाह रहे थे। फलतः कबीर के अध्ययन में उनसे सुलझने के बजाय कोई न कोई पहेली खड़ी हो जाती है। वे दो विरोधी बातों को एक साथ लेते हैं—इस कारण उनके समाधान में हर बार एक विरोधाभास जन्म ले लेता है। ऐसा नहीं है कि डॉ. द्विवेदी कबीर के दर्शन को जानते नहीं हैं; उनकी समस्या केवल तब बन कर आती है जब वे कबीर के दर्शन की शास्त्रीय व्याख्या करने बैठते हैं। जाने उनसे यह किसने कह दिया था कि कबीर के दर्शन की अनिवार्य रूप से हिंदू व्याख्या प्रस्तुत की जानी है। या तो उन्हें इसका सच में कोई बाहरी आदेश मिला है या उन्होंने इस आदेश को अपने लिए खुद खोज निकाला है।

कबीर के अध्ययन में डॉ. द्विवेदी की तर्क शैली इस प्रकार की है कि जहाँ तक हो सके, कबीर की पौराणिक और शास्त्रीय व्याख्या प्रस्तुत की जाये और जब यह संभव न हो सके तो कबीर को नीचे गिरा दिया जाये। इस तरह से कबीर की प्रशंसा में वे कबीर की प्रशंसा न करके अपने शास्त्रों और पुराणों की ही प्रशंसा करते हैं और कबीर की निंदा में वे केवल कबीर की निंदा करते हैं—तब वे अपने शास्त्रों और पुराणों को अलग बचा ले जाते हैं। खुद कबीर की भाषा के बारे में उनका कथन देखा जा सकता है। वे लिखते हैं, 'कबीर ने जिन तत्त्वों को अपनी रचना से ध्वनित करना चाहा है, उनके लिए कबीर की भाषा से ज्यादा साफ और जोरदार भाषा की संभावना नहीं है और जरूरत भी नहीं है। परंतु कालक्रम से वह भाषा आज के शिक्षित व्यक्ति को दुरूह जान पड़ती है। कबीर ने शास्त्रीय भाषा का अध्ययन नहीं किया था।'[1] डॉ. द्विवेदी के इस कथन से क्या यह समझा जाये कि वे कबीर प्रशंसा करना चाहते हैं ? ऐसा ही उनका एक अन्य कथन कबीर की साहित्यिकता के बारे में है। उन्होंने लिखा है—'काव्यगत रूढ़ियों के न तो वे जानकार थे और न कायल।'[2] इस टिप्पणी में भी डॉ. द्विवेदी दो निर्णय एक साथ दे गये हैं। इस तरह वे हर कदम पर दोहरी चाल चलते हैं। वे कबीर की प्रशंसा करते-करते रुक जाते हैं। कबीर ने शास्त्रीय भाषा का अध्ययन नहीं किया था और वे काव्य के नियमों के जानकार नहीं थे। उनके ये दोनों निष्कर्ष एकदम झूठे भी हो सकते हैं—इसका उन्हें ध्यान नहीं है। उनकी इन उक्तियों से यही ध्वनि निकलती है कि कबीर अनपढ़ व्यक्ति थे जो सही नहीं भी हो सकती। कबीर

1. कबीर डॉ, हजारी प्रसाद द्विवेदी, हिंदी ग्रंथ रत्नाकर कार्यालय, बंबई-4, तृतीय परिवर्द्धित संस्करण, 1950, पृ. 222.
2. वही, पृ. 217.

जैसे व्यक्ति ने भाषा का और छंदों का चुनाव बहुत सोच-विचार कर किया होगा। चूँकि तुलसीदास ने रामचरितमानस अवधी में लिखा है, इसका अपने आप मतलब यह नहीं हो जाता कि वे ब्रजभाषा या संस्कृत नहीं जानते थे। गांधी जी जनता में हिंदुस्तानी भाषा का प्रयोग करते थे, इसका मतलब यह नहीं हो जाता कि वे अंग्रेजी नहीं जानते थे और गुजराती भाषा के श्रेष्ठ लेखक नहीं थे। लगता है, कबीर के बारे में ऐसी गलतफहमी सुविचारित ढंग से प्रचारित की गयी है कि वे शास्त्रीय भाषा के जानकार नहीं थे और उन्हें काव्य के नियमों का ज्ञान नहीं था। खैर, कबीर के इस भाषा और साहित्य के पक्ष को विस्तार से अलग से देखा जायेगा, यहाँ केवल इतना समझ लेना चाहिए कि डॉ. द्विवेदी कबीर के बारे में दोमुखी बातें एक साथ कह जाते हैं और यह भी सच है कि उन्हें अपनी इस दोमुँही शैली की वजह से हानि-लाभ की काफी भरपाई करनी पड़ी है।

अब कबीर के बारे में डॉ. द्विवेदी के पुराणों को लेकर लिखे गये शब्द देखे जायें। वे अपनी इसी घुमावदार शैली में लिखते हैं, 'कबीरदास पौराणिक कथाओं के थोड़े-बहुत जानकार थे, पर तत्त्ववाद के कायल न थे, शायद जानते भी नहीं थे।'[1] यह उनका पूरा उलझन भरा वाक्य है। इसमें उनके कहने का क्या मतलब है कि कबीर पौराणिक तत्त्ववाद के कायल न थे और उसे जानते भी नहीं थे ? असल में वे इस प्रकार की भाषा-शैली का प्रयोग कर कबीर को पौराणिकता के घेरे में फाँसना चाहते हैं। वे एक कबीर के बारे में नहीं, बल्कि सारे साधकों और दार्शनिकों के बारे में एक सामान्य वाक्य लिख रहे हैं, 'भारतवर्ष की जलवायु में ही कुछ ऐसा गुण है कि यहाँ के साधक और पंडित समस्त प्रचलित पौराणिक परंपरा को स्वीकार करते हैं, अपने विशेष मत की पुष्टि के लिए उससे संगति बैठाते हैं और अपने उपास्य देव को सबके सिर पर बैठा देते हैं।'[2] आगे यों समझ लो कि उन्होंने पुराणों को कबीर के मत्थे जबर्दस्ती मढ़ दिया है। वे लिखते हैं, 'जो यह समझता है कि बिना सगुणोपासना किये हम परमात्मा के निर्गुण स्वरूप का ज्ञान प्राप्त कर लेंगे, वह उसी जिज्ञासु के समान है जो विश्व नियंता का तो परिचय प्राप्त करना चाहता है, किंतु यह नहीं जानता कि विश्व क्या है। पुराण सगुण पथ का पथिक बना कर निर्गुण की प्राप्ति कराते हैं, किंतु बड़ी बुद्धिमत्ता और विवेक के साथ। यही कारण है कि मुख से निर्गुणवाद का गीत गानेवाले भी अंत में पुराण शैली की परिधि के अंतर्गत हो जाते हैं। चाहे कबीर साहब हों अथवा पंद्रहवीं सदी के दूसरे निर्गुणवादी, उन सबके मार्ग दर्शक गुप्त रूप से पुराण ही हैं।'[3]

---

1. कबीर डॉ, हजारी प्रसाद द्विवेदी, हिंदी ग्रंथ रत्नाकर कार्यालय, बंबई-4, तृतीय परिवर्द्धित संस्करण, 1950, पृ. 166.
2. वही, पृ. 71.
3. वही, पृ. 117.

यह डॉ. द्विवेदी की कबीर के दर्शन पर जबरन पौराणिक लीपापोत है। यह ब्राह्मणी दर्शन की–मान न मान मैं तेरा मेहमान–वाली बात है। इसमें डॉ. द्विवेदी ने पढ़-लिख कर ब्राह्मणी विद्वान् होने की अपनी धींगामस्ती दिखाने की भी कोशिश की है। यह कम पढ़े-लिखे और भोले लोगों को बहकानेवाली बात भी है। ब्राह्मणी दर्शन के विद्वानों का शूद्रों के प्रति उदार बनने का उद्‌देश्य यही होता है कि बात को पूरी तरह गड़बड़ा दो और मजदूर पेशे के संतों के पास ज्ञान का जो निर्मल जल होता है, उसे पुराणों के झगोल देकर गंदा कर दो। उन्होंने इससे भी बढ़ कर लिखा है, 'विचारणीय यह है : कबीरदास के उन पदों का जिनमें उन्होंने बार–बार *दशरथ सुत तिहुँ लोक बखाना। राम नाम का मरम है आना* जैसी बातें कह–कह पुराण प्रतिपादित सगुण ब्रह्म का प्रत्याख्यान करना चाहा है, क्या ऐसा अर्थ भी लगाया जा सकता है कि मुँह से विरोध करते रहने पर भी कबीरदास असल में पुराण विरोधी नहीं थे।[1] डॉ. द्विवेदी के इस प्रश्न में हद हो गयी है। भला उन्हें ऐसा मानने से कौन रोक सकता है ? उनके पास ब्राह्मणी विद्वत्ता का प्रमाण–पत्र है। इस प्रमाण–पत्र के बाद वे ठाठ से भैंसे का, बैल का और बकरे का दूध दुहें। कबीर को डॉ. हजारी प्रसाद द्विवेदी के सामने 'दशरथ सुत' का विरोध करना मुश्किल पड़ गया है। डॉ. हजारी प्रसाद की पकड़ है–चूँकि तुमने 'दशरथ सुत' का विरोध किया है, इसलिये तुमने उसका पक्ष लिया है। मानो डॉ. हजारी प्रसाद द्विवेदी के लिए काले और सफेद रंग में कोई अंतर नहीं है। वे 'दशरथ सुत' के विरोध में कबीर की जबान नहीं खुलने दे रहे हैं। आखिर, कबीर डॉ. द्विवेदी से पूछ सकते हैं कि वे 'दशरथ सुत' का विरोध और किस तरह से और किस भाषा में करें। इसे पोथियों की पौराणिक डिक्टेटरी कह सकते हैं।

इतना ही नहीं कि डॉ. द्विवेदी ने कबीर को केवल पौराणिक कह कर ही छोड़ दिया हो, उन्होंने बाकायदा कबीर को मूर्ति पूजक भी घोषित करने का प्रयास किया है। वे कबीर का मूल्यांकन करते हुए लिखते हैं, 'मूर्ति की उपासना उनको बुरी लगती थी, पर ऐसा जान पड़ता है कि मूर्तिवाला तत्त्ववाद उन्हें मालूम ही न था। शायद ही किसी दार्शनिक तत्त्ववाद या पौराणिक रहस्य-व्याख्या का उल्लेख उनके ग्रंथ में पाया जाये।'[2] यहाँ प्रकारांतर से डॉ. द्विवेदी के कहने का मतलब यह है कि वह तो अनपढ़ होने की वजह से कबीर को पुराण पढ़ने का मौका नहीं मिला, नहीं तो वे पुराण भक्त और पक्के मूर्ति पूजक बन जाते। इन्हें कबीर का दार्शनिक चिंतन मूर्ति पूजा की ओर गया हुआ दीखता है।

इस तरह कबीर के चिंतन को शास्त्र सम्मत दिखाते हुए डॉ. द्विवेदी कबीर को रामानन्द से जोड़ देते हैं। कबीर के संबंध से रामानन्द एक ऐसा जाल है,

1. वही, पृ. 117.
2. वही, पृ. 117.

जिसका हर पौराणिक विद्वान् शिकार हुआ है। डॉ. द्विवेदी का रास्ता सीधा है। वे लिखते हैं, 'हम तो दृढ़ता के साथ कहने का साहस करते हैं कि कबीर की भक्ति और भगवद् भावना में न तो युक्ति से विरोध है और न शास्त्र से। कहीं जो विरोध दीखता है तो उसका ऐतिहासिक कारण है। उसका समाधान कर लेना कठिन नहीं है। कबीरदास योग मार्ग की ओर झुके हुए थे। उनके कुल में कुल-गुरु परंपरा में वह मार्ग प्रतिष्ठित था। बाद में उनका समागम रामानन्द से हुआ। यह बात कुछ असंभव नहीं कि रामानन्द के प्रभाव में आने के पूर्व उन्होंने ऐसे बहुत-से पद लिखे हों जिनमें योग संप्रदाय की परंपरा प्राप्त अक्खड़ता परिलक्षित होती हो और भक्ति रस का लेश भी न हो।'[1]

इस छोटे से उदाहरण में डॉ. द्विवेदी एक-दो बातें नहीं कह गये हैं। इसमें उन्होंने एक तीर से कई शिकार एक साथ किये हैं। यदि इसका विश्लेषण किया जाये तो नीचे लिखी बातें सामने आती हैं :

1. कबीर के चिंतन का शास्त्र से विरोध नहीं है।
2. यदि कहीं कबीर का चिंतन प्रणाली का शास्त्र से विरोध है तो वह उनके कुल के कारण है।
3. कबीर का जन्म अक्खड़ लोगों में हुआ था।
4. बाद में कबीर रामानन्द की शरण में गये।
5. रामानन्द ने कबीर के चिंतन में रस ही रस भर दिया।
6. अंत में कबीर की नीच कुल में जन्म लेने की अक्खड़ता पूरी तरह जाती रही।

शायद ऊपर के ये छह निर्णय किसी को जल्दी में निकाले गये दिख सकते हैं। लेकिन इन निर्णयों पर विचार करने से पहले यह बता दिया जाये कि ये निर्णय जल्दी में नहीं निकाले गये हैं। डॉ. द्विवेदी के अन्य कथनों से ये बातें सत्य सिद्ध होती हैं। पहली बात, डॉ. द्विवेदी ने इस जनश्रुति में शंका भी करने की कोशिश नहीं की कि रामानन्द कबीर के गुरु थे। उलटे, उन्होंने इस जनश्रुति पर अपने विश्वास की पक्की मुहर लगाते हुए लिखा है, 'इस विषय में उन लोगों को भले ही संदेह हो जो कबीरदास के नाम पर उल्टा-सीधा मत-मतांतर चलाना चाहते हों, स्वयं कबीरदास को कोई संशय नहीं था।'[2] कि उनके गुरु रामानन्द थे। इन शब्दों को लिख कर डॉ. द्विवेदी का ब्राह्मणवादी मन पूरा खुश हो गया है। लेकिन अगले कथन में उनका ब्राह्मणवादी मन अपनी जीत में गद्‌गद भी हो गया है। वे लिखते हैं, 'क्या हुआ जो वे (रामानन्द) ब्राह्मण थे और कबीरदास जुलाहे, क्या हुआ जो

1. वही, पृ. 151.
2. वही, पृ. 140.

वे काशी के 'आचार्य' थे और कबीर कमीनी जाति के 'बंदे'? प्रेम दूरी नहीं जानता, भेद नहीं जानता, जाति नहीं मानता, कुछ नहीं देखता।'[1] यहाँ ध्यान रहे कि इस उद्धरण में वे कबीर को फिर कमीनी जाति का बंदा कह गये हैं। इसके बाद वे कबीर और रामानन्द के इस कथित संबंध का काव्यात्मक गुणगान करने लगते हैं, 'धन्य हैं वे गुरु, वे सचमुच उस भ्रमरी के समान हैं जो निरंतर ध्यान का अभ्यास करा कर कीट को भी भ्रमरी (तितली) बना देती है। कीड़ा भ्रमरी हो गया, नयी पाँखें फूट आयीं, नया रंग छा गया, नयी शक्ति स्फुरित हुई। उन्होंने जाति नहीं देखी, कुल नहीं विचारा। अपने आपमें मिला लिया। नाले का पानी गंगा में जा कर गंगा हो जाता है, कबीर भी गुरु में मिल कर तद्रूप हो गये।'[2]

डॉ. द्विवेदी की कबीर को समझने की इस शैली में उनके पौराणिक ब्राह्मणवाद का बड़ा लाभ हुआ है। इसमें वे कबीर की लगातार बुराई करते जाते हैं कि कबीर नीच कुल का, कमीनी जाति का और गंदे नाले का पानी था। दूसरी तरफ, वे रामानन्द की लगातार प्रशंसा करते चले जाते हैं कि वे ब्राह्मण थे, उच्च कुल के थे, भ्रमरी के समान पवित्र गंगा जल थे। रामानन्द ने कबीर को अपना शिष्य बनाया, तो इसमें भी रामानन्द की ही महानता है। इस प्रकार, कबीर में जो कुछ अच्छा है वह रामानन्द की कृपा की वजह से है और जो कुछ अच्छा नहीं है वह उनके नीच कुल में जन्म लेने के बचे रहे संस्कारों के कारण है। डॉ. द्विवेदी ने कबीर की लड़ाई को एकदम उलटा कर दिया है। कबीर की लड़ाई इस बात की थी कि दुनिया में यदि कोई कपटी, घृणा करनेवाला और घमंडी व्यक्ति है, तो वह ब्राह्मण है। उनके अनुसार, यदि कुछ सीखना है तो वह केवल ब्राह्मण को सीखना है। वे ब्राह्मण द्वारा की गयी भगवान की भक्ति को भी छल मानते हैं, क्योंकि उसमें भगवान के बंदों से प्यार नहीं है। वे पूछते हैं कि मुझ जुलाहे से घृणा करनेवाले इस रामानन्द ब्राह्मण को भगवान की भक्ति का रस कैसे मिल जायेगा ? कबीर श्रमिक जनों को नीचा नहीं मानते, उलटे वे हर प्रकार का श्रमिक बनना चाहते हैं। कहीं भी उन्होंने ब्राह्मण बनने की लालसा प्रकट नहीं की। लेकिन डॉ. द्विवेदी कबीर को नीच और रामानन्द को उच्च मान कर ही अपने निष्कर्षों पर आये हैं।

जहाँ तक कबीर और रामानन्द के ज्ञान तत्त्वों में अंतर की बात है, उसे डॉ. द्विवेदी रहस्यात्मक वस्तु बता कर छोड़ देते हैं। वे लिखते हैं, 'सभी परंपराएँ इस बात का समर्थन करती हैं कि कबीरदास का रामानन्द के साथ संबंध था। कबीरदास ने स्वयं स्वीकार किया है कि रामानन्द ने उन्हें चेताया था, पर क्या चेताया था और स्वयं क्या चेते हुए थे, इस विषय में नाना मुनियों के नाना मत

1. वही, पृ. 141.
2. वही, पृ. 152.

हैं।'[1] इस संबंध को परम्परा से सिद्ध कर आगे डॉ. हजारी प्रसाद द्विवेदी ने मूल प्रश्न को बिल्कुल मजाक बना कर रख दिया है। वे लिखते हैं, 'ऐसी हालत में यह प्रश्न बहुत गौण हो जाता है कि कबीर ने जो कुछ रामानन्द से चेता था, वह रामानंन्द के चेते हुए ज्ञान का कौन-सा रूप है। रामानन्द के प्रधान उपदेश अनन्य भक्ति को कबीर ने शिरसा स्वीकार कर लिया था। बाकी तत्त्व ज्ञान को उन्होंने अपने संस्कारों, रुचि और शिक्षा के अनुसार एकदम नवीन रूप दे दिया था।'[2] इस कथन में अचरज की बात है कि डॉ. द्विवेदी मूल प्रश्न को गौण बना कर छोड़ देते हैं। जो असली समस्या है, जिसके कारण कबीर अस्पृश्य कहे गये थे, उसे गौण मान कर ऊल-जलूल जनश्रुतियों को प्रश्रय दिया जा रहा है और कबीर को मात्र भक्त कहने की कोशिश है। कबीर के जन्म की सामाजिक जिम्मेदारी बिना अपने ऊपर लिए डॉ. द्विवेदी कबीर के माया के सिद्धांत की समीक्षा यों करते हैं, 'कबीरदास ने माया के संबंध में जो कुछ कहा है, वह वस्तुतः वेदांत द्वारा निर्धारित अर्थ में ही। खूब संभव है कि कबीरदास ने भक्ति सिद्धांत के साथ ही माया संबंधी उपदेश भी रामानन्दाचार्य से ही पाया था।'[3]

ये डॉ. द्विवेदी की कबीर के चिंतन के बारे में मनगढ़ंत बातें हैं। उन्होंने इस प्रसंग को अंतिम रूप इस प्रकार दिया है–'ऊपर की चर्चा पर से यदि किसी नतीजे तक पहुँचा जा सकता है तो वह यही है :

1. आचार्य रामानन्द ने अपने शिष्यों को किसी वेदान्तिकवाद का बंधन नहीं लगाया था। वे स्वयं यद्यपि विशिष्टाद्वैतवादी थे, पर अद्वैतवादी भक्ति ग्रंथों को सम्मान की दृष्टि से देखते थे। उनके लिए भक्ति ही बड़ी चीज थी, फिर चाहे वह निर्गुण की हो या सगुण की, द्वैत भाव से हो या अद्वैत भाव से।
2. उनकी उपदिष्ट भक्ति, भिन्न-भिन्न रुचि, विधा और संस्कारवाले शिष्यों में नाना रूप में प्रकट हुई। और,
3. कबीरदास के पदों से, जैसाकि हम आगे देखेंगे, एकेश्वरवाद, विशिष्टाद्वैतवाद, अद्वैतवाद, द्वैताद्वैत-विलक्षणवाद आदि कई परस्पर विरोधी मतों के समर्थन हो सकते हैं, पर इस विरोध का कारण कबीरदास के विचारों की अस्थिरता नहीं है बल्कि यह है कि वे भगवान को अनुभवेकगम्य और निखिलातीत तथा समस्त ऐश्वर्यों और विभूतियों का आगार समझते थे। इसीलिये लौकिक दृष्टि से जो बातें परस्पर विरोधी दीखती हैं, अलौकिक भगवद्स्वरूप में वे सब घट जाती हैं।'[4]

1. वही, पृ. 95
2. वही, पृ. 98
3. वही, पृ. 109
4. वही, पृ. 109-110

इस कथन में डॉ. द्विवेदी ने अपनी समस्याओं के सारे हल एक साथ अलौकिकता में ढूँढ़ लिए हैं। जब तक उनका मन्तव्य सधता रहा, तब तक वे विद्वान् और तार्किक बने रहे, पर जब उनका मन्तव्य सधता नहीं दीखा, तो वे विद्वत्ता और बौद्धिकता का आश्रय छोड़ कर रहस्य का सहारा ले लेते हैं। पूछा जा सकता है कि यदि कबीर के बारे में यही सिद्ध किया जाना था, तो उन्हें प्रबंध के रूप में अपनी इतनी बड़ी पुस्तक लिखने की क्या आवश्यकता थी ? यदि उनसे यह कहा जाये कि कबीर रामानन्द के शिष्य नहीं थे, तो वे तुरंत कमजोर जनश्रुतियों और कपटपूर्ण परंपराओं का सहारा ले कर बौद्धिक रूप में सामने आते हैं। परंतु यदि उनसे यह पूछा जाये कि कबीर और रामानन्द के विचारों में धरती और आसमान का अंतर क्यों है, तो वे इस प्रश्न पर अलौकिकता का नाम लेकर रोक लगाना चाहते हैं। वास्तव में हुआ यह है कि डॉ. द्विवेदी ने अपने इस निष्कर्ष में कि रामानन्द कबीर के गुरु थे, रामानन्द को ब्रह्मसूत्र पर आनंद भाष्य लिखनेवाला रामानन्दाचार्य नहीं रहने दिया है। और कबीर को वेदों का और ब्राह्मणों का खंडन करनेवाला कबीर नहीं रहने दिया है। चाहे सिद्धांतों और जातियों का मेल न बैठे, पर डॉ. द्विवेदी को ब्राह्मण को शूद्र का गुरु अवश्य घोषित करना था। डॉ. द्विवेदी की इस ब्राह्मणी मानसिकता में माना यह गया है कि शूद्र को बिना ब्राह्मण की कृपा के अपने आप या अपनी परंपरा से कोई ज्ञान प्राप्त नहीं हो सकता। इस प्रकार के दृष्टिकोण में ब्राह्मण की शूद्र को हर दृष्टि से नीचे गिराने की मनोवृत्ति काम कर रही है।

अब तक के इस लंबे जिक्र में डॉ. द्विवेदी की उस मुख्य बात का जिक्र नहीं किया गया है, जिसमें उन्होंने कबीर को निस्तेज, निष्प्रभावी और निष्क्रिय करना चाहा है। इस विद्वान् की इस मूल चतुराई को ही समझना वास्तव में इस समीक्षा का मूल उद्देश्य है। ऐसा नहीं है कि डॉ. द्विवेदी ने कबीर के लक्ष्य को दिग्भ्रमित करने के लिए यह चतुराई अनजाने में खड़ी की है। नहीं, वे अच्छी तरह जानते हैं कि कबीर के चिंतन में वेद-विरोध का कितना विस्फोटक तत्त्व विद्यमान है। उन्होंने सब कुछ जान-बूझ कर लिखा है। कबीर पर की गयी उनकी समीक्षा उनके सिर के ऊपर से हो कर नहीं गयी है बल्कि यह उनकी पकड़ में है। उन्होंने लिखा है, 'कबीरदास का रास्ता उलटा था। उन्हें सौभाग्यवश संयोग भी अच्छा मिला था। जितने प्रकार के संस्कार पड़ने के रास्ते थे, वे प्रायः सभी उनके लिए बंद थे। वे मुसलमान हो कर भी असल में मुसलमान नहीं थे, हिंदू हो कर भी हिंदू नहीं थे, वे साधु हो कर भी साधु (अगृहस्थ) नहीं थे, वे वैष्णव हो कर भी वैष्णव नहीं थे, वे योगी हो कर भी योगी नहीं थे। वे कुछ भगवान की ओर से सबसे न्यारे बना कर भेजे गये थे।'[1] वे इसी क्रम में आगे लिखते हैं, 'कबीरदास ने अपनी

1. वही, पृ. 181.

प्रेम-भक्ति-मूला साधना का आरंभ एकदम दूसरे किनारे से किया था। यह किनारा सगुण उपासकों के किनारे से ठीक उल्टे पड़ता है। सगुण उपासकों ने सब कुछ मान लिया था, कबीर ने सब कुछ छोड़ दिया था।'[1] डॉ. द्विवेदी ने कबीर द्वारा हिंदुओं की सगुण उपासना के विरोध को नाम ले-ले कर स्पष्ट किया है। वे लिखते हैं कि कबीर ने 'समस्त व्रतों, उपवासों और तीर्थों को एक साथ अस्वीकार कर दिया। इनकी संगति लगा कर और अधिकारी भेद की कल्पना करके इनके लिए भी दुनिया के मान-सम्मान की व्यवस्था कर जाने को उन्होंने बेकार परिश्रम समझा।[2]

यहाँ डॉ. द्विवेदी के कथन में कुछ सत्य है कि कबीर सबसे न्यारे बन कर चले थे। हालाँकि इस सच्चाई में भी इतना झूठ जोड़ दिया गया है कि वैष्णव होते हुए भी और योगी होते हुए भी वास्तव में कबीर न वैष्णव थे और न योगी थे। लेकिन डॉ. द्विवेदी ने कबीर के प्राण तब खींच निकाले हैं, जब उन्होंने कबीर को भक्त कहा है। कबीर को भक्त कहने में भी कुछ ज्यादा मुश्किल न होती, लेकिन उन्होंने कबीर को समाज सुधार के विरोध में और उससे भिन्नता दिखाते हुए कबीर को भक्त कहा है। वे कबीर के बारे में लिखते हैं, 'वे मूलतः भक्त थे। भगवान पर उनका अविचल अखंड विश्वास था। वे कभी सुधार करने के फेर में नहीं पड़े।'[3] कबीर को समाज सुधार विरोधी सिद्ध करने के लिए डॉ. द्विवेदी ने अपने कई कल्पित तर्क भी खड़े कर लिये हैं। उन्होंने कबीर के समाज सुधार के पक्ष में न जाने के कारणों को खोजते हुए लिखा है, 'शायद वे अनुभव कर चुके थे कि जो स्वयं सुधरना नहीं चाहता, उसे जबर्दस्ती सुधारने का व्रत व्यर्थ का प्रयास है। वे अपने उपदेश 'साधु' भाई को देते थे या फिर स्वयं अपने आपको ही संबोधित करके कह देते थे। यदि उनकी बात कोई सुननेवाला न मिले तो वे निश्चित होकर स्वयं को ही पुकार कर कह उठते : *अपनी राह तू चले कबीरा* अपनी राह अर्थात् धर्म, संप्रदाय, जाति-कुल और शास्त्र की रूढ़ियों से जो बद्ध नहीं है, जो अपने अनुभव के द्वारा प्रत्यक्षीकृत है।'[4]

डॉ. द्विवेदी ने कबीर के इस भक्त रूप को बार-बार और जोर देकर कहा है। वे पुनः लिखते हैं, 'कबीरदास का यह भक्त रूप ही उनका वास्तविक रूप है। इसी केंद्र के इर्द-गिर्द उनके अन्य रूप स्वयमेव प्रकाशित हो उठे हैं।'[5] उन्होंने बताया है कि 'इस भक्ति या भगवान के प्रति अहेतुक अनुराग की बात कहते समय उन्हें ऐसी बहुत-सी बातें कहनी पड़ी हैं जो भक्ति नहीं है, पर भक्ति के अनुभव

1. वही, पृ. 182.
2. वही, पृ. 183.
3. वही, पृ. 220.
4. वही, पृ. 220.
5. वही, पृ. 220.

करने में सहायक है।'[1] उन्होंने कबीर के जीवन में केवल भक्ति को ही महत्त्व देते हुए आगे लिखा है, 'फिर भी वह ध्वनित वस्तु ही प्रधान है, ध्वनित करने की शैली और सामग्री नहीं। इस प्रकार काव्यत्व उनके पदों में फोकट का माल है, बाई-प्रोडक्ट है, वह कोलतार और सीरे की भाँति और चीजों को बनाते-बनाते अपने आप बन गया है।'[2]

डॉ. द्विवेदी ने इसी कोलतार और सीरे की चपेट में काव्य के साथ-साथ समाज सुधार को भी ले लिया है। वे लिखते हैं, 'भक्ति तत्त्व की व्याख्या करते उन्हें उन बाह्याचार के जंजालों को साफ करने की जरूरत महसूस हुई है जो अपनी जड़ प्रकृति के करण विशुद्ध चेतन तत्त्व की उपलब्धि में बाधक हैं। यह बात ही समाज सुधार और सांप्रदायिक ऐक्य की विधात्री बन गयी है। पर यहाँ भी यह कह रखना ठीक है कि यह भी फोकट का माल या बाई-प्रोडक्ट ही है।'[3] उन्होंने कबीर के अध्ययन में कबीर को घोर व्यष्टिवादी घोषित करके छोड़ दिया है। वे कबीर की मूल वृत्ति को ही बदल देना चाहते हैं, जब वे लिखते हैं, 'कबीर ने ऐसी बहुत-सी बातें कही हैं जिनसे (अगर उपयोग किया जाये तो) समाज सुधार में सहायता मिल सकती है, पर इसीलिये उनको समाज सुधारक समझना गलती है। वस्तुतः वे व्यक्तिगत साधना के प्रचारक थे। समष्टि वृत्ति उनके चित्त का स्वाभाविक धर्म नहीं था। वे व्यष्टिवादी थे।'[4] यहाँ पर डॉ. द्विवेदी ने कबीर के चिंतन के बारे में केवल अपनी बात कह कर संतोष नहीं कर लिया है, बल्कि कबीर को समाज सुधारक माननेवाले लेखकों पर आक्रमण भी किया है। वे नहीं मानते कि कबीर ने कोई पंथ खड़ा किया था। उन्होंने उन लेखकों की मजाक उड़ाना चाहा है जिन्होंने कबीर को एक नये पंथ का अगुवा माना है। डॉ. द्विवेदी लिखते हैं, 'संप्रदाय प्रतिष्ठा के भी वे (कबीरदास) विरोधी जान पड़ते हैं। परंतु फिर भी विरोधाभास यह है कि उन्हें हजारों की संख्या में लोग संप्रदाय विशेष के प्रवर्तक मानने में ही गौरव अनुभव करते हैं।'[5] इस जगह आकर डॉ. द्विवेदी कबीर में कोई जान ही नहीं छोड़ते। उन्होंने अपने बुद्धि चातुर्य से कबीर को मिट्टी में मिला देना चाहा है।

अब कबीर के बजाय खुद डॉ. द्विवेदी के मस्तिष्क को जाना जाये। वास्तव में, उन्होंने कबीर को जनता के सामने प्रस्तुत करने में कोई छोटी-मोटी गलती नहीं की है। इससे यह भी पता चलता है कि ऐसे पौराणिक लेखकों की यह आज की

---

1. वही, पृ. 220.
2. वही, पृ. 220.
3. वही, पृ. 221.
4. वही, पृ. 213.
5. वही, पृ. 219.

गलती नहीं है। इन्होंने दलितों के चिंतन को फ्यूज करने का यह खेल पिछले तीन हजार वर्षों से शुरू कर रखा है। जो कबीर के साथ विद्वत समाज द्वारा आज हुआ है, वह एक परंपरा है और दलितों के अन्य संतों के साथ भी यही हुआ है। देखा जा सकता है कि अयोध्या सिंह उपाध्याय 'हरिऔध', डॉ. श्यामसुन्दर दास, आचार्य रामचन्द्र शुक्ल, डॉ. हजारी प्रसाद द्विवेदी, आचार्य परशुराम चतुर्वेदी और डॉ. रामनिवास चंडक सरीखे हिंदू लेखकों ने कबीर के दर्शन पर चारों ओर से धावा बोल रखा है। ऐसा दीख सकता है कि इन्होंने आपस में एक-दूसरे के मतों का खंडन किया है, पर वास्तव में ये सारे हिंदू लेखक कबीर को मारने में एक-दूसरे के पूरक हैं। इन छह हिंदू लेखकों ने कबीर को छह तरह से देखा है, पर वह कबीर को छह तरह से उलट-पलट कर देखना भर है। परिणाम यह निकलता है कि इन्होंने कबीर को किसी भी दृष्टि से देखने पर जीने योग्य और सम्मान योग्य न छोड़ने का प्रयत्न किया है। कबीर को पलट कर जो जिधर से देखता है, उधर से मांस नोच लेता है। इन्होंने कबीर को छह पालों की गेंद बना लिया है-एक इधर से ठोकर मारता है और दूसरा उधर से। इन छहों की समीक्षाओं को एक साथ मिला कर पढ़ा जाये, तो कबीर इतिहास में रक्त और मांस विहीन कंकाल मात्र बचते हैं। डॉ. द्विवेदी ने अपनी तरफ से कबीर के चिंतन को जिस तरह से नोचा है, उसे निष्कर्ष रूप में पुनः इस प्रकार संक्षिप्त किया जा सकता है :

1. कबीर का अपना पैदायशी चिंतन उनका नीच कुल में जन्म लेने के कारण अक्खड़ता का था।
2. केवल रामानन्द ने उनके चिंतन में भगवत् भक्ति का रस पैदा किया।
3. कबीर मूलतः भक्त थे और व्यक्तिवादी थे। उनका समाज सुधार से कोई खास वास्ता नहीं था।
4. कबीर ने कभी कोई संप्रदाय चलाने की नहीं सोची।
5. कबीर ने जहाँ कहीं समाज सुधार का काम करना चाहा है, वहाँ उन्होंने कोई मजबूत तर्क प्रस्तुत नहीं किये।

ऊपर पाँचवें निष्कर्ष की व्याख्या अभी नहीं की जा सकी है। लेकिन यह जान कर आश्चर्य होता है कि डॉ. द्विवेदी ने कबीर को समाज सुधार के मामले में हलका तार्किक बताया है। उन्होंने लिखा है कि कबीर सामाजिक प्रश्नों से ढंग से नहीं जूझे हैं। इस मामले में उन्होंने विद्वत्ता के ऐसे गड्ढे खोदे हैं, जिनमें चलनेवाले का भूल में पाँव फँस सकता है। डॉ. द्विवेदी कबीर के बारे में उनके जन्म का उल्लेख करते हुए लिखते हैं, 'ऐसे कुल में पैदा हुए व्यक्ति के लिए कल्पित ऊँच-नीच भावना और जाति व्यवस्था का फौलादी ढाँचा तर्क और बहस की वस्तु नहीं होती, जीवन-मरण का प्रश्न होता है। कबीरदास इसी समाज के

रत्न थे।'[1] इसी बात को और अधिक बढ़ाते हुए डॉ. द्विवेदी ने लिखा है कि कबीर 'सामाजिक विषमताओं को बौद्धिक तर्क-विलास की वस्तु न समझते रहे हों, यह आश्चर्य की बात नहीं है।'[2] लेकिन डॉ. द्विवेदी का छुपा हुआ मंतव्य कुछ और है। वे अपने इस प्रकार के कथनों से कबीर की प्रशंसा नहीं कर रहे हैं, बल्कि कबीर को अज्ञानी समझ कर उसका लाभ उठाना चाहते हैं जब वे आगे कहते हैं–'सौभाग्यवश उन्हें वे सब युक्तियाँ नहीं मालूम थीं जो इस स्पष्ट ही अनुचित समाज व्यवस्था को उचित साबित कर सकती है।'[3] यहाँ डॉ. द्विवेदी द्वारा प्रयुक्त किये गये इस 'सौभाग्यवश' शब्द का अर्थ बड़ा ही विशेष है। इसका अर्थ तब अच्छी तरह निकलता है जब वे छुआछूत पर बहस करते हुए लिखते हैं–'गलत हो या सही, 'पंडित' यह विश्वास करता है कि छूत उसकी सृष्टि नहीं है, बल्कि एक अनादि कर्म प्रवाह का फल है। वह विश्वास करता है कि प्राणी मात्र जन्म कर्म के एक दुर्वार प्रवाह में बहे जा रहे हैं। अगर उसे सचमुच निरुत्तर करना है, तो या तो उसे उस अनादि कर्म प्रवाह की युक्ति के भीतर से समझना चाहिए या फिर जन्म-कर्म के प्रवाह के इस विश्वास को ही निर्मूल सिद्ध कर देना चाहिए। यह अत्यंत मोटी-सी बात है। पर कबीरदास के निकट 'पंडित' या 'पांडे' इतना अदना-सा और उपेक्षणीय जीव था कि उन्होंने कभी इस रहस्य को समझने की कोशिश नहीं की।'[4] जब कबीर स्वर्ग-नरक के सिद्धांत को नष्ट करना चाहते हैं, तो डॉ. द्विवेदी का लिखना है कि 'कहना बेकार है कि इस तत्त्व से पंडित अपरिचित नहीं है। वह भी जानता है कि यह स्वर्ग और नरक की कल्पना अविद्या की उपज है, पर वह कितने ही प्रकार के अधिकारियों के अस्तित्व में विश्वास करता है। उसे निरुत्तर करने के लिए इस अधिकारी भेद के सिद्धांतों की ही जड़ खोदनी चाहिए थी। इस प्रकार, कबीरदास का 'पंडित' वह पत्राधारी अधकचरा ब्राह्मण है जो ब्राह्मण मत के अत्यंत निचले स्तर का नेता है।'[5] डॉ. द्विवेदी का मानना है कि कबीर 'यह जानते ही नहीं कि पंडित के पास भी तत्त्व ज्ञान है, मोक्ष और अपवर्ग की व्याख्या है, व्यावहारिक और पारमार्थिक सत्ता पर बहस है, स्थूल और सूक्ष्म की मर्यादा है, कर्म और बंध की धारणा है। यह वे कल्पना भी नहीं करते कि पंडित ऐसे प्रश्नों पर अपने शास्त्रों में विचार भी किया करता है।'[6] वे

1. वही, पृ. 166.
1. वही, पृ. 166.
2. वही, पृ. 166.
3. वही, पृ. 131.
4. वही, पृ. 131.
5. वही, पृ. 132.
6. वही, पृ. 132.

साफ लिखते हैं कि कबीर ने 'पौराणिक हिंदू मत को दूर पर बैठे हुए दर्शक की भाँति ही देखा था।'[1]

एक तरफ डॉ. द्विवेदी ब्राह्मणवाद से लड़ने में कबीर की कमजोरियाँ और कमियाँ गिनाते हैं, लेकिन दूसरी ओर वे स्वयं ब्राह्मणवाद का बचाव करते हैं। डॉ. द्विवेदी खुद ही कबीर के मित्र बनना चाहते हैं और खुद ही उनके दुश्मन भी। यदि कबीर समझाएँ तो किसे समझाएँ क्योंकि डॉ. द्विवेदी हिंदू धर्म के स्वधर्म सिद्धांत और अधिकारी भेद को अक्षरशः मानते हैं। वे हिंदू धर्म की इन दोनों विशेषताओं का गुणगान करते हुए लिखते हैं, 'यदि एक आदमी अपने पूर्वजों के बताये धर्म पर आरूढ़ है, चरित्र से शुद्ध है, दूसरी जाति या व्यक्ति के आचरण की नकल नहीं करता बल्कि स्वधर्म में मर जाने को ही श्रेयस्कर समझता है, ईमानदार है, सत्यवादी है, तो वह निश्चय ही श्रेष्ठ है, फिर वह चाहे आभीर वंश का हो या पुक्कस श्रेणी का।'[2] इसी क्रम को जारी रखते हुए वे आगे लिखते हैं, 'कुलीनता पूर्व जन्म के कर्मफल है, चारित्र्य इस जन्म के कर्म का प्रतीक है। देवता किसी एक जाति की संपत्ति नहीं है, वे सबके हैं और सबकी पूजा के अधिकारी हैं।'[3] लेकिन इस सारे कथन में नया अधिकारी भेद खड़ा करते हुए डॉ. द्विवेदी इस प्रकार लिखते हैं, 'पर यदि स्वयं देवता ही चाहते हों कि उनकी पूजा का माध्यम कोई जाति या व्यक्ति हो सकता है, तो भारतीय समाज को इसमें भी आपत्ति नहीं। ब्राह्मण मातंगी देवी की पूजा करेगा, पर मातंग के जरिये। क्या हुआ जो मातंग चांडाल है। राहु यदि प्रसन्न होने के लिए डोमों को ही दान देना अपनी शर्त रखते हों, तो डोम ही सही। समस्त भारतीय समाज डोम को ही दान दे कर ग्रहण के अनर्थ से चंद्रमा की रक्षा करेगा।'[4]

डॉ. द्विवेदी के इन शब्दों को सुन कर यहाँ डॉ. अंबेडकर द्वारा लिखी गयी पुस्तक 'रिडल्स इन हिंदुइज्म' की याद आती है। डॉ. अंबेडकर ने हिंदू धर्म का अध्ययन करते समय करीब 33 पहेलियाँ खोजी थीं। लेकिन वे सारी की सारी पहेलियाँ डॉ. हजारी प्रसाद द्विवेदी जैसे किसी एक ही ब्राह्मण के मस्तिष्क को समझने की प्रक्रिया में उजागर हो जाती हैं। यह देखने की चीज है कि ब्राह्मणवादी लेखक अपने दिमाग को किस प्रकार इस्तेमाल करता है, दूसरों के लिए कितने भ्रम और झाँसे खड़े करता है और हर बार सबसे ऊपर कैसे बना रहता है। वह सारी अच्छी-बुरी बौद्धिक चर्चाएँ कर जायेगा और अंत में घूम-फिर कर स्वधर्म और अधिकारी भेद पर ही आयेगा। डॉ. द्विवेदी बिल्कुल गीता के स्वर में स्वर मिला

1. वही, पृ. 132.
2. वही, पृ. 171.
3. वही, पृ. 171.
4. वही, पृ. 171.

कर कह रहे हैं कि व्यक्ति को स्वधर्म की मर्यादाओं में रहना चाहिए और दूसरे लोगों की नकल नहीं करनी चाहिए। डॉ. द्विवेदी को कबीर पसंद आयेंगे, यदि वे जुलाहागिरी का अपना पैतृक पेशा ही करते रहें। कुलीनता पिछले अच्छे कर्मों के कारण मिलती है। इस जन्म में केवल यही किया जा सकता है कि कोई शूद्र स्वधर्म का पालन करता हुआ दबंग वर्णों के सामने सामाजिक रूप से विनीत बना रहे। उनका यह भी कहना है कि यदि खुद विष्णु भगवान ही यह चाहने लगें कि उनकी पूजा शूद्र न करें, बल्कि ब्राह्मण करें तो इस अधिकारी भेद में कुछ भी बुरा नहीं है। फिर डॉ. द्विवेदी ने कबीर की प्रशंसा जिन शब्दों में की है, वे गौर से देखे जा सकते हैं। वे कबीर की प्रशंसा में लिखते हैं, 'ऐसे थे कबीर...जन्म से अस्पृश्य, कर्म से वंदनीय।'[1] शायद कबीर के संबंध में डॉ. द्विवेदी द्वारा प्रयुक्त किया गया यह सबसे खतरनाक प्रयोग वाक्य है। इसमें उन्होंने कबीर को जन्म से अस्पृश्य माना है, लेकिन यही तो कबीर के मनुष्य की सारे जीवन की लड़ाई रही थी कि वे जन्म से अस्पृश्य नहीं हैं। वे इस बात को समझाते-समझाते थक गये कि कोई मनुष्य अछूत पैदा नहीं होता, लेकिन डॉ. द्विवेदी के ब्राह्मण मन ने कबीर की प्रशंसा में भी यह बात मान कर नहीं दी है। यह इन जैसे विद्वानों के अचेतन मन की कहानी है। इनकी लेखनी से सही शब्द भूल कर भी नहीं निकल सकते।

अब तक डॉ. द्विवेदी की चिंतन शैली पर काफी विचार किया जा चुका है। एक बार पुनः उनके चिंतन को संक्षेप में रखा जा सकता है। अब वह इस प्रकार है :

1. कबीर का जन्म अक्खड़ नीच कुल में हुआ था और इसका प्रभाव उन पर बाद तक रहा था।
2. कबीर मूलतः भक्त थे और इसमें रामानन्द ने उन पर गुरु के रूप में कृपा की थी।
3. कबीर समाज सुधारक नहीं थे। वे इस लड़ाई को बौद्धिक और तार्किक स्तर पर ढंग से नहीं लड़ पाए।

चूँकि ऊपर पहले और तीसरे निर्णय में डॉ. द्विवेदी की दृष्टि से कोई अच्छाई नहीं है, इसलिये ये दोनों निर्णय छोड़े जा सकते हैं। बाकी केवल दूसरा निर्णय बचता है। डॉ. द्विवेदी केवल इसी पर रुकना चाहते हैं। लेकिन डॉ. द्विवेदी का इसमें मन्तव्य क्या है ? इसमें उनका छिपा हुआ मन्तव्य यह है कि रामानन्द को छोड़ कर बाकी कबीर से उनका कोई मतलब नहीं है। उन्हें कबीर के जीवन में जहाँ ब्राह्मण दीखा है, उन्होंने कबीर के चिंतन की केवल उसी जगह प्रशंसा की है। देखा जाये, तो वास्तव में उन्होंने अपनी इस पूरी पुस्तक में यदि किसी

1. वही, पृ. 167.

की प्रशंसा की है तो केवल रामानन्द ब्राह्मण की। इससे आगे वे कबीर की केवल उतनी प्रशंसा करते हैं जितनी कबीर की चिंतन प्रणाली रामानन्द की चिंतन प्रणाली से मेल खाती है। रामानन्द को छोड़ कर उनकी लेखनी से कबीर की स्वतंत्र प्रशंसा नहीं लिखी जा सकी। उन्होंने कबीर के भक्ति रूप की भी प्रशंसा इसलिये की है क्योंकि उन्होंने उन्हें रामानन्द ब्राह्मण का शिष्य माना है। यह बात दावे से कही जा सकती है कि यदि उनके समय में यह सिद्ध हो जाता कि रामानन्द कबीर के गुरु नहीं थे तो पहली बात, वे कबीर पर ऐसी पुस्तक लिखने का व्यर्थ का उद्यम नहीं करते और दूसरी बात, यदि इस पुस्तक को लिखते भी तो उसमें यह लिखते कि कबीर किसी उच्च श्रेणी के भक्त नहीं थे। डॉ. हजारीप्रसाद द्विवेदी के इस पुस्तक के लिखने के उद्योग से यही बात सिद्ध होती है कि ब्राह्मण ने आज तक अपने सिवा किसी दूसरे की प्रशंसा नहीं की है। कबीर को इस बात का पूरा-पूरा पता है–वे तो यहाँ तक पूछ गये हैं कि *ब्राह्मण कीन्ह कौन को काजा।*[1]

तनिक डॉ. द्विवेदी के चिंतन से हट कर देखा जाये कि कबीर की समस्या क्या थी। जिसकी जैसी समस्या होती है, वैसा ही उसका समाधान निकला करता है। डॉ. द्विवेदी ने निष्कर्ष निकाला है कि कबीर की समस्या व्यक्तिगत थी। पर क्या यह सत्य है ? क्या कबीर जैसे व्यक्ति की समस्या जिनका जन्म ब्राह्मणों द्वारा अस्पृश्य कही जानेवाली जुलाहे जाति में हुआ था, व्यक्तिगत रह सकती थी जो उसका व्यक्तिपरक समाधान बताया गया है ? क्या कबीर की समस्या खुद अकेले कबीर की थी ? क्या यह परंपरा से प्राप्त उनकी जाति की समस्या नहीं थी ? इस बात का खुद डॉ. हजारी प्रसाद द्विवेदी को भी ज्ञान है, जब वे लिखते हैं, 'संभवतः इस देश में ब्राह्मण श्रेष्ठता प्रतिष्ठित होने से पूर्व इन बाईस वयनजीवी जातियों में से कई जैन–बौद्धादि ब्राह्मणेतर धर्मों में उन्नत स्थान की अधिकारिणी रही होंगी।...अन्यान्य वयन जीवियों की वर्तमान अवस्था का कारण उनका ब्राह्मणेतर विश्वास का आश्रय होना चाहिए। शायद इन्होंने शुरू–शुरू में ब्राह्मण धर्म का जबर्दस्त विरोध किया होगा।'[2] अपनी इसी खोज पर मुहर लगाते हुए वे आगे इति सिद्धम के रूप में लिखते हैं, 'विरोध की मात्रा का कुछ अनुमान तो कबीर के पदों से ही हो जाता है।'[3] लेकिन इस जानकारी के बाद भी डॉ. द्विवेदी ने उलटा निष्कर्ष निकाला है कि कबीर समाज सुधारक नहीं थे। वे कबीर के विद्यार्थियों को बहकाते हुए लिखते हैं कि 'जो लोग इन बातों से ही कबीरदास की महिमा का विचार करते हैं कि वे समाज सुधारक थे, वे केवल सतह पर ही

---

1. कबीर साहित्य की प्रासंगिकता, संपादक विवेक दास, कबीर वाणी प्रकाशन केन्द्र, सद्गुरुं कबीर मन्दिर, कबीर चौरा मठ, वाराणसी-1, 1978, पृ. 10.
2. कबीर, डॉ. हजारीप्रसाद द्विवेदी, पूर्वोधृत, पृ. 7.
3. वही, पृ. 7.

चक्कर काटते हैं।'[1]

डॉ. द्विवेदी से पूछा जा सकता है–क्या तुलसी भक्त नहीं थे ? फिर उनके यहाँ फोकट का माल–*पूजिए विप्र सील गुन हीना शूद्र न गुन गन ज्ञान प्रवीना*[2] क्यों निकला है ? कबीर के यहाँ निकले हुए फोकट के माल और तुलसी के यहाँ निकले हुए फोकट के माल में यह धरती और आसमान का अंतर क्यों है ? एक का बाई-प्रोडक्ट वर्ण विरोधी और दूसरे का बाई-प्रोडक्ट वर्ण समर्थन का क्यों है ? सच्ची बात यह है कि समाज सुधार या समाज बिगाड़ इन लोगों की भक्ति का बाई-प्रोडक्ट नहीं बल्कि यही उनका मूल उत्पादन है। इस मूल उत्पादन में जो साधन के रूप में इस्तेमाल की गयी चीज है, वह भक्ति है। यदि यह सच नहीं है तो मूल प्रश्न ज्यों का त्यों खड़ा रहेगा–दो भिन्न भक्तों का दो भिन्न समाजों में जन्म लेने के कारण उनकी भक्ति के अनंतर पैदा हुए फोकट के माल या बाई-प्रोडक्ट एक समान क्यों नहीं हैं ? लेकिन डॉ. द्विवेदी इस प्रश्न का उत्तर देने के लिए तैयार नहीं हैं। उलटे वे ऐसे प्रश्नों को गोलमोल करके अपने अप्रासंगिक उत्तर देते हैं। वे कबीर की प्रशंसा में लिखते हैं, 'सर्वत्र उन्होंने एक समता (बेलेंस) रखी थी। केवल कुछ थोड़े-से विषयों में वे समता खो गये थे। अकारण सामाजिक ऊँच-नीच मर्यादा के समर्थकों को वे कभी क्षमा नहीं कर सके।'[3] इस प्रशंसा से पता चलता है कि डॉ. द्विवेदी के अनुसार कबीर ने समाज पर बोलते समय अपने मन का संतुलन खो दिया था। भक्ति के मामले में वे पूर्णतः समता रखनेवाले भक्त बताए गये हैं। प्रकारांतर से डॉ. द्विवेदी के कहने का मतलब यह है कि अकारण के बजाय सकारण सामाजिक ऊँच-नीच की मर्यादा के समर्थकों का सम्मान कर उन्हें अपने चिंतन में समता का प्रदर्शन करना चाहिए था जो उन्होंने नहीं किया।

डॉ. द्विवेदी द्वारा कबीर को समझने में एक खास बात यह है कि वे कबीर को समन्वयवादी नहीं मानते। उन्होंने अपनी पुस्तक में इस बात पर जो ज्यादा जोर दिया है कि कबीर सबसे न्यारे पैदा हुए थे, इसमें उनका एक विशेष प्रयोजन है। उनका डर था कि कबीर को समन्वयवादी मानने में कबीर पर मुसलमानी प्रभाव मानना पड़ जायेगा। चूँकि समन्वयवादी में मुसलमानी चिंतन का भी कुछ न कुछ मूल्य स्वीकार करना पड़ता है, इसलिये कबीर पर इसी मुसलमानी प्रभाव का पूर्णतः निराकरण करने के लिए उन्होंने कबीर के विद्रोह को शुद्ध भारतीय विद्रोह

1. वही, पृ. 222.
2. कबीर साहित्य की प्रासंगिकता, संपादक विवेक दास, कबीर वाणी प्रकाशन केंद्र, सद्गुरु कबीर मंदिर, कबीर चौरा मठ, वाराणसी-1, 1978, पृ. 153.
3. कबीर, डॉ. हजारी प्रसाद द्विवेदी, हिंदी ग्रंथ रत्नाकार कार्यालय, बंबई-4, तृतीय परिवर्द्धित संस्करण 1950, पृ. 169.

से जोड़ा है। असल में, डॉ. द्विवेदी के सामने शब्द 'समन्वयवाद' हिंदुओं और मुसलमानों के तत्कालीन राजनैतिक संबंधों में टकराव के कारण फैशन में आया था। इसका मतलब है कि बातें दोनों धर्मों की अच्छी-अच्छी मान ली जायें। यह कोई बड़ी बात नहीं है, लेकिन डॉ. द्विवेदी के पौराणिक मन को यह भी बर्दाश्त नहीं है। उनकी मंशा है कि कबीर को मुसलमानों के खेमे से पूरी तरह बाहर निकाला जाये। वे कबीर को लेकर समन्वयवाद के विरोध में लिखते हैं, 'जो लोग कबीरदास को हिंदू-मुस्लिम धर्मों का सर्वधर्म समन्वयकारी सुधारक मानते हैं, वे क्या कहते हैं, ठीक समझ में नहीं आता। कबीर का रास्ता बहुत साफ था। वे दोनों को शिरसा स्वीकार कर समन्वय करनेवाले नहीं थे। वे समस्त बाह्याचारों के जंजालों और संस्कारों को विध्वंस करनेवाले क्रांतिकारी थे। समझौता उनका रास्ता नहीं था।'[1] लेकिन डॉ. द्विवेदी के इस कथन का अर्थ क्या रह जाता है, जब वे कबीर को पौराणिक मत का सिद्ध करने का प्रयत्न करते हैं ? हाँ, जहाँ तक हिंदू धर्म के विभिन्न मत-मतांतरों का प्रश्न है, उन्हें लेकर वे कबीर को समन्वयवादी घोषित करने को तैयार हैं; बस, अंतर यह है कि ऐसे समय वे 'समन्वयवाद' शब्द का प्रयोग न करके कबीर के लिए समझ में न आनेवाले 'द्वैताद्वैत-विलक्षण समतत्त्ववाद'[2] शब्द जंजाल का प्रयोग करते हैं।

समन्वयवाद और समतत्त्ववाद में डॉ. हजारी प्रसाद द्विवेदी के पौराणिक स्वार्थ का एक अंतर है। समन्वयवाद का सामाजिक अर्थों में प्रयोग किया जाता है, जबकि समतत्त्ववाद का प्रयोग तत्त्व शास्त्र के दार्शनिक अर्थों में किया जाता है। डॉ. द्विवेदी कबीर के संबंध से किसी प्रकार के समन्वयवाद के इसलिये खिलाफ हैं, क्योंकि ऐसा मानने से मुसलमानों की सामाजिक व्यवस्था का लाभ उठाया जा सकता है। तब अधिकारी भेद वाली हिंदुओं की अस्पृश्यता, जाति प्रथा और वर्ण व्यवस्था को छोड़ा भी जा सकता है, जो वे कदापि नहीं चाहते। तात्त्विक दृष्टि के समतत्त्ववाद से डॉ. द्विवेदी को इसलिये परेशानी नहीं है, क्योंकि दार्शनिक दुनिया में समाज व्यवस्था को बिना छेड़ते केवल बहस-मुँह-बाजी का कुछ भी घटित होता रहे—उससे कुछ खास फर्क नहीं पड़ता।

यह बात सही है कि जब डॉ. द्विवेदी कबीर को सबसे न्यारा सिद्ध करते हैं, तो उनका मुख्य उद्देश्य कबीर को एक बार मुसलमानों से अलग कर लेने का है। सबके विरोध के नाम पर वे कबीर को सही मायनों में मुसलमानों से ही दूर रखना चाहते हैं। डॉ. द्विवेदी ने सही बात कही है कि 'कबीरदास ने अपने को जुलाहा तो कई बार कहा है, पर मुसलमान एक बार भी नहीं कहा। वे बराबर अपने को 'ना हिंदू ना मुसलमान' कहते रहे।'[3] वे अपनी इस सही बात के क्रम में आगे

1. वही, पृ. 185.
2. वही, पृ. 32.
3. वही, पृ. 9.

लिखते हैं, 'आध्यात्मिक पक्ष में निस्संदेह यह बहुत ऊँचा भाव है, पर कबीरदास ने कुछ इस ढंग से अपने को उभय-विशेष बताया है कि कभी-कभी यह संदेह होता है कि वे आध्यात्मिक सत्य के अतिरिक्त एक सामाजिक तथ्य की ओर भी इशारा कर रहे हैं।'[1] यहीं से आगे डॉ. द्विवेदी कबीर को नाथों और जोगियों की जाति से जोड़ देते हैं। इसमें डॉ. द्विवेदी ने कोई गलत निष्कर्ष नहीं निकाला, लेकिन इतना जरूर कहा जायेगा कि उन्होंने इस तथ्य का गलत लाभ उठाया है। जब उन्हें कबीर को मुसलमानों से अलग करना होता है, तो कबीर पर नाथ प्रभाव का सहारा लेते हैं, लेकिन बाद में कबीर के इस न्यारेपन का लाभ कुछ भी नहीं रह जाता, जब वे कबीर को समतत्त्वाद का नाम लेकर रामानन्द के शिष्य और पुराणों के वैष्णव सिद्ध कर देते हैं। तब वे दूसरे हाथ से कबीर के सारे न्यारेपन को ताक पर उठा कर रख देते हैं। यहाँ मूल बात यही है कि वे कबीर को वैष्णव का नाम लेकर मुसलमानों से अलग सिद्ध करने में खुद को असमर्थ पाते हैं।

इस प्रकार इस समीक्षा में देखा जा सकता है कि डॉ. हजारी प्रसाद द्विवेदी ने कबीर को समझ कर भी समझना नहीं चाहा। उनका मुख्य लक्ष्य कबीर को समझने का नहीं था बल्कि कबीर को अपने पौराणिक खेमे में लाने का था। इससे कुछ निष्कर्ष निकलते हैं जो इस प्रकार रखे जा सकते हैं :

1. डॉ. हजारीप्रसाद द्विवेदी 'द्विवेदी' पहले हैं और 'डॉक्टर' बाद में। 'द्विवेदी' उनके नाम के पीछे भले ही आया हो, लेकिन जिस दिन वे डॉक्टर नहीं थे, उस दिन भी और एक अनपढ़ बालक के रूप में भी वे द्विवेदी थे। द्विवेदी ब्राह्मण होते हैं।

2. कबीर को आत्मीयता से समझने के लिए डॉ. हजारी प्रसाद द्विवेदी को जुलाहा होना चाहिए था। यदि जुलाहे हो कर वे कबीर के समान सामाजिक अपमान और ताड़ना सहते तो उन्हें पता लगता कि कबीर व्यष्टिवादी थे या समष्टिवादी। डॉ. हजारी प्रसाद द्विवेदी के पास अनुभूति के रूप में वह सामाजिक दर्द ही नहीं है जो कबीर के पास था। यही कारण है कि वे कबीर को समाज सुधारक नहीं मानते और उनके समाज सुधार को कोलतार का बाई-प्रोडक्ट और फोकट का माल कहते हैं।

3. डॉ. हजारी प्रसाद द्विवेदी कबीर को मूलतः भक्त मानते हैं। कारण स्पष्ट है, उनके ब्राह्मण वाले मन में समाज सुधार कोई महत्त्व की चीज नहीं है। वास्तव में, हिंदुस्तान में समाज सुधार की भावना ब्राह्मण के संस्कार में नहीं है। उसे समाज की कोई समस्या व्यापे, तो वह समाज सुधार की बात करे। वह समाज में सर्वोपरि स्थान रखता आया है–ऐसे व्यक्ति की दूसरे लोगों से संबंधित अधिकार प्राप्त करने

1. वही, पृ. 9

की कोई समस्या नहीं हुआ करती। असल में, कबीर साहित्य को समझने के लिए डॉ. हजारी प्रसाद द्विवेदी की एक अनधिकारी की चेष्टा है। वे एक अछूत की तरह नहीं सोच सकते।

4. ब्राह्मण धर्म में शास्त्रों को पढ़ने के लिए अधिकारी भेद का प्रश्न बहुत महत्त्वपूर्ण है। उसका कारण उन ग्रंथों की भिन्न सामाजिकता है। भिन्न समाज के व्यक्ति को उन ग्रंथों को पढ़ने की अनुमति नहीं दी जाती। बात साफ है, वे धर्म ग्रंथ शूद्रों और अंत्यजों के विरोध में लिखे गये थे। इसलिये उन्हें नहीं पढ़ाये जाते थे। इस बात को ध्यान में रखते हुए कबीर साहित्य को पढ़ने के लिए भी अधिकारी भेद की बात उठ सकती है। जब डॉ. हजारी प्रसाद द्विवेदी हिंदुओं के अधिकारी भेद को शिरसा स्वीकार करते हैं, तो उन्हें कबीर साहित्य को स्वयं ही नहीं पढ़ना चाहिए था, क्योंकि कबीर ब्राह्मण विरोधी समाज दार्शनिक हैं।

5. कबीर को मूलतः भक्त सिद्ध करने से पहले डॉ. हजारी प्रसाद द्विवेदी को यह समझना चाहिए था कि ब्राह्मणी समाज व्यवस्था में दलित समाज को ईश्वर की भक्ति करने का अधिकार नहीं था। दलित लोग राम का नाम नहीं ले सकते थे। इसलिये दलित व्यक्ति की भक्ति करने की चाह तक में उसकी सामाजिकता उजागर रहती है। तथाकथित त्रेता युग में राम ने शंबूक को तपस्या नहीं करने दी थी। ब्राह्मणी ग्रंथों के अनुसार शूद्र को संन्यास धारण करने का अधिकार प्राप्त नहीं है।

6. एक सवाल पूछा जा सकता है–क्या गांधी जी भारत की राजनैतिक आजादी के सिपाही थे या मूलतः धार्मिक प्रवृत्ति के मनुष्य थे ? क्या राजनैतिक आजादी उनकी धार्मिक मूल प्रवृत्ति का कोलतार और बाई-प्रोडक्ट है ? इस प्रश्न का कुछ भी उत्तर दिया जाये, लेकिन अगला प्रश्न यह है कि क्या डॉक्टर अंबेडकर बौद्ध पहले थे और समाज सुधारक बाद में ? डॉ. हजारी प्रसाद द्विवेदी सरीखे विद्वानों को जानना चाहिए कि डॉ. अंबेडकर के लिए बौद्ध धर्म का ग्रहण करना भी एक सामाजिक हथियार है। यही बात कबीर के बारे में सही है। कबीर के लिए भक्ति समाज सुधार की प्रक्रिया को पूरा करने का साधन और माध्यम है।

7. यह डॉ. हजारी प्रसाद द्विवेदी ने बेमतलब और बिल्कुल बेसिर-पैर की बात उठायी है कि कबीर की भक्ति और उनके समाज सुधार की भावना में कोई अंतर था। ऐसी घोषणा करने से पहले उन्हें ध्यान रखना चाहिए था कि हिंदुस्तानी समाज में कबीर और कबीर जैसे किसी भी अन्य दलित जाति के महापुरुष की सबसे पहली समस्या सामाजिक होती है। वह अपना मिशन समाज सुधार से ही आरंभ करता है।

8. डॉ. हजारी प्रसाद द्विवेदी द्वारा यह फिर एक बौद्धिक झाँसा दिया गया है कि पहले तो कबीर के साथ समाज सुधारक जैसा छोटा शब्द जोड़ा गया है

और फिर उन्हें उसमें भी सक्रिय और पारंगत नहीं माना गया। वास्तव में डॉ. द्विवेदी के सिद्धांत की भक्ति के मुकाबले में कबीर समाज सुधारक नहीं, बल्कि समाज क्रांतिकारी थे। ये ब्राह्मणी विद्वान् जाल ही अजीब तरह का फेंकते हैं कि सामान्य लोग आसानी से इनके चंगुल से बच कर नहीं जा सकते। भक्त और समाज सुधारक की डाँडामेंडी में कबीर का समाज क्रांतिकारी का रूप पूर्णतया भुला दिया गया है। वास्तव में, कबीर भक्त और समाज सुधारक के छोटे व्यक्ति न हो कर सामाजिक क्रांति के महान् नेता थे। उन्हें हिंदू धर्म के सुधार से कोई मतलब नहीं रह गया था, जब उन्होंने अपने दलित समाज के लिए एक अलग धर्म दे दिया था। सामाजिक रूप में हिंदुओं के समाज का सुधार करना हर दलित व्यक्ति के समान उनका आरंभिक प्रयत्न था, लेकिन बाद में द्विजों की हर तरह से आजमाइश कर लेने पर वे भी आज की बीसवीं शताब्दी के डॉ. अंबेडकर के समान अपने सामाजिक रूप में हिंदुओं से पूरी तरह से अलग हो कर गये थे। कबीर हिंदुओं से इतना विद्रोह करके गये थे कि सारी उम्र काशी को कर्मक्षेत्र बनाये रखने पर भी उनका मरना हिंदुओं के इस तीर्थराज काशी में नहीं हुआ था।

9. मेरे मत में, कबीर के गुरु मक्खी और मच्छर हो सकते थे, कबीर के गुरु कुत्ते और बिल्ली हो सकते थे, लेकिन रामानन्द ब्राह्मण उनके गुरु कभी नहीं हो सकते थे। रामानन्द को कबीर का गुरु बताने में इतिहास के साथ साजिश हुई है। यह ब्राह्मणों द्वारा साहित्य में अपना वर्चस्व बनाये रखने की कोशिश है। यह वैसी ही कोशिश है जैसी आजकल अंबेडकर और गांधी के संबंध को ले कर की जा रही है। यदि दलित लोग डॉ. अंबेडकर के बचाव में ढंग से नहीं लड़ सके, तो कुछ दिन बाद हिंदू विद्वान् यह सिद्ध कर देंगे कि डॉ. अंबेडकर महात्मा गांधी के सबसे प्रिय शिष्य थे।

स्त्री की जगह

ममता जी. सागर

स्त्रियों की ओर से उनकी इच्छाशक्ति के पक्ष में बात करना, उनके अपवर्जन पर सवाल उठाना और उनकी हिस्सेदारी की माँग करना एक सामन्ती पितृसत्तात्मक समाज में आसान काम नहीं है। कभी-कभी तो यह असहमति तक का रूप नहीं ले पाती। कमजोर और हाशिये पर धकेल दिये गये लोगों पर आधिपत्य के प्रयोग का वर्णमूलक व्यवहार समाज की बनावट में ही बद्धमूल है। कुछ खास घटनाओं को पूरी जाति की पवित्र धारणाओं के रूप में देखा जाता है, भले ही वे कुछ वर्गों तक ही सीमित क्यों न हों। अधिकांश मामलों में, 'समग्र' में वे लोग शामिल नहीं किये जाते जो वंचित होते हैं, भौतिक और आर्थिक रूप से कमजोर होते हैं और राजसत्ता के साथ जिनका सीधा संबंध नहीं होता। आर्थिक उन्नति में स्त्रियों के योगदान को उनके उन पुरुष सहयोगियों के योगदान के ही विस्तार के रूप में देखा जाता है जिन पर वे निर्भर करती हैं। कुछ खास भौतिक और चिंतनात्मक क्षेत्रों में उनका निषेध और इस निषेध की नैसर्गिकता में विश्वास तथा स्त्रियों को ऐसा विश्वास करने पर मजबूर करना अपने में एक सामान्य बात है, जिसे सामाजिक मान्यता मिली हुई है।

माइकल बरेट के अनुसार, 'विचारधारा लिंग की निर्मिति का अत्यंत महत्त्वपूर्ण स्थल है, बशर्ते इसे एक स्वायत्त व्यवहार या विमर्श की बजाय एक सामाजिक समग्र के अंश के रूप में समझा जाये।'[1]

समाज के भीतर पुरुषों और स्त्रियों के लिए अलग-अलग क्षेत्रों की अवधारणा के मूल में अनेक मान्यताएँ घर बनाये हुए हैं, जिनका संबंध उनकी हैसियत, उनके व्यवहार की अनुरूपता और उन भौगोलिक सीमाओं से है जिनके भीतर वे क्रियाशील हैं। पारिवारिकता की विचारधारा पुरुषों को लैंगिक सीमाओं को मानने और लिंग-सापेक्ष भूमिका निभाने के लिए प्रवृत्त करती है और इस तरह

---

1. माइकल बरेट, 'आइडियॉलॉजी एंड कल्चरल प्रॉडक्शन ऑफ जेंडर'; फेमिनिस्ट क्रिटिसज्म एंड सोशल चेंज-सैक्स क्लास एंड रेस इन लिटरेचर एंड कल्चर (सम्पा. जूडिथ न्यूटन और डेबोरा रोजेन फेल्ट) मेथ्युएन, न्यूयॉर्क, 1985

नर-सत्ता के प्रभुत्व को बल प्रदान करती है। मैं इस निबंध में उपर्युक्त पक्षों को दृष्टिगत रखते हुए स्त्रियों के प्रति कबीर की कविता में प्रकट होनेवाले रवैये को समझने का प्रयत्न करूँगी। मैं यह स्पष्ट करने का प्रयत्न करूँगी कि कबीर के यहाँ स्त्रियों के प्रति यह रवैया किस तरह तत्कालीन समाज की विचारधारा को प्रतिबिंबित करता है।

एक महत्त्वपूर्ण समाज सुधारक और कवि के रूप में कबीर पंद्रहवीं सदी की भक्ति-परंपरा से ताल्लुक रखते हैं। यह वह समय था जब लोधियों ने तत्कालीन तुर्क शासन से निबटने के लिए अफगानों को आमंत्रित किया था। लोधियों का प्रमुख विरोधी शरक्विस तब जौनपुर का शासक था। जौनपुर एक महत्त्वपूर्ण राजनीतिक सांस्कृतिक केंद्र था। सावित्री चंद्र शोभा ने बताया है कि किस तरह तब काशी और जौनपुर ही वे धुरियाँ थीं जिनके इर्द-गिर्द उदारवाद की नयी सांस्कृतिक परंपरा और मौजूदा व्यवस्था के विरुद्ध असंतोष और विरोध विकसित हो रहा था।[1] कबीर का अधिकांश जीवन इन्हीं जगहों पर बीता।

'भारत में इस्लाम के अभ्युदय ने इसके राजनैतिक धार्मिक सांस्कृतिक जीवन पर व्यापक प्रभाव डाला।'[2] इस काल के सामाजिक सोपानक्रम में अनेक समूह विभिन्न दिशाओं में सक्रिय हुए। जो समूह पहले निचले स्तर पर थे, वे अब विकासमूलक क्षेत्रों तथा राज्य की आर्थिक दशा के सुधार में भाग ले रहे थे और शहरीकरण का अंग बन गये थे। इसने उनके भीतर उनके महत्त्वपूर्ण होने का भी बोध जगाया होगा। इस्लाम के सामाजिक आदर्श ने, जहाँ ईश्वर की दृष्टि में सभी लोग समान थे, उन उपेक्षितों को अवकाश उपलब्ध कराया जो ब्राह्मणवादी समाज द्वारा निर्मित ढाँचे में अब तक कैद थे। इन दो बड़ी ताकतों–हिंदू-मुसलमानों–के बीच के टकराव और अंत:क्रिया ने चिंतन के नये रूपों को जन्म दिया।

इसने कबीर जैसे उन लोगों के लिए भी जगह बनायी जो अब तक वंचित थे और स्वीकृति के लिए संघर्ष कर रहे थे। उन्हें उस प्रभुत्वशाली ब्राह्मणवादी सामाजिक व्यवस्था के ख़िलाफ खुल कर बोलने का अवसर मिला जो अब तक उन पर शासन करती आयी थी। इरफान हबीब कहते हैं कि 'सामाजिक व्यवस्था के भीतर अपने जातीय बंधनों और अपनी निम्न हैसियत को ले कर एक दस्तकार के प्रथह संदेह की आहट शायद कबीर की कविताओं में सुनी जा सकती है।'[3]

---

1. सावित्री चंद्र शोभा, 'सोशल फिलॉसॉफी ऑफ कबीरदास'; सोशल लाइफ एंड कॉन्सेप्ट्स इन मेडिवल हिंदी भक्ति पोएट्री-ए सोशियो-कल्चरल हिस्ट्री, चंद्रायन पब्लिकेशन, नयी दिल्ली 1983, पृ. 47-48
2. रेखा पांडे, दि सोशल कॉण्टेंट ऑफ भक्ति मूव्हमेंट, ए स्टडी इन कबीर, इंडियन हिस्ट्री कांग्रेस, फोर्टी-सिक्स्थ सेशन, गुरु नानक देव यूनिवर्सिटी, 1985, पृ. 330
3. इरफान हबीब 'इकनॉमिक हिस्ट्री ऑफ दिल्ली सल्तनत, एन एस्से इन इंटरप्रेटेशन'; आई एच आर IV (2) 1978, पृ. 297

अनेक जबर्दस्त परिवर्तन घटित हुए जिन्होंने भक्ति की पद्धति को उस समाज सुधार आंदोलन में बदल दिया जिसने इस काल के कठोर समाज के चरित्र को आकार प्रदान किया।

अगर राजनीतिक और आर्थिक मोर्चों पर सामंती दमन था, तो सामाजिक मोर्चे पर ब्राह्मणों का अत्याचार था। रेखा पांडेय के अनुसार, 'अपनी यथास्थिति को बनाये रखने के लिए ब्राह्मणों ने जटिल किस्म के अनुष्ठान और रिवाजों का सहारा लिया। जो लोग किन्हीं कारणों से चतुर्वर्णों में समा नहीं सके, उन्हें चांडाल या अछूत कह दिया गया।'[1] कबीर कहते हैं, ब्राह्मण लोग वेदों में डूब कर अपनी आत्मा को भूल गये हैं और स्नान, संध्या-पूजा, तर्पण, जप और होम में व्यस्त हो गये हैं। राम सब में है, फिर भी ये लोग किसी से भी छू जाने पर स्नान करते हैं। अब आपको यह फैसला करना है कि दोनों में नीचा कौन है। उन्हें यह अनुभव करना होगा कि यह अहंकार उन्हें कहीं नहीं ले जायेगा, क्योंकि ईश्वर खुद ही ऐसे अहंकार के ख़िलाफ है।[2]

भक्ति की तमाम पद्धतियों को नकारते हुए कबीर कहते हैं :

न जाने साहब कैसा है
मुल्ला होकर बाँग जो दैवे, क्या तेरा साहब बहरा है
कीड़ी के पग नेवर बाजे, सो भी साहब सुनता है
माला फेरी तिलक लगाया, लंबी जटा बढ़ाता है
अंतर तेरे कुफर कटारी, यों नहीं साहब मिलता है।[3]

कबीर ने हिंदुओं और मुसलमानों, दोनों की यह कहते हुए आलोचना की कि ईश्वर न तो मंदिर में है, न मस्जिद में, न वह काबा में है न कैलाश पर, न तो अनुष्ठानों में है न त्यौहारों में, न तो योग में है और न ही संन्यास में। अगर आपको उसकी सच्ची तलाश है तो वह आपको आपके बिल्कुल करीब ही मिल जायेगा, क्योंकि वह हर साँस में समाया हुआ है।[4] सावित्री चन्द्र शोभा के अनुसार, 'मनुष्यों के बीच समानता और एकत्व कबीर के सामाजिक दर्शन की केंद्रीय विषयवस्तु थी। उन्होंने धर्म, जाति, कुल और कुटुंब के आधार पर मनुष्यों के बीच बरते जाने वाले भेदभाव की निन्दा की।'[5] उन्होंने प्रेम को परम माना। मस्जिदों और मन्दिरों के पास, शास्त्रों

---

1. रेखा पांडे, पूर्वोद्धृत, पृ. 231
2. एल.बी. राम 'अनंत'; कबीर ग्रंथावली, पृ. 452, 465
3. राबर्ट ब्लाई, दि कबीर बुक, 44 ऑफ एक्सॉटिक पोएम्स ऑफ कबीर, बेकॅन प्रेस, बोस्टन, 1977, पृ. 2
4. हजारी प्रसाद द्विवेदी, कबीर, राजकमल प्रकाशन पृ. 190
5. सावित्री चन्द्र शोभा, पूर्वोद्धरित, पृष्ठ 48

और *कुरान* के पास कहने के लिए कुछ भी नहीं है। प्रेम इन तमाम सतही तत्त्वों से ऊपर है। वह किसी भी कर्मकांड से ज्यादा मूल्यवान् है। इस प्रेम के मार्ग में जो भी बाधा बनत है वह तुच्छों में भी तुच्छ है।

कबीर कहते हैं कि काया के भीतर शब्द (वाक्) के रूप में मौजूद ब्रह्म ही परम है। मेरी तरह जिस किसी ने भी माया से पार पा लिया, वह इस शब्द को हासिल कर सकता है। मेरा शब्द वह कल्पतरु है जिससे आप जो भी माँगेंगे वह आपको वही देगा।[1] वासना पुरुष और ईश्वर के बीच एक बाधा के रूप में पहचानी गयी। स्त्री के लिए शायद यहाँ कोई जगह नहीं थी।

यह विचित्र-सी बात है कि इस तरह के विवेकशील व्यक्ति के लिए स्त्री तमाम तरह की बुराइयों को परिभाषित करनेवाले रूपक का काम करती है। सामंती तथा ब्राह्मणवादी दोनों ही तरह की दमनात्मक व्यवस्थाओं में स्त्री के शोषण को अत्यंत स्वाभाविक माना गया। यह रुख उस कबीर के यहाँ भी जारी रहता है जिसने दलितों और अछूतों के असंतोष को वाणी दी। तमाम बुराइयों और पापों का बोझ मानो उन स्त्रियों पर डाल दिया गया जो कबीर के समाज-सुधार-उद्यम में अलक्षित ही बनी रह गयीं। वे अछूतों की भी अछूत बनी रहीं। कबीर उस ब्राह्मण की आलोचना करते हैं जो शूद्र को तो अस्पृश्य मानता है, लेकिन जो अपने जन्म से ही स्त्री रूपी शूद्रा के हाथ का खाना खाने से परहेज नहीं करता।[2]

कबीर में ऐसी तमाम धारणाओं को पढ़ा जा सकता है जो स्त्री से अपेक्षित सामाजिक व्यवहार को स्पष्ट करती हैं। यहाँ स्त्री के लिए प्रदत्त पारंपरिक सीमाएँ और जगहें पूरे मन से स्वीकार की गयी हैं। यहाँ अच्छी स्त्रियों और बुरी स्त्रियों की दो कोटियाँ भी हैं। ऐसी स्त्रियाँ, जो अपने पति के प्रति वफादार और परिवार, यानी पति के माता-पिता, भाई-बहनों की सेवा करती हैं, वे पहली कोटि में आती हैं। उन्होंने पतिव्रत की अवधारणा का प्रबल समर्थन किया। वे कहते हैं कि स्त्री अन्यथा चाहे कैसी भी हो कितनी भी कुरूप, गन्दी, साँवली या बुरी, अगर वह पतिव्रता है तो कोई भी दोष उसे छू नहीं सकता। स्त्री के लिए सार्वजनिक जीवन में भागीदारी की कोई गुंजाइश नहीं : उसे घर के भीतर परदे में ही रहना चाहिए। उनके अनुसार, एक निष्ठावान पत्नी को चाहिए कि वह अपने पति की इच्छाओं के सामने खुद को पूरी तरह समर्पित कर दे तथा पति की इच्छित जीवन शैली के अनुरूप खुद को ढाल ले। दरअसल उसका जीवन उसके पति के लिए ही था। उसकी उपस्थिति में ही वह बोलती और हँसती थी। कबीर ने कहा कि ऐसी निष्ठावान पत्नी को ही आँख की पुतली समझ कर उसकी रक्षा की जानी चाहिए।

---

1. डी.आर. बेन्द्रे, कबीर वचनावली, साहित्य अकादेमी, नयी दिल्ली, पृ. 22
2. अहमद शाह, दि बीजक ऑफ कबीर, एशियन पब्लिकेशन सर्विस, नयी दिल्ली, 1977, पृ. 6-7

उसे हमेशा ही पुरुष द्वारा अर्जित की गयी एक संपत्ति समझा गया। एक मातहत और पराधीन, जिस पर पति को सारे हक हैं–उसकी रक्षा करने या उसे त्याग देने समेत, जो इस पर निर्भर है कि उसका आचरण उसके लिए निर्धारित किये गये सामाजिक चौखटे में समाता है या नहीं।

दूसरी कोटि उन स्वच्छन्द या सार्वजनिक या ऐसी स्त्रियों की है जो अपने सौंदर्य के दर्प के चलते दूसरे पुरुषों को लुभाने का यत्न करती हैं। ऐसी स्त्रियों को माया के समतुल्य माना गया और उनकी तुलना जहरीली नागिनों, या विषैले फलों, या जलती हुई आग या नर्क से की गयी। कबीर के अनुसार, उनका स्पर्श तो दूर, उनकी दृष्टि भी खतरनाक है। स्त्री के ऐसे चरित्र को या इस तरह के चरित्र के रूप में स्वयं स्त्री को माया की अशुभ शक्ति के रूप में देखा गया। जो लोग ऐसी स्त्री की ओर भागते हैं, वे अंततः बुरी दशा को प्राप्त होते हैं।[1] इस तरह के पुरुषों को ले कर की गयी आलोचना उतनी तीखी नहीं है। माया विषयक कविताओं में स्त्रियों का वह आचरण भी प्रतिबिंबित होता है जो सामंती पितृसत्तात्मक समाज द्वारा गढ़े गये विधि–निषेधों के अनुरूप नहीं है। उनमें इस तरह की स्त्रियों के प्रति समाज के रवैये को भी दर्ज किया गया है। कबीर की दृष्टि में, माया पुरुष को ईश्वर से अलग करने वाली पापपूर्ण शक्ति है। वे माया की तुलना वेश्या से करते हैं।[2] कबीर माया को एक धूर्त पापी स्त्री के रूप में देखते हैं; काम की मोहिनी से भरी हुई एक ठगिनी, एक ऐसी जादूगरनी, जो पुरुष को अपने पाश में जकड़ लेती है। उसके मोह में पड़ा हुआ पुरुष कर्म के बन्धनों से कभी भी मुक्त नहीं हो सकता।

अच्छी और बुरी स्त्रियों की धारणा बहुत स्पष्ट ढंग से उनकी कविताओं में रूपायित होती है। कुछ हद तक यह बात तत्कालीन पितृसत्तात्मक समाज द्वारा स्त्रियों को सौंपी गयी भूमिका को भी परिभाषित करती है।

कबीर ने स्त्री–पुरुष संबंधों में समानता की धारणा का कहीं भी प्रयोग नहीं किया; यह विचार ही शायद उनके समय के लिए विजातीय था। असमानता के साथ–साथ असहिष्णुता, अहंकार, धन–लोलुपता, सांसारिकता के प्रति मोह और अज्ञान को स्त्री में लक्ष्य करते हुए कबीर ने उसे वासना के तुल्य रूप देखा और वासना को समाज के दुखों और कष्टों के पीछे क्रियाशील तथा सच्चे भक्त की राह में एक बाधा माना। उनके अनुसार, सच्चे भक्त बहुत–थोड़े से ही हुए और वे अनेक तरह के मोह के शिकार हुए। काम उनमें मोह का सबसे बड़ा रूप है,

---

1. सावित्री चंद्र शोभा, पूर्वोद्धृत, पृ. 121
2. कबीर ग्रंथावली (सं. श्याम सुन्दरदास), 'कबीर-साखी' प्रकाशन केंद्र, लखनऊ, पृ. 150

जिससे वैरागी भी नहीं बच सके। स्त्री की छवि वासना से जुड़ी थी। उसे काम के प्रतीक के रूप में पढ़ा गया तथा पापिन, डाकिन और मोहिनी कह कर पुकारा गया। कबीर का विश्वास था कि स्त्री के साथ व्यवहार करते हुए बहुत सावधान रहने की जरूरत है।

कबीर पापी से नहीं, पाप से घृणा करते थे। इसीलिये उन्होंने स्त्रियों को पाप के तुल्यरूप मानते हुए उनसे घृणा की। वे कहते हैं कि स्त्री का संसर्ग नरक के संसर्ग के समान है। जो संसार उससे जुड़ता है या उसके प्रभाव में होता है वह निर्बल और निर्जीव होता है।[1] वे कहते हैं कि फाँसी के फंदे पर चढ़ने के बाद कोई व्यक्ति बच सकता है, लेकिन स्त्री उससे ज्यादा ख़तरनाक है और उसमें फँसने के बाद बचने की कोई गुंजाइश नहीं रहती।[2] कबीर वासनामयी स्त्री की तुलना एक काटने वाली बिल्ली और जहरीले कोबरे से करते हैं[3] एक अन्य जगह पर वे कहते हैं कि अगर स्त्री की छाया पाँच फनोंवाले कोबरे तक को अंधा बना दे सकती है, तो उस साधारण मनुष्य की क्या दशा होगी जो स्त्रियों के साथ ही रहता है![4]

विवाह जैसी सामाजिक संस्था के प्रति कबीर का दृष्टिकोण बहुत स्पष्ट था और उन्होंने कुटुंब के भीतर तथा निकट संबंधियों के बीच विवाह संबंध बनाने के लिए मुसलमानों की आलोचना की। किंतु उन्होंने कहीं भी बाल विवाह का विरोध नहीं किया, न विधवा विवाह का समर्थन और न ही उच्च वर्ण के लोगों में प्रचलित बहुविवाह प्रथाओं का विरोध। यहाँ तक कि उन्होंने सती प्रथा की प्रशंसा की और उसका समीकरण आत्मा तथा परमात्मा के पुनर्मिलन के साथ बिठाया। उनके अनुसार सती एक धर्म है जिसका पालन किया जाना चाहिए।[5] एक सती के बलिदान और साहस का गुणगान, उनके अनुसार, श्मशान भूमि तक करती है। परदे को भी उन्होंने सामान्य प्रथा की तरह देखा।[6] स्त्री के लिए कुछ निश्चित लौकिक और आध्यात्मिक मर्यादाएँ तय थीं। उनसे यह अपेक्षा की जाती थी कि वे परदे के पीछे छुप कर रहें और अपने पति के सिवा किसी भी गैर-पुरुष से बात न करें। स्त्री की दुनिया उसके घर तक सीमित थी। और सार्वजनिक जीवन में प्रवेश की उसे कोई गुंजाइश न थी। सांसारिक सुखों से दूर रहने के आग्रह के

---

1. बी.एस. मिश्र, कबीर वचनावली, पृ. 108
2. वही
3. वही
4. सुरेश अग्रवाल, रिप्रेजेंटेटिव एंशियेंट पोएट्स ऑफ हिंदी, अशोक प्रकाशन, नयी दिल्ली, पृ. 65
5. बी.एस. मिश्र, पूर्वोद्धृत, पृ. 178, 179
6. वही, पृ. 108

पीछे बल उसकी काम-भावना पर था, जिसके साथ कबीर ने स्त्री को जोड़ कर देखा। यह बात अन्ततः इस तथ्य को ही दर्शाती है कि स्त्रियों को वासना के विषय के रूप में ही बरता जाता था।

सुरेश अग्रवाल के अनुसार, कबीर के युग में प्रचलित संत मत की लोकप्रिय अवधारणाएँ थीं–1. निर्गुण निरंकार राम में आस्था, 2. पुनर्जन्म, और एक से अधिक ईश्वरों की अवधारणा की आलोचना, 3. गुरु का महत्त्व, 4. जाति प्रथा का विरोध, 5. रूढ़ियों में अंधविश्वासों का विरोध, 6. प्रेम और सत्य का समर्थन, और 7. स्त्री निन्दा।[1]

कबीर के अनुसार एक आदर्श पुरुष की परिभाषा यह है कि 'उसके मन में अपने वर्ण, धर्म या कुल को ले कर उच्चता का भाव नहीं होना चाहिए, न ही उसे किसी बाह्य आस्था के बन्धन में पड़ना चाहिए।'[2] एक सच्चे संत के पास सारे नैतिक और सामाजिक मूल्य होने चाहिएँ : उसका इन्द्रियों पर पूर्ण नियन्त्रण होना चाहिए, उसे योग या आत्मानुशासन का पालन करना चाहिए न कि दैहिक भोग या विलास का। दूसरे मनुष्यों से भिन्न, एक सच्चा संत काम-वासनाओं के वशीभूत नहीं होता। दरअसल, काम या एन्द्रिय इच्छाएँ तो, कबीर के अनुसार, उसकी गुलाम होती है।[3] स्त्रियों की तरह कबीर उन पुरुषों का भी चित्रण करते हैं जो निर्धारित सामाजिक मूल्यों का उल्लंघन करते हैं। उन लोगों का जो अन्य स्त्रियों के प्रति, परनारी[4] के प्रति आकर्षित होते हैं, जो सांसारिक सुखों के बन्धन में बँधे होते हैं, जो हमेशा खुद को माया से जोड़े रखते हैं, इत्यादि। लेकिन ऐसे पुरुषों के प्रति उनकी आलोचना उस तरह तीखी नहीं है जिस तरह वह स्त्रियों के प्रति है। जाहिर है कि पुरुषों को तो कुछ खास स्वतन्त्रताएँ हैं, किन्तु ये स्त्रियाँ हैं, जिन्हें हमेशा घेरा गया है और उन गलतियों के लिए भी उन्हें लांछित किया गया है जो पुरुषों ने की हैं।

हालाँकि कबीर ने सामाजिक जीवन की एक पूर्ण तस्वीर अपनी कविताओं में चित्रित की है,[5] किंतु मनुष्य की उनकी अवधारणा में स्त्री के लिए या तो बहुत संकुचित जगह है या फिर कोई जगह है ही नहीं। जब हम स्त्रियों के प्रति कबीर की कविता में प्रतिबिंबित रुख पर विचार करते हैं, तो सामाजिक सोपानक्रम में स्त्री की जगह सबसे निचले स्तर पर दिखाई देती है।

वे इस विचार के सख्त खिलाफ थे कि एक सच्चे भक्त को अपने पूर्ण

1. सुरेश अग्रवाल, पूर्वोद्धृत, पृ. 64-65
2. सावित्री चन्द्र शोभा, पूर्वोद्धृत, पृ. 53
3. वही, पृ. 54
4. कबीर ग्रंथावली, (पूर्वोद्धृत) पृ. 174-175
5. सावित्री चन्द्र शोभा, पूर्वोद्धृत

बंधन तोड़ कर जंगल में एकांत जीवन बिताना चाहिए। इसके विपरीत, उनका मानना था कि सच्चा भक्त वह है जो अपने निधार्रित व्यवसाय और परिवार के प्रति अपने कर्त्तव्यों का पालन करता है। लेकिन इस व्यक्ति को माया के बहकावे में नहीं आना चाहिए, या इंद्रियों से आक्रांत नहीं होना चाहिए।[1] कबीर के अनुसार यह जगत हालाँकि अपने आप में एक तथ्य है, किंतु तब भी यह भ्रम का ही क्षेत्र है और मनुष्य को इसे नित्य मान कर खुद को इससे संल्गन नहीं करना चाहिए। इसीलिये कबीर लगातार इस जगत की अनित्यता की बात करते हैं और कहते हैं कि केवल ब्रह्म ही नित्य है।

अजीब बात है कि कबीर ब्रह्म तक पहुँचने के लिए स्त्री का रूप धारण करते हैं–एक पतिव्रता स्त्री का रूप जो हर तरह के पापों से ऊपर है। भक्ति परंपरा का यह सती-पति भाव ब्रह्म के पास पहुँचने का सीधा मार्ग है, इसमें किसी मध्यस्थ की जरूरत नहीं है। बिना इस रूप के, कबीर की दृष्टि में, पुनर्मिलन संभव नहीं।

कबीर कहते हैं कि मैं प्रेम का रसपान भी करना चाहता हूँ और इसी के साथ-साथ अपनी सात्विकता को भी बनाये रखना चाहता हूँ। यह कैसे संभव हो?[2] मैं अपने प्रिय के प्रेम का पान कर संतुष्ट हूँ। अब मैं बेचैनी से उसकी प्रतीक्षा कर रहा हूँ। मैंने बहुतेरे रसायन तैयार करने का प्रयत्न किया, लेकिन प्रेम के समान उनमें से कोई भी नहीं। एक बार आनंद देह में प्रवेश करता है और सारी देह सोने जैसी मूल्यवान् अनुभूति में बदल जाती है।[3] कबीर कहते हैं कि आग की आँच को सहा जा सकता है, तलवार के घाव को सहा जा सकता है, लेकिन प्रेम के वेग को सहना बहुत कठिन है।

एक अर्थ में, हमेशा ही हाशिये पर स्थित समूहों के पक्ष में जानेवाले कबीर के सुधारवादी ओज में हाशिये पर स्थित स्त्रियाँ मौजूदा हैं। ब्रह्म को पुरुष से श्रेष्ठ रूप में देखने के लिए कबीर के पास स्त्री ही एकमात्र दृष्टिकोण है। एकमात्र वही है, जो बिना कोई सवाल उठाये आत्मसमर्पण करने की गुंजाइश उन्हें प्रदान करती है। इस तरह उनके पास कोई विकल्प नहीं है, सिवाय उस स्त्री का रूप धारण करने के जिसके बिना न तो भक्ति का अस्तित्व रह जाता है न ब्रह्म का। कबीर, जो निरंतर समानता और जाति प्रथा तथा वर्ण व्यवस्था के उन्मूलन के पक्ष में बोलते रहे, स्त्री को एक ऐसे अधीनस्थ के रूप में ही देख सके जो पति के समक्ष अपना सर्वस्व अर्पित कर देती है और उसे यह छूट देती है कि वह अपनी सारी

1. सावित्री चन्द्र शोभा, 'पोजीशन ऑफ वीमन, एज. रिफ्लेक्टेड इन हिंदी भक्ति पोएट्री'; वही
2. डी.आर. बेन्द्रे, पूर्वोद्धृत, पृ. 33
3. वही

शक्तियाँ उस पर आजमा सके। यह केवल इसलिये संभव था कि समूची मनुष्यता की समानता का कबीर का आग्रह एक निश्चित बिंदु के बाद स्त्रियों को उस मनुष्यता के बाहर कर देता है। उनके लिए यह इसलिये स्वाभाविक था क्योंकि वे अपने समूचे सुधारवादी उत्साह के बावजूद स्त्रियों की समस्या पर उतनी गंभीरता से विचार कर ही नहीं सके। बजाय इसके उनका तर्क था कि स्त्रियाँ समाज की समस्याओं की एकमात्र कारक हैं।

यह आश्चर्यजनक है कि कबीर जैसा क्रांतिकारी कवि लिंग के प्रश्न से इस कदर उन्मुक्त है। वसवन्ना के नेतृत्व में चला दक्षिण का बारहवीं सदी का वचनकार आंदोलन भी दस्तकारों और समाज के निचले तबके के लोगों को शामिल करता है। यह व्यवस्था विरोधी और ब्राह्मण विरोधी आंदोलन था। जिन सामाजिक समस्याओं पर यह आंदोलन बहस चलाता है, वे कमोबेश वही हैं जो कबीर के यहाँ हैं।

यह एक तथ्य है कि इस काल में अनेक स्त्री कवियों ने न केवल कविताएँ लिखीं, बल्कि उन्होंने स्त्रियों की भूमिका को भी पुनःपरिभाषित किया। ऐसा कोई उद्यम, स्त्रियों की समस्याओं को समझने का ऐसा कोई उपक्रम कबीर के यहाँ नहीं है। लिंग की समस्या के प्रति मूलगामी दृष्टिकोण और जातिभेद के प्रति कबीर के मूलगामी दृष्टिकोण के बीच एक तनाव है। इस तनाव का समाधान वचनकारों के यहाँ इसलिये हो सका, क्योंकि वे मानते थे कि पुरुष या स्त्री की देह के भीतर मौजूद जीवात्मा न तो पुल्लिग है न ही स्त्रीलिंग। समानता की इसी धारणा के चलते, वचनकारों का आंदोलन, अपनी तमाम सीमाओं के बावजूद वह रूप ले सका जहाँ स्त्रियों को सार्वजनिक अन्तर्क्रिया की गुंजाइश मिल सकी, जबकि कबीर के यहाँ जीवात्मा और परमात्मा का यह द्विविभाजन, यानी दांपत्य का रूप, स्वयं इस दृष्टिकोण को समस्यात्मक बना देता है और स्त्रियों को उनकी अधीनस्थ स्थिति में देखे जाने की गुंजाइश नहीं देता। यह कोटि अपने आप में शासक शासित की स्थिति को मान कर चलती है, जहाँ भक्त को एक शासित की भूमिका चुननी पड़ती है। इस स्थिति में ही यह विश्वास निहित है कि शासितों को उनकी भलाई के लिए ही अधीन बनाया गया है। परिवार का रूपक, खासकर पति–पत्नी संबंध, भक्त को ईश्वर के साथ एक सघन संबंध बनाने की अनुमति देता है। इसलिये कबीर के लिए जीवात्मा हर तरह से एक स्त्री है।

दार्शनिक भूमि पर कबीर जहाँ एक स्त्री की भूमिका अख्तियार करते हैं वहीं सामाजिक भूमि पर वे पुरुष हो जाते हैं। बिना किसी प्रश्नाकुलता के एक अधीनस्थ की भूमिका ओढ़ लेने में उन्हें इस अधीनस्थ, यानी स्त्री, की समस्याओं के प्रति जिम्मेदारी अनुभव न करने में और इस तरह सामाजिक भूमि पर इस भूमिका की ढाँचागत समस्या को हल करने में मदद मिलती है। इसीलिये कबीर के यहाँ भक्ति

को पितृसत्ता के पुनरुत्पादन की प्रक्रिया की तरह भी पढ़ा जा सकता है।

कबीर के अनुसार ईश्वर एक है और वह पुरुष है। स्वाभाविक ही वह सोपानक्रम में ऊँचाई पर है और सारा ध्यान उसी पर केंद्रित है। पुरुष उसके साथ प्रेम का, लगाव का संबंध बना सकता है, यहाँ तक कि वह उसके साथ संयोग तक स्थापित कर सकता है। जीवात्मा हमेशा परमात्मा के लिए समर्पित है। भक्त/जीवात्मा स्त्री का रूप धारण कर उसकी प्रेयसी के रूप में उसे संबोधित करता है।[1] इस तरह आत्यंतिक समर्पण और पितृसत्ता की पुनर्रचना कबीर की कविता में साथ-साथ चलती है।

स्त्री की छवि का प्रतीकात्मक इस्तेमाल ईश्वर तक पहुँचने के लिए उन पुरुषों द्वारा किया जाता है जो उन सारी चीजों से पार पा चुके हों जिन्हें वे स्त्रियों से जोड़ कर देखते हैं। लेकिन स्त्रियों के लिए इस दार्शनिक अधिकार क्षेत्र में कोई जगह नहीं शायद इसलिये कि स्त्री भौतिक अर्थ में वह वस्तु है जो परमात्मा तक पहुँचने वाले मार्ग में एक रोड़ा है।

कबीर द्वारा की गयी स्त्री निंदा और उसके लिए निर्धारित किये गये निषेध ही कबीर की कविता में वे व्यवहार बनते हैं, जहाँ भक्त एक मादा का रूप ले लेता है। ये चीजें यहाँ न केवल मान्य हो जाती हैं बल्कि एक खास किस्म का ढाँचा भी तैयार करती हैं जिसमें स्त्रियाँ सामाजिक सोपानक्रम के भीतर पुरुषों के अधीनस्थ के रूप में समझी जा सकें। इसे कबीर के युग में पुरुष की सत्ता और प्रभुत्व की भौतिक परिस्थितियों के प्रतिबिंब के रूप में भी समझा जा सकता है।

कुल मिलाकर यह कि :

- सामाजिक सोपानक्रम में स्त्रियों की हैसियत निम्नतम थी।
- स्त्रियों के लिए भौतिक और आध्यात्मिक सीमाएँ निर्धारित थीं जिनके भीतर ही उनका आचरण अपेक्षित था।
- पुरुषों और स्त्रियों के बीच समानता का संबंध उस समय के लिए नितान्त विजातीय था।
- स्त्री निंदा तत्कालीन फैशनों में शामिल थी।
- स्त्रियों को पाप के तुल्य रूप माना जाता था।
- स्त्रियाँ कामभाव से अभिन्न मानी जाती थीं जिसका यह भी अर्थ था कि उन्हें वासना के विषय के रूप में देखा जाता था।
- स्त्रियों के शोषण को अत्यंत स्वाभाविक समझा ज़ाता था।
- समूची मनुष्यता की समानता का आग्रह करनेवाला समाज सुधार एक निश्चित बिंदु पर आकर स्त्री को बाहर कर देता था।

---

1. वही पृ. 24

- पतिव्रत धर्म और सती की अवधारणाओं का जोरदार समर्थन किया जाता था।
- उच्च वर्ग में व्याप्त बाल विवाह और बहुविवाह प्रथाओं की आलोचना नहीं की जाती थी। विधवा विवाह की पक्षधरता कहीं भी न थी।
- तमाम पापों और बुराइयों का बोझ स्त्रियों पर लाद दिया गया था।
- इस बात पर विश्वास करने पर बल दिया गया कि स्त्री ही सामाजिक नैतिकताओं के विनाश का एकमात्र कारण है।
- स्त्रियों को सामाजिक सोपानक्रम के भीतर एक अधीनस्थ के रूप में व्याख्यायित करने, देखने और समझने के लिए एक खास किस्म का खाका तैयार किया गया।

सामांतवादी समाजवादी समाज के इन तमाम प्रतिबंधों के बीच स्त्रियों ने जिस असुरक्षा को भोगा होगा, वह बेहद भयावह रही होगी। कबीर की कविता में इसे महसूस किया जा सकता है, जहाँ भक्ति के भीतर पितृसत्ता को पुनर्गठित करने की पूरी गुंजाइश दी गयी है। स्त्रियों के प्रति कबीर का रुख एक समाज सुधारक के रूप में उनकी समस्याएँ दर्शाता है और साथ ही उनके समय की प्रभुत्वशाली विचारधारा को भी प्रतिबिंबत करता है।

(इस आलेख को तैयार करने के दौरान प्राप्त डॉ. चित्रा पणिक्कर, डॉ. शिवराम पणिक्कर, डॉ. रवि राजन, डॉ. रेखा पांडेय, डॉ. होशंग मर्चेण्ट और श्री तात्याराव सूर्यवंशी के प्रोत्साहन और सहयोग के लिए मैं इन सभी की आभारी हूँ–*ममता जी. सागर*)

दलित आलोचना की कसौटी

वीर भारत तलवार

पिछले कुछ सालों से हिंदी में धीरे-धीरे दलित आलोचना उभर रही है। अंगुतर पत्रिका (नागपुर) में दलित लेखक-लेखिकाएँ एक-दूसरे की किताबों की समीक्षाएँ लिखते रहे हैं। इधर दलित आलोचना में दो खास प्रवृत्तियाँ उभरती हुई दिखाई दे रही हैं। पहली प्रवृत्ति हिंदी साहित्य में प्रगतिशील समझे जानेवाले बड़े साहित्यकारों के बारे में अब तक मान्य कुछ स्थापनाओं को चुनौती देने की है–खासकर दलित जीवन का चित्रण करनेवाली रचनाओं के क्षेत्र में। मसलन प्रेमचन्द की *कफ़न* कहानी, नागार्जुन की *हरिजन-गाथा* कविता और निराला की कुछ कविताओं को निशाना बना कर इनकी ब्राह्मणवाद और दलित संबंधी दृष्टि की आलोचना की गयी और इन्हें दलित जीवन का प्रामाणिक रचनाकार मानने से इन्कार किया गया। यह आलोचना कितनी सही या गलत है, यह सवाल दूसरा है। लेकिन इसमें कोई शक नहीं कि दलित आलोचना की इस प्रवृत्ति से इन साहित्यकारों पर ज्यादा सावधानी से पुनर्विचार करने की जरूरत महसूस होने लगी है। हिंदी में बड़े लेखकों की आलोचना के नाम पर उनकी पूजा-अर्चना ही ज्यादा होती रही है। अब दलित आलोचकों ने हमलावर तेवर में सवाल उठाने शुरू किये हैं, तो इससे कुछ खलबली मची है।

दलित आलोचना की दूसरी प्रवृत्ति अपने बड़े कवियों को द्विज आलोचकों के कब्जे से छुड़ाने की है। दलित समाज में कुछ ऐसे बड़े कवि और संत हुए हैं, जिनकी महानता से इन्कार करना किसी के लिए भी मुमकिन नहीं। ऐसे बड़े दलित कवियों और संतों को द्विज हिंदू आलोचकों द्वारा अपने रंग में रँगने, अपने हितों के मुताबिक ढालने और उन पर अपना सांस्कृतिक कब्जा करने या फिर उनको छोटा दिखाने का जो सिलसिला पिछले 80-90 सालों से चला आ रहा था, उसे अब चुनौती मिलने लगी है। इन दोनों प्रवृत्तियों से हिंदी आलोचना में अब तक स्थापित कई मूल्यांकन गड़बड़ा गये हैं।

इस लेख से हम दलित आलोचना में उभरी इस बादवाली प्रवृत्ति की जाँच-पड़ताल करेंगे। इसके लिए कबीर का उदाहरण लेना सबसे अच्छा होगा।

देखना चाहिए कि द्विज हिंदू लेखकों ने कबीर की जो व्याख्या की है, उसे दलित आलोचक किस नजर से देखते हैं। इस सिलसिले में हाल ही में छपी डॉ. धर्मवीर की किताब *कबीर के आलोचक* गौर-तलब है। दलित लेखकों में डॉ. धर्मवीर सबसे गंभीर आलोचक हैं। जिन्होंने आज से ग्यारह साल पहले हिंदी भाषा के सवाल पर दलित नजरिये से *हिंदी की आत्मा* जैसी महत्त्वपूर्ण किताब लिखी थी। पेशे से प्रशासनिक अधिकारी डॉ. धर्मवीर अपने व्यवस्थित और शोधपूर्ण अध्ययन की क्षमता के लिए जाने जाते हैं।

डॉ. धर्मवीर ने कबीर के छह द्विज आलोचकों को अपनी जाँच-पड़ताल का विषय बनाया है। किताब के छह अध्यायों में इन छह आलोचकों के नाम से जो शीर्षक दिये गये हैं, उनसे भी काफी-कुछ पता चल जाता है। ये शीर्षक हैं–अयोध्या सिंह उपाध्याय 'हरिऔध' का पहला आक्रमण, डॉ. श्यामसुन्दर दास का दूसरा आक्रमण, रामचन्द्र शुक्ल का कबीर पर वार, डॉ. हजारी प्रसाद द्विवेदी : सूर्य पर पूरा ग्रहण, आचार्य परशुराम चतुर्वेदी : समन्वय का झूठ और डॉ. रामनिवास चंडक : कबीर का दाह-संस्कार। बड़े परिश्रम के साथ डॉ. धर्मवीर ने यह दिखाने की कोशिश की है कि कैसे इन आलोचकों ने कबीर की असली छवि को तोड़-मरोड़ कर अपने विचारों और संस्कारों के मुताबिक उनकी एक हानि-रहित हिंदू छवि बनाने की कोशिश की।

अयोध्या सिंह उपाध्याय हरिऔध ने *कबीर-वचनावली* का संपादन किया था जो 1916 में काशी नागरी प्रचारिणी सभा में छपी। इसकी 90 पृष्ठों की भूमिका हिंदी साहित्य में कबीर के आधुनिक अध्ययन की शुरुआत मानी जा सकती है। इस भूमिका में कबीर का रास्ता हिंदू धर्म से अलग दिखने पर भी उन्हें हिंदू धर्म में खपाने की कोशिश की गयी है। कबीर ने वैष्णव पुराणों को खंडन किया था। हरिऔध ने वैष्णव पुराणों को गुप्त रूप से कबीर का पथ-प्रदर्शक बताते हुए अपने लंबे-चौड़े विवेचन का निचोड़ निकाला कि 'अतएव कबीर साहब के सब सिद्धांत लगभग वे ही पाये गये जो वैष्णव धर्म के हैं।' (पूर्वोद्धृत, पृ. 27, धर्मवीर) कबीर की इस वैष्णवता का श्रेय हरिऔध ने गुरु रामानन्द को दिया–'स्वामी रामानन्द की यह महत्ता अल्प नहीं कि उन्होंने कबीर साहब के अधिकांश विचारों पर वैष्णव रंग चढ़ा दिया।' (पृ. 28) वैष्णव धर्म के दो बुनियादी सिद्धांत थे–अवतारवाद और मूर्तिपूजा। कबीर ने इनका साफ विरोध किया था। इस विरोध का क्या किया जाये ? हरिऔध ने हल निकाला, 'उनका यह संस्कार मुसलमान धर्ममूलक है।' (वही) कबीर के बारे में हरिऔध ने एक और मार्के की बात लिखी। उन्होंने लिखा कि कबीर एक नया धर्म चलाना चाहते थे, पर वह चल नहीं सका और इसमें दोष खुद कबीर का था, क्योंकि उनमें मर्यादा और शालीनता की कमी थी, वेद और कुरआन के प्रति आदर भाव नहीं था। कबीर ने वेद-शास्त्र और कुरआन का जो

खंडन किया था, उससे दुखी होकर हरिऔध ने लिखा कि वेद और कुरआन में भी सत्य और उपकारक बातें हैं, 'तो वेद शास्त्र की निंदा का क्या अर्थ ? स्वाधीन चिंता का तो यह दुरुपयोग मात्र है ?' (पृ. 33, वही) उन्होंने चिढ़ कर कबीर को समाज का संस्कार करने वाले के बजाय उसका संहार करने वाला व्यक्ति माना, जो खेत में घास-पात के साथ-साथ पौधों को भी उखाड़ फेंकता है।

यह थी हिंदी में कबीर की पहली व्याख्या जिसमें जहाँ तक हो सका, कबीर को वैष्णव हिंदू बनाया गया। जहाँ यह मुमकिन नहीं हुआ, वहाँ मुसलमान बताया गया और इसमें भी रुकावट आयी तो उनकी निंदा कर दी गयी। कबीर खुद को न हिंदू मानते थे, न मुसलमान। बड़े साफ शब्दों में उन्होंने लिखा है–

हिंदू कहो तो हौं नहीं,
मुसलमान भी गारी

हरिऔध ने कबीर को ज्यादातर हिंदू, थोड़ा-सा मुसलमान, बाकी शैतान बताया। इस तरह कबीर को कबीर के ही खिलाफ खड़ा किया। कबीर के एक दूसरे आलोचक डॉ. श्यामसुन्दर दास ने इसी काम को और भी विद्वत्तापूर्ण ढंग से आगे बढ़ाया। *कबीर-ग्रंथावली* (काशी ना.प्र. सभा द्वारा प्रकाशित) का संपादन करते हुए उन्होंने कबीर के अध्ययन के लिए एक परिप्रेक्ष्य तैयार किया। यह परिप्रेक्ष्य था मध्यकाल में हिंदुओं पर मुसलमानी अत्याचारों का। उन्होंने लिखा, 'कबीर का जन्म ऐसे समय में हुआ जबकि मुसलमान के अत्याचारों से पीड़ित भारतीय जनता को अपने जीवित रहने की आशा नहीं रह गयी थी।' (पृ. 43, वही) कबीर के अध्ययन का ऐसा परिप्रेक्ष्य तैयार करने वालों में आगे और भी लोग हुए– डॉ. केदारनाथ द्विवेदी, डॉ. मुंशीराम शर्मा और डॉ. रामनिवास चंडक। इस परिप्रेक्ष्य में अध्ययन का नतीजा हमेशा यही निकाला गया कि कबीर ने सही वक्त में आकर हिंदुओं को मुसलमान होने से बचाया, उनके धर्म की रक्षा की। श्याम सुन्दर दास कबीर को हिंदू धर्म का सिर्फ रक्षक बता कर रुक नहीं गये। आगे बढ़ कर कबीर को हिन्दू भी साबित किया। इच्छा तो उनकी कबीर को ब्राह्मण साबित करने की थी, कम से कम खून के लिहाज से। लिखते हैं, 'मुसलमान घर में पालित होने पर भी कबीर का हिंदू विचारों में सरोबार होना उनके शरीर में प्रवाहित होनेवाले ब्राह्मण अथवा कम से कम हिंदू रक्त की ही ओर संकेत करता है।' (पृ. 50, वही)

इस तरह डॉ. श्यामसुंदर दास को कबीर में न कोई मुसलमानी प्रभाव दिखा, न शैतानी। उनके मुताबिक वे पूरी तरह से हिंदू थे–विचारों से भी और रक्त से भी। इस हिंदुत्व पर भला कबीर को क्या गर्व होता, जिसने उन्हें समाज में जीवन भर के लिए अछूत बना कर रखा ? पर श्यामसुन्दर दास शायद कबीर का नहीं

बल्कि हिंदुओं का गौरव बढ़ाने के लिए कबीर को हिंदू साबित कर रहे थे। लेकिन कबीर हिंदुओं का गौरव कैसे बनते ? मुसलमानी अत्याचारों से हिंदुत्व की रक्षा करके ? कबीर के इस इस्तेमाल का कड़ा विरोध करते हुए डॉ. धर्मवीर ने सन् 1988-89 के सिर्फ़ एक साल में दलितों पर सवर्ण हिंदुओं के अनगिनत अत्याचारों में से सिर्फ़ चार घटनाओं का उल्लेख दैनिक अखबारों से किया है जिनमें सवर्ण-भू स्वामियों द्वारा हरिजनों की बस्तियों पर हमला करने, उनकी झोंपड़ियों में आग लगाने, उनकी हत्याएँ करने और दलित महिला के साथ बलात्कार कर उसके गुप्तांगों में आग लगा देने के लिए तथ्य दर्ज हुए हैं। धर्मवीर पूछते हैं-'क्या दलितों के लिए वर्ष 1989 के ये ब्राह्मण, ठाकुर और वैश्य मध्यकालीन इतिहास के किसी फिरोज, तुगलक और तैमूर लंग और सिकंदर लोदी से कम हैं ?...सच्ची बात यही है कि कबीर ने मुसलमानों और हिंदुओं द्वारा मारी जा रही अपनी दलित जातियों की रक्षा के लिए तत्कालीन इतिहास के चौराहे पर पुकार मचायी थी।' (पृ. 46) लेकिन चतुर द्विज हिंदू लेखकों ने कबीर के अध्ययन के अपने परिप्रेक्ष्य में दलितों को कभी घुसने नहीं दिया। मानो कबीर और दलितों का आपस में कोई रिश्ता नहीं था! मानो कबीर दलित नहीं थे! मानो दलितों की अपनी अलग कोई सच्चाई नहीं थी! उन्होंने कबीर को मुसलमानों के खिलाफ हिंदुओं का सिपाही बना कर खड़ा किया।

यह समझ में नहीं आता कि धर्मवीर ने पितांबर दत्त बड़थ्वाल का शोध ग्रंथ *निर्गुण स्कूल ऑफ पोएट्री*-जो उस समय के चलन के मुताबिक अंग्रेजी में लिखा गया था-को क्यों छोड़ दिया। यह भी समझ में नहीं आता कि रामचन्द्र शुक्ल की कबीर संबंधी आलोचना पर विचार करने के लिए उन्होंने शुक्ल जी के लेख *हिंदी साहित्य का इतिहास* और तुलसीदास को क्यों सामने नहीं रखा, जिनमें कबीर पर ज्यादा कड़े हमले किये गये हैं ? इनके बजाय उन्होंने शुक्ल जी द्वारा संपादित जायसी के पद्मावत की लंबी भूमिका सामने रखी जिसमें कबीर पर हमले उतने कड़े नहीं हैं। बहरहाल, धर्मवीर ने यहाँ भी कबीर संबंधी शुक्ल जी के दृष्टिकोण को बखूबी समझा है। कबीर पर श्यामसुन्दर दास की तरह कब्जा जमाने के बजाय शुक्ल जी ने कबीर का निरादर और विरोध करने का रास्ता अपनाया था। इसे आप एक तरह से उनकी ईमानदारी भी कह सकते हैं। शुक्ल जी को कबीर के विचारों से तो विरोध था ही, वे उन्हें एक अच्छा कवि भी मानने को तैयार नहीं थे। इस तरह हिंदी के द्विज आलोचकों में कबीर के प्रति दो तरह के रवैये दिखाई देते हैं-एक, कबीर पर कब्जा जमाने और अपने रंग में रँगने का जो हरिऔध में अंशतः, श्यामसुन्दर दास में पूरी तरह दिखता है। दूसरा, कबीर का मान घटाने और विरोध करने का रवैया, जो शुक्ल जी में दिखता है।

शुक्ल जी ने पद्मावत की भूमिका में जायसी और कबीर की तुलना करते

हुए सिर्फ़ कविता की दृष्टि से ही नहीं बल्कि सामाजिक और धार्मिक विचारों की दृष्टि से भी जायसी को कबीर से ज्यादा ऊँचा और बड़ा दिखलाया। दोनों की तुलना करते हुए शुक्ल जी लिखते हैं, 'कबीर विधि-विरोधी थे और वे (जायसी) विधि पर आस्था रखनेवाले, कबीर लोक व्यवस्था का तिरस्कार करने वाले थे और वे सम्मान करने वाले।' आगे वे एक मनुष्य के रूप में और धार्मिक नेता के रूप में कबीर को नीचा दिखाते हुए लिखते हैं–'जायसी साधारण धर्म और विशेष धर्म, दोनों के तत्त्व को समझते थे। लोक मर्यादा के अनुरूप जो सम्मान की दृष्टि से देखे जाते हैं, उनके उपहास और निंदा द्वारा निम्न श्रेणी की जनता की ईर्ष्या और अहंकार वृत्ति को तुष्ट करके यदि चाहते तो ये भी एक नया 'पंथ' खड़ा कर सकते थे। पर इनके हृदय में वासना न थी। पीरों, पैगंबरों, मुल्लों और पंडितों की निंदा करने के स्थान पर उन्होंने ग्रंथारंभ में इनकी स्तुति की है और अपने को पंडितों का पछलगा कहा है।...वेद-पुराण और 'कुरान' आदि को ये लोक-कल्याण मार्ग प्रतिपादित करने वाले वचन मानते थे।' (पृ. 67-68, वही) साफ है कि कबीर संबंधी अध्ययन के शुक्ल जी के परिप्रेक्ष्य में भी दलित कहीं नहीं थे, हिंदू वर्ण व्यवस्था के साथ उनके विरोध की चेतना कहीं नहीं थी। कबीर के मामले में शुक्ल जी की दृष्टि एक कट्टर ब्राह्मण आलोचक की थी, जो पंडितों की बनायी मर्यादा और शास्त्रों की निन्दा करनेवाले कवि को अपनी मान्यता कभी नहीं दे सकता। धर्मवीर का यह व्यंग्य सही है कि अगर जायसी की तरह कबीर भी वेद-पुराण की स्तुति करते और खुद को पंडितों का पछलगा कहते तो वे भी अच्छे कवि माने जाते। धर्मवीर ने सही निष्कर्ष निकाला कि जायसी के प्रसंग में शुक्ल जी ने कबीर को जो बार-बार याद किया है, वह सिर्फ़ जायसी के जरिए उन पर हमला करने के लिए। 'वे कबीर को जायसी से पिटवाते हैं...' और समय आने पर जायसी को तुलसी से पछाड़ते हैं। शुक्ल जी ने पद्मावत की भूमिका 1924 में लिखी थी। इस भूमिका से पता चलता है कि 1920 के दशक के शुरू में–जब डॉ. अंबेडकर का दलित आंदोलन खुल कर सामने नहीं आया था–वर्णाश्रम धर्म की मर्यादा में विश्वास करने वाले शुक्ल जी जैसे ब्राह्मण आलोचक मुसलमानों के उदार तबके से हाथ मिलाने को तैयार थे, लेकिन ब्राह्मणी व्यवस्था को चुनौती देनेवाले दलितों को सहने के लिए किसी तरह राजी नहीं थे।

डॉ. श्यामसुन्दर दास ने अगर कबीर को हिंदुओं की तरफ से मुसलमानों के खिलाफ खड़ा किया, तो डा. परशुराम चतुर्वेदी ने कबीर का इसके ठीक उल्टा इस्तेमाल किया। उन्होंने कबीर को हिंदू और मुसलमान के बीच समन्वय करने वाला बतलाया। अपनी *किताब कबीर साहित्य की परख* में उन्होंने एक अध्याय लिखा–*कबीर साहब का समन्वयवाद*। इसमें उन्होंने लिखा कि कबीर ने एक खास अर्थ में समन्वय किया था और उससे हमारे सारे धार्मिक मतभेद दूर हो सकेंगे।

अब चाहे हरिऔध और श्यामसुन्दर दास हों, चाहे शुक्ल जी और चतुर्वेदी जी हों, एक बात इन सब में समान है–कबीर का अध्ययन करते समय इनके सामने हिंदू हैं, मुसलमान हैं, पर दलित नहीं हैं। धर्मवीर लिखते हैं कि यह कबीर को मिटाने का अजीब तरीका है–क्या कबीर की लड़ाई हिंदुओं और मुसलमानों की लड़ाई थी ? 'ऐसा क्यों नहीं माना जाता कि कबीर की समस्या न हिंदू की समस्या है और न मुसलमान की समस्या है, बल्कि यह उनके दलित समाज की अपनी विशेष समस्या है? हिन्दू और मुसलमानों के बीच में कबीर के वर्ग की निजी समस्या को धूल में क्यों मिलाया जाता है ?' (पृ. 100, वही) जहाँ तक धार्मिक मतभेदों को दूर करने के लिए समन्वय करने का सवाल है, 'इन धर्मों के बीच समन्वय करनेवाले कबीर कौन होते हैं ? समन्वय करना तो दूर, कबीर तो खुद को दोनों से दूर रखना चाहते थे। आखिर कबीर किन दो बातों में समन्वय करनेवाले थे ? क्या वे किसी भी हालत में हिंदुओं की अस्पृश्यता, जातिवाद और वर्ण-व्यवस्था से समन्वय करने वाले थे ?' (वही)

सच पूछिए तो कबीर को समन्वयकारी बताना एक ऐसा घोल बनाना है, जिसमें कबीर कबीर ही नहीं रह जाते।

असली कबीर को मिटा कर उसका एक मनगढ़ंत बुत बनाने में, उनको मिट्टी का माधो बनाने में, डॉ. रामनिवास चंडक ने सारी हदें पार कर ली हैं। उनकी किताब *कबीर : जीवन और दर्शन* काशी ना.प्र. सभा ने 1978 में छापी। रामचन्द्र शुक्ल ने कबीर को वेद-शास्त्रों का अनुगामी बताते हुए उनकी प्रशंसा की है। यह है ब्राह्मणत्व, जो अछूत कबीर का भी संस्कार कर सकता है! उसकी शुद्धि कर सकता है! कबीर को वेद-शास्त्र-सम्मत साबित करने के लिए उन्होंने जो तरकीब भिड़ाई, वह, धर्मवीर के शब्दों में, यों है–'कबीर की दो पंक्तियाँ दे कर उसके पक्ष में या उसे सँभालती हुई वेद, उपनिषद, मनुस्मृति, वेदांत और गीता आदि से संस्कृत की कई पंक्तियाँ उद्धृत की गयी हैं।' (पृ. 105, वही) डॉ. चंडक ने कबीर की प्रशंसा करते हुए उनकी जैसी व्याख्या की है, वह किसी को भी हैरान कर देगी। उन्होंने कबीर को सामाजिक न्याय का प्रबल पोषक बतलाया। सामाजिक न्याय से उनका मतलब क्या है, यह तब समझ में आता है जब वे सामाजिक न्याय को पाने का अनन्य उपाय 'जीवन को पवित्र एवं सादा बनाना' बताते हैं। (पृ. 106, वही) इस पवित्रता और सादगी को उन्होंने 'आहार शुचिता' के अलावा 'आत्म-शोधन की चेतन जागृतावस्था की ओर उन्मुख करने में अनिवार्य उपादान' भी बतलाया। डॉ. धर्मवीर ने चंडक को ठीक करते हुए, उन्हें आसमान से ज़मीन पर उतारा–'सामाजिक न्याय का अर्थ वह नहीं है जो उन्होंने इसे आहार शुचिता में समेट लिया है।' यह शब्द भारत के संविधान में आया है और 'वहाँ इसका अर्थ यह है कि अनुसूचित जातियों और अनुसूचित जन-जातियों के लिए सरकारी

सेवाओं में 22.5 प्रतिशत स्थान सुरक्षित रहेंगे।' (वही)

डॉ. चंडक ने बहुत चतुराई से नहीं, बल्कि बहुत बेहयाई से वेद-शास्त्र के साथ कबीर के विरोध को न सिर्फ़ हड़प लिया बल्कि उल्टे उन्हें वेद-शास्त्र का अनुगामी बना दिया। 'पुनर्जन्म और नियतिवाद सिद्धांत गणित के सिद्धांत की तरह सत्य हैं।' यह कहते हुए डॉ. चंडक ने अपने तरीके से यह साबित कर दिखाया कि कबीर पुनर्जन्म और कर्मफल के सिद्धांत को मानते थे-'इस प्रकार कबीर पुनर्जन्म सिद्धांत के समर्थक हैं। उनके मत से व्यक्ति की दुरवस्था का कारण पूर्वजन्म का दुष्कृत्य ही था।' (पृ. 107, वही) यानी कबीर ने अगर जुलाहा जाति में जन्म लिया तो यह उनके पिछले जन्म के दुष्कृत्यों का फल था। कबीर के स्वर्ग संबंधी विचार वैदिक स्वर्ग के समीप हैं, यह कहने के साथ ही चंडक ने जीवन भर जाति और वर्ण-भेद के खिलाफ लड़ने वाले कबीर को वैदिक वर्ण-व्यवस्था में विश्वास करनेवाला साबित कर दिया। वेदों के मुताबिक ब्रह्म विद्या का अधिकारी वही हो सकता है जो अपने वर्ण के मुताबिक स्वधर्म का पालन करता हो। चूँकि कबीर ने हरि भक्त हो कर भी अपने पेशे-जुलाहागिरी-को नहीं छोड़ा, अपने वर्ण-धर्म का निष्ठा से पालन किया, लिहाजा वे ब्रह्म विद्या के भी अधिकारी बने और इस तरह वैदिक धर्म के भी अनुगामी हुए। कुल मिलाकर डॉ. चंडक ने अपनी आर्य समाजी व्याख्या से कबीर को बी.जे.पी. का सिंकदर बख्त बना दिया।

ऐसे हिंदी आलोचकों के कब्जे से कबीर को छुड़ाने का बीड़ा अगर डॉ. धर्मवीर ने उठाया, तो यह एक सही लड़ाई है। लेकिन यही बात द्विवेदी जी संबंधी उनके अध्ययन के लिए नहीं कही जा सकती। डॉ. हजारी प्रसाद द्विवेदी ने अपनी किताब *कबीर* 1941 में लिखी थी। डॉ. धर्मवीर ने जिस अंदाज से दूसरे आलोचकों से अपनी लड़ाई लड़ी, उसी अंदाज में वे द्विवेजी जी से भी भिड़ गये-शायद इसलिये कि द्विवेदी जी भी ब्राह्मण थे! धर्मवीर ने आरोप लगाया कि द्विवेदी जी ने कबीर को मारने का एक नया रास्ता निकाला। उन्होंने कबीर को भीतर से निस्तेज और निष्प्रभावी बनाना चाहा। उन्होंने कबीर की सारी आग और चकाचौंध खत्म कर दी। (पृ. 74) डॉ. धर्मवीर लिखते हैं, '...कबीर स्पष्ट शब्दों में वेद का विरोध करते हैं, लेकिन डॉ. द्विवेदी को यह सिद्ध करना है कि वे वेद मत के समर्थक थे, कबीर पुराण और मूर्तिपूजा के विरोधी हैं, लेकिन डॉ. द्विवेदी को यह सिद्ध करन है कि कबीर का दर्शन पुराणों से ही निकला है।' (पृ. 77) धर्मवीर के मुताबिक, द्विवेदी जी ने कबीर को समाज सुधार का विरोधी और नया पंथ खड़ा करने क भी विरोधी माना है।

हजारी प्रसाद द्विवेदी के कबीर संबंधी विवेचन का इससे ज्यादा गलत मूल्यांकन दूसरा नहीं हो सकता। इस प्रसंग में डॉ. धर्मवीर के विचारों को दुरुस्त करने की सख्त जरूरत है, क्योंकि उन्होंने द्विवेदी जी की किताब *कबीर* को बहुत

गलत तरीके से पढ़ा है।

हजारी प्रसाद द्विवेदी हिंदी के पहले और अकेले आलोचक हैं, जिन्होंने कबीर के वास्तविक रूप को और उसके क्रांतिकारी महत्त्व को जनता के सामने लाने की कोशिश की। 1940 के दशक से ले कर हाल के वर्षों तक—जब हिंदी में दलित साहित्य का कोई आंदोलन नहीं था—द्विवेदी जी की किताब को पढ़ कर ही मेरे जैसे बहुत से सवर्ण हिंदू विद्यार्थियों ने कबीर के क्रांतिकारी महत्त्व को समझा और वर्ण व्यवस्था तथा जाति-भेद के खिलाफ सोचने का रास्ता पाया था।

सबसे पहले धर्मवीर के इस आरोप की जाँच की जाये कि द्विवेदी जी ने कबीर को पुराणों और मूर्तिपूजा का समर्थक बनाया। धर्मवीर ने अपने जानते द्विवेदी जी का एक उद्धरण दिया है जिसके अंत में कहा गया है कि—'चाहे कबीर साहब हों अथवा पंद्रहवीं सदी के दूसरे निर्गुणवादी, उन सबके मार्ग प्रदर्शक गुप्त रूप से पुराण ही हैं।' (पृ. 79, वही) हकीकत इसके ठीक उलटी है। अपनी पूरी किताब में द्विवेदी जी ने कहीं भी कबीर को वेद शास्त्र संमत, पुराणों और मूर्तिपूजा का किसी भी तरह से समर्थक नहीं बतलाया, उलटे इन सबसे उनके स्पष्ट विरोध को दिखाया है। कबीर के राम को 'सबसे न्यारा, व समस्त वेदों से अतीत, भेदों से अतीत, पाप और पुण्य से परे, स्थूल और सूक्ष्म से विवर्जित...' बतलाते हुए, कबीर के राम को वैष्णवों के 'सगुण राम' से अलग करने पर जोर देते हुए द्विवेदी जी लिखते हैं कि 'वे (कबीर) इस बात में खूब सावधान हैं, वे बार-बार याद दिला देते हैं कि यह जो उपासना बतायी जा रही है, वह सगुण अवतार की नहीं है, वरन् 'निर्गुण राम' की है।' (पृ. 289, *हजारी प्रसाद द्विवेदी ग्रंथावली,* खंड 4) कबीर के 'निर्गुण राम' के बारे में कुछ वृद्ध पंडितों (द्विवेदी जी का यह संबोधन अद्भुत पर अर्थपूर्ण है—वृद्ध पंडितों!) के विचार जान लेने के उद्देश्य से उन्होंने अयोध्या प्रसाद उपाध्याय हरिऔध की एक किताब *हिंदी भाषा और साहित्य* का विकास से एक लंबा उद्धरण दिया। इसी उद्धरण के अंत में पुराणों को कबीर और सभी निर्गुणवादियों को गुप्त रूप से पथ प्रदर्शक कहा गया है। (देखें, *द्विवेदी ग्रंथावली,* खंड-4, पृ. 289) इसी उद्धरण को धर्मवीर ने द्विवेदी जी की पंक्तियाँ समझ कर अपनी किताब में उद्धृत किया और सिर्फ़ इसी से नतीजा निकाल लिया कि द्विवेदी जी कबीर को वैष्णव साबित कर रहे हैं। असल में यह हरिऔध का उद्धरण है, जिसका द्विवेदी जी ने अपनी किताब में खंडन किया है। खंडन करके उन्होंने अंत में साफ शब्दों में लिखा है 'कबीरदास के राम पुराण-प्रतिपादित अवतार नहीं थे, यह निश्चित है।' (पृ. 291, ग्रंथावली-4) धर्मवीर ने जिस लापरवाही से द्विवेदी जी को पढ़ा और पूर्वाग्रहों से ग्रस्त हो कर जिस गैर-जिम्मेदारी से गलत बयानी की, वह उतनी ही अक्षम्य है जितनी चंडक द्वारा कबीर को वेद सम्मत दिखाने की कोशिश अक्षम्य है।

द्विवेदी जी ने लिखा कि कबीर पौराणिक कथाओं के थोड़े-बहुत जानकार थे पर तत्त्ववाद के कायल न थे, शायद जानते भी नहीं थे। यह भी लिखा कि कबीर को मूर्ति उपासना बुरी लगती थी, पर ऐसा जान पड़ता है कि मूर्तिवाला तत्त्ववाद उन्हें मालूम ही न था। 'शायद ही किसी दार्शनिक तत्त्ववाद या पौराणिक रहस्य-व्याख्या का उल्लेख उनके ग्रंथ में पाया जाये।' इससे धर्मवीर ने निष्कर्ष यह निकाला कि 'द्विवेदी जी के कहने का मतलब यह है कि वह तो अनपढ़ होने की वजह से कबीर को पुराण पढ़ने का मौका नहीं मिला, नहीं तो वे पुराण भक्त और पक्के मूर्तिपूजक बन जाते।' (पृ. 80, वही) क्या अध्ययन की इससे भी गलत कोई पद्धति हो सकती है ? बुनियादी तौर पर द्विवेदी जी के लेखन के खिलाफ गलतफहमी का शिकार होने के कारण धर्मवीर उनकी हर बात को गलत अर्थ में लेते हैं। द्विवेदी जी वह बात बिल्कुल नहीं कह रहे जो धर्मवीर समझ रहे हैं। द्विवेदी जी ने तो साफ शब्दों में लिखा है कि 'वेदपाठ, तीर्थस्थान, व्रतोद्यापन, छुआछूत, अवतारोपासना, कर्मकांड इत्यादि सबके विरुद्ध कबीरदास ने लिखा है, पर कहीं भी इनकी गूढ़ व्याख्याओं या इनकी पृष्ठभूमि के तत्त्ववाद को उल्लेखनीय नहीं समझा।' (पृ. 299, वही)

क्या इससे यह अर्थ निकलता है कि कबीर वेदपाठ, तीर्थस्थान, अवतारोपासना इत्यादि के समर्थक थे ? या अगर वे पुराण-शास्त्र पढ़े होते तो इनके समर्थक बन जाते ? ऐसा भी कोई समझ सकता है, शायद इसीलिये सावधानी बरतते हुए द्विवेदी जी ने अपनी बात को और भी साफ समझा कर आगे लिखा, 'यहाँ इस कथन का यह तात्पर्य नहीं है कि कबीरदास ने बाह्याचारों की व्यर्थता समझने में गलती की है। यहाँ इस बात का उल्लेख किया जा रहा है कि कबीरदास ने 'पंडित' या 'पांडे' को कैसा समझा था या देखा था। शास्त्रीय आतंकजाल को छिन्न करके और लोकचार के जंजाल को ढाह कर वे सहज ही सहज सत्य तक पहुँच सके थे, इसमें कोई संदेह नहीं।' (पृ. 300, ग्रंथावली खंड-4)

ऊपर की आखिरी पंक्तियों को धर्मवीर अच्छी तरह पढ़ लें। पंडितों के शास्त्रजाल में उलझे बिना, सूक्ष्म और जटिल सैद्धांतिक वाद-विवाद में पड़े बिना, कबीर ने सहज ही सहज सत्य को उपलब्ध कर लिया था-यह है द्विवेदी जी की स्थापना। अगर धर्मवीर को लगता है कि कबीर ने सिद्धांतों का दार्शनिक और शास्त्रीय विवेचन भी किया है, तो यह उन्हें दिखाना चाहिए। लेकिन द्विवेदी जी की बात बहुत साफ है-कबीर ब्राह्मणों के बनाये शास्त्रों के विद्वान् नहीं थे, दार्शनिक सिद्धांतों के विश्लेषक नहीं थे, पर सत्य क्या है--इसे वे बखूबी जानते थे।

धर्मवीर ने लिखा है कि द्विवेदी जी कबीर की भक्ति को शास्त्र-सम्मत सिद्ध करना चाहते हैं। इसे भी देख लिया जाये। द्विवेदी जी ने लिखा कि कबीर के राम 'दशरथ सुत' नहीं थे। उनके निर्गुण राम और वेदांतियों के पारिभाषिक

'निर्गुण ब्रह्म' में मौलिक भेद है। (पृ. 309) सवाल उठता है कि क्या ऐसे निर्गुण ब्रह्म की भक्ति हो सकती है ? क्या ऐसा रूपातीत भगवान भक्ति का विषय हो सकता है ? इस सैद्धांतिक प्रश्न से धर्मवीर नहीं जूझते। लेकिन द्विवेदी जी ने पंडितों की ओर से उठ सकने वाले इस सवाल का जवाब देने की कोशिश की है। भक्ति भगवद् विषयक प्रेम को कहते हैं–यह कहते हुए उन्होंने कबीर के भक्ति पदों की तन्मयता, समर्पण भावना, उत्कट प्रेम और निष्ठा भावना इत्यादि का वर्णन करते हुए आखिर में लिखा है कि 'जो लोग शास्त्र ज्ञान का दावा करते हैं और फिर भी कबीर की भक्ति और अद्वैत भावना और निर्गुण प्रेम को परस्पर विरोधी समझते हैं, उनका उद्देश्य क्या है, यह वही जानें। हम तो दृढ़ता के साथ कहने का साहस करते हैं कि कबीर की भक्ति और भगवद् भावना में न तो मुक्ति से विरोध है और न शास्त्र से।' (पृ. 314, ग्रंथावली) यहाँ शास्त्र ज्ञान के बल पर कबीर की भक्ति को खारिज करनेवालों का खंडन करते हुए निर्गुण ब्रह्म के प्रति कबीर की भक्ति को तर्कसंगत और विवेक सम्मत साबित किया गया है न कि कबीर को रूढ़ वैष्णव शास्त्रों का अनुगामी साबित किया गया है ?

धर्मवीर आज–1997 में–हरिऔध, श्यामसुन्दर दास और परशुराम चतुर्वेदी के कबीर संबंधी विचारों का खंडन करने बैठे हैं। जो खंडन धर्मवीर ने किया है, उसे आज से 56 साल पहले–1941 में–द्विवेदी जी कर चुके थे। अपनी किताब *कबीर* में उन्होंने हरिऔध की इस धारणा का खंडन किया कि कबीर वैष्णव पुराणों के अनुयायी थे। उन्होंने श्यामसुन्दर दास की इस धारणा का खंडन किया कि कबीर हिंदू थे। उन्होंने परशुराम चतुर्वेदी की इस स्थापना को गलत बताया कि कबीर समन्वयकारी थे। द्विवेदी जी ने लिखा है, 'जो लोग कबीरदास को हिंदू–मुस्लिम धर्मों का, सर्वधर्म समन्वयकारी सुधारक मानते हैं, वे क्या चाहते हैं, ठीक समझ में नहीं आता। कबीर का रास्ता बहुत साफ था। वे दोनों को शिरसा स्वीकार कर समन्वय करनेवाले नहीं थे। समस्त बाह्याचारों के जंजालों और संस्कारों को विध्वंस करनेवाले क्रांतिकारी थे।' (पृ. 342, वही)

द्विवेदी जी ने कबीर को समाज सुधार विरोधी नहीं माना है जैसा कि धर्मवीर समझते हैं। जो व्यक्ति कबीर को क्रांतिकारी मानता है, वही उन्हें समाज–सुधार विरोधी क्यों मानेगा ? उन्होंने सिर्फ़ उन लोगों का विरोध किया है जो कबीर के महत्त्व को समाज सुधार तक सीमित कर देना चाहते हैं। उन्होंने लिखा है, 'कबीर ने ऐसी बहुत–सी बातें कही हैं जिनसे (अगर उपयोग किया जाये तो) समाज सुधार में सहायता मिल सकती है। पर इसलिये उनको समाज सुधारक समझना गल्ती है।' (पृ. 368, वही) द्विवेदी जी ने कबीर को व्यक्तिगत साधना का प्रचारक कहा, जो बिल्कुल सही है। यहाँ व्यक्तिगत शब्द पर नाक–भौं सिकोड़ने की जरूरत नहीं। साधना जमात में नहीं होती, वह हमेश व्यक्तिगत होती

है। सामंती समाज में, जहाँ व्यक्ति की अपनी कोई पहचान नहीं होती, वह पहचाना जाता है सिर्फ़ अपनी जाति, वर्ण और बिरादरी के रूप में, वहाँ व्यक्ति की वैयक्तिक्ता पर जोर देना एक क्रांतिकारी बात थी, सामंती वर्ण व्यवस्था के खिलाफ एक लोकतान्त्रिक चाह थी। द्विवेदी जी कबीर को एक नये पंथ के निर्माण का श्रेय क्यों नहीं देना चाहते, इसे समझने के लिए दो बातों पर ध्यान देना चाहिए। पहली बात यह कि खुद कबीर पंथ निर्माण के बारे में क्या सोचते थे ? इसकी ढंग से जाँच होनी चाहिए क्योंकि कबीर के नाम पर पंथ खुद कबीर ने नहीं बनाया, उनकी मृत्यु के बाद बना। इस बारे में कबीर पंथ के मठाधीशों की बातें आँख मूँद कर मान लेनी नहीं चाहिएँ। दूसरी बात यह कि किसी भी विचार और दर्शन के नाम पर जब संप्रदाय बन जाते हैं, तो उस विचार या दर्शन की गत क्या बनती है ? रवीन्द्रनाथ ठाकुर के प्रभाव से द्विवेदी जी सिर्फ़ कबीर पंथ के नहीं, विचार और दर्शन के नाम पर बने किसी भी संगठित धर्म और संप्रदाय के समर्थक नहीं थे। क्योंकि इन संगठित संप्रदायों में, व्यवहार में जयादातर रूढ़ बाह्याचार ही चलता है, गद्दियाँ कायम होती हैं, महंत गीरी चलती है, लेकिन धर्म की आत्मा कहीं नजर नहीं आती। क्या कबीर पंथ का व्यवहारिक रूप इसका अपवाद है ? अगर रेणु के *मैला आंचल* में आये कबीर पंथी मठ का हाल सच्चा है, तो मानना पड़ेगा कि कबीर पथ में भी कबीर का संदेश, उसकी आत्मा, वहाँ नहीं दिखती–वैसे ही जैसे आज रिपब्लिकन पार्टी में डॉ. अंबेडकर की आत्मा कहीं नहीं दिखती।

हजारी प्रसाद द्विवेदी के कबीर सभी बाहरी धर्म-आचारों को अस्वीकार करने का अपार साहस ले कर साधना के क्षेत्र में आनेवाले महान् साधक थे। 'सगुण साधकों ने सब कुछ मान लिया, कबीर ने सबकुछ छोड़ दिया था।' 'प्रेम ही सब कुछ है, वेद नहीं, शास्त्र नहीं, कुरान नहीं।' कबीर संबंधी द्विवेदी जी की ये स्थापनाएँ जाति भेद, रूढ़ियों और शास्त्रों पर टिके सामंती समाज के खिलाफ कबीर के असाधारण महत्त्व को दर्शाती हैं। द्विवेदी जी ने कबीर का वह महत्त्व दिखाया, जिसे देख पाने की दृष्टि किसी हिंदी आलोचक में नहीं थी। उन्होंने विभिन्न धर्मों-संप्रदायों और जातियों वाले देश भारत में समन्वय के मार्ग के खिलाफ कबीर की धर्मनिरपेक्ष मनुष्यता के मार्ग को स्थापित किया। कबीर संबंधी अध्ययन में यह द्विवेदी जी की सबसे बड़ी उपलब्धि थी। उन्हीं के शब्दों में, 'आज शायद यह सत्य निबिड़ भाव से अनुभव किया जानेवाला है कि सबकी विशेषताओं को रख कर मानव-मिलन की साधारण भूमिका तैयार नहीं की जा सकती। जातिगत, कुलगत, धर्मगत, संस्कारगत, विश्वासगत, शास्त्रगत, संप्रदायगत बहुतेरी विशेषताओं के जाल को छिन्न करके ही वह आसन तैयार किया जा सकता है जहाँ एक मनुष्य दूसरे से मनुष्य की हैसियत से मिले। जब तक यह नहीं होता, तब तक अशांति रहेगी। मारा-मारी रहेगी, हिंसा-प्रतिस्पर्द्धा रहेगी। कबीरदास ने

इसी महती साधना का बीज बोया था।' (पृ. 342, ग्रंथावली-4)

जाति, कुल, धर्म और शास्त्र–सब कुछ को छोड़ कर, परे हट कर, मनुष्य सिर्फ़ मनुष्य की हैसियत से मिले–इस संदेश से बढ़ कर कबीर का और कौन-सा संदेश धर्मवीर हमें देना चाहेंगे ?

डॉ. धर्मवीर जैसे विद्वान् और परिश्रमी आलोचक ने द्विवेदी जी को पढ़ने में ऐसी भूल की, यह देख कर दुख और आश्चर्य होता है। इससे उनकी कबीर संबंधी लड़ाई कमजोर हुई है–लेकिन, अर्थहीन या अनावश्यक नहीं। पहले एक लेनिन हुआ करता था (जी हाँ! वही बदनाम बोल्शेविक लेनिन) जिसने कहा था कि प्रभुत्वशाली लोग अपने विरोधी क्रांतिकारियों के जीवन काल में उनकी उपेक्षा, दमन और उत्पीड़न करते हैं, लेकिन मर जाने के बाद उन्हें हानिरहित मूर्तियों में बदल देते हैं, ताकि आनेवाली पीढ़ियाँ उनसे क्रांति और संघर्ष की प्रेरणा न ले सकें। यह बात कबीर के बारे में भी सच है। जरूरत है, कबीर की बनायी झूठी मूर्तियों को तोड़ कर उनके उस रूप को सामने लाया जाये जो दलितों को मनुष्यता के गौरव से वंचित रखने वाले समाज के खिलाफ लड़ने और सबकी बराबरी कायम करने की प्रेरणा हमें देता हो।

दलितों की हमारे समाज में एक खास स्थिति है। अपनी इसी स्थिति के कारण वे सच्चाई के उन पहलुओं को देख पाते हैं, जिन्हें हम सवर्ण, अपनी सवर्ण स्थिति के कारण ही, नहीं देख पाते। यही कारण है कि आज जब दलित जग रहे हैं और समाज को, इतिहास को और हर चीज को अपनी जगह से, अपने नजरिये से देख रहे हैं, तो सच्चाई के कई ऐसे पक्ष सामने आ रहे हैं जिससे हमारे पूरे सामाजिक इतिहास को और हर चीज के इतिहास को फिर से लिखने की जरूरत महसूस हो रही है। आलोचना और साहित्यिक इतिहास पर भी यही बात लागू होती है। दलित आलोचना के उभार से हिंदी की कई रचनाओं और साहित्यिक पक्षों को एक ऐसी जगह से देखने की संभावना खुल गयी है जहाँ से इन चीजों को पहले कभी नहीं देखा गया। इसीलिये हम कहते हैं कि दलित आलोचना के उभार से हिंदी आलोचना के क्षेत्र में नयी संभावनाएँ खुली हैं। साहित्यिक तथ्यों को नयी रोशनी में नये नजरिये से देखने और उनकी फिर से व्याख्या करने का मौका मिला है। कबीर पर कब्जे की लड़ाई इसी अलग-दलित–नजरिए से सच्चाई को जाँचने-परखने के संघर्ष का हिस्सा है। इस नजरिये की अपनी ताकत है, तो अपनी कुछ कमजोरियाँ भी हैं। अगर हम कबीर संबंधी डॉ. धर्मवीर की आलोचना पर गौर करें, तो उसकी नयी संभावनाओं के साथ कुछ सीमाओं को दखते हैं। पहले संभावनाओं का एक उदाहरण लिया जाये--सगुण और निर्गुण भेद। हिंदी के बड़े-बड़े आलोचकों ने सगुण-निर्गुण भेद को सिर्फ़ उपासना की दो पद्धतियों का भेद माना है। ज्यादा से ज्यादा वे यह कह लेते हैं कि ब्रह्म तो निर्गुण ही है पर

निर्गुण ब्रह्म तक पहुँचने के लिए ही सगुण उपासना एक सीढ़ी है। इसीलिये दोनों एक-दूसरे के पूरक हैं। डॉ. श्यामसुन्दर दास ने सगुण-निर्गुण में इसी तरह का भेद किया था। रामचन्द्र शुक्ल जैसे बड़े आलोचक ने भी इस भेद के सामाजिक संदर्भ पर ध्यान नहीं दिया और कबीर की निंदा करते हुए *पद्मावत* **की** भूमिका में लिखा कि ईश्वर को केवल मन के भीतर समझने और ढूँढ़ने की प्रवृत्ति भारतीय भक्ति मार्ग से पूरा मेल खानेवाली नहीं है, क्योंकि 'अवतारवाद के सिद्धांत रूप से प्रतिष्ठित हो जाने के कारण भारतीय परंपरा का भक्त अपने उपास्य को बाहर लोक के बीच प्रतिष्ठित करके देखता है, अपने हृदय के एकांत में नहीं।' शुक्ल जी को इसका कभी एहसास नहीं हुआ कि यह बात वे जिस भारतीय परंपरा के भक्त के लिए कह रहे हैं, वह भक्त सिर्फ़ द्विज भक्त हो सकता है, उसके अलावा और कोई नहीं। रामविलास शर्मा जैसे 'मार्क्सवादी' आलोचक तक सगुण-निर्गुण भेद के सामाजिक संदर्भ से दृढ़पूर्वक इन्कार करते रहे जबकि उनके सामने ही मुक्तिबोध सगुणोपासना को सवर्णों से और निर्गुण को शूद्रों-दलितों से जोड़ चुके थे। लेकिन मुक्तिबोध यह नहीं बतलाते कि दलित निर्गुण मार्ग की ओर क्यों गये और सवर्ण क्यों नहीं गये ? धर्मवीर जैसे दलित आलोचक ही हिंदी आलोचना के इस अभाव और भटकाव को दूर करने में समर्थ हुए हैं। श्यामसुन्दर दास की आलोचना करते हुए उन्होंने लिखा कि श्यामसुन्दर दास ने सगुण-निर्गुण में मात्र वैचारिक अंतर माना है, मानो इस अंतर को सामाजिक भेदों से कुछ लेना-देना नहीं है। यह मान लिया जाता है कि मनुष्य के दिमाग में पहले सगुण का विचार आता है और उसके बाद निर्गुण का विचार आता है। फिर कुछ लोग पैदायशी निर्गुण और कुछ आजीवन सगुणोपासक ही क्यों होते हैं ?

जिस चीज को रामचन्द्र शुक्ल अपने ब्राह्मणी परिवेश के कारण स्वभावतः बिल्कुल नहीं महसूस कर पाते, क्योंकि एक दलित अवतारवाद की ओर नहीं जाता और ईश्वर को सिर्फ़ अपने मन में ही समझता है और ढूढ़ता है। जिस चीज को डॉ. धर्मवीर अपने दलित परिवेश के कारण ही स्वभावतः बिल्कुल आसानी से—लेकिन पीड़ा के साथ समझ लेते हैं कि एक दलित को राम और कृष्ण के मन्दिरों की सीढ़ियों पर चढ़ने का हक नहीं था—भगवान के मूर्त रूप, उसकी मूर्ति तक पहुँचने की बात तो दूर रही! न वह उन पुराणों और शास्त्रों को पढ़ कर सगुण उपासना कर सकता था, जिन्हें सवर्ण द्विज बच्चे बचपन से अपने घरों में सुनते और पढ़ते हैं। इसलिये दलित हमेशा ही निर्गुण होता है—पैदायशी निर्गुण, जबकि द्विज पैदायशी सगुण होते हैं।

हजारी प्रसाद द्विवेदी को गलत ढंग से पढ़ने-समझने के बावजूद डॉ. धर्मवीर ने उनके प्रसंग में दो-तीन बातें ऐसी कही हैं जो गंभीरता से ध्यान देने लायक हैं। ये बातें इसलिये भी ध्यान देने लायक हैं क्योंकि ये दलित आलोचना

में ही संभव हो सकती थीं। द्विवेदी जी ने कबीर के व्यक्तित्व और कृतित्व में भक्ति को केंद्र में रखा और समाज सुधार या सांप्रदायिक एकता जैसी बातों को उनकी भक्ति का 'फोकस का माल' या 'बाइ-प्रोडक्ट' कहा है। धर्मवीर इससे सहमत नहीं हैं और सच पूछिए तो अपनी दलित स्थिति के कारण ही सहमत नहीं हो सकते। धर्मवीर ने एक अर्थपूर्ण सवाल उठाया–भक्त तो तुलसीदास भी उतने ही बड़े थे जितने कबीर, फिर दोनों की भक्ति के 'फोकट के माल' में इतना अंतर क्यों ? कबीर वर्ण व्यवस्था को उखाड़ने में समाज का सुधार देखते हैं, जबकि तुलसी इसी को समाज का बिगाड़ समझते हैं। दोनों की भक्ति के बाइ-प्रोडक्टों में यह ज़मीन-आसमान का फर्क़ क्यों है ? धर्मवीर ने दृढ़ता से लिखा है, 'सच्ची बात यह है कि यह समाज-सुधार या समाज बिगाड़ इन लोगों की भक्ति का बाइ-प्रोडक्ट नहीं, बल्कि उनका मूल उत्पादन है। इस मूल उत्पादन में जो साधन के रूप में इस्तेमाल की गयी चीज है, वह भक्ति है।' (पृ. 91)

यह स्थापना इस मार्क्सवादी विचार के नजदीक है कि मध्ययुग के धार्मिक आंदोलन असल में धार्मिक आवरण में वर्ग-संघर्ष के तत्त्वों को समेटे हुए थे। डॉ. धर्मवीर मार्क्सवादी नहीं हैं, फिर भी, अपनी दलित दृष्टि के कारण वे सहज ही उस निष्कर्ष तक पहुँचे जहाँ मार्क्सवाद काफी पहले पहुँचा था। द्विवेदी जी को विश्वसनीय मानने वालों के लिए भी धर्मवीर की स्थापना गंभीरतापूर्वक विचार करने योग्य है।

द्विवेदी जी ने कबीर की साधना को व्यक्तिगत साधना कहा है। यह सही बात है। लेकिन धर्मवीर ने इसका विरोध करते हुए जो कुछ कहा, वह भी कम महत्त्वपूर्ण नहीं। उन्होंने कबीर की साधना को व्यक्तिगत मानते हुए विरोध किया, क्योंकि कबीर की स्थिति एक सामाजिक व्यवस्था का अंग थी जिसमें उनकी पूरी जाति दलित के रूप में उन बुनियादी नागरिक और धार्मिक अधिकारों से वंचित थी जो द्विज जातियों के भक्तों को सहज ही हासिल थे। इसलिये कबीर की धर्म साधना सिर्फ़ उनका व्यक्तिगत मामला कैसे हो सकता है ? धर्मवीर लिखते हैं, 'ब्राह्मणी समाज व्यवस्था में दलित समाज को ईश्वर की भक्ति करने का अधिकार नहीं था। दलित लोग राम का नाम नहीं ले सकते थे। इसलिये दलित व्यक्ति की भक्ति करने की चाह तक में उसकी सामाजिकता उजागर रहती है।' (पृ. 95) यह बात गौर करने लायक है कि दलित व्यक्ति की भक्ति करने की चाह तक में उसकी सामाजिकता उजागर रहती है। कबीर की साधना व्यक्तिगत थी–यह सही होने पर भी धर्मवीर की इस आलोचना के बाद 'व्यक्तिगत' शब्द का अर्थ फिर से समझना होगा; उसमें निहित जटिलता को स्पष्ट करना होगा। उस व्यक्तिगत में एक दलित की सामाजिकता भी निहित है। सिर्फ़ निहित नहीं है, सामाजिकता की वह चाह उसके केंद्र में है। जाहिर है, कबीर की साधना को व्यक्तिगत साधना

कहना सिर्फ़ इसी अर्थ में सही हो सकता है कि उस साधना का स्वरूप व्यक्तिगत है, उसकी पद्धति व्यक्तिगत है–लेकिन उसका ऐतिहासिक तत्त्व व्यक्तिगत नहीं, सामाजिक था। हिंदी आलोचना में दलित दृष्टि के बिना कबीर अध्ययन संबंधी इन सवालों के सही जवाब सिर्फ़ द्विज आलोचकों के दृष्टिकोण से नहीं मिल सकते थे।

यहाँ थोड़ा रुककर धर्मवीर के कबीर पंथ के निर्माण संबंधी दृष्टिकोण को समझने की कोशिश करनी चाहिए। सवाल यह नहीं है कि कबीर ने अपना कोई अलग धर्म बनाया था या नहीं। सवाल यह है, धर्मवीर यह क्यों मानना चाहते हैं कि कबीर ने अपना अलग पंथ बनाया था ? क्यों कबीर के मरने के बाद दलितों ने उनके नाम पर पंथ खड़ा किया ? इस सवाल को एक दलित की दृष्टि से देखना चाहिए। वास्तविक समाज में धर्म सिर्फ़ कुछ भक्तों की आध्यात्मिक साधना भर नहीं है। वह किसी समुदाय की भौतिक सत्ता का, उसकी सामाजिक और राजनीतिक शक्ति का भी प्रतीक है। यह बात मध्य युग में भी थी और आज भी बनी हुई है। दलित समुदाय इस शक्ति से वंचित रखा गया है। अपनी सामुदायिक स्थिति की इस हीनता को वह पीड़ा के साथ महसूस करता है। मराठी दलित कवि शरण कुमार लिंबाले की एक कविता है :

मस्जिद से अजान की आवाज आयी
सब मुसलमान मस्जिद में चले गये
गिरजे की घंटियाँ बजीं
सब ईसाई गिरजे में चले गये
मंदिर से घंटे की आवाज आयी
आधे लोग मंदिर में चले गये
आधे बाहर ही रहे

ये जो आधे लोग बाहर रहे, क्या ये हमेशा यों ही बाहर खड़े रहेंगे ? जब उनसे कहा जाता है कि तुम्हारे अपने कबीर ने भी तुम्हारे लिए कोई रास्ता नहीं छोड़ा था, तो क्या यह बात उन्हें मंजूर हो सकती है ? क्या यह 'तथ्य' उनकी कोई मदद करता है ?

डॉ. धर्मवीर की किताब के उदाहरण से दलित आलोचना की कुछ कमजोरियाँ भी दिखाई देती हैं। कमजोरियाँ तो कई हैं, लेकिन यहाँ हम सिर्फ़ एक खास कमजोरी का जिक्र करेंगे–वह है द्विज आलोचकों के प्रति घोर अविश्वास का भाव। हरिऔध, श्यामसुन्दर दास, रामचन्द्र शुक्ल, परशुराम चतुर्वेदी और चंडक के साथ-साथ धर्मवीर ने हजारी प्रसाद द्विवेदी को भी जो रगड़ दिया, वह इसीलिये कि द्विवेदी जी एक ब्राह्मण आलोचक हैं। और ब्राह्मण ने, धर्मवीर के शब्दों में

'आज तक अपने सिवा किसी दूसरे की प्रशंसा नहीं की है।' (पृ. 90) ब्राह्मणों ने शास्त्रों को पढ़ने के लिए अधिकारी-भेद का प्रश्न बहुत महत्त्वपूर्ण माना है। इसका असली कारण उन ग्रंथों की भिन्न सामाजिकता है। भिन्न समाज के व्यक्ति को उन ग्रंथों को पढ़ने की अनुमति नहीं दी जाती। इसी तर्क से ब्राह्मणों पर संदेह करते हुए धर्मवीर लिखते हैं कि 'कबीर साहित्य को पढ़ने के लिए भी अधिकारी-भेद की बात उठ सकती है।' (पृ. 94) ब्राह्मणवादी सिद्धांतों की कैसी भयानक प्रतिक्रिया हो सकती है, यह समझ में आ जाना चाहिए। धर्मवीर रामानन्द को कबीर का गुरु बताने में इतिहास की साजिश समझते हैं। उन्हें द्विवेदी जी के इस कथन से संतोष नहीं है कि रामानन्द के शिष्यों में केवल भक्ति को छोड़ कर अन्य बातों में काफी स्वतन्त्रता थी क्योंकि रामानन्द के मत में भक्ति ही सबसे बड़ी चीज थी। रामानन्द कबीर के गुरु नहीं थे–इसे साबित करने के लिए खुद धर्मवीर ने कोई सबूत नहीं दिया, लेकिन उनकी दलित चेतना एक ब्राह्मण को ब्राह्मणवाद विरोधी कबीर का गुरु कभी नहीं मान सकती। वे लिखते हैं 'यह ब्राह्मणों द्वारा साहित्य में अपना वर्चस्व बनाये रखने की कोशिश है।' (पृ. 96) हालाँकि कुछ एक ब्राह्मणों द्वारा ब्राह्मणी व्यवस्था के खिलाफ विद्रोह करने का सिलसिला बहुत पुराना है जो ईसा पूर्व छठी सदी के अश्वघोष और 12वीं सदी के कन्नड़ बसवेश्वर से ले कर 20वीं सदी के राहुल सांकृत्यायन तक आता है। लेकिन डॉ. धर्मवीर को किसी भी द्विज आलोचक पर विश्वास नहीं कि वह दलित के साथ न्याय करेगा। वह घोर अविश्वास अगर एक ओर उन्हें अपने शत्रु के प्रति बहुत सावधान रखता है, तो दूसरी ओर कभी-कभी उन्हें अपने सच्चे मित्रों को भी पहचानने नहीं देता। यह घोर अविश्वास अगर एक दलित आलोचक को सतर्क बनाता है तो साथ ही उसे बेकार का शक्की और कूपमंडूक भी बनाता है। कुल मिला कर यह घोर अविश्वास भेद-भाव की स्थितियों को सही ढंग से हल करने के बजाय संवादहीनता और अलगाववाद को ही आगे बढ़ाता है। यह प्रवृत्ति धर्मवीर की कुछ दूसरी रचनाओं में भी मिलती है। यह अविश्वास ही द्विवेदी जी के कबीर संबंधी अध्ययन को समझने में धर्मवीर के रास्ते में रुकावट बना। इस शक के कारण ही दलित आलोचक कई बार तथ्यहीन भावावेश के शिकार हो जाते हैं। ऐसी संकीर्णता और अविश्वास से उबर कर दलित आलोचना मजबूत बनेगी और निश्चय ही हिंदी आलोचना में कुछ नये अध्याय जोड़ेगी।

सवाल है, दलित ब्राह्मण पर विश्वास क्यों नहीं करता?

इसका जवाब दलित को नहीं, ब्राह्मण को देना है।

दो पाटों के बीच

सदानंद शाही

चलती चक्की देखि के दिया कबीरा रोय
दुई पाटन के बीच में साबुत बचा न कोय

कबीर का यह दोहा एक विराट रूपक है। कबीर के समय के संदर्भ में भी और आज के संदर्भ में भी। कई तरह के द्वैत तब भी थे और अब भी हैं, जिनमें साधारण मनुष्य पिस रहा था और पिस रहा है।

ऐसे द्वैत भीतर भी थे, बाहर भी। मनुष्य के सामने डगमग बना हुआ था। इधर जाएँ कि उधर। आगे कुआँ, पीछे खाई वाली स्थिति थी। लोक की चिंता करें कि परलोक की। सगुण का ध्यान करें कि निर्गुण का। शास्त्र जितने मुँह उतनी बातें बोलने वाले थे। धर्म के भी दो रूप थे। एक तरफ कर्मकांड था, तीर्थ-व्रत थे, छुआछूत थी, जात-पाँत था और इनसे जुड़े पाखंड थे। दूसरी तरफ मेहनतकश गरीब जनता के दुख-दर्द और अभाव थे, लोक और परलोक दोनों की चिंता थी।

कहने की आवश्यकता नहीं कि कबीर के समय में धर्म की सत्ता आज की तुलना में ज्यादा प्रबल रही होगी। राजधर्म होने के नाते इस्लाम का प्रभुत्व था ही। हिंदू भले ही राज्यच्युत हो गये हों, धर्म के ठेकेदारों का वर्चस्व यथावत रहा होगा। आश्चर्य नहीं कि राजनीतिक पराभव ने हिंदुओं के धार्मिक भाव को प्रखर बना दिया हो। दोनों धर्मों के अपने कर्मकांड थे, अपने-अपने पाखंड थे, दोनों में ही खाने और दिखाने के अलग-अलग दाँत थे। ऐसे कठिन पाटों के बीच पिसने के लिए सामान्य जनता अभिशप्त रही होगी।

यह देख कर कबीर रो उठते हैं। कबीर का रोना भी एक प्रतीक है। यह रुदन जितना आत्मिक है, उतना ही सामाजिक भी।

सुखिया सब संसार है खाए और सोवे
दुखिया दास कबीर है जागे और रोवे

यह जागे हुए व्यक्ति का रोना है। दुनिया खा रही है और सो रही है और

निरंतर एक चक्की में पिसती चली जा रही है। जो पिसे जा रहे हैं, उन्हें इसका भान नहीं है कि वे पिसे जा रहे हैं। कबीर जगे हैं और देख रहे हैं—समझ रहे हैं। इस तरह सोये हुए होने पर, जिसमें स्वयं के पिसे जाने का एहसास नहीं है, कबीर रो रहे हैं। कबीर का यह रोना जागरण का छंद है। यह कोई आसान रोना नहीं है :

सोई आँसू साजना, सोई लोक विडाँहि
जो लोइन लोहू चुवै, जानो हेत हियाहिं

वही आँसू साधारण प्रेम में निकलते हैं, वही प्रियतम के प्रेम में निकलें तो क्या बात हुई। जब रोने में आँखों से लहू के आँसू निकलें, तब सच्चा प्रेम जानिये। कबीर के चार सौ वर्ष बाद संक्रमण के एक दूसरे दौर में गालिब भी कहते हैं : यह रोना आसान नहीं है—इस रोने के लिए काफी साहस चाहिए, हिम्मत चाहिए :

ऐसा आसाँ नहीं लहू रोना
दिल में ताकत जिगर में हाल तो हो

कबीर इसी ताकत और जज्बे के साथ रोते हैं। इसलिये यह कोई साधारण रुदन नहीं है। यह युगांतरकारी रुदन है। इस रुदन में बुद्ध की करुणा है। पीड़ा और बेचैनी के लिए लहू का एक-एक कतरा निचोड़ कर दे देने का संकल्प है। इसीलिये यह निष्क्रिय रुदन नहीं, सक्रिय हस्तेक्षप है। अज्ञान-जनित अबोधपन पर मार्मिक व्यंग्य भी है। यहीं पर कबीर का कबीरत्व जाग्रत होता है। वे दो कठिन पाटों के बीच साबुत खड़े होने की चुनौती स्वीकार करते हैं और चलती हुई चक्की के बीच मानों अड़ जाते हैं, समय की चलती चक्की को उलट देने के लिए। बहती हुई युग धारा को बदल देने, मोड़ देने के लिए। कबीर इसीलिये युगांतरकारी है।

आज भी धार्मिक, राजनैतिक पाखंड और नग्न उपभोक्तावाद के कठिन पाटों वाली चक्की चल रही है। असहाय सामान्य जन पिसने के लिए अभिशप्त है। आज स्वयं पिसे जाने का खतरा उठा कर समय की चक्की में अड़ जाने के लिए कौन है ?

उपभोक्तावाद-नग्न उपभोक्तावाद का दर्शन मुक्त बाजार व्यवस्था के रूप में प्रकट हुआ है। चकमक करता चकाचौंध फैलाता। प्रभु वर्ग ने उसे ऐसे परोसा है, मानो दुख से मुक्ति का यही उपाय है। एक दुनिया है, जो यह चकाचौंध फैला रही है। दूसरी दुनिया है, जो इस चकाचौंध की ओर बेतहाशा भाग रही है। एक ऐसी भी दुनिया है, जो इस चकाचौंध में जल रही है। कबीर के समय की माया नये तरह से अवतरित हो रही है। माया का यह गुण धर्म है कि वह आभास तो देती है सुख का, पर वास्तव में दाह उत्पन्न करती है। मुक्त बाजार व्यवस्था की

माया भी ठीक ऐसी ही है। यह इसी नारे के साथ आयी कि मुक्ति यहाँ है, सुख यहाँ है और जो इस सुख की ओर लपके तो पाया कि यहाँ दाह है, विनाश है किसानों-मजदूरों की चीखें हैं, आत्महत्याएँ हैं। दारुण दंश है। कबीर कहते हैं :

ओ नई आई बादरी, बरसन लगा अंगार
उठ्ठि कबीर धाह दे, दाझत है संसार

बादल घिर आये, तो लोगों ने सोचा, पानी बरसेगा। तपन मिटेगी, प्यास बुझेगी, पृथ्वी सजल होगी, जीवन का दाह मिट जायेगा, किंतु हुआ ठीक उलटा। यह दूसरे तरह के बादल हैं, इनसे पानी की बूँदें नहीं, अंगारे बरस रहे हैं, संसार जल रहा है। कबीर ऐसे छल-बादल से संसार को बचाने के लिए बेचैन हो उठते हैं।

खेद है कि हमारे समय में ऐसे छल-बादलों के त्रास से उबारने के लिए कोई नहीं है। कहने को अनेक राजनीतिक दल हैं, राजनेता हैं, पर उनकी कथनी कुछ और है, करनी कुछ और है। मुख और हैं, मुखौटे कुछ और। ये भी छल-बादल हैं। दुख, गरीबी, बदहाली, असमानता के खिलाफ लड़ते चले आ रहे हैं, उनकी लड़ाई जितनी तेज हो रही है, सारी चीजें दिन-दूनी रात-चौगुनी गति से बढ़ रही हैं। बुद्धिजीवी वर्ग के पास घड़ियाली आँसू भी नहीं बचे हैं, अपनी सुविधाओं के लिए बेशर्म कशमकश है। मठ हैं, महंत हैं, संत हैं, फकीर हैं, सबके पास अपने-अपने स्वार्थों की गठरी है, सब उसमें जल रहे हैं।

ऐसा कोई ना मिला जासो रहिए लागि
सब जग जरता देखिया अपनी अपनी आगि

यह जन सामान्य की असहायता का करुण गान है। कबीर अपने समय में ऐसे की तलाश कर रहे थे, जो अपनी आग में न जल रहा हो, बल्कि जिसमें दूसरे को आग से बचाने की क्षमता हो। जहाँ पहुँच कर शांति पायी जा सके। जिसके साथ लग कर रहा जा सके।

मुक्ति के केंद्र काशी में कबीर को ऐसा कोई नहीं मिला और वे ऐसे की तलाश करते हुए मगहर ऊसर में आये। कबीर का मुक्ति के, ज्ञान के केंद्र काशी से मगहर आना भी एक प्रतीक है। कबीर शायद यह जान चुके थे कि तथाकथित उदात्त, विराट, महान् और पवित्र में मुक्तिदायिनी क्षमता नहीं है। मुक्तिदायिनी क्षमता क्षुद्र, अनाम और सामान्य में है। काशी के पंडितों को छोड़ कर कबीर का मगहर के बुनकरों के बीच आना एक बड़ा अर्थ संकेत है। एक तरफ ब्रह्मज्ञान का पाखंड है, दूसरी तरफ श्रम की साधना है। कबीर चलती हुई चक्की को यहाँ भी उलटते हैं। जिस समाज में श्रम करने वाले को हेय दृष्टि से देखा जाता हो, उस

समाज में श्रम को मुक्ति के विधान के रूप में प्रतिष्ठित करना एक बड़ी चुनौती थी। इसलिये वे श्रमपूर्ण सामान्य जीवन को आडंबरपूर्ण भव्यता की तुलना में श्रेष्ठ मानते हैं।

सामान्य के प्रति कबीर का यह आग्रह ऐसा है कि जिस राम की महानता की इतनी चर्चा हो, स्वयं कबीर जिसके प्रेम में पागल हैं, वह कोई महान् या विराट सत्ता नहीं है। वह परमप्रिय भी प्रायः समकक्ष ही है :

हरि मोरा पिउ मैं हरि की बहुरिया
राम बड़े मैं तनक लहुरिया

बेशक राम बड़े हैं, पर कबीर उनसे थोड़े ही छोटे हैं। कबीर राम की विराटता का ऐसा भव्य साँचा नहीं बनाते कि सामान्य आदमी स्वयं को तुच्छ और अंकिंचन समझे। कभी-कभी खिलंदड़े अंदाज में कह उठते हैं :

छोटा कहूँ तो बहु डरौ बड़ा कहूँ तो झूठ
मैं क्या जानू राम को नैना कबहू न दीठ

छोटा कहने में डर लगता है। बड़ा कहें तो झूठ होगा। जिसे आँखों से देखा नहीं सिर्फ़ अनुभव से जाना है, उसके बारे में वे कोई बड़ा तूमार नहीं बाँधते। वे कुंडलि में कस्तूरी की तरह बसने वाले राम को निजी और एकांतिक अनुभव से सार्वजनीन अनुभव में बदल देने के लिए बेचैन दिखाई पड़ते हैं। जहाँ राम मंदिरों और मजिस्दों की दीवारों में कैद हों और उन पर कुछ विशिष्ट वर्गों का इजारा कायम हो, वहाँ कबीर :

मेरा मन सुमिरै राम को मेरा मन रामहि आहि
इब मन रामहि ह्वै चला सीस नवावों काहि

कह कर रामत्व को मनुष्यत्व का पर्याय बना देते हैं। गर्व मिट जाता है। क्षुद्रता लुप्त हो जाती है। मनुष्य और राम का भेद मिट जाता है। कबीर की व्यथा इसी रामत्व को प्रकट करने की है। ऐसा रामत्व, जो जीवन देने वाला है-भय, संत्रास और अभाव से मुक्त जीवन। इसी का संधान करने के लिए कबीर पर्वत-पर्वत घूमते हैं, रो-रो कर नैन गँवा बैठते हैं, पर वह बूटी वह उपाय नहीं मिलता, जिससे जीवन संभव हो :

परबत परबत मैं फिरा, नयन गँवाया रोय
सो बूटी पाऊँ नहीं, जाते जीवन होय

ध्यान रहे कि यह परबत-परबत घूमना हिमालय या विंध्य या अरावली की

पर्वत शृंखला नहीं है, वे तथाकथित समकालीन महानताएँ हैं जो जीवन देने का दावा करती हैं, मुक्ति का उपाय बताने का दंभ भरती हैं, पर वहाँ जा कर नैन गँवाने के अलावा और कुछ नहीं मिलने वाला है। कबीर उस बूटी की तलाश में हैं, उस सूत्र की तलाश में हैं, जिससे जीवन का गुणनखंड हल हो। सारे पर्वत छानने के बाद कबीर इसी नतीजे पर पहुँचते हैं कि मुक्ति का कोई बना-बनाया रास्ता नहीं है। इसलिये नये रास्ते की तलाश करनी होगी।

नये रास्ते की तलाश, नये राह का निर्माण भी कोई आसान काम नहीं है। अपना घर जला कर नये रास्ते की तलाश में निकलना होगा। संचित मोह, भ्रमित आस्थाएँ, प्रत्येक तरह के पूर्वाग्रह सब कुछ को जला कर निकलना होगा। महानता के अपने दुर्ग या मठ से बाहर निकलना होगा। जन सामान्य के बीच में जा कर पुकार लगानी होगी। कबीर ऐसी पुकार लगाते हैं :

कबीरा खड़ा बाजार में, लिये लुकाठा हाथ
जो घर जा आपना, चले हमारे साथ

कबीर के समय में घर जलाने से काम चल सकता था, आज घर के साथ बाजार को भी जलाना आवश्यक है। कहने की आवश्यकता नहीं कि कबीर के समय में बाजारों की एक सकारात्मक भूमिका थी। बाजारों की उपस्थिति से किसान कारीगर वर्ग बंद सामंती व्यवस्था के बरबस अपना स्वतंत्र आर्थिक आधार विकसित कर रहा था। इसी आधार पर इस वर्ग ने सापेक्षिक स्वायत्तता अर्जित की। इस स्वायत्तता ने किसानों-कामगरों के खोये हुए आत्मसम्मान को नवजीवन प्रदान किया। इन वर्गों ने अपने नेता और संत पैदा किये। इन संतों ने वर्ण और जाति के आधार पर बरते जाने वाले स्तर भेद को चुनौती दी। मनुष्य और मनुष्य के बीच भेद बुद्धि का निषेध किया। उत्तर भारत में कबीर इन्हीं संतों के अग्रदूत थे। अभिप्राय यह कि कबीर के समय में बाजार ने एक क्रांतिकारी भूमिका अदा की। सामंती व्यवस्था में धार्मिक कर्मकांड और तदज्जनित पाखंड ने मनुष्य की सत्ता को छोटा करने की चेष्टा की थी। बाजार ने किसानों-कामगरों को सापेक्षिक स्वायत्तता प्रदान कर मनुष्य को उसकी स्वाभाविक ऊँचाई प्रदान की थी।

आज बाजार की भूमिका उलट गयी है। आज बाजार की शक्तियाँ मनुष्य को छोटा करने के लिए सन्नद्ध हैं। बाजार ने जीते-जागते मनुष्य को पण्य वस्तु में बदल कर उसे लघु मानव बना दिया है। इसलिये आज के मनुष्य की लड़ाई जितनी सामाजिक कुरीतियों, धार्मिक पाखंड, और उन्माद से है, उतनी ही बाजार के वर्चस्व से है।

कहने की आवश्यकता नहीं कि कबीर का साहित्य और कबीर का संघर्ष मनुष्य को आदमकद बनाने की सतत चेष्टा है। कबीर मनुष्य को छोटा बनाने की

इजाजत किसी को नहीं देते चाहे वे धार्मिक-सामाजिक कुरितियाँ हों, राजनीतिक सत्ता हो, शास्त्र ज्ञान का आतंक हो, माया की चकाचौंध हो, या फिर स्वयं उनके अपने राम ही क्यों न हों।

इसलिये आज जब बाजार की माया और धर्म का बाजार मिलजुल कर मनुष्य को नये सिरे से लघु मानव में तब्दील करने की कोशिश कर रहे हैं, कबीर नयी अर्थवत्ता के साथ मनुष्यता के पक्ष में एक विराट प्रकाश पुंज की तरह दिखाई दे रहे हैं।

इसलिए यदि आज हर कोई कबीर की ओर उम्मीद से देख रहा है, तो उचित ही है। यहीं पर यह कहना आवश्यक है कि यह उचित तो है पर आसान नहीं है। यदि कबीर को आसान समझा गया और उन्हें केवल लेबल समझा गया तो खतरा है कि बाजार की शक्तियाँ स्वयं कबीर का इस्तेमाल कर ले जायें। यह केवल कपोल कल्पना नहीं है। इस तरह के प्रयत्न दिखाई भी दे रहे हैं। दलित आंदोलन के उभार के दौर में कुछ लोग कबीर को दलित चेतना के प्रतीक के रूप में देख रहे हैं। इसलिये राजनीतिक हलकों में कबीर में वोट की संभावना भी निहारी जा रही है। समतावादी विचारों के दुश्मन और वर्ण व्यवस्था के समर्थक भी कबीर को सामाजिक अभिप्राय से विरत कर केवल उनके अनहद नाद को ले उड़े हैं। संसद के अंकगणित का कागजी गुणनखंड हल करते-करते स्वयं को अप्रासंगिक बना चुकी कम्युनिस्ट पार्टियाँ भी कबीर के मुक्तनाद का झंडा ले कर स्वयं को प्रासंगिक बनाने में लगी हैं।

किंतु लाख टके का सवाल यह है कि क्या कबीर सचमुच इतनी आसानी से पचाये या भुनाये जा सकते हैं ? क्या कबीर का अनुगामी होना इतना आसान है ? शायद नहीं। कबीर का रास्ता वे ही चुन सकते हैं, जो अपनी संकीर्णताओं और क्षुद्रताओं के घर को जला कर बाजार की माया का दाँत उखाड़ने के लिए प्रस्तुत हों। तकनीक और धार्मिक-सामाजिक कर्मकांडी उन्माद में पीसे जाते हुए मनुष्य की वेदना से जिनकी आत्मा विसूर रही हो। जो माया की चकाचौंध से गाफिल नहीं हैं, जाग रहे हों और सामाजिक व्यथाओं को देख रहे हों और सब कुछ को बदल देने की अपराजेय विकलता के साथ काशी (केंद्र) को छोड़ कर मगहर (परिधि पर) आने का जोखिम उठाने को तैयार हों।

हमारे समय में मनुष्यता की मुक्ति के लिए ऐसी ही शक्तियों का इंतजार है। इसलिये आज कबीर को याद करने का अर्थ ऐसी ही शक्तियों का संधान करना है। अपने भीतर-अपने बाहर।

कबीर का दुख

नामवर सिंह

कबीर के दुख से मेरा 'परिचय' हुआ प्रेमचंद की कहानी 'कफ़न' में। परिचय कराया घीसू और माधव ने। इन दोनों के परिचय के लिए फ़िलहाल इतना ही काफी है कि वे जाति के चमार हैं जिन्हें अब 'दलित' कहा जाता है। घर में मिट्टी के दो-चार बर्तनों के सिवा कोई संपत्ति नहीं। फटे चीथड़ों से अपनी नग्नता ढाँके हुए जिये जाते हैं। झोंपड़ी में बहू मरी पड़ी है और बाप-बेटे दोनों कफ़न के पैसों से कलवरिया में दारू उड़ा रहे हैं। नशे में भी बहू की वह लाश दखल देती है। बेटा रोने लगता है तो बाप समझाता है: 'रोता क्यों है बेटा, खुश हो कि वह मायाजाल से मुक्त हो गयी। बड़ी भाग्यवान् थी, जो इतनी जल्द मोहमाया के बंधन तोड़ दिये।' और दोनों खड़े होकर नाचने और गाने लगते हैं : *ठगिनी क्यों नैना झमकावै, ठगिनी!*

कबीर और कबीर के दुख से परिचय का क्षण वही है। मृत्यु, मुक्ति, माया और इन सबके ऊपर समाज के सबसे निचले तबके के दो प्राणियों का नृत्य! मृत्यु भी नाचती है, मुक्ति भी नाचती है और नाचती है माया। कबीर ने ही कहीं कहा है : *यह माया जैसे कलवारिन, मद पियाइ राखै बौराई।*

नृत्य भी कितना रोमांचक और मुक्ति का उत्सव भी कैसा अद्‌भुत!

घीसू और माधव अपना कबीर गा रहे हैं, अपना कबीर नाच रहे हैं और लगता है कि उन्हीं के साथ स्वयं कबीर भी नाच रहे हैं और गा रहे हैं :

नाचु रे मेरे मन मत्त होइ
गिरि समंदर धरती नाचै लोक नाचै हँस-रोइ

नाच भी कैसा ? हँसना-रोना साथ-साथ। सती के शव को लेकर शिव ने ऐसा ही उन्मत्त नृत्य किया था क्या ?

घीसू-माधव उस शिव को शायद ही जानते हों। लेकिन अजीब बात है कि ऐसे क्षण में उन्हें कबीर के राम भी याद न आये। याद आयी तो माया ठगिनी! एक माया शंकराचार्य की भी है। लेकिन वह पंडितों की संपत्ति है। लोक तो कबीर

की माया ठगिनी को ही जानता है। कबीर का भी साबका पड़ा तो उसी माया ठगिनी से! कबीर के लिए माया दर्शनशास्त्र की कोई अमूर्त अवधारणा नहीं है, बल्कि वह एक ठोस वास्तविकता है, कड़वी सचाई है! राम भले ही निर्गुण हों, माया तो एकदम सगुण है और हर जगह, हर पल सशरीर उससे बच कर निकल जाना मुश्किल है। कबीर का वह पद याद करें :

माया महाठगिनि हम जानी
तिरगुन फाँस लिए कर डोलै बोलै मधुरी बानी
केसव के कँवला होई बैठी सिव के भवन भवानी
पंडा के मूरति होई बैठी तीरथ हू मैं पानी
जोगी के जोगिनि होई बैठी राजा के घर रानी
काहू के हीरा होई बैठी राजा के घर रानी
भगतों कै भगतिनि होई बैठी तुरकाँ के तुरकानी
दास कबीर साहिब कै बंदा जाकै हाथ बिकानी

गरज कि माया राम से ज्यादा नहीं तो राम की तरह ही सार्वभौम और विश्वव्यापी है। माया की पहुँच वहाँ भी है, जहाँ राम के लिए जगह नहीं है और हर जगह के अनुरूप वह अपना रूप बदल कर प्रकट हो जाती है। इसीलिये तो उसे 'माया' कहते हैं! धनी के घर हीरा है, तो गरीब के घर कानी-कौड़ी! मंदिर का पंडा जिस मूर्ति का सेवक बन कर कमाई करता है। वह भी माया है और यहाँ तक कि तीर्थ का वह 'पवित्र' जल भी माया ही है जिसे गंगा जल बता कर बहुतेरे भक्तों को ठगा जाता है। यही माया कबीर के हाथ बिक गयी। वह कबीर को वश में न कर सकी, कबीर के वश में हो गयी। कबीर का खयाल ऐसा ही है।

लेकिन कबीर का एक पद ऐसा भी मिलता है, जिसमें वे कहते हैं कि मैं तो माया को छोड़ रहा हूँ पर माया ही मुझे नहीं छोड़ती। गरज कि बाबा तो कमली छोड़ रहे हैं, कमली ही बाबा को नहीं छोड़ती। कबीर का वह पद इस प्रकार आरंभ होता है :

माया तजू तजी नहिं जाइ
फिरि फिरि माया मोहि लपटाइ

इसके बाद तफसील से माया का निरूपण किया गया है। माया आदर है, मान है, रस है, स्वाद है। यहाँ तक कि जप, तप, योग भी माया ही हैं। माता, पिता, स्त्री, पुत्र, पुत्री आदि भी माया हैं और धन-दौलत भी, जिसे आज भी लोक व्यवहार में लोग 'माया' कहते हैं। जब माया इतनी व्यापक है तो उसके बंधन से कौन बच

सकता है! आप भले ही माया को छोड़ दें, लेकिन माया भी आपको छोड़े तब तो ? यह बेबसी ही संभवतः कबीर के एक दुख का कारण है।

माया के बारे में कहा भी बहुत है कबीर ने। कबीर बानी में राम नाम जितनी बार आता है उससे कम माया का जिक्र नहीं है। माया के साथ रिश्ते भी कबीर ने कई तरह से जोड़ रखे हैं। कभी वह वेश्या है, तो कभी बहन भी ऐसी बहन जिससे वे खुल कर अपना दुख भी कह बैठते हैं। पहले तो वे प्यार से कहते हैं :

तुम्ह घर जाहु हमारी बहना, विष लागैं तिहार नैना

फिर वजह भी बताते हैं :

वहाँ जाहु जँह पाट-पटंबर, अगरु चंदन घसि लीना
आयो हमारे कहा करौगी, हम तौ जाति कमीना

और अंत में अपना दुख :

जाति जुलाहा नाम कबीरा, बनि बनि फिरौं उदासी

सच पूछिए तो इस माया लोक में बन-बन उदास फिरने वाले कबीर ही सचमुच का असली कबीर है। अपनी एक साखी में तो कबीर ने साफ शब्दों में स्वीकार किया है कि :

कबीर जदि का माइ जनमिया, कहूँ न पाया सुख
डाली-डाली मैं फिर्‌या, पातौं-पातौं दुख

तात्पर्य यह कि जब से माता ने मुझे जन्म दिया, कहीं भी सुख नहीं पाया। सुख के लिए मैं डाल-डाल फिरा तो दुख पत्ता-पत्ता दौड़ा। यहाँ 'माइ' का एक अर्थ माया भी हो सकता है!

कबीर ने दरअसल जानबूझ कर सुख का त्याग किया और खूब सोच-समझ कर दुख का वरण किया था। यह उनका अपना चुनाव था। रास्ता ही उन्होंने ऐसा अपनाया, जो दुख का है। एक अन्य साखी में उन्होंने इस ओर संकेत भी किया है :

कबीर सुख को जाइ था, आगे आया दुख
जाहि सुख घरि आपने, हम जाणैं अरु दुख

तात्पर्य यह कि कबीर तो सुख के लिए जा रहा था कि सामने दुख आ गया। कहा : 'ऐ सुख, तू अपने घर जा, अब मैं जानूँगा और मेरा दुख जानेगा। किसी तीसरे की आवश्यकता नहीं है।'

लेकिन इन सब बातों का यह अर्थ नहीं कि कबीर हर समय सिर्फ अपने

दुख से ही दुखी रहते हैं। जब वे कहते हैं कि माया मुझे नहीं छोड़ रही है, तो संकेत स्पष्ट है कि माया का संसार उन्हें नहीं छोड़ता। एक तरह से कबीर सारे संसार के लिए रोते दिखाई पड़ते हैं। यह बात एक साखी में वे कहते भी हैं :

मैं रोऊँ संसार को, मोकौं रोवै न कोइ
मोकौं रोवै सो जनाँ, जो सबद बिबेकी होइ

एक तरह से यह चुनौती उन सबके लिए है जो 'सबद-विवेकी' हैं अथवा 'सबद-विवेक' का दावा करते हैं। कहना न होगा कि 'शब्द-विवेक' के द्वारा ही कबीर के उस भाव को पकड़ा जा सकता है जहाँ वे संसार के लिए-अपने आसपास के संसार के लिए रोते हैं। प्रायः ऐसे पद आध्यात्मिक रूपकों में लिपटे हुए हैं और स्वभावतः उनका अर्थ भी सीधे-सीधे आध्यात्मिक ढंग से कर दिया जाता है, क्योंकि यह तरीका आसान है और उसमें 'शब्द-विवेक' के लिए बहुत मगजपच्ची की मशक्कत भी नहीं करनी पड़ती। उदाहरण के लिए यह पद :

अब न बसूँ इहि गाउँ गोसाईं
तेरे नेवगी खैंरे सयाने हो राम
नगर एक तह जीवधर महता, बसै जु पंच किसानाँ
नैनू नकटू श्रवनू रसनू इंद्री कह्या न मानैं हो राम
गाउँ कु ठाकुर खेत कुनापै, काइथ खरच न पारै
जोरि जेवरी खेति पसारै, सब मिलि मोकौं मारे हो राम
खोटो महतो विकट बलाही, सिरकस दम का पारै
बुरौ दिवान दादि नहिं लागै, इकि बाँधै इक मारै हो राम
ध्रमराइ जब लेखा माँग्या, बाकी निकली भारी
पाँच किसाना भाजि गये हैं, जीवधर बाँध्यौ पारी हो राम
कहै कबीर सुनहु रे संतौ, हरि भजि बाँधौ भेरा
अब की बेर बकसि बंदे कूँ, सब खत करौं निबेरा

इस पद में पाठ भेद काफी है और जो पाठविज्ञानी गाँव के जीवन को निकट से नहीं जानते उनके लिए पाठ-निर्णय का कार्य थोड़ा मुश्किल भी। खेती और किसान से जुड़े हुए माल के मुहकमे के अमलों के नाम भी पंद्रहवीं शताब्दी के हैं जो आज के जमाने में अबूझ मालूम होते हैं। शब्दार्थ की इन प्राथमिक कठिनाइयों के बावजूद मुख्य अर्थ बहुत कुछ स्पष्ट है।

संक्षेप में, मनुष्य का शरीर एक गाँव है। जीव मुखिया है, पाँचों इंद्रियाँ किसान हैं। ये कहा नहीं मानतीं। लगान न देने वाले किसानों की तरह ये इंद्रियाँ भी बाँधी जाती हैं, इन्हें मारा भी जाता है। बकाया लगान चढ़ गया है। अंत में

धर्मराज हिसाब माँगेंगे तो क्या जवाब दिया जायेगा। इसलिये हरि से प्रार्थना है कि इस बार बंदे को बख्श दें तो सारा बकाया निपटा देगा।

इसमें कोई शक नहीं कि मुख्यत: यह चिर परिचित भक्ति भाव का एक भजन है, जिसमें इंद्रियों के स्वैराचार पर खेद प्रकट किया गया है। इस दृष्टि से यह बहुत सामान्य है। विशिष्ट बनता है किसानों पर होने वाले अत्याचार के रूपकों से। खास बात यह है कि वास्तविक जीवन के रूपक ज्यादा हैं, शारीरिक अंगों के क्रिया-कलाप कम। उदाहरण के लिए शरीर के अंदर नेवगी यानी लगान वसूल करने वाला कौन है, इसका पता नहीं। यही हाल ठाकुर, कायस्थ, दीवान, बलाही (बलाधिकृत ?) आदि का भी है। गरज कि आध्यात्मिक भाव भूमि पर सामाजिक यथार्थ भारी पड़ता है। आध्यात्मिक अर्थ दब जाता है और ऊपर उभर कर यह सचाई आती है कि लगान वसूल करने वाले चालाक और क्रूर हैं, कायस्थ/पटवारी उजरत माँगता है, न देने पर खेत की गलत नाप करता है। दीवान के यहाँ सुनवाई नहीं होती। बलाही (शायद सिपाही या दारोगा) विकट है और जुल्म ढाता है। एक बाँधता है और एक मारता है। इस तरह सभी मिल कर किसानों को मारते हैं। ऐसी हालत में गाँव छोड़ कर भाग जाने के अलावा किसान के पास कोई विकल्प नहीं रहता।

यह सामाजिक दुख इतना उत्कट है कि कबीर जैसे संवेदनशील संत को आध्यात्मिक क्षणों में भी उद्वेलित करता रहता है। एक तरह से यह भक्ति भाव के क्षेत्र में सामाजिक यथार्थ का हस्तक्षेप है। तात्पर्य यह कि कबीर के दुख का एक निश्चित सामाजिक आधार है। इसीलिये *अब न बसूँ इहि गाउँ गोसाईं* में जो पीड़ा है, वह इतनी मार्मिक है।

सामाजिक यथार्थ के दबाव के ऐसे उदाहरण और भी हैं। जाति-पाँति के भेद को पूरी तरह अस्वीकार करने के बावजूद कबीर एक क्षण के लिए भी नहीं भूलते कि वे एक जुलाहे हैं। आध्यात्मिक अनुभव के उदात्त क्षण में भी। राम नाम भी वे किसी जुलाहे की तरह बुनते हैं; राम जैसे बड़े नाम को बुनने के लिए तो करघा भी उनके अनुरूप ही बड़ा होना चाहिए। लिहाजा वे तीनों लोकों को मिला कर करघा बनाते हैं, फिर सारे दिङ्मंडल को ताने के रूप में तानते हैं और इस तरह बुनाई का सारा तामझाम पूरा करते हैं। यह विराट कल्पना *जोलहा बीनहु हो हरि नामा* पद में बिंब-रचना करती है। इस प्रक्रिया में वे कभी-कभी अपने राम को भी जुलाहा बन कर एक विशाल करघे पर बैठा देते हैं। आध्यात्मिक अनुभव के ऐसे ही क्षण का एक अद्भुत पद है : *को बीनै प्रेम लागौ री माई, को बीनै* यह पद गाते-गाते कबीर मस्त हो कर अंत में नाचने लगते हैं; और फिर :

नाचै ताना नाचै बाना, नाचै कूँच पुराना

री माई को बीनै
करगहि बैठि कबीरा नाचै, चूहै काट्या तानाँ
री माई को बीनै

इस पद का सबसे दिलचस्प अंश है अंतिम पदबंध का टुकड़ा : *चूहै काट्या ताना।* यह है कबीर-कलम की विडंबना का एक नमूना। नाचने में ताना जब एकदम मस्त हो जाता है तो अचानक एक चूहा ताने को काट कर सारी मस्ती काफूर कर देता है! यह चूहा क्या है ? किसी दुख का दंश तो नहीं ? करघे के अंदर अचानक चूहा कहाँ से आ गया ? जो हो यह एक यथार्थ-बोध का अंकुश है–आध्यात्मिक उड़ान पर भी और आनंदोल्लास पर भी।

'कबीर ग्रंथावली' और 'बीजक' में आध्यात्मिक आनंदोल्लास के छंद इतने हैं कि उन्हें पढ़ते हुए सारा दुख भूल जाता है और विश्वास हो जाता है कि कबीर ने अपने राम को पा लिया था। इसी तरह की एक 'साखी' का यह टुकड़ा है : *पूरे सूँ परचा भया, सब दुख मेल्ह्या दूरि* पूर्ण से परिचय हो गया और मैंने सारा दुख दूर फेंक दिया। लेकिन इसके साथ ही विरह के छंद भी हैं और ऐसे छंदों की संख्या कहीं अधिक है। जब परम प्रिय कहीं दूर नहीं है अपने अंदर ही है : 'घट घट में', तो फिर विरह की ऐसी उत्कट वेदना क्यों ?

'शब्द-विवेक' का सहारा लें तो 'परचा' का मर्म समझ में आयेगा। यह 'परचा' ऐसा परिचय है, जिसे कबीर 'अनभौ' कहते हैं। 'अनभौ' अर्थात् अनुभव। अनुभव-विशेष। साक्षात्कार जैसा कुछ! रहस्यवादियों का इलहाम। आशय यह है कि परम सत्ता की एक झलक भर मिली है। गोया बिजली की कौंध। प्रकाश के विस्फोट के साथ ध्वनि का स्फोट भी। इसीलिये कबीर इसे 'सबद' या 'शब्द' भी कहते हैं। नाद आकाश का गुण है। इसीलिये कबीर की वाणी में *अनहद गरजे, गगन दमामा बाजिया* जैसे पदबंध मिलते हैं। वह परमतत्त्व अपने आप को सिर्फ आकाश में ही व्यक्त करता है, किंतु आकाश की ही तरह अव्यक्त भी है और साथ ही व्यक्त भी। उसका कोई रूप नहीं, इसलिये वह सिर्फ नाम है। वह नाम सुविधा के लिए राम है–लेकिन इस कठिन शर्त के साथ कि वह निर्गुण है। अब इस निर्गुण से मिलन हो तो कैसे हो ? परिचय तक तो ठीक, लेकिन मिलन ? मिलन और चीज है। इसीलिये कबीर कहते हैं–*सबद मिलावा होइ रहा, देव मिलावा नाहिं।* जैसे टेलीफोन पर संवाद, लेकिन रूबरू मुलाकात नहीं।

कबीर 'परचा' को कभी-कभी 'ज्ञान' भी कहते हैं। सामान्य ज्ञान नहीं, विशिष्ट ज्ञान। चाहे तो अंतर्ज्ञान, आत्मज्ञान, आध्यात्मिक ज्ञान आदि में से कुछ भी कह सकते हैं। इस ज्ञान में आनंद भी है। और दुख भी। एक प्रकार का दुखात्मक आनंद। संस्कृत में 'वेदना' शब्द के दोनों अर्थ हैं : ज्ञान भी और दुख भी। जैसे, *या वेदना तदखिलं*

खलु वेदनैव। जो भी ज्ञान है, वह सब दुख ही है। इसलिये कबीर के दुख का मूल उस अपूर्व ज्ञान में ही है। माया को त्यागने पर जो दुख नहीं हुआ, वह दुख राम को पाने पर हुआ। परम तत्त्व आकाश है, तो उस आकाश को छूना और फिर उसे अपनी बाँहों में बाँध लेना खेल नहीं है। कबीर अकारण नहीं कहते कि *हँसि हँसि कंत न पाइया, जिन पाया तिन रोइ।* इसीलिये कबीर बार-बार *भगित दुहेली राम की* जैसे पदबंध की रट लगाते हैं। राम की भक्ति वैसे ही दुखदायी; फिर वह राम निर्गुण हों तो असाध्य साध्य को साधने का और भी असह्य दुख।

इसका यह अर्थ नहीं कि निर्गुण राम दर्शनशास्त्र की कोई अमूर्त अवधारणा है। माया की तरह की कबीर के निर्गुण राम भी काफी 'भौतिक' हैं—भौतिक और वास्तविक। सगुण से किसी भी मायने में कम मूर्त नहीं! जिस निर्गुण से मंदिरों और मस्जिदों की नींव हिल गयी, ब्राह्मण और शेख विचलित हो गये और वेद-कुरान की विश्वसनीयता संदेह के घेरे में आ गयी, वह एकदम हवाई चीज नहीं हो सकती। निर्गुण ऐसा 'ज्ञान' है, जिसे कबीर कभी तीर कहते हैं और कभी तलवार। स्वयं कबीर के हृदय में यह ज्ञान तीर की तरह चुभा था, लेकिन कबीर के विरोधियों की नजर में वह चमचमाती हुई तलवार थी। जो ज्ञान *ना हिंदू ना मुसलमान* हो और जो ब्राह्मण-शूद्र के भेद को भी नकारता हो उसका नाम 'निर्गुण' के अलावा और हो ही क्या सकता है। सभी स्थापित मान्यताओं का निषेध ही निर्गुण है और इतने बड़े निषेध में दुख अस्वाभाविक नहीं है। किंतु यह अनास्था का आत्मघाती दुख नहीं है और न ही दुविधा का संत्रास है। निर्गुण को स्वीकार करके ही कबीर ने बाकी सबको अस्वीकार करने का साहस हासिल किया। कहना न होगा कि 'निर्भय निरगुन' गाने वाले कबीर के अंदर कोई गहरा स्वीकार है। यह निर्गुण कोई रहस्य नहीं, बल्कि एक क्रांतदर्शी कवि की उदात्त कल्पना है : सभी वांछित मूल्यों और सपनों का संभाव्य मानचित्र। मुक्तिबोध के शब्दों में एक 'नक्शा'! दुख सिर्फ इस बात का है कि दिमाग में नक्शा तो है, लेकिन उसके मुताबिक एक नया संसार बनाने के साधन नहीं हैं। यह असहायता और विवशता ही दुख है। वह नक्शा आँखों में तो है, लेकिन आँखों के सामने नहीं है; मन में है, संसार में नहीं। एक तरह से यह भी एक 'दुखद' सपना है, लेकिन पास्कल का 'हू-ब हू' ट्रेजिक विजन नहीं। कबीर की तरह ही यह दुख भी निराला है : विरोधाभासों से भरा हुआ, विडंबनाओं से युक्त। अनुभव के ये उत्कट क्षण इसीलिये प्रायः उलटबाँसियों में व्यक्त होते हैं।

कबीर के मन में राम और उनकी माया को ले कर कोई दुविधा नहीं है। न अपने राम में उनकी आस्था कभी डिगी और न माया के संसार से उन्होंने कोई समझौता किया। संसार को पूरी तरह अस्वीकार करके भी संसार में ही रहने का निश्चय किया और अपने विरोधियों से भी लगातार विवाद-संवाद करते रहे।

उनकी एक साखी के आधार पर कुछ लोग यह साबित करने की कोशिश करते हैं कि कबीर ने धरती और आकाश के बीच 'अनल' पक्षी के समान घोंसला बनाया था और उनका विश्वास निराधार अधर में लटका हुआ था। इस व्याख्या को स्वीकार करना कठिन है। कबीर की वह साखी इस प्रकार है :

अनल अकासा घर किया, मधि निरंतर वास
वसुधा व्यौम विगता रहै, बिन अहर विंसवास

जिस आकाश में कबीर के 'अनल' का घर है वह वसुधा और व्योम के बीच की कोई 'अलौकिक' सी जगह है। यथार्थ से भी परे और कल्पना से भी परे। हद और बेहद दोनों सें विगत। इस विश्वास का कोई बाहरी सहारा नहीं है। उसका आधार कबीर के अंदर है–अपनी अंतरात्मा में।

कबीर का सर भले ही आकाश पर रहा हो, उनके पाँव मजबूती से जमीन पर जमे हुए थे। उनका विश्वास भी निराधार न था। कल के ही नहीं, आज के भी करोड़ों घीसू-माधव कबीर के 'निरगुन' के ठोस आधार हैं और वे निरगुन को अपना भरोसेमंद आधार समझते हैं। इस सुनिश्चित सामाजिक आधार के बावजूद कबीर इससे संतुष्ट प्रतीत नहीं होते। वे अपने आधार का विस्तार करने के लिए व्याकुल दिखते हैं। इसीलिये एक ओर अगर वे 'सुनो भाई साधो' कह कर अपने समानधर्मा लोगों को गुहार लगाते हैं, तो दूसरी ओर मुल्ला और पांडे को भी बीच-बीच में आवाज़ देते रहते हैं। अकेली राह चलने के कायल वे नहीं मालूम होते। इस दौड़-भाग में कबीर कभी अकेले पड़ जायें तो यह और बात है।

फिर भी यह स्वीकार करना पड़ेगा कि कबीर अकसर उदास दिखते हैं। शायद इसीलिये वे एक कवि हैं, सिर्फ संत नहीं। खजड़ी लेकर घूमने वाले संत तो और भी हैं। ढेरों। किंतु यह नहीं भूलना चाहिए कि उदास फिरने वाले कबीर का यह दुख बहुत विस्फोटक और विध्वंसक है। वस्तुतः यह आत्मा की धधकती हुई आग है जिसमें इस भ्रष्ट संसार को खाक कर देने की अकूत ताकत है। कबीर का 'सबद' आग है और दुख विद्रोह!

कबीर और आज का समय

मैनेजर पाण्डेय

आज के भारतीय समाज में उग्र सांप्रदायिकता की आँधी चल रही है। धर्म के नाम पर घृणा, द्वेष और उन्माद का प्रचार-प्रसार हो रहा है। जाति भेद खूँखार जाति युद्ध बन रहा है। तरह-तरह के दुराग्रहों, कट्टरताओं और संकीर्णताओं का बोलबाला है। स्थिति इतनी भीषण हो गयी है कि कबीर की साखियाँ जलायी जा रही हैं। यह सब देख कर मन में कई सवाल उठते हैं। क्या हम उसी समाज में हैं जिसमें कभी कबीर पैदा हुए थे ? क्या हम भारतीय समाज के उत्तर कबीर युग में जी रहे हैं ? ऐसे समय में कबीर को याद करना स्वाभाविक है और जरूरी भी।

कबीर जिस समय भारतीय समाज में पैदा हुए थे, वह बहुत उथल-पुथल का समय था। उसमें संस्कृति, धर्म और विचार की अनेक तेज धाराएँ परस्पर टकरा रही थीं। एक ओर हिंदू समाज की भेदभाव पर आधारित जाति व्यवस्था की संरचना थी, उस संरचना की शक्ति का स्रोत शास्त्रीय धर्म था, उस संरचना और धर्म के विरुद्ध विद्रोह करते हुए आगे आये बौद्ध, जैन, शाक्त, सिद्ध और नाथ आदि धर्म तथा मत थे। दूसरी ओर इस्लाम था, जिसमें उग्रता थी। उसमें धार्मिक स्तर पर समानता के बावजूद सामाजिक विषमता थी। उसके विरुद्ध प्रेम की पीर का संदेश देने वाले सूफी संत थे। साधारण जनता इस भँवरजाल में फँसी हुई थी। हिंदू जनता जिस तरह जाति व्यवस्था के भेदभाव और धार्मिक कर्म कांड की चक्की में पिस रही थी, उसी तरह मुस्लिम जनता इस्लाम की कट्टरता और कर्मकांड की चक्की में। इन दोनों के ऊपर राजसत्ता और शोषण का चक्र चल रहा था। ऐसी सर्वग्रासी चक्की में पीसी जाती हुई जनता को देख कर कबीर ने कहा होगा :

चलती चक्की देख कर, दिया कबीरा रोय
दो पाटन के बीच में, साबुत बचा न कोय

उस कठिन समय में भारतीय मनुष्य की मनुष्यता खतरे में थी। वह हिंदू या मुसलमान हो कर अपनी चेतना और संवेदना को धर्म के हाथों गिरवी रख कर

ही बच सकता था। उसकी स्वतंत्रता और मनुष्यता की रक्षा का कोई मार्ग नहीं दिखाई दे रहा था। हिंदू और इस्लाम की शास्त्रीयता से स्वतंत्र जो धार्मिक मत और संप्रदाय लोकधर्म के रूप में प्रचलित थे, वे भी अनेक प्रकार के भ्रमों का निर्माण करते थे।

ऐसे समय में एक ऐसे व्यक्ति की जरूरत थी जो उस काल के भारतीय समाज की समग्रता को जानता हो, हिंदू और इस्लाम दोनों धर्मों की वास्तविकता को पहचानता हो और लोकधर्म के भ्रमों से भी परिचित हो। साथ ही, मनुष्य की मनुष्यता में जिसकी अटूट आस्था हो। ऐसे ही व्यक्ति थे कबीर। उनके काव्य में उस समय की जटिल स्थिति का बोध है और उसके बीच से अपनी स्वतंत्र दृष्टि और नयी राह बनाने का साहस, संकल्प और विवेक भी है। उनमें हिंदू और इस्लाम की रूढ़ियों, संकीर्णताओं और कट्टरताओं के विरुद्ध खड़े होने की जैसी दृढ़ता थी, वैसी ही सच को कहने और गहने की निर्भीकता भी थी। उन्होंने कहा था :

साँच ही कहत और साँच ही गहत है
काँच कू त्याग कर साँच लागा
कहै कबीर यूँ भक्त निर्भय हुआ
जन्म और मरन का भर्म भागा

कबीर जिस साँच को कहने और गहने की घोषणा करते हैं, वह मूलतः मानुष सत्य है। वही मानुष सत्य संपूर्ण भक्ति आंदोलन का केंद्रिय सत्य है, इसीलिये चंडीदास ने कहा था :

शुनह मानुष भाई,
शबार उपरे मानुष सत्य
ताहार उपर नाई

कबीर को यह सत्य किसी ग्रंथ-वेद या कुरान से नहीं मिला था। वह उन्हें अपने समय और समाज के मानव जीवन के अनुभव से मिला था, इसीलिये उसे वे *अनभै साँचा* कहते हैं। आचार्य हजारी प्रसाद द्विवेदी के अनुसार *अनभै साँचा* का अर्थ है–अनुभव का सत्य और अनभय सत्य भी। असल में अनुभव से पाया हुआ सत्य ही अनभय या निर्भय सत्य होता है किसी से मिला हुआ सत्य नहीं। जीवन के विभिन्न प्रसंगों में सत्य का अनुभव तो बहुत लोगों को होता है, लेकिन कभी शास्त्र के भय से और कभी लोक के डर से उसे कहने का साहस सबमें नहीं होता। बिरला ही कोई निर्भय हो कर अपने अनुभव का सत्य सबसे कहता है। वही कबीर होता है कल, आज और कल भी।

कबीर अपने अनुभव के सत्य के रूप और लक्ष्य को शास्त्र के सत्य से अलगाते हुए कहते हैं :

मेरा तेरा मनुवा कैसे एक होय रे
मैं कहता हूँ आँखिन देखी, तू कहता कागद की लेखी
मैं कहता सुरझावन हारी, तू राखा उरझोय रे
मैं कहता तू जागत रहना, तू रहता है सोय रे
मैं कहता निरमोही रहियो, तू जाता है मोय रे

ऐसे सच को पाने के लिए कबीर ने उस समय के भारतीय समाज में मनुष्य की पहले से बनी-बनायी पहचान को अस्वीकार किया। उस समय के समाज में मनुष्य की पहचान के दो आधार थे। एक था धर्म, जिसके अनुसार प्रत्येक मनुष्य हिंदू या मुसलमान था। दूसरा आधार जाति-भेद का था, जिसके अनुसार मनुष्य ब्राह्मण, क्षत्रिय, वैश्य और शूद्र था। कबीर ने न तो किसी धर्म को अपनी पहचान का आधार माना और न जाति को। उन्होंने केवल मनुष्य के रूप में अपनी पहचान समाज के सामने रखते हुए कहा था :

हिंदू कहो तो मैं नहीं, मुसलमान भी नाहिं
पाँच तत्त्व का पूतला, गैबी खेलै माहिं

साथ ही वे यह भी घोषणा करते हैं :

हम बासी उस देस के जहाँ जाति बरन कुल नाहिं

इस तरह कबीर ने मनुष्य को पहले से प्रचलित धर्म, जाति और कुल के ऊँच-नीच के भेदभाव से मुक्त मनुष्य के रूप में देखने की दृष्टि विकसित की और उसी मूलगामी दृष्टि से हिंदू और इस्लाम दोनों धर्मों, उनके आधार-ग्रंथों उन ग्रंथों से निकली सामाजिक व्यवस्थाओं और उन व्यवस्थाओं की रूढ़ियों की आलोचना की; क्योंकि इन सबसे मानव समाज में तरह-तरह के भेद पैदा होते हैं :

ऐसा भेद बिगूचन भारी
वेद कतेब दीन अरु दुनिया कौन पुरिख कौन नारी
एक रूधिर एकै मल मूतर एक चाम एक गूदा
एक बूँद तै सृष्टि रची है कौन बाह्मन कौन सूदा

× × ×

रज गुन ब्रह्मा तम गुन संकर सत गुन हरि है सोई।
कहै कबीर एक राम जपहू रे हिंदू तुरक न कोई।

कबीर की कविता की दो बुनियादी विशेषताएँ हैं–अथक अलोचनात्मक चेतना और प्रश्न की प्रवृत्ति। उनकी आलोचनात्मक चेतना मूलगामी है। वह जनता को जगाने वाली है और रुढ़ियों को चुनौती देने वाली। इस आलोचना की एक विशेषता है प्रश्न करने की प्रवृत्ति। यह प्रवृत्ति जितनी प्रखर कबीर की कविता में है, उतनी उस काल के किसी अन्य कवि की कविता में नहीं। उस समय का समाज, उसका धर्म और उसकी व्यवस्था का कोई ऐसा पक्ष नहीं है, जो कबीर के प्रश्नों से बच पाया हो। वे भौतिक यथार्थ के बारे में प्रश्न करते हैं और आधिभौतिक संभावनाओं के बारे में भी सामाजिक व्यवस्था से जुड़े प्रश्न पूछते हैं और मानसिक अवस्था से जुड़े प्रश्न भी। कभी-कभी वे धार्मिक व्यवस्था की रूढ़ियों को अपने प्रश्नों के कठघरे में ला कर सवाल-दर-सवाल करते हुए उसके अंतर्विरोधों को उजागर करते हैं :

जो खोदाय मसजीद बसतु हैं, और मुलुक केहि केरा
तीरथ मूरत राम निवासी, बाहर करै को हेरा

कबीर के प्रश्न उच्च वर्ग और उच्च वर्ण की नैतिक मान्यताओं को चुनौती देने वाले, उनकी बखिया उधेड़ने वाले हैं; वे मान्यताएँ चाहे कबीर के युग की हों या आज की। साथ ही, वे नयी नैतिक चेतना की आवश्यकता का बोध पैदा करनेवाले हैं। उन प्रश्नों की कौंध लोगों के दिमाग पर छाये भ्रामक विचारों की धुंध को छाँटने वाली है। कबीर के प्रश्न जितने सहज और बेलाग हैं, उतने ही तिलमिला देनेवाले। वे कभी-कभी सुकरात की तरह अज्ञानी बन कर प्रश्न करते हैं और बड़े-बड़े पंडितों तथा मुल्लाओं के ज्ञान की पोल खोल देते हैं। कबीर की प्रश्न पूछने की प्रवृत्ति व्यंग्य को विशिष्ट सामाजिक कला बनाती है। वह आज भी साधारण जनता को सत्ता और धर्म के ठेकेदारों से परेशान करनेवाले प्रश्न पूछने की प्रेरणा देती है। कबीर की कविता में प्रश्न करने की यह प्रवृत्ति अपने समय के समाज को नये ढंग से देखने और बदलने की इच्छा से जुड़ी हुई है। कबीर की काव्य दृष्टि की इस विशेषता के कारण उनकी कविता भक्तिकाल के अन्य कवियों की कविता से अपनी अलग पहचान बनाती है। उदाहरण के लिए कबीर और तुलसी की कविता में एक अंतर यह है कि कबीर की कविता प्रश्न करनेवाली कविता है, तो तुलसी की कविता उत्तर देनेवाली कविता।

कबीर की मूलगामी आलोचना दृष्टि केवल प्रश्न करने तक सीमित नहीं है, क्योंकि वे केवल असहमति और विरोध के कवि नहीं हैं। उनकी दृष्टि समाज में मनुष्यत्त्व की भावना विकसित करने के लक्ष्य पर रहती है। प्रश्न करने की पद्धति उस लक्ष्य का साधन है। कबीर समाज में मनुष्यत्व के विकास के लिए हृदय के धर्म अर्थात् मानवीय भावों को लोकधर्म बनाने पर जोर देते हैं, इसलिये वे एक ओर

ईर्ष्या, क्रूरता, कामुकता, कपट, अहंकार आदि की आलोचना करते हैं, तो दूसरी ओर प्रेम, करुणा, दया, उदारता, अहिंसा और समता का विकास चाहते हैं।

कबीर की इच्छा है कि इन मानवीय भावों और गुणों के अनुसार मनुष्य स्वयं आचरण करें न कि उसके लिए कोई अवतारी राम या कृष्ण। वे अवतारवाद की आलोचना करते हैं, क्योंकि अवतारवाद मनुष्य की निरीहता और परावलंबन की माँग करता है। कबीर मनुष्य की स्वतंत्रता के कवि हैं। वे चाहते हैं कि मनुष्य अपनी आस्था, विश्वास और क्षमता के अनुसार अपना जीवन जिये या भक्ति करे। वे मनुष्य की स्वतंत्रता को सीमित करने वाली हर बात का विरोध करते हैं, चाहे वह सामाजिक हो या धार्मिक। वे गौतम बुद्ध की तरह कहते हैं कि अपना दीपक स्वयं बनो।

मनुष्य की स्वतंत्रता के लिए खतरा केवल शास्त्रीय धर्म का भय ही नहीं होता लोक धर्म का भ्रम भी होता है। कबीर शास्त्रीय धर्म की बार-बार आलोचना करते हैं, वह चाहे वेद-पुराण के सहारे चलने वाला हो या कुरान के सहारे। लेकिन वे यह भी जानते हैं कि समाज में लोक धर्म के नाम पर वह भ्रमजाल भी फैला होता है, जिसे लोकाचार कहा जाता है। वह कई बार लोक मत में व्याप्त शास्त्रोक्त व्यवहार होता है। कबीर का विवेक इस छद्म को पहचानता है, इसलिये वे कहते है :

ताथै कहिए लोकाचार, वेद कतेब कथै ब्यौहार

कबीर लोक जीवन में प्रचलित ऐसे अंधविश्वासों का भी खंडन करते हैं जो मनुष्य के आत्मविश्वास का नाश करते हैं। उनके समय में यह अंधविश्वास प्रचलित था कि जो काशी में मरता है, वह मोक्ष पाता है, लेकिन जो मगहर में मरता है, वह अगले जन्म में गदहा होता है। इस अंधविश्वास को मानने का अर्थ था एक तो भक्ति का निरादर और दूसरे आत्मशक्ति का अंत। कबीर ने स्पष्ट शब्दों में इस अंधविश्वास का खंडन किया है :

लोकामति का भोरा रे
जो कासी तन तजै कबीरा, तो रामहिं कौन निहोरा रे

× × ×

कहै कबीर सुनहु रे संतो, भ्रम परै जिनि कोई
जस कासी तस मगहर ऊसर, हिरदै राम सति होई

कबीर ने केवल कविता में ही इस अंधविश्वास का खंडन नहीं किया, उन्होंने अपने जीवन-व्यवहार से भी इसका खंडन किया था। वे जीवन भर काशी में रहे, लेकिन अंतिम समय में मगहर चले गये और वहीं प्राण त्यागे। कथनी और करनी की इस दुर्लभ एकता के कारण ही कबीर अपने युग के मार्गदर्शक बने और

आज भी वे मानवीय विवेक के प्रतीक बने हुए हैं।

कबीर की उदात्त भक्ति भावना, मूलगामी दार्शनिक दृष्टि और प्रखर सामाजिक चेतना के महत्त्व की सबसे पहले पहचान करते हुए नाभादास ने 'भक्त माल' में ठीक ही लिखा था :

भक्ति विमुख जो धर्म सु सब अधरम करि गायो
योग यज्ञ व्रत दान भजन बिनु तुच्छ दिखायो
हिंदू तुरक प्रमाण रमैनी सबदी साखी
पक्षपात नहिं बचन सबन के हित की भाखी
आरूढ़ दशा ह्वै जगत पर, मुख देखी नाहिंन भनी
कबीर कानि राखी नहीं, वर्णाश्रम षट दर्शनी

कबीर की भक्ति भावना, नैतिक चेतना और सामाजिक विवेक में बौद्धों, सिद्धों, नाथों, और सूफियों की विचारधाराएँ आकर मिलती हैं, तो उससे निर्गुण और सगुण भक्ति की अनेक धाराएँ निकलती भी हैं। कबीर को सूफी कवि जायसी आदर के साथ याद करते हैं और रविदास, दादू, धन्ना आदि उनका महत्त्व स्वीकार करते हैं। मीराबाई की भक्ति भावना और कविता पर कबीर का गहरा प्रभाव है। इन सबके साथ ही, उत्तर भारत की संत काव्य परंपरा के सबसे पुराने, प्रामाणिक और महत्त्वपूर्ण संग्रह 'गुरुग्रंथ साहब' में कबीर के 229 पद और 243 साखियाँ संग्रहीत हैं। 'गुरु ग्रंथ साहब' में पद को शबद और साखी को श्लोक कहा गया है।

कबीर भक्ति काल के संभवतः अकेले ऐसे संत कवि हैं, जिन्हें हिंदू, मुसलमान, सिख, ईसाई और बौद्ध सभी अपना मानते हैं। यही कारण है कि रवीन्द्रनाथ टैगोर ने कबीर को 'मुक्तिदूत' और 'भारत पथिक' कहा था और उन्हें राजा राममोहन राय का अग्र पथिक घोषित किया था। कबीर केवल अपने युग की नयी चेतना के जागरण के प्रेरणा-स्रोत ही न थे, वे आधुनिक भारतीय नवजागरण के अग्रदूत भी हैं। यह कहना गलत न होगा कि आधुनिक भारतीय नवजागरण की चिंतनधारा में जो कुछ देशज, उदार, अग्रगामी और जनोन्मुख है, उसके निर्माण में कबीर की कविता की महत्त्वपूर्ण भूमिका है।

कबीर एक महान् संत और समाज-सुधारक ही नहीं, अद्वितीय कवि भी हैं। भारत में तीन प्रकार के कवि हुए हैं। एक वे हैं, जिन्हें स्रष्टा कवि कहा जा सकता है। उन्होंने अपना पूरा संसार स्वयं रचा है, ऐसे कवि हैं वाल्मीकि और व्यास। दूसरे प्रकार के कवि वे हैं, जिन्होंने स्रष्टा कवियों के काव्य-संसार से अपनी रचना की मूल सामग्री ले कर उसे नयी कला के साथ नये रूप में रचा है। उन्हें कलाकार कवि कहना उचित होगा। ऐसे कवि हैं कालिदास, तुलसीदास और सूरदास। इन

दोनों से अलग एक ऐसा कवि भी है, जो न वाल्मीकि और व्यास की तरह स्रष्टा है और न कालिदास तथा सूरदास की तरह कलाकार। वह अपने समय के सच को देखता है और उसकी भावी संभावनाओं को भी, और उसी देखे हुए की कविता लिखता है। उसे दृष्टा कवि कहा जा सकता है। ऐसे कवि हैं कबीर भारतीय कविता के इतिहास में अपने ढंग का यह पहला और संभवतः अकेला ऐसा कवि है, जो कवि होने और बनने की पहले से बनी-बनायी किसी भी शर्त को नहीं मानता। वह 'कागद लेखी' पर विश्वास नहीं करता और अपने बारे में जान-बूझ कर यह घोषणा करता है कि *मसि कागद छुयो नहीं, कलम गह्यो नहिं हाथ।* यही नहीं, वह मानता है कि पढ़ने-लिखने से मानवोचित दृष्टि आती नहीं, बल्कि चली जाती है :

पढ़ि पढ़ि के पत्थर भया, लिखि लिखि भया जु ईंट
कहै कबीरा प्रेम की लागी न एकौ छींट

यह अपने समय के पोथीनिष्ठ पंडितों और मुल्लाओं के व्यक्तित्व के बारे में कबीर की प्रतिक्रिया है।

कबीर ने अपने समय को भारतीय समाज में धर्मों, जातियों और संप्रदायों के बीच फैले ऊँच-नीच के भेदभाव और उससे उपजे द्वेष और घृणा के भीषण सच को देखा था; घर में रह कर या वन में जा कर नहीं, बाजार में खड़े हो कर उस सच का साक्षात्कार किया था और उसकी भयावह संभावनाओं का भी। इसलिये वे दुखी भी थे :

सुखिया सारा जहान है, खावै अरू सोवै
दुखिया दास कबीर है, जागै अरू रोवै

वे इस बात से भी दुखी थे कि कोई उनके अनुभूत सच को सुनना नहीं चाहता। लोग सच सुन कर मारने दौड़ते हैं और झूठ पर विश्वास करते हैं :

साधो देखो जग बौराना
साची कहौ तो मारन धावै, झूठे जग पतियाना

ऐसा दुख उसे ही होता है जो अपने समय और समाज के बारे में सजग होता है। उसी सजगता से उपजी है कबीर की कविता, जो कालजीवी है और कालजयी भी। वह अपने समय में जितनी सार्थक थी, उतनी आज भी है। रवीन्द्रनाथ टैगोर ने ऐसी कविता को 'चिर आधुनिक' ठीक ही कहा है।

कबीर ने जिस भीषण सच और उसकी भयावह संभावनाओं का साक्षात्कार किया था, उससे भारतीय समाज को बचाने के लिए वे एक ऐसे लोक धर्म का

विकास चाहते थे, जिसका आधार प्रेम हो; क्योंकि प्रेम ऐसा भाव है जो मनुष्य को हर प्रकार के भेदभाव और विधि-निषेध से स्वतंत्र करता है। वह मनुष्य की मनुष्यता का पोषक और स्वाधीनता का रक्षक भाव है। इसीलिये कबीर की कविता में प्रेम का अपार विस्तार है और असीम महत्त्व। सच पूछिए, तो कबीर मूलतः प्रेम के ही कवि हैं। उनकी कविता में प्रेम लौकिक है और आध्यात्मिक भी, सामाजिक मूल्य है और व्यक्तिगत अनुभव भी। वह सामाजिक समता का प्रेरक है और व्यक्ति की नैतिक चेतना का मार्गदर्शक भी। कबीर की कविता में प्रेम की अनुभूति जब भारतीय स्त्री के पारिवारिक परिवेश और उसमें पलने वाले मानवीय संबंधों की भाषा में व्यक्त होती है, तब वह अधिक मूर्त और संवेद्य होती है। कबीर की प्रेमानुभूति कहीं-कहीं रहस्यमयी लगती है, लेकिन लौकिक जीवन में भी प्रेम की अनुभूति पूरी तरह रहस्य-रहित नहीं होती।

भक्ति आंदोलन की निर्गुणधारा की कविता भारत की श्रमजीवी जनता के जीवन की वास्तविकताओं और आकांक्षाओं की कविता है, जिसके प्रवर्तक और प्रतिनिधि कवि हैं कबीर। वे बार-बार कहते हैं, 'मैं जुलाहा मैं जुलाहा'। उनकी कविता का ताना-बाना भी कहता है कि वह एक बुनकर की कविता है। उसका पूरा काव्य-लोक एक जुलाहे के जीवन-यथार्थ के अनुभवों से बुना हुआ है। यहाँ तक कि कबीर की भक्ति भावना के अध्यात्म-लोक में भी उन्हीं अनुभवों की बुनत है :

उलटि जात-कुल दोऊ बिसारी, सुन्न सहज महिं बुनत हमारी
हमरा झगरा रहा न कोऊ, पंडित-मुल्ला छाँडै दोऊ,
बुनि बुनि आप आप पहिरावों, जहाँ नहीं आप तहाँ ह्वै गावों
पंडित-मुल्ला जो लिखि दीया, छाँड़ि चले हम कछु न लीया

कबीर के जीवन से उनकी भक्ति के अंतरंग संबंध को पहचान कर ही जायसी ने उनके बारे में लिखा है :

प्रेम तंतु नित ताना तनई
जप तप साधि सैकरा भरई

कबीर प्रत्येक लौकिक और अलौकिक वस्तु को बुनकर की नजर से देखते हैं। उनके लिए ईश्वर भी एक बुनकर है और उसकी यह दुनिया तथा मानव काया *झीनी झीनी बीनी चदरिया* है। कबीर अपने जीवन के अनुभवों को ताना तान कर उसमें भक्ति का बाना बुनते हैं। कबीर के यहाँ जैसे जीवन के कर्म से उनके धर्म का जीवन अलग नहीं है, वैसे ही उनके कवि-कर्म और जीवन कर्म में अपूर्व एकता है। कबीर की जीवन जीने की कला ही उनकी कविता की कला बन गयी है।

कबीर की कविता ऐसी विशिष्ट है कि वह शिष्ट-काव्य और लोक-काव्य

के भेद को मिटाती है। वह वाचिक संस्कृति की देन है और लोक प्रतिभा की सृजनशीलता का विलक्षण उदाहरण। वह लोक जीवन के अनुभवों से रची हुई है, इसलिये जनता के जीवन और स्मृति में बसी हुई है।

दुनिया का प्रत्येक कवि चाहता है कि उसकी कविता मुट्ठी भर पाठकों तक सीमित न रह कर व्यापक जन-जीवन में रच-बस जाये। लेकिन ऐसा सौभाग्य कम ही कवियों को प्राप्त होता है। कबीर उन्हीं थोड़े-से सौभाग्यशाली कवियों में हैं। उनकी कविता की असंख्य पंक्तियाँ लोकोक्तियाँ बन कर लोक जीवन में प्रचलित हैं।

कबीर की कविता को जनता केवल पढ़ती और सुनती ही नहीं, उसे जीती भी है। उनकी कविता की एक विशेषता यह है कि वह साधारण जनता को भी कवि बनाती है। इसीलिये कबीर के नाम से असंख्य ऐसे पद और साखियाँ जन-जीवन में मिलती हैं जो कबीर की नहीं जनता की रची हुई हैं।

कबीर की कविता की अपार लोकप्रियता का एक कारण उसकी बोलचाल और जीवन-व्यवहार की भाषा है। उसकी बनावट ऐसी है कि वह हिंदू और मुसलमान, साधु और गृहस्थ, नागर और देहाती, पढ़े-लिखे और अनपढ़, स्त्री और पुरुष सबको अपनी भाषा लगती है। वह जितनी सहज है, उतनी ही अर्थपूर्ण।

भक्ति आंदोलन संस्कृत के वर्चस्व से मातृभाषाओं की मुक्ति का आंदोलन भी है। भक्ति आंदोलन के समय भारत के विभिन्न क्षेत्रों की मातृभाषाएँ संस्कृत के सांस्कृतिक दबाव से स्वतंत्र हुईं, उनकी सृजन-शीलता उन्मुक्त हुई और उनमें काव्य रचना का विकास हुआ। भक्ति आंदोलन के जिन कवियों ने अपनी मातृभाषाओं की रचनाशीलता का मार्ग बनाया, उनमें कबीर का विशेष महत्त्व है। वे देववाणी कही जाने वाली संस्कृत के सामाजिक आधार, सांस्कृतिक प्रयोजन और विचारधारात्मक प्रभाव से परिचित थे, इसलिये उन्होंने संस्कृत की संस्कृति से जनभाषा की संस्कृति का अंतर स्पष्ट करते हुए कहा था–*संस्कृति है कूप जल, भाषा बहता नीर।* कबीर के समय में संभवतः ऐसे लोगों की भरमार थी जो संस्कृत पढ़ लेने के कारण स्वयं को ज्ञानी समझते थे, लेकिन उनमें मानवोचित गुणों का अभाव था। कबीर ज्ञान की भाषा से प्रेम की भाषा को बेहतर मानते थे, इसीलिये उन्होंने संस्कृत पढ़ कर ज्ञानी होने का दंभ पालनेवालों पर व्यंग्य करते हुए कहा था :

संसकिरत भाषा पढ़ि लीन्हा, ज्ञानी लोक कहो री
आसा तृस्ना में बहि गयो सजनी, काम के ताप सहोरी
मान-मनीकी मटुकी सिर पर, नाहक बोझ मरो री
मटुकी पटक मिलो पीतम से, साहेब कबीर कहो री

इस तरह, कबीर ने जनजीवन, उसकी संस्कृति, भाषा और कविता को संस्कृत के आंतक से मुक्त किया।

भक्ति आंदोलन के काल में हिंदी क्षेत्र की विभिन्न मातृभाषाओं में व्यस्थित रूप से काव्य रचना प्रारंभ हुई। मिथिला के विद्यापति ने मैथिली में पदावली की रचना की, तो राजस्थान की मीराबाई ने राजस्थानी में, अवध के जायसी और तुलसी ने अवधी में कविता लिखी तो ब्रज के सूरदास ने ब्रजभाषा में। कबीर की मातृभाषा भोजपुरी थी। उनका जन्म काशी में हुआ था और देहांत मगहर में। ये दोनों भोजपुरी क्षेत्र हैं, इसलिए कबीर की कविता मूलतः भोजपुरी की कविता है। उन्होंने स्वयं अपनी बोली (मातृभाषा) के बारे में कहा है :

बोली हमारी पूरबी, हमको लखै न कोय
हमको तो सोई लखै, धुर पूरब का होय

कबीर के इस कथन के बावजूद उनकी भाषा के बारे में तरह-तरह के अनुमान लगाये गये हैं, उसे खिचड़ी, सधुक्कड़ी, बिहारी आदि कहा गया है।

यह ठीक है कि कबीर की कविता के जो संग्रह प्रकाशित हुए हैं, उनकी भाषा में भोजपुरी के साथ-साथ अवधी, ब्रजभाषा, खड़ीबोली, राजस्थानी, पंजाबी आदि के रूप में और प्रभाव मिलते हैं। इसके कई कारण हैं। एक तो यह कि कबीर रमता योगी थे। रमता योगी बहते पानी की तरह ग्रहणशील होता है। कबीर भ्रमण करते हुए जहाँ-जहाँ गये होंगे, वहाँ की बोली-बानी से कुछ न कुछ जरूर ग्रहण किया होगा, जिससे उनकी कविता की भाषा प्रभावित हुई होगी। दूसरी बात यह है कि कबीर कविता लिखते नहीं; रचते, कहते और गाते थे। उनकी कविता मौखिक रूप में दूर-दूर तक गयी है। वह जहाँ भी गयी है वहाँ की बोली का रंग उस पर चढ़ा है। कबीर की काव्य-भाषा के वर्तमान रूप का तीसरा कारण उनकी कविताओं को संकलित करने, लिखित रूप देने और पाठ बनाने की प्रक्रियाओं और परंपराओं से जुड़ा है। उनकी कविता के अधिकांश संग्रहों और पाठों की पांडुलिपियाँ राजस्थान और पंजाब में मिली हैं, इसलिये उनमें राजस्थानी और पंजाब के प्रभावों की भरमार है। 'गुरु ग्रंथ साहब' में संग्रहीत कबीर के पदों और साखियों में पंजाबीपन इसी तरह आया है। कबीर की काव्य भाषा में अनेक भाषाओं के शब्दों और अन्य प्रभावों के होने का एक और कारण है। भोजपुरी में एक कहावत प्रचलित है–*थोर कहले कबीरदास आ बहुत कहले कबीर हा*–कबीरदास ने थोड़ा कहा और कबीर पंथियों ने बहुत कहा। तात्पर्य यह कि कबीर के नाम से जो रचनाएँ मिलती हैं उनमें से बहुत सारी कबीर की नहीं, कबीरपंथियों की लिखी हुई हैं। ऐसी रचनाओं में लिखनेवालों की भाषाओं के शब्द और अन्य प्रभावों का मिलना स्वाभाविक है। इन सबके बावजूद यह सच्चाई है कि कबीर की कविता की भाषा मुख्यतः भोजपुरी है। उनकी साखियों की भाषा

पर पश्चिमी हिंदी के प्रभाव हैं, लेकिन पदावली की भाषा सामान्यतः भोजपुरी ही है।

कबीर केवल अपने युग की चिंता के कवि नहीं हैं, वे भारत के अतीत की तेजस्वी ज्ञान धारा और भविष्य की संभावनाओं के भी कवि हैं। यही कारण है कि आधुनिक भारतीय साहित्य और संस्कृति की अग्रगामी परंपरा में कबीर तत्त्व अनेक रूपों में विद्यमान है। वह एक ओर कबीर संगीत की उस परंपरा में है, जिससे साधारण जनता हजार कठिनाइयों के बीच जीने की शक्ति पाती है तो दूसरी ओर वह साहित्य में अपने समय की विसंगतियों को पहचानने और साधारण जनता के दुख-दर्द से हमदर्दी अनुभव करने की दृष्टि देता है।

आज की सामाजिक और सांस्कृतिक स्थितियों को देख कर भले ही हमें यह लगता है कि हम उत्तर कबीर युग में जी रहे हैं, लेकिन अगर हम कबीर की कविता को ध्यान से पढ़ें, तो यह स्पष्ट होगा कि उसमें आज के हमारे समय और समाज के अनेक जटिल सामाजिक–सांस्कृतिक प्रश्नों की पहचान के संकेत हैं और उनके उत्तर की संभावनाएँ भी।

बूड़ा बंस कबीर का

विवेक दास

साहब! आप कहते थे कि राम का पंथ दुहेला है। मगर मुझे तो राम का कोई पंथ नहीं मिला। कबीर पंथ में आना कोई खाला के घर आना नहीं, यह पंक्ति तो मुझे अवश्य ही याद है। इस बात की उद्घोषणा तो आपने की थी। तब लोग कैसे कहते हैं कि आपने कोई पंथ नहीं चलाया है ? आपकी बात लोगों की समझ में नहीं आयी। आपका कहना था कि पंथ नाम का संगठन बनेगा, तो हमारे नाम पर भी विकार पैदा होगा। पंथ बनेगा, तो उसके कई गुरु भी होंगे ही और जब गुरु होंगे, तो वे चेले भी बनायेंगे। गुरु और चेले की बात जब होगी, तो मेरा ज्ञान और उपदेश बहुत ही पीछे रह जायेगा। तब मात्र स्वार्थ की ही बात होगी। इसकी शुरुआत आपके समय में ही हो गयी थी, तभी तो आपने कहा था कि कबीर पंथ में आना खाला के घर आना नहीं है। जिस सत्य की बात आप करते थे, आपके नाम पर पंथ चला कर उस सत्य की बात कहने की हिम्मत अब किसी में नहीं।

मैं समझता हूँ कि पंथ का नाम एक मार्ग है। सत्य-मार्ग पर चलना हर इंसान का कर्तव्य और धर्म भी है। आपकी यह बात सच है कि *पंथी पंथ बुझैं नहीं, चलै भेड़ की चाल* ज्ञान का रास्ता कम लोगों को सूझता है। ज्ञान मनुष्य का मुख्य ध्येय है। जिस ज्ञान की बात आप करते थे, वह ज्ञान तो सत्संग से मिलता है। इसी ज्ञान को आप बराबर कहते थे कि *सतगुरु तैं पैड़ा मिल्या, दीपक दीन्हा हाथ*–दीपक प्रकाश है और प्रकाश ही ज्ञान ज्योति का प्रतीक है।

आपका पंथ तो प्रकाशमान होना चाहिए। आपके भक्तों में तो आग की ज्वाला फूटनी चाहिए। आग का दहकता शोला उनके सिर पर हमेशा नजर आना चाहिए। सद्भाव और शांति के लिए हिम के समान शीतल वचनों से दुनिया को अपनी ओर खींच लेना चाहिए। क्योंकि झूठ और असत्य की पक्षधरता पर तो आप क्रांति की आग उगलते थे। आपकी वाणी में तो इतना तेज और इतनी प्रखरता है कि एक बार हिमालय पहाड़ भी आपकी वाणी की आवाज से खंड-खंड हो जाये। आपकी वाणी में तो लगता है कि शांति की गंगा बहती है। जी चाहता है कि इस पवित्र गंगा में हमेशा स्नान करते ही रहें। आपकी वाणी रूपी गंगा में एक बार कोई स्नान कर ले,

तो उसके जन्म-जन्म के पाप धुल जाते हैं। ऐसी पवित्र वाणी और ऐसा निर्मल पंथ मानव-मात्र के लिए कल्याणकारी और सुखदायी है। हमारे लिए तो आप क्रांति के अग्रदूत और शांति के मसीहा हैं। मानव हित के लिए पृथ्वी पर अब तक इतनी सहज भावना किसी ने व्यक्त नहीं की है।

आपकी लोकप्रियता का सबसे बड़ा प्रमाण तो यही है कि यहाँ देश-भर में गरीब, दीन-हीन, शोषित-पीड़ित और उपेक्षित जनों ने आपका मार्ग अपनाया। देश भर में पंथ के नाम पर एक विशाल भीड़ खड़ी हो गयी। पिछड़े वर्गों ने आपके नाम से बने पंथ पर कब्जा जमा लिया। पुरोहित तंत्र से परेशान हो कर पिछड़ों और दलितों ने आपके पंथ को अपनाया और राहत की साँस ली। आपके नाम पर प्रतिष्ठा अर्जित कर कुछ लोग पंथ में धीरे-धीरे सिरमौर हो गये। जो आनंद पुरोहितों को पुरोहिती करके मिल रहा था, वही मजा और आनंद अब आपके पंथ के सिरमौरों को मिलने लगा। इस तरह पंथ में पुरोहितवाद शुरू हो गया। मठाधीशी का रुतबा भी जम कर फैला। महंतों और गुरुओं की बाढ़ आ गयी। आपके चेले कई खेमों में बँटने लगे। मानवता और एकता का आपका संदेश ताख पर रख दिया गया। *साईं इतना दीजिये, जामैं कुटुम्ब समाय* को तो सब लोग बिसर ही गये। पंथ और आपके नाम पर बने मठों में धन-संपत्ति का बाजार लगने लगा। *उदर समाता अन्न ले, तनहि समाता चीर* की पंक्ति भूल कर धन-दौलत, मान-सम्मान-वैभव की तृष्णा पर साधु और महंत सवार होने लग गये। अब आप ही इस पर स्वयं चिंतन कर सकते हैं कि कहाँ आपकी वाणी और कहाँ आपके नाम पर पंथ और महंत। दोनों नदी के दो किनारे पर खड़े हैं। ब्राह्मणवाद से पूरी मानव जाति त्रस्त थी। आपने इसके खिलाफ बगावत की और सबके हाथ में संजीवनी बूटी थमायी। परंतु आज आपके मठों की मठाधीशी भी किसी भी ब्राह्मणवाद से कम नहीं है। आपके भक्त धन-दौलत और वैभव के उन्मादी हो गये हैं। आपके नाम पर वे सामंतवाद चला रहे हैं। आपको तो वे लोग एकदम भूल ही गये हैं। और, जरूरत भी क्या है उन्हें अब आपकी ?

मठाधीशी का यह पद सहज में तो मिलता नहीं है। आज कोई गुरु-महंती के लिए अपना उत्तराधिकारी तो बनाता नहीं है। महंत बनने के लिए तो अब गोली-बंदूक का इस्तेमाल करना पड़ता है और कोर्ट-कचहरी तक की खाक छाननी पड़ती है। इतने कर्म के बाद जब महंती की गद्‌दी मिलेगी, तो कौन आपके आदर्शों पर चलेगा ? आपके आदर्शों और आचरणों पर चल कर तो मान-प्रतिष्ठा का यह पद मिलने से रहा। वैसे आपने तो शुरू में ही कह दिया था कि कबीरपंथ में आना *खाला का घर* नहीं है।

आप तो अपने भक्तों से यह भी हमेशा कहा करते थे कि हमारे साथ चलने के लिए अपना घर-द्वार फूँक कर आना पड़ेगा। अपने सिर को काट कर ही कोई व्यक्ति हमारा शिष्य बन सकता है। कबीर साहब! आज कोई ऐसा नहीं है, जो अपना

घर फूँकेगा और न कोई अपना सिर काट कर आपके पास आयेगा। आप कहते हैं कि तृष्णा बड़ी विकराल चीज है। यह तृष्णा बढ़ती भी हर क्षण है। इस तृष्णा को अगर बढ़ाओ, तो वह इतनी बढ़ जायेगी कि सातों समुद्र का पानी एक ही घूँट में पी जायेगी। अहंकार और तृष्णा आज जब आपके भक्तों में ही है, तो फिर कैसे आप लोगों को अपना घर फूँक कर और सिर काटकर अपने पास बुलाते हैं ? अहंकार का दमन करना और तृष्णा को मार गिराना तो आप जैसे साधकों के लिए ही संभव है। आपके भक्तों में भी कोई-कोई ही लाल ऐसे होंगे, जो जौहरी के बाजार में पहचाने जा सकेंगे।

आप जब सारी दुनिया में समता और एकतत्त्व का संदेश फैला रहे थे, तो क्या आपके चेले कान में तेल डाल कर सो रहे थे ? सो भी रहे थे तो क्या हुआ–आपने चूँकि नींद को नीच की निशानी कह कर सबको जगाने का काम ही किया है, लिहाजा आपके चेलों को तो बाहर और भीतर से हमेशा जागता हुआ ही होना चाहिए। मुझे तो लगता है कि अन्य जनों की अपेक्षा आपके चेले ही नींद में अधिक गाफिल सो रहे थे। तभी तो आपको बार-बार कहना पड़ रहा था कि *मैं कहता हूँ जागत रहिए, तू जाता है सोय रे।* आपने अपने अंत:करण को बिल्कुल जाग्रत बना कर रखा था, तभी आप संसार के लिए जागते थे और उनके दुख देख कर रोते भी थे। जागा हुआ आदमी ही दुनिया के दुख को देख कर रो सकता है। संसार में इतने दुखी प्राणी हैं। कहाँ किसी को कोई चिंता है। दुनिया के लोग तो इतने जालिम हैं कि सही रास्ता पर चल रहे लोगों को भी ढकेल कर कुमार्ग पर ला देते हैं और उस पर अपना रास्ता बना लेते हैं।

साहब! आपने जिस प्रकार कथनी और करनी की एकरूपता की बात कही है, आपके चेलों में उसका एक सौवां-हजारवाँ अंश भी यदि अनुपालित होता, तो आज आपके पंथ की यह दुर्दशा नहीं होती।

आपके चेलों ने अब तक जितने भी मठों की स्थापना की है, उन सबका अस्तित्व अलग-अलग बनाये रखा है और इसलिये अलग-अलग शाखाएँ स्थापित रही हैं। सबके आचार्य और हुजूर अलग-अलग पैदा हो रहे हैं। सद्गुरु तो इतने पैदा हो गये हैं कि हम आज दुनिया में भेड़ों की गिनती कर सकते हैं, लेकिन सद्गुरुओं की गिनती करना किसी गणितज्ञ के भी वश का काम नहीं। बाजार में बैगन से भी सस्ते भाव में आज सद्गुरु मिल रहे हैं। साहब! शायद आपको पता न हो कि कबीर पंथ की अब तक जितनी भी शाखाएँ बनी हैं, उन सभी के चेले अलग-अलग ढोल बजा रहे हैं। सबकी राग अलग-अलग बेसुरी निकल रही है। सियार को अज्ञानी जीव कहा जाता है। मगर वे भी जब हुँकते हैं तो सभी सियारों की आवाज एक होती है।

साहब! आप तो ज्ञान-मार्ग का उपदेश देते थे, फिर आपके चेले अलग-अलग क्यों भौंक रहे हैं ? सबकी आवाज इतनी बिखरी-बिखरी क्यों निकल रही है ?

आपने अपने चेलों को यदि संगीत की शिक्षा दी होती तो उनको मालूम होता कि अनेक वाद्यों के सुर, लय और ताल सब मिल कर किस तरह से एक धुन में आवाज निकालते हैं। आपने तो मात्र एक ही सन्मार्ग का रास्ता दिखाया है। उसी एक मार्ग पर सबको चलने के लिए अग्रसर होना है। आप तो मात्र एक सद्‌गुरु थे, सो आपने ज्ञान का ही मार्ग चलाया। अब तो आपके पंथ में हजारों सद्‌गुरु हैं और उनके अलग-अलग ज्ञान-मार्ग हैं। ये सद्‌गुरु सतपंथी नहीं हैं सबको भटकाने का काम करते हैं।

चारों दिशाओं में आज आपके नाम पर मठ और आश्रम बन रहे हैं, यह बहुत ही सुकून की और अच्छी बात है। इस तरह से कम-से-कम सभी जगह व्यापक रूप से आपकी वाणी का संदेश जन-जन में फैल तो रहा है। क्या यही आपका उद्देश्य भी था ? आपने तो एक ही सिद्धांत की बात ही होगी। फिर आपके नाम पर या बनानेवाले लोगों के सिद्धांत अलग-अलग कैसे होते जा रहे हैं ? कृपया बतायेंगे कि आपके पंथ में इतनी विभिन्नता कैसे आ रही है ? और तो और, यह परंपरा निरंतर बढ़ती ही जा रही है। हर दिन आपके नाम पर एक नयी शाखा खड़ी हो रही है। उसके नये सिद्धांत बन रहे हैं। साहब! शायद आपको पता न हो कि आपके एक अदद ज्ञान-मार्ग की अब तक एक सौ आठ से अधिक शाखाएँ और उपशाखाएँ बन चुकी हैं और जव तक यह पत्र आप तक पहुँचेगा, तब तक दो-चार शाखाएँ-उपशाखाएँ और बन भी चुकी होंगी। इसके अलावा करीब इतने ही गुरु, सद्‌गुरु और हुजूर भी पैदा हो चुके होंगे। धर्म की इतनी जबर्दस्त दुकान दुनिया के किसी धर्म या संप्रदाय में शायद नहीं होंगी। गुरुडम का तो यहाँ जैसे हिमालय पहाड़ ही बन गया है। इन सभी दुकानदारों ने आपका बार-बार अवतार करवा कर अपने पास आपको बुलाया है या किसी न किसी तरह आपसे नजदीकी रिश्ता बनाने के लिए कोशिश की है, ताकि दुनिया उनकी पूजा करे। उनकी पूजा इसलिये होगी कि उनके पास आप आते-जाते हैं। आपके आने-जाने का मतलब है कि वे बहुत ही आदर्शवान, चरित्रवान और पवित्रवान हैं। तभी तो आप उनके पास आते-जाते हैं!

साहब! यह सब देख कर आपके श्री-चरणों के इस नाचीज सेवक को बहुत ही दुख होता है। आपने भाईचारा और विश्वबंधुत्व का संदेश फैलाया था, मगर आप के चेले आज संकीर्णता का पाठ पढ़ा रहे हैं। साहब! इनकी मति को सुधारो, नहीं तो ये लोग आपकी नैया बीच मझधार में ले जा कर डुबो देंगे। जब आपके चेले ही फिरकापरस्ती फैला रहे हों, तो फिर समता, एकता और मानवता के आपके संदेश को लोगों तक भला कौन पहुँचायेगा ? आपके चेलों में इतनी स्वार्थपरता तो नहीं होनी चाहिए। अहंकार और स्वार्थपरता-इन दोनों की तो आपके चेलों में जैसे बाढ़ ही आयी हुई है।

आपने गुरु की महिमा का गुणगान ईश्वर के तुल्य किया है। चेतन की पूजा

के नाम पर हर विषयी आदमी आज गुरु गद्दी पर बैठ कर अपनी ही पूजा करवा रहा है, अपनी आरती उतरवा रहा है–जबकि आप के कथनानुसार गुरु-पद प्राप्त करने के लिए नख से शिख तक का विकार दूर करके ही व्यक्ति गुरु-गद्दी पर बैठने का अधिकारी हो सकता है। आपके इस मापदंड में तो ब्रह्मा, विष्णु और शिव भी फेल हो जायेंगे–साधारण मनुष्यों की तो कोई औकात ही नहीं। साहब! आपके चेले तो अब एकदम बेशर्म हो गये हैं। उनका अंतःकरण काम, क्रोध, लोभ, मोह और अहंकार में जलता रहता है। जिनमें भीतर वासना की प्रबल इच्छा रहती है, वे भी गुरु के सिंहासन पर आरूढ़ हो जाते हैं। ऐसे मनुष्य अपनी सारी शर्म-हया को अब बाजार में बेच आते हैं। *गुरु लोभी, लालची चेला* तो आप कहते थे। अब दोनों अपने-अपने दाँव में लगे रहते हैं। ये गुरु और चेला दोनों नरक में जाने वाले हैं, लेकिन ये दोनों सोचते हैं कि जब तक दुनिया में हैं, उनका सुख-भोग तो कर लें।

साहब! आप तो निर्बैरी थे। किसी से न तो दोस्ती करते थे और न किसी को दुश्मन ही मानते थे, *'सबकी खैर'* मनानेवाले महान् संत थे आप! यह उपदेश आज दुनिया के लोगों के लिए और भी ज्यादा मौजूँ है, जिस तरह से आज लोगों में बैर-भाव बढ़ रहा है। आपका यह उपदेश दुनिया के लोगों के सामने रखा जाये, तो शांति-सद्भाव और आपस में मेल-जोल की भावना पैदा हो सकती है। आपने साधु चरित्र की व्याख्या बहुत सहज और सरल तरीके से की है। जो साधु होगा, वह निर्बैरी होगा। उसके अंदर निष्काम भावना होगी और परमात्मा में उसका नेह लगा रहेगा। सबसे महत्त्वपूर्ण बात यह कही गयी है कि विषय-वासना से रहित व्यक्ति ही साधु या गुरु पद का अधिकारी हो सकता है। साहब! आपने तो चेलों को ऐसे बंधन में बाँध दिया है कि सात जन्मों तक भी अगर वे तपस्या और साधना करते रहेंगे, तो भी गुरु पद या साधुता उनमें नहीं आ सकेगी। *विषया से नियारा रहे* यह जो उक्ति है उस पर खरा उतरना आसान नहीं, क्योंकि मनुष्य के रोम-रोम में आज विकार समाया हुआ है। विषय-वासना का फैलाव तो इतना व्यापक है कि मनुष्य के लिए इससे पार पाना बड़ा दुष्कर है। शाब्दिक रूप में आज इसका अर्थ स्त्री संबंध से लिया जाता है। लेकिन साहब आपने इसकी जो व्याख्या की है, वह तो असीमित है। विषय-वासना की पहुँच तो स्त्री संबंध से लेकर पुत्र, धन-दौलत, राज-पाट, माल-खजाना, हाथी-घोड़ा, सोना-चाँदी, मान-सम्मान, पद-प्रतिष्ठा सहित सुख-भोग की जितनी भी वस्तुएँ हैं, उन सब तक है। ऐसे में तो साहब, आप ही निर्णय करो–कौन साधु, गुरु, योगी, तपस्वी, साधक, ज्ञानी इससे बच सकता है ? बिरला ही कोई ज्ञानी ऐसा होगा, जो इसकी लपेट में नहीं आयेगा। साहब! आपकी बात मानी जाये, तो साधु या गुरु पद पर कोई ठहर ही नहीं सकता है। इतने कठोर बंधन का नियम आपने क्यों लगाया है ? आज कौन चल पायेगा साहब आपके इस खाड़े की धार पर ?

आत्मा की खबर जान लेना आपके संदेश का मुख्य उद्देश्य था। आप सबको आत्मा की खबर पाने के लिए प्रेरित करते थे। लगता है कि आपके चेले आपके समय में ही आपकी बातों को अस्वीकार करने लगे थे। यदि ऐसा नहीं होता, तो आपको यह नहीं कहना पड़ता कि माला, टोपी, और छापा, तिलक लगकर लोग पूजा पर बैठ जाते हैं और साखी, शब्द गाते फिरते हैं। आपके हिसाब से तो लोगों को आत्मतत्त्व का चिंतन करना चाहिए। मगर ऐसा न करके लोग साधुता का बाना पहन कर आत्मतत्त्व से बेखबर रहते हैं। यह बात तो निश्चित रूप से आप अपने चेलों को कह रहे थे, क्योंकि साखी और शब्द की संज्ञा प्रचलित रूप से आपसे पहले तो थी नहीं, फिर दूसरे लोग क्यों आपकी साखी और आपके शब्द गा-गा कर मरेंगे ?

साहब! आपको लहरतारा ताल के किनारे से जुलाहे दंपती नीरू और नीमा उठा कर लाये थे। आपके कुछ चेले कितनी अज्ञानता की बात करते हैं कि आप साहब सद्‌गुरु आकाश से उतरे थे। ऐसा अंधविश्वास और ऐसी आस्था तो आपको अलौकिक शक्ति बना कर आपके मानवीय रूप के साथ खिलवाड़ ही क़र रही है। ये लोग आपके ऊपर सरासर ब्राह्मणवाद थोप रहे हैं। मनुष्य का रूप आदमी जब भी धारण करेगा वह माता-पिता के संयोग से ही पैदा होगा और पाँच तत्त्व के पुतले का ही उसका शरीर होगा। आप, साहब, मनुष्य जीवन के निम्न स्तरीय संस्कारों से उठ कर मानव जीवन के सबसे ऊँचे हौदे पर पहुँच गये थे। यही आपकी सबसे बड़ी विशेषता थी। यह पक्ष आपके जीवन से जिस दिन निकाल दिया जायेगा, उस दिन आपका जीवन शून्य के बराबर रह जायेगा। इतिहास गवाह है कि जिस-जिस महापुरुष को व्यवस्था ने खत्म करना चाहा, उसे या तो अवतारी बना दिया गया और या तो पूजा की वस्तु बना कर मंदिर में स्थापित कर दिया गया। उनके आदर्श, उनके कर्म, उनके उद्देश्य, उनकी क्रांति, उनके संघर्ष हमारे जीवन के लिए प्रेरणादायी न हो पायें-यह साजिश इस दुनियावी व्यवस्था में हमेशा से होती रही है। साहब! आपके नाम पर यह क्या-क्या ढकोसला हो रहा है ? आप तो अवतारों के विरोधी थे। अवतारी पुरुषों को आने-जाने वाले कहते थे। अवतारी पुरुषों को आपने मरणशील कहा है। अब आपको ही लोगों ने अवतारों का शिरोमणि बता कर पूजा की वस्तु बना दिया है। आप तो अपने को जिंदगी-भर जुलाहा, कोरी और कपड़ा बुननेवाला बुनकर कहते रहे। *सूत कुसूत बिने भल कोरी, जोलाहा दास कबीरा हो* तथा *जोलाहा बिनहुँ हो हरि नामा* जैसे अनेक पद आपके हैं। अब आप ही बताइए कि आपके पदों को सच माना जाये कि आपके चेलों के अंधविश्वास की धारणा को ?

साहब! आपके चेले आपकी ऐतिहासिकता पर पर्दा डाल कर पौराणिकता में अधिक यकीन करते हैं, आपने अपने जीवन में निरंतर संघर्ष करके गरीब और पीड़ित लोगों को ऊपर उठाने की बात कही है और आपके चेले हैं कि आपको छू-मंतर वाला बाबा मानते हैं। आपके छू-मंतर से ही पल भर में सब कुछ बदल जाता है। कबीर

चौरा में आपकी तपोभूमि, कर्म-भूमि और साधनापीठ रही है। यहाँ की मिट्टी के कण-कण में आपके चरणों की धूल समायी हुई है। दुनिया के लोग आपकी इस तपोभूमि को देखने और इसका दर्शन करने आते हैं। एक सौ बीस वर्ष की आपकी समूची जिंदगी यहीं पर बीती है। आपके कितने ही चेले काशी में आते हैं और गंगा-स्नान करके चले जाते हैं, लेकिन आपकी इस तपोभूमि और कर्म भूमि का दर्शन करना पसंद नहीं करते हैं। आपने चेलों को ऐसा ज्ञान दे दिया है कि उनके लिए चेतन स्वरूप ही सबकुछ है। चेतन स्वरूप तो सात जन्म के बाद उनकी समझ में आयेगा। आपकी तपोभूमि में तो अब ईट-पत्थर और दीवार ही शेष है। इसमें आस्था और विश्वास पैदा कर उन्हें जीवन में मिलेगा भी आखिर क्या ? दुनिया में कोई ऐसा धर्म नहीं है जिसके मूल पुरुष जहाँ पैदा हुए हैं और जहाँ उनकी तपोभूमि रही है, वहाँ जा कर उनके भक्त और चेले उस भूमि को चूमते न हों तथा आस्था एवं प्यार न जताते हों। आपके चेलों में आपकी तपोभूमि तथा कर्म भूमि के प्रति इतनी अनास्था और घृणा क्यों है, साहब ? आपकी स्मृतियों को सुरक्षित रख कर ही तो चेतन आत्मा की तलाश की जा सकती है।

साहब! आपकी वाणी को ले कर यहाँ बड़ी भीषण समस्या खड़ी हो गयी है। यह समस्या आपके जमाने में भी उठ गयी थी। तभी तो आपको कहना पड़ा था कि *संतों बीजक मत परमाना।* आपके नाम पर आपके जीवन काल में ही कल्पित रचनाएँ तैयार होने लगी थीं और तमाम किंवदंतियाँ जन्म लेने लगी थीं। एक तरफ आपकी रचनाओं और दूसरी तरफ आपके जीवन को विवादास्पद बनाने के लिए अनेक कथाएँ गढ़ी जा रही थीं। ये कथाएँ जनश्रुति के माध्यम से जनता में फैलायी जा रही थीं, ताकि आपके वास्तविक जीवन पर परदा पड़ जाये। ऐसा ही तो आपके साथ हुआ है न, साहब!

आपकी रचनाओं में तो इतनी मिलावट हुई है कि आपकी वास्तविक रचनाओं को अलग कर पाना अब मुश्किल काम है। कुछ रचनाओं की तो आपके चेलों ने मिलावट की और कुछ रचनाओं की आपके विरोधियों ने। आपके व्यक्तित्व और चरित्र तथा उद्देश्य के खिलाफ भ्रम फैलाने के लिए ही इन्हें रच कर जनश्रुतियों में प्रचारित कर दिया गया है। नहीं तो आपको बार-बार *बीजक मत परमाना* की घोषणा नहीं करनी पड़ती। आपके विरोधियों के पास तो फिर भी एक समझ थी, जो आपके सिद्धांतों के आसपास ही जनश्रुतियों को गढ़ते थे। लेकिन आपके चेले तो अपढ़, निरक्षर भट्टाचार्य, आस्था के अंध भक्त ठहरे; लिहाजा उन्होंने अपने स्वार्थ के वशीभूत हो कर इतनी जबरदस्त पौराणिकता की रचना की है कि आपका मूल तत्त्व ही (चाहे वह जीवन के स्तर पर हो या उद्देश्य के स्तर पर या रचना के स्तर पर) खो गया। उनकी इन पौराणिकताओं में कहीं से भी साहब आप नहीं हो। आजादी से पूर्व कई सौ पौराणिक ग्रंथ आपके नाम पर लिखे गये। इन ग्रंथों में आपके साथ

चेलों का संवाद है। आपने स्वयं कभी कोई संवाद ग्रंथ नहीं लिखा। संवाद ग्रंथ लिखने की बात तो दूर रही, आपने तो कभी अपने किसी चेले को नाम ले कर भी संबोधित नहीं किया है। जब भी आपने संबोधित किया है, तो किसी समूह को ही संबोधित किया है। स्वातंत्र्योत्तर काल में आपकी वाणी और व्यक्तित्व पर जब अध्ययन, विश्लेषण शुरू हुआ, तो मालूम हुआ कि आपके नाम से व्यापक स्तर पर पौराणिक व कल्पित ग्रंथ बने हैं। इन ग्रंथों को भाषाविज्ञान की कसौटी पर कस कर निथारा गया, तो पता चला कि आपके कई सौ वर्ष बाद इन ग्रंथों की रचना हुई है। बीजक, ग्रंथावली, साखी ग्रंथ और गुरु ग्रंथ साहिब में संकलित पद ही आपकी मूल रचनाएँ साबित हुईं। साहब! आपके चेले बड़े जालिम थे। बड़े जालिम तरीके से उनके द्वारा आपको पौराणिकता में ढालने की कोशिश की गयी थी। रचनाओं के स्तर पर तो पौराणिकता अब खत्म हो रही है। जो बहुत सारे पक्ष पौराणिकता से ओत-प्रोत हैं, उन्हें अभी तक आपके चेलों ने मूर्खों में फैला रखा है और वे अब भी उसी को मानते आ रहे हैं। साहब! मैं आपके किन-किन पक्षों पर लिखूँ। जहाँ भी कलम उठाता हूँ, वहीं कुछ-न-कुछ बातें दिखने लगती हैं।

आपके बीजक ग्रंथ के बँटवारे के बारे में तो आपको पता ही है। आपने तो एक ही *बीजक* रचा होगा। उसी *बीजक* की अनेक प्रतियाँ चेलों ने पढ़ने के लिए बनायी होंगी। जब आपने *बीजक* रचा होगा, तब तो इसका पाठ एक ही रहा होगा। आपके कई चेलों ने अपने मठ और अपनी परंपरा को आपके समकालीन सिद्ध करने लिए *बीजक* के पदों को भारी संख्या में ऊपर-नीचे कर अपना एक अलग पाठ बनाने के लिए उसमें काफी फेरबदल भी किया है, ताकि वे अपना अलग एक पाठ कह सकें। आपकी वाणी हम चेलों के लिए तो मंत्रवत है। उसे एक महान् धार्मिक ग्रंथ भी हम मानते हैं। आपकी आज्ञा के खिलाफ आपकी वाणी में उलट-फेर करना या उन्हें आगे-पीछे बढ़ाना-घटाना अपराध और अधर्म नहीं तो और क्या है ? ऐसा कुकर्म करने में आपके चेलों को पता नहीं भय और शर्म आती भी है या नहीं। आपने भी इसके खिलाफ कभी कोई कदम नहीं उठाया। आपके चेले आपकी वाणी का हर रोज एक नया पाठ बना रहे हैं। क्या यह अच्छी बात है ? यहाँ तक कि वे अपने मठ का एक अपना अलग बीजक पाठ भी बना ले रहे हैं और बेशर्मी से कहते हैं कि यह पाठ हमारे पास आपके समय से ही है। साहब! इसमें आपके चेलों का दोष नहीं है। आप तो कहते थे कि *पाप-पुण्य कछु हमरे नाहिं* और स्वर्ग-नरक सब झूठ है। आपके इसी निर्णय के उपदेश के कारण आपके चेलों को अब किस बात का डर ? आपके चेले ही अब आपके भस्मासुर हो गये हैं और आपके सिर पर हाथ रखने के लिए आपके पीछे दौड़ लगा रहे हैं।

साहब! क्षमा माँगते हुए मैं आपसे एक सवाल पूछ रहा हूँ। यदि अच्छा लगे, तो जवाब दीजिये और नहीं तो मौन ही रह जाइएगा। आपका नाम तो कबीर था।

आप अपने-आपको दास कबीर ही कहते थे। आपके भक्तगण श्रद्धा और सम्मान से आपको संत, महात्मा, सद्गुरु, साहिब और स्वामी के नाम से संबोधित करते हैं। आपने हमेशा अपने को नीचे रखने में ही अपनी महानता मानी है। आप कहते भी थे कि पानी ऊपर नहीं ठहरता है, वह नीचे ही आ कर रुकता है। कोई भी आदमी जब ज्ञानी और तत्त्ववेत्ता हो जाता है, तो वह हमेशा झुक कर ही चलता है। पूर्णिमा के चाँद को कोई नमन नहीं करता, दुतिया के चंद्रमा को देख कर ही सब लोग झुकते हैं।

आपने दुनिया में सबसे ऊँचा ज्ञान प्राप्त किया था। आपको अपने जीवन में सबसे कीमती वस्तु मिली थी। आप अध्यात्म के सबसे ऊँचे शिखर पर पहुँच गये थे, फिर भी आपने अपने नाम के साथ कोई उपाधि नहीं लगायी। लेकिन आपके चेले तो अपने नाम के साथ आचार्य, हुजूर, सद्गुरु, साहिब, स्वामी और महंत की पदवियाँ लिख कर गौरवान्वित हो रहे हैं। आपके नाम पर गद्दी स्थापित कर अपने आप ही सबसे बड़ी गद्दी के शिरोमणि आचार्य बन रहे हैं। साहब! आप तो दास थे और दास ही रह गये, मगर आपके चेले हैं कि वे इन तमाम उपाधियों से लद गये। अब तो आपके सम्मानित चेले अपने को दास लिखने में हीन समझते हैं।

साहब! आपके नाम के साथ कहीं भी आचार्य, हुजूर, और महंत शब्द नहीं लिखा गया है। इन उपाध्यियों के बिना ही आप दुनिया में अपनी पूजा कैसे करवा लेते हैं ? आप तो इन उपाधियों से बहुत दूर थे। फिर इस परंपरा की शुरुआत कहाँ से हुई ? किस विश्वविद्यालय ने इनको आचार्य और हुजूर की डिग्री प्रदान की, यदि किसी विश्वविद्यालय ने यह डिग्री प्रदान नहीं की, तो फिर कहाँ से यह उपाधि आयी ? इन सब बातों को किनारे कर दीजिए। यदि आपके चेले आपकी वाणी की विशेषज्ञता हासिल करके आचार्य और हुजूर लिखते हैं, तो क्या यह आपके साथ अन्याय और अपमान नहीं है ? आप अपने नाम के साथ अत्यंत गौरव से भर कर दास ही लिखा करते थे और अब है यह कि आपके चेले सद्गुरु-आचार्य-हुजूर-महंत-श्री मगरु साहब लिखते हैं। महंत मगरु साहब जैसे दस दर्जन से भी अधिक आचार्य, सद्गुरु और महंत आज कबीर पंथ की विभिन्न शाखाओं में होंगे।

महंत मगरु साहब हमारे गुरुबाबा हैं। एक बार मैंने गुरुबाबा को अत्यंत आदर-भाव से सद्गुरु आचार्य-हुजूर-महंत श्री मगरु साहब संबोधित करके एक पत्र लिखा। वे हमारे ऊपर सख्त नाराज हुए। मुझे इतनी फटकार लगायी कि मेरी सिट्टी-पिट्टी सब गुम हो गयी। उन्होंने कहा-संस्कृत और सभ्य बनो, गुरुजनों का आदर करो। ऐसे ही साधु बन जाने से कुछ नहीं होता। सभ्यता, संस्कृति और बड़ों का मान-सम्मान ही भारतीय धर्म और संस्कृति की धरोहर है। गुरु महाराज ने अपनी उपाधि को अपने हाथ से लिख कर टाइप करवा कर मेरे पास भेजा और कहा कि मेरे पास जब भी भविष्य में कभी पत्र लिखना, तो मेरे नाम के साथ इतनी उपाधियाँ

और उपमाएँ लगी रहनी चाहिएँ। उनके द्वारा भेजी गयी उपाधियों और उपमाओं का वर्णन इस प्रकार है : *परमपूज्य प्रात:स्मरणीय विश्ववंदनीय चंद्र-चक्र-चूड़ामणि अनेक उपमाओं से भूषित यथा–चंद्रवत शीतल, सूर्यवत प्रकाशक, गंगावत निर्मल, समुद्रवत अथाह-गंभीर, पृथ्वीवत क्षमाशील, ध्रुवतारकवत अटल, जगत-कल्याणकारी, परोपकारी, निराभिमानी, आत्म-स्वरूप, पारखनिष्ठ, वैराग्यवान, परमाराध्य अनंत श्री विभूषित श्री श्री 1008 श्री सद्‌गुरु स्वामी महंत श्री हुज़ूर श्री मगरु साहब गुरु श्री फकरु साहब के पावन चरणकमलों में सादर करबद्ध नतमस्तक कोटिश: बार-बार आपके दासानुदास तुच्छतम गंगूदास की विनयपूर्ण बंदगी स्वीकार हो।*

उनके द्वारा प्रेषित इन उपाधियों को पा कर मेरे लिए तो पत्र भेजना अब बहुत आसान हो गया। मैंने अपने गुरु की पूरी उपाधि और उपमाओं को अपने पैड और पोस्ट कार्ड पर छपवा दिया। अब न सभ्यता भंग होगी और न अब किसी का सम्मान गिरेगा। मेरी साधुता पर भी आँच नहीं आयेगी। गुरु महाराज को अब जब भी कभी पत्र लिखना होता है, तो मैं सीधे अपनी बात से ही शुरू करता। सम्मान-प्रदर्शन का सारा काम छपी हुई उपाधियाँ ही कर देतीं।

मन में फिर भी बड़ी ऊहापोह रहता था। मैं सोचता रहता था कि गुरुओं को इतनी उपाधि और उपमाओं की लालसा क्यों रहती है ? मन में शंका होने लगती है कि गुरु अगर खुद इतने महान् हैं, तो उनको इतनी सारी उपाधियाँ लिखवाने की भूख क्यों सताती रहती है ? फिर मन में विचार आया। अरे पगले! गुरु के प्रति शंका करना नरक में जाने के समान है। आपकी भी बात याद आयी। *हरि रूठे जग ठौर है*, मगर गुरु के रूठने पर तीनों लोक में कल्याण नहीं। गुरु समर्थ होते हैं। समर्थ का कोई दोष नहीं देखा जाता है। फिर भी मन में जो बात आती है, उसे आपसे कहने के लिए मन व्याकुल रहता है।

सद्‌गुरु साहब! आपके चेलों में इतनी आत्मश्लाघा कैसे और कहाँ से आ गयी ? आप तो हमेशा अहंकार रहित जीवन जीने का उपदेश करते थे और दास पदवी को अगम-अगोचर कहते थे। दास तन की अधिक महिमा बताते थे। उसको ज्ञान का सरोवर कहते थे। दास की महिमा इतनी है कि इनकी कहनी-रहनी और गहनी अपरंपार है। आपने तो सभी दीन-हीनों को आत्मतत्त्व का बोध कराके परमपद का अधिकारी बना दिया था।

आपके समकालीन या कुछ लोग जो आगे-पीछे भी थे, जैसे शंकराचार्य, रामानुजाचार्य, बल्लभाचार्य, निम्बार्काचार्य और स्वामी रामानन्दाचार्य, इन आचार्यों की भी शिष्य परंपरा चली है। इन आचार्यों की शिष्य परंपरा के गद्दीपति यदि अपने नाम के साथ आचार्य लिखते हैं, तो बात कुछ समझ में भी आती है, क्योंकि इनके मूल-पुरुष आचार्य लिखते थे। साहब! आप तो दास ही लिखते रहे, तो फिर आपकी शिष्य-परंपरा के गद्दीपति कैसे और कहाँ से आचार्य और हुज़ूर तथा साहब लिखने

लग गये ? किसने इनको आचार्य और हुजूर लिखने का आदेश दिया ? किस अधिकार और परंपरा से आपके चेले आचार्य, हुजूर, महंत और अपने-आपको साहब भी लिखते हैं ?

आपके चेलों में कुछ आचार्य, हुजूर और महंत तो ऐसे भी हैं जिन्हें दीन-दुनिया का कुछ पता नहीं है। व्याख्यान के किसी मंच पर उनको खड़ा कर दीजिए, तो आपकी एक साखी बोलने में भी उनकी जमीन खिसक जायेगी। टोकरी भर-भर कर आचार्य, महंत, हुजूर, सद्‌गुरु और साहब रोज पैदा हो रहे हैं। सब्जी तो अब बहुत महँगी हो गयी है। सस्ते हो गये हैं तो बस आपके चेले, आचार्य, हुजूर, सद्‌गुरु, महंत और साहब।

आपके चेलों ने आपका मूल उद्‌देश्य तो छोड़ ही दिया है। इन चेलों के पास जो एकमात्र काम रह गया है, वह यह है—आचार्य की गद्‌दी स्थापित करना, सद्‌गुरु बनना और सुख-सुविधाओं का भोग करना। अनेक प्रकार से आपकी मान्यताओं को अपने स्वार्थों से जोड़ कर नयी परंपराओं को जन्माने के लिए वे जितना सरकस करते हैं, उतना सरकस यदि वे आपकी वाणी और आपके सिद्धांतों का प्रचार-प्रसार करने में लगाते, तो आपका पंथ आज शायद विश्व मंच पर विधिवत स्थापित हो जाता। दुनिया के स्तर पर आपकी वाणी का संदेश जिसके जरिये पहुँचे, ऐसा कोई भी संस्थान अभी आपके नाम पर नहीं बना है। आपके उपदेशों, सिद्धांतों, आदर्शों का अनुवाद करा कर दुनिया के मुल्कों में पहुँचना ही मानव हित में है। आज इसकी बहुत जरूरत है।

साहब! आप अपने चेलों को शक्ति और प्रेरणा दो, सद्‌बुद्धि का संचार करो। इनकी निद्रा भंग हो, इसके लिए शीतल जल का छिड़काव करो, ताकि वे आलस्य त्याग कर पंथ के काम में लग जाएँ। आपके अनेक चेले ऐसे भी हैं कि ये सब काम आसानी से कर सकते हैं। मगर वे दिशाहीनता के कारण भटक रहे हैं। आपकी कृपा से इनके पास साधन और संपन्नता भी है। उन्होंने आपके नाम पर बड़े-बड़े मठ और आश्रम भी बना रखे हैं। इनमें आप यदि सद्‌बुद्धि का संचार करो, तो ये लोग आपके बड़े-बड़े काम कर सकते हैं।

यह मेरी शिकायत नहीं, बल्कि हृदय के उद्‌गार हैं। साहब! लिखने के लिए इतनी सारी समस्याएँ हैं कि जीवन भर लिखता रहूँ, तो भी खत्म नहीं होने वाली हैं, साहब! तुम तो पढ़े-लिखे हो नहीं, इतना लंबा पत्र पढ़ कर सुनाएगा कौन ? साहब! मैं आपके बिना अकेला हूँ...अकेला हूँ...अकेला हूँ।

आपके चरणों का दास,
गंगूदास

कबीर की मुश्किलें

राजकिशोर

कबीर पर शक नहीं किया जा सकता। वे जैसे थे, थे। उन्हें जो गलत और झूठ लगा, उसका उन्होंने डंके की चोट पर विरोध किया। उनमें किसी तरह की चालाकी नहीं थी–*हमन है इश्क मस्ताना, हमन को होशियारी क्या*। उन्होंने न हिंदुओं को बख्शा न तुर्कों को, जिन्हें आजकल मुसलमान कहा जाता है। राम और खुदा, दोनों के नाम पर होने वाला पाखंड उन्हें असह्य था। इस पाखंड पर प्रहार करते समय उनकी वाणी में एक अद्‌भुत तेजस्विता आ जाती थी। यह तेजस्विता खरे तत्त्व बोध और उतनी ही खरी जीवन निष्ठा से निकली थी। पांखड खंडन उनके लिए कविता या तर्कशास्त्र का विषय नहीं था। यह जीवन जीने का उनका तरीका था। वे सत्य के उपासक थे और झूठ की परतों को चीरते हुए उस तक पहुँचाना चाहते थे। लेकिन कबीर में सत्य और कल्पना का एक अद्‌भुत सम्मिश्रण भी मिलता है। सत्य उनके जीवन का निषेधात्मक पक्ष है और खंडन-मंडन के काम आता है। कल्पना से वे अपने प्रेम की इमारत गढ़ते हैं। कबीर का विश्लेषण करनेवाले अनेक आलोचकों की मुश्किल यह है कि वे सत्य और कल्पना, दोनों को स्वीकार कर चलना चाहते हैं। यही कारण है कि कबीर की कोई भी आलोचना विश्वसनीय नहीं बन पाती।

माया के ठगिनी रूप को कबीर ने अच्छी तरह पहचान लिया था। इसलिये वह अपने को संसार में स्थित नहीं मानते थे। उनकी दुनिया कहीं और थी, जहाँ उनका प्रियतम बसता था और जिसके विरह में उन्हें रात-रात भर नींद नहीं आती थी। लेकिन शरीर के रहते हुए कोई पूरी तरह जीवन मुक्त कैसे हो सकता है ? कबीर इस कैद की वेदना को प्रतिक्षण महसूस करते थे। विरह की विह्वलता के जो गीत कबीर ने लिखे हैं, वे अद्‌भुत हैं। इन्हें पढ़ते हुए यह विश्वास करना मुश्किल हो जाता है कि कबीर निर्गुण भक्ति के प्रतिपादक थे। निर्गुण को तर्क से समझा जा सकता है, उसकी कुछ अनुभूति भी की जा सकती है, लेकिन उससे उस ढंग का प्रेम नहीं किया जा सकता जैसा कबीर के यहाँ मिलता है। सूरदास की गोपियाँ पूछती हैं : *निर्गुन कौन देश को वासी।* कबीर का साक्ष्य था कि वह

हर देश का वासी है और हर काल में विराजमान है। जो अगम है, अगोचर है, अदृश्य है, उससे ऐसी गहरी प्रीत कबीर के ही बस की बात थी। हमारे समय में महात्मा गांधी ने इस बात को यों कहा कि सत्य ही ईश्वर है। लेकिन गांधी के लिए यह संसार माया नहीं था। वह ईश्वर यानी सत्य की ही अभिव्यक्ति है। उसमें जो मिलावट है, वह मनुष्य के विकास की देन है इसलिये संसार के दुखों को दूर करना ही सच्ची ईश्वर भक्ति या सत्य-निष्ठा है। कबीर भी इस बात को मानते थे–लेकिन एक सीमा तक। उनका ईश्वर पूरी सृष्टि में व्याप्त है। लेकिन ईश्वर और सृष्टि के बीच एक दूरी है। नहीं तो माया कहाँ रहेगी ? यही कारण है कि वे अपने प्रियतम से विरह का अनुभव करते थे। यदि कण-कण में साईं रमता है, तो उससे विलगाव कैसा ? यहाँ कबीर में एक तरह का द्वंद्व मिलता है। वे ईश्वर के करीब भी थे और दूर भी। इससे कुछ ज्ञानतात्विक समस्याएँ पैदा होती हैं, जिन्हें कबीर ने अपने ढंग से सुलझा रखा था। क्या यह प्रेमविहीन दुनिया में प्रेम खोजने का उनका अपना तरीका था ? सच यह है कि कबीर के लिए यह संसार कभी वास्तविक नहीं हो सका। काफी दिनों तक वे बाजार में रहे–*कबिरा खड़ा बजार में,* भले ही अपनी लुकाठी लिए हुए। उन्होंने संभवतः गृहस्थी भी की, लेकिन इसमें भी उन्हें सुख नहीं मिला। दरअसल, सुख से कबीर का रिश्ता द्वंद्वात्मक है। जिसे वे सुख मानते थे, वह उन्हें कभी हासिल नहीं हो सका। प्रश्न किया जा सकता है कि क्या उसे कोई हासिल भी कर सका है–या वह हासिल हो कर भी फिसल जाता था। लेकिन दुख उनके सामने था। यह अकारण नहीं है कि अपनी तमाम मस्ती के बावजूद कबीर मूलतः एक दुखी प्राणी नजर आते हैं और अपने दुख को ले कर रात-रात भर जागते हैं। कबीर का यह दुख न तो सिर्फ भौतिक है और न आध्यात्मिक। यह संभवतः अस्तित्व के बुनियादी व्यर्थता-बोध की उपज है। कबीर में आधुनिक अस्तित्ववाद के कई सूत्र खोजे जा सकते हैं।

अपने ही बनाये हुए आदर्शों पर चलना काफी कठिन होता है। दुनिया में कम लोग हुए हैं जिन्होंने तलवार की इस धार पर चल कर दिखाया है। कबीर निःसंदेह उनमें एक थे। उन्होंने अपने लिए एक ऐसी समाधि चुनी थी, जहाँ तक हमारे प्रश्न नहीं पहुँच सकते। इसीलिये कबीर के साथ जिरह नहीं की जा सकती। उनकी जितना दुनिया तर्क के साथ है, उससे बड़ी दुनिया तर्क से परे है। कबीर तर्क और तर्कातीत, दोनों के अद्‌भुत संगम हैं। इसीलिये उनका आकर्षण मामूली आकर्षण नहीं है। यह दोनों दुनियाओं का द्वंद्वात्मक आकर्षण है–एक, जिनमें हम रहते हैं और दूसरी, जिसका हम सिर्फ अनुमान कर सकते हैं। इसीलिये आज के समय में कबीर होना मुश्किल है। कबीर की ऋजु तार्किकता आप ला सकते हैं, कबीर का फक्कड़पन भी हासिल किया जा सकता है, लेकिन कलेजे पर हाथ रख कर आज कौन यह गा सकता है कि *राम मोर पिउ, मैं राम की बहुरिया।* रहस्य

का यह संसार हमसे विदा ले चुका है। अगर हमारे सामने कोई चकाचौंध है तो वह वैज्ञानिक सत्य की ही हो सकती है। बेशक यहाँ भी रहस्यवाद की गुंजाइश है, जैसा कि आइंस्टीन तथा कुछ अन्य वैज्ञानिकों के वक्तव्यों से संकेत मिलता है। लेकिन यह रहस्यवाद नहीं, रहस्याभास है–इससे कबीर जैसा व्यक्तित्व पैदा नहीं हो सकता।

इसीलिये कबीर को पढ़ या सुन कर एक तरह की सनसनाहट होती है। हमें अपनी परिचित दुनिया अजनबी लगने लगती है। शायद यह हजारों वर्षों की आध्यात्मिक भावमयता की बार-बार हमसे टकराती हुई प्रतिध्वनि है जो हमें विह्वल करती है; जैसे ईसा मसीह की पवित्र स्मृति आज भी पश्चिमी व्यक्ति को उदात्त बनाती है। लेकिन कबीर के आधुनिक प्रेमियों के बारे में भी क्या यही बात कही जा सकती है ? उनमें न कबीर की विह्वलता दिखाई पड़ती है न सांसारिक आसक्तियों से किसी प्रकार का आत्मसंघर्ष। उनके लिए संसार ही सच है और वे इस संसार के नियमों के अनुसार कबीर का उपयोग करते हुए दिखाई देते हैं। कबीर से को तुलसीदास से लड़ाने की जुगत भिड़ाई जाती है। कबीर धर्मनिरपेक्षता के पैगंबर या राजदूत का काम लेने की कोशिश होती है और हिंदू को अच्छा हिंदू तथा मुसलमान को अच्छा मुसलमान बनने को कहा जाता है, जब कि कबीर के लिए हिंदू और मुसलमान, दोनों ही पद निरर्थक हो गये थे, वे शास्त्रों को तो, चाहे वे किसी भी धर्म के हों, कुछ समझते ही नहीं थे। उनके लिए 'प्रेम' नामक एक ही शब्द काफी था। फिर भी कबीर का शास्त्र बनाने का प्रयास होता है। कबीरवादियों के लिए कबीर के दो ही मुख्य उपयोग हैं : सांप्रदायिकता और ब्राह्मणवाद से संघर्ष में उनके आप्त वाक्यों का प्रयोग। जाति और धर्म के परे जाने की बात उन्हें नहीं सूझती, जो कबीर की तार्किक संवेदना का मर्म है। और वैसा निगूढ़ और फिर भी सहज प्रेम ? वह तो विरल ही है।

कबीर मूलतः एक धार्मिक व्यक्ति थे–लेकिन उस अर्थ में धार्मिक नहीं जिस अर्थ में महात्मा गांधी थे। गांधी के लिए धर्म सामाजिक कर्म का पर्याय था। कबीर समाज को फटकार कर अपने काम में लग जाते थे, जो उनकी नितांत व्यक्तिगत चर्या थी। इस मामले में वे रामकृष्ण परमहंस के ज्यादा निकट हैं, जिनके लिए धर्म एक निजी जीवन विधि था। फर्क यह है कि रामकृष्ण में प्रेम का तत्त्व ज्यादा था, जब कि कबीर में उग्रता भी कम न थी। लेकिन रामकृष्ण परमहंस की ही तरह, कबीर भी सभी संगठित धर्मों के विरोधी थे–क्योंकि संगठित होते ही किसी भी धार्मिक व्यवस्था में विकृति आ जाती है। लेकिन कबीरवादी धर्म के प्रति समन्वयवादी रवैया अपनाते हैं। वे हिंदुओं और मुसलमानों को, हिंदू और मुसलमान रहते हुए, एक मंच पर ले आना चाहते हैं, जबकि कबीर का दावा था कि *अरे उन दोऊन राह न पाई।* आज राजनीति ने धर्म की जगह ले ली है।

लेकिन कबीर के प्रशंसक जिन राजनीतिक संगठनों से जुड़े हुए हैं, क्या उनमें वैसी ही कट्टरता दिखाई नहीं पड़ती जैसी धार्मिक संगठनों में अब भी बची हुई है ? कबीर के कट्टरवाद-विरोधी रवैये को तभी ठीक से समझा जा सकता है जब हम अपनी वैचारिक कट्टरताओं से मुक्त हो सकें। कबीर का एक नया उपयोग दलित विचारकों को सूझ रहा है। वे कबीर में एक ऐसे दलित धर्म का पुरोधा देखते हैं जो हिंदुत्व और इस्लाम दोनों से परे है। यह दलित अलगाववाद का दार्शनिक रास्ता है, जब कि कबीर जाति और कुल का अस्तित्व ही नहीं मानते थे– *जगत जहंदम राचिया, झूठे कुल की लाज।* कबीर एक ऐसा चौराहा जरूर साबित हो सकते हैं, जहाँ सभी धर्मों को माननेवाले और सभी जातियों के लोग–इनमें दलित भी शामिल हैं–अपना-अपना धार्मिक विश्वास छोड़ कर एक बहुत ही सरल, पर निगूढ़ आध्यात्मिक चेतना के अंग बन सकते हैं तथा सांसारिक तृष्णाओं और मायाओं से मुक्त हो सकते हैं। लेकिन कबीर की घेराबंदी की जायेगी, तो सुगंध उड़ जायेगी–हाथ में सिर्फ फूल की लाश आयेगी। यही कारण है कि कबीर के नाम पर जो पंथ खड़ा किया गया, वह व्यापक श्रद्धा का भाजन नहीं बन सका। दलित जब कबीर को अपना बनाने के लिए घेरते हैं, तो वे कबीर को सीमित करने की एक और कोशिश करते हैं। सच यह है कि कबीर जितने दलितों के हैं, उतने ही गैर-दलितों के भी। कबीर के दिमाग में ऐसा कोई विभाजन ही नहीं है। वे वस्तुतः इन विभाजनों से ही संघर्ष कर रहे थे। लेकिन कबीर का दुरुपयोग करने की एक लंबी परंपरा है। दलितवादी लेखक धर्मवीर ने कबीर के ब्राह्मणवादी प्रशंसकों की जो खबर ली है, उसमें काफी दम है। लेकिन धर्मवीर जब दलित कबीर की मूर्ति बनाने की कोशिश करते हैं, तो वे स्वयं भी उतने ही हास्यास्पद हो जाते हैं। यदि दुनिया में कोई दूसरा ईसा मसीह नहीं हुआ है, तो कबीर भी एक ही हुआ है। कबीर के नाम पर चलाये जानेवाले सिक्कों में पाखंड या बनावट का कुछ न कुछ अंश होना अपरिहार्य है।

कबीर को यदि सीमित नजरिये से देखा जाये, तो कोई खास मुश्किल नहीं होगी। कबीर साहित्य का साहित्यिक मूल्यांकन हो सकता है। यह मूल्यांकन एक नये सौंदर्यशास्त्र की नींव रखने में सहायक साबित हो सकता है। कबीर में आधुनिकता के कई तत्त्व भी दिखाई पड़ते हैं। यह एक मजेदार बहस का विषय हो सकता है। गालिब और कबीर की तुलना की जाये, तो कई दिलचस्प बातें सामने आयेंगी। दोनों में अस्तित्व का विषाद बहुत ही गहराई के साथ मिलता है। कबीर का इस्तेमाल सामाजिक शुद्धि के लिए भी किया जा सकता है, क्योंकि कबीर पाखंडी हिंदू और पाखंडी मुसलमान, दोनों को समान तुर्शी के साथ फटकारते थे। कबीर जात पाँत तोड़क मंडल के प्राचीनतम संस्थापकों में एक हैं। अतः जाति प्रथा का विनाश चाहने वालों को उनसे प्रेरणा मिल सकती है। कबीर उनके भी बहुत काम के हैं, जो

आधुनिक उपभोक्तावाद के विरुद्ध हैं और थोड़े में संतोष के जीवन दर्शन का प्रसार करना चाहते हैं। कबीर को उतना ही पाने की इच्छा थी, जिससे *मैं भी भूखा ना रहूँ, साधु न भूखा जाये ?* लेकिन कबीर का मूल दर्शन संसार-विमुखता का है (समाज–विमुखता का नहीं)। इसका क्या किया जाये।

लेकिन ये सब कबीर के व्यापक व्यक्तित्व के सिर्फ कुछेक पहलू हैं। इनका यदि राजनीतिक इस्तेमाल करने की कोशिश की जायेगी, तो कबीर के साथ अनर्थ हो सकता है। उदाहरण के लिए बाबरी मस्जिद को ढाहने के प्रसंग में कबीर का इस्तेमाल विश्वसनीय नहीं होगा। बाबरी मस्जिद को उन्मत्त हिंदूवासियों के हाथों गिरते देख कर उन्हें बेहद तकलीफ होती, लेकिन वे इस घटना पर मुस्कुरा भी सकते थे और कह सकते थे कि जिसे तुमने गिराया है, वह तो ईंटों का ढेर था–मेरा खुदा सिर्फ वहीं थोड़े ही रहता है। वह तो पूरी खुदाई में व्याप्त है–तुममें सामर्थ्य हो तो इस खुदाई को ढाह कर दिखाओ। इसी तरह, जब कबीरवादी भौतिक समृद्धि की साधना करते हुए और इसके लिए कुछ भी उठा न रखने पर उतारू दिखाई देते हैं, तो उनकी कबीरी रामनामी पर शक होता है। जो धार्मिक चेतना को 'मिथ्या' चेतना मानते हैं, वे जब 'अनहद नाद' में डूबने का अभिनय करते हैं, तब तो हँसी भी आती है। कबीर पर नहीं हँसा जा सकता, क्योंकि वह अपने अनहद नाद में सचमुच डूबे हुए थे और इससे जो जीवन बोध पैदा होता था, उसी के अनुसार अपना जीवन जीते थे। लेकिन कबीरवादियों का अनहद नाद ज्यादा-से-ज्यादा एक सैर है–'आओ हुजूर तुमको सितारों में ले चलूँ'। कबीर एक मुश्किल चीज हैं। एक आधुनिक व्यक्ति उनकी नकल करने की कोशिश करेगा, तो वह हास्यास्पद हो सकता है, कबीर सिर्फ कवि नहीं थे, न सिर्फ समाज सुधारक थे। वे परंपरागत अर्थों में भक्त भी नहीं थे, क्योंकि भक्ति का कोई शास्त्र उनकी रचनाओं में नहीं मिलता–इस मामले में वे सूरदास के ज्यादा निकट हैं। उनका अध्यात्म एक निजी अध्यात्म था, जो ऐसा ही हो सकता था, क्योंकि अध्यात्म की ओर जानेवाले सभी रास्ते एक जैसे नहीं होते, हालाँकि सभी में कुछ सामान्य अंतर्वस्तु दिखाई पड़ती है। पर यह सब उनकी मूल चेतना की बाहरी अभिव्यक्तियाँ हैं। कबीर एक निगूढ़ व्यक्तित्व थे–वे अस्तित्व के अंतरंग में बार-बार छलाँग भरते थे और अपने को सब तरह से खाली कर देना चाहते थे, ताकि शून्य रस से सराबोर हो सकें। मूल कबीर तक पहुँचना इस शताब्दी के आदमी के लिए बहुत मुश्किल है।

इसलिए कबीर पर कुछ भी बोलना या लिखना खतरनाक है। हमारे पास जो 'कोड' हैं, उनके आधार पर हम कबीर को 'डी-कोड' नहीं कर सकते। कबीर के उचित विखंडनीकरण के लिए हमारे पास पर्याप्त औजार नहीं हैं। इसके लिए एक अलग चेतना की जरूरत होगी, जिसका आधुनिकता और उत्तर-आधुनिकता,

दोनों से कोई लेन-देन नहीं है। दिलचस्प यह है कि कबीर इनके साथ हैं और इनसे परे भी। यही कबीर की अद्वितीयता है। इसलिये कबीर के नाम पर दुकान लगाने वाले या तो उनकी पैरोडी कर सकते हैं या उनके शानदार मकबरे खड़े कर सकते हैं। कबीर के पास जाने के लिए गहरी विनम्रता की जरूरत है और यह स्वीकार करने की कि हमारी पहुँच बस यहीं तक है–इसके आगे अगम क्षेत्र है, जहाँ का हम ठीक-ठीक अनुमान तक नहीं कर सकते, क्योंकि वह हमारे अनुभव क्षेत्र के बाहर की चीज है। कबीर सांत और अनन्त, तर्क और तर्कातीत के बीच एक निजी पुल बनाते हैं–इसलिये उनकी हँसी भी अपनी है और उनका रोना भी अपना है। इसके बावजूद, या शायद इसीलिये, कबीर में एक दुर्निवार आकर्षण है। जो इस आकर्षण का अनुभव नहीं करता, उसकी संवेदना संदिग्ध है। जो इस आकर्षण को सिर्फ सामाजिक उपयोगिता की दृष्टि से समझने की कोशिश करता है, उसकी संवेदना अधूरी है। फिर भी, कबीर से बार-बार उलझने की जरूरत महसूस होती है, क्योंकि अनुभव और अभिव्यक्ति की ऐसी संपदा और कहाँ है ?

कबीर : एक चयन

दोहे

कबिरा खड़ा बजार में, लिये लुकाठी हाथ
जो घर जारै अपना, चलै हमारे साथ

कबिरा खड़ा बजार में, माँगे सबकी खैर
ना काहू से दोस्ती, ना काहू से बैर

पोथी पढ़ि-पढ़ि जग मुआ, पंडित भया न कोई
ढाई आखर प्रेम का, पढ़ै सो पंडित होई

सांई इतना दीजिये, जामें कुटुंब समाय
मैं भी भूखा ना रहूँ, साधु न भूखा जाय

बुरा जो देखन मैं चला, बुरा ना मिला कोय
जो घट खोजा अपना, मुझसे बुरा ना कोय

लाली मेरे लाल की, जित देखों तित लाल
लाली देखन मैं गयी, मैं भी हो गयी लाल

दुर्बल को ना सताइये, जाकी मोटी हाय
बिना जीव की साँस से, लोह भस्म हो जाय

कबीर आप ठगाइये, और न ठगिए कोय
आप ठगा सुख होत है, और ठगे दुख होय

निंदक निकटै राखिये, आँगन कुटी छवाय
बिनु पानी बिनु साबुन, निर्मल करै सुवाय

दुख में सुमिरन सब करैं, सुख में करै न को
जो सुख में सुमिरन करैं, तो दुख काहे को होय

बोली तो अनमोल है, जो कोई जानै बोल
हिये तराजू तोल के, तब मुख बाहर खोल

राम झरोखे बैठ के, सब का मुजरा लेय
जैसी जाकी चाकरी, तैसी मुनसब देय

वृक्ष कबहूँ नहिं फल भखै, नदी न संचे नीर
परमारथ के कारने, साधुन धर्‍यो सरीर

यह तो घर है प्रेम का, खाला का घर नाँहि
सीस उतार भुईं धरै, तब पैठे घर माँहि

प्रेम न बाड़ी उपजे, प्रेम न हाट बिकाय
राजा प्रजा जो रुचैं, सीस देई ले जाय

बूँद समानी समुद्र में, यह जानै सब कोय
समुद्र समाना बूँद में, बूझै बिरला कोय

माँगन मरन समान है, मत कोई माँगो भीख
माँगन तैं मरना भला, यह सतगुरु की सीख

पंडित और मसालची, दोनों सूझै नाँहि
औरन को कर चाँदना, आप अँधेरे माँहि

चलती चक्की देखि के, दिया कबीरा रोय
दो पाटन के बीच में, साबुत बचा न कोय

हद चले सो मानवा, बेहद चले सो साध
हद बेहद दोऊ तजे, ताका मता अगाध

देह धरे को दंड है, सब काहू को होय
ज्ञानी भुगते ज्ञान करि, मूरख भुगते रोय

साईं मेरा बानिया, सहज करै व्यापार
बिन डांडी बिन पलड़ैं, तोलै सब संसार

काल करै सो आज कर, आज करै सो अब
पल में परलै होयगी, बहुरि करेगा कब

कबिरा सोई पीर है, जो जानै पर पीर
जो पर पीर न जानिहैं, सो काफिर बेपीर

ऐसी बानी बोलिये, मन का आपा खोय
औरन को सीतल करै, आपुहिं सीतल होय

सिंहों के लेहंडा नहीं, हंसन की नहीं पाँति
लालन के नहीं बोरियाँ, साधु न चले जमाति

जाति न पूछो साध की, जो पूछो तो ज्ञान
मोल करो तलवार का, पड़ा रहन दे म्यांन

चाह गयी चिंता मिटी, मनवा बेपरवाह
तिनको कछू ना चाहिए, सो साहन पतिसाह

संत न छाड़ै संतई, जे कोटिक मिलै असंत
चंदन भुवंगा बैठिया, तउ सीतलता न तजंत

समंदर लागी आगि, नदियाँ जलि कोइला भई
देखि कबीर जागि, मंछी रूषा चढ़ि गयी

सरपहिं दूध पिलाइये, दूधैं विष है जाइ
ऐसा कोई ना मिले, स्यूं सरपैं विष खाइ

आगि जो लगी संसार, झरि झरि गिरे अंगार
संत न होते जगत में, जल मरता संसार

सतगुरु बपुरा क्या करै, जे सिषही माँहै चूक
भावै त्यौं परमोधिए, ज्यूं बंसि बजाई फूक

कबीर बादल प्रेम का, हम परि बरस्या आइ
अंतरि भीगी आतमाँ, हरी भई बनराइ

कबीर प्रेम न चाषिया, चषि न लीया साव
सूने घर का पाहुनाँ, ज्यूँ आया त्यूँ जाव

हँसि हँसि कंत न पाइए, जिनि पाया तिनि रोइ
जो हाँसेही हरि मिलै, तौ नहीं दुहागनि कोइ

नैन हमारे बावरे, छिन छिन लोरैं तुज्झ
नाँ तूँ मिलै न मैं सुखी, ऐसी वेदन मुज्झ

सुखिया सब संसार है, खायैं अरु सोवै
दुखिया दास कबीर है, जागै अरु रोवै

पिंजर प्रेम प्रकासिया, अंतरि भया उजास
मुखि कस्तूरी महमहीं, बानी फूटी बास

सुरति समानी निरति मैं, अजपा माँहै जाप
लेख समानां अलेख मैं, यौं आपा माँहै आप

अंक भरे भरि भेटिया, मन नहिं बाँधै धीर
कहै कबीर वह क्यौं मिलैं, जब लगि दोइ सरीर

सचु पाया सुख ऊपजा, दिलदरिया भरपूरि
सकल पाप सहजैं गये, साँईं मिला हजूरि

जब मैं था तब हरि नहीं, अब हरि हैं मैं नाँहि
प्रेम गली अति साँकरी, या में दो न समाँहि

कबीर कुत्ता राम का, मोतिया मेरा नाउँ
गले राम की जेवड़ी, जित खैंचे तित जाउँ

तो तो करै त बाहुड़ों, दुर दुर करै तौ जाउँ
ज्यौं हरि राखै त्यौं रहौं, जो देवै सो खाउँ

कबीर हद के जीव सौं, हित करि मुखाँ न बोलि
जे राचे बेहद्द सौं, तिन सौं अंतर खोलि

कबीर केवल राम कह, सुद्ध गरीबी झालि
कूर बड़ाई बूड़सी, भारी पड़सी कालि

कबीर नाव जरजरी, कूड़े खेवनहार
हलके हलके तिरि गए, बूड़े जिन सिर भार

पारोसी सो रूठना, तिल तिल सुख की हानि
पंडित भया सरावगी, पानी पीवै छानि

कबीर इस संसार कौं, समझाऊँ कै बार
पूँछ जु पकड़ैं भेड़ की, उतरा चाहै पार

कथनी कथी तो क्या भया, जौ करनीं नाँ ठहराइ
कालबूत के कोट ज्यौं, देखत ही ढहि जाय

कबीर पढ़िबा दूरि करि, आथि पड़ा संसार
पीर न उपजी प्रीति सूँ, तौ क्यूँ करि करै पुकार

पोथी पढ़ि पढ़ि जग मुवा, पंडित भया न कोइ
एकै आखर पीव का, पढ़ै सो पंडित होइ

परनारी कौं राचनौं, जस लहसुन की खानि
कोने बैठे खाइए, परगट होइ निदानि

नाना भोजन स्वाद सुख, नारी सेती रंग
बेगि छाँड़ि पछतायगा, ह्वैहै मूरति भंग

ग्याँनी मूल गँवाइया, आपै भये करता
तातैं संसारी भला, मन में रहै डरता

मन मथुरा दिल द्वारिका, काया कासी जांनि
दस द्वारे का देहरा, तामें जोति पिछांनि

केसन कहा बिगारिया, जे मूड़े सौ बार
मन कौं काहे न मूड़िए, जामैं विषै विकार

तन कौं जोगी सब करै, मन कौं बिरला कोइ
सब सिधि सहजै पाइए, जे मन जोगी होइ

ऊँचे कुल क्या जनमियाँ, जं करनी ऊँच न होइ
सुबरन कलस सुरा भरा, साधू निन्द्या सोइ

संत न छाड़ै संतई, जे कोटिक मिलैं असंत
चंदन भुवंगम बेढ़िया, तउ सीतलता न तजंत

सब घटि मेरा साँइयाँ, सूनी सेज न कोय
भाग तिन्हौं का हे सखी, जिहि घटि परगट होइ

जिहि घरि साधु न पूजिए, हरि की सेवा नाँहि
ते घट मरहट सारिखे, भूत बसैं ता माँहि

हिंदू मुये राँम कहि, मूसलमान खुदाइ
कहै कबीर सौ जीवता, दुइ मैं कदे न जाइ

दुखिया मूवा दुख कौं, सुखिया सुख कौं झूरि
सदा अनंदी राँम के, जिनि सुख-दुख मेल्है दूरि

ऐसी बानी बोलिए, मन का आपा खोइ
अपना तन सीतल करै, औरन कौं सुख होइ

संत न बाँधै गाठरी, पेट समाता होइ
आगैं पाछैं हरि खड़ा, जो माँगैं सो देइ

माँगन मरन समान है, बिरला बंचै कोइ
कहै कबीरा रांम सौं, मति रे मँगावै मोहि

गावन ही मैं रोवना, रोवन ही मैं राग
इक बैरागी ग्रिह करै, एक ग्रिही बैराग

जाता है सो जान दे, तेरी दसा न जाइ
खेवटिया की नाव ज्यों, घनें मिलैंगे आइ

साँई मेरा बानियाँ, सहजि करै व्यौपार
बिन डाँड़ी बिन पालरै, तौलै सब संसार

खूँदन तौ धरती सहै, बाढ़ सहै बनराइ
कुसबद तौ हरिजन सहै, दूजै सह्या न जाइ

रोड़ा ह्वै रहु बाट का, तजि पाषँड अभिमान
ऐसा जे जन ह्वै रहै, ताहि मिलै भगवान

कबिरा तहाँ न जाइये, जहाँ कपट का हेत
जालूँ कली कनीर की, तन राता मन सेत

ऐसा कोई ना मिलै, जासौं रहिये लागि
सब जग जरता देखिया, अपनीं अपनीं आगि

ऐसा कोइ ना मिलै, जासों कहूँ निसंक
जासों हिरदा की कहूँ, सो फिरि माँड़ै कंक

सारा सूरा बहु मिलैं, घायल मिला न कोइ
घायल कौं घायल मिलै, तौ राम भगति दिढ़ होइ

प्रेमी ढूँढ़त मैं फिरौं, प्रेमी मिलै न कोइ
प्रेमी कौं प्रेमी मिलै, तौ सब विष अमृत होइ

हम घर जारा आपनां, लिया मुराड़ा हाथि
अब घर जालौं तास का, जे चलै हमारे साथि

कमोदनी जलहरि बसै, चंदा बसै अकास
जो जाही का भावता, सो ताही कै पास

जो है जाका भावता, जदि तदि मिलिहै आइ
जाकौं तन मन सौंपिया, सो कबहूँ छाँड़ि न जाइ

खेत न छाड़ै सूरिवाँ, जूझै दोउ दल माँहि
आसा जीवन मरन की, मन मैं आनै नाँहि

कबीर यहु घर प्रेम का, खाला का घर नाँहि
सीस उतारै हाथ सौं, तब पैसै घर माँहि

प्रेम न बारी ऊपजै, प्रेम न हाटि बिकाइ
राजा परजा जेहि रुचै, सीस देइ लै जाइ

सीस काटि पासंग किया, जीव सरभरि लीन्ह
जिहि भावै सो आइ ले, प्रेम हाट हँम कीन्ह

कबीर घोड़ा प्रेम का, चेतन चढ़ि असवार
ग्याँन खड़ग गहि काल सिर, भली मचाई मार

टूटै बरत अकास तैं, कौन सकत है झेल
साधु सती अरु सूर का, आंनी ऊपर खेल

कबीर हरि सब कौं भजै, हरि कौं भजै न कोइ
जब लगि आस सरीर की, तब लगि दास न होइ

आज कहै हरि काल्हि भजौंगा, काल्हि कहै फिरि काल्हि
आजुहि काल्हि करंत रे, औसर जासी चालि

विष के बन मैं घर किया, सरप रहे लपटाइ
तातैं जियरै डर गह्या, जागत रैनि बिहाइ

सपने मैं सांई मिला, सोवत लिया जगाइ
आँखि न मीचौं डरपता, मत सपना ह्वै जाइ

इस मन कौं मैदा करौ, नान्हाँ करि करि पीस
तब सुख पावै सुंदरी, ब्रह्म झलक्कै सीस

ज्यौं नैनन मैं पूतली, त्यौं खालिक घट माँहि
मूरख नर जानैं नहीं, बाहर ढूँढ़न जाँहि

दोष पराया देखि कै, चला हसंत हसंत
अपनै च्यंति न आवई, जिनकी आदि न अंत

निंदक नियरे राखिए, आँगनि कुटी बँधाइ
बिन साबुन पानी बिना, निरमल करै सुभाइ

जानै हरिअर रूखड़ा, उस पानीं का नेह
सूखा काठ न जांनई, कबहूँ बूठा मेह

कबीर हरि रस बरषिया, गिरि डूँगर सिषराँह
नीर मिवाणाँ ठाहरै, नाँ कछु छापरडाँह

कहै कबीर कठोर कै, सबद न लागै सार
सुधबुध कै हिरदै भिदै, उपज विवेक विचार

जालौं इहै बड़ापना, सरलै पेड़ खजूरि
पंथी छाँह न वीसवै, फल लागैं ते दूरि

मेरा मन जयों तुज्झ सों, यौं जे तेरा होइ
ताता लोहा यौं मिलै, संधि लखै नहिं कोइ

जे काटौं तौ डहडही, सींचौं तौ कुम्हिलाइ
इस गुनवंती बेलि का, कछु गुन कहा न जाइ

सिद्ध भया तौ क्या भया, चहुँदिसि फूटी बास
अजहुँ बीज अंकूर है, फिर ऊगन की आस

कबीर साथी सोइ किया, दुख सुख जाहि न कोइ
हिलि मिलि कै संग खेलिहूँ, कदे बिछोह न होइ

साखी

संतो देखत जग बौराना।
साँच कहौं तो मारन धावै, झूठे जग पतियाना।
नेमी देखा धरमी देखा, प्रात करै असनाना ॥
आतम मारि पखानहिं पूजै, उनमें किछउन ग्यांना।
बहुतक देखा पीर औलिया, पढ़ै कितेब कुराना।
कै मुरीद ततबीर बतावै, उनऊँ में उहै ग्यांना ॥
आसन मारि डिंभ धरि बैठे, मन में बहुत गुमाना।
पीतर पाधर पूजन लागै, तीरथ गरभ भुलाना।
माला पहिरे टोपी पहिरे, छाप तिलक अनुमाना ॥
साखी सबदै गावत भूलै, आतम खबरि न जाना।
हिंदू कहै मोहि राम पियारा, तुरक कहै रहिमाना।
आपुस में दोऊ लड़ लड़ मुये, मरम न काहु जाना।
घर-घर मंतर देत फिरतु हैं, महिमा के अभिमाना।
गुरु सहित सिख सब बूडे, अंत काल पछिताना।
कहहिं कबीर सुनो हो संतो, ई सब भरम भुलाना।
केतिक कहौं कहा नहिं माना, सहजै सहज समाना ॥

●

संतो राह दूनौ हम दीठा।
हिंदू तुरक हटा नहिं मानै, स्वाद सभन के मीठा।
हिंदू बरत एकादसि साधै, दूध सिंघारा सेती।
अन्न को त्यागैं मन को न हटकैं, मारन करैं सगौती।
तुरक रोजा निवाज गुजारैं, बिसमिल बांग पुकारै।
इनको भिस्त कहाँ से होवै, जो साँझै मुरगी मारै।
हिंदू की दया मेहर तुरकन की, दूनों घट से त्यागी।
ई हलाल वै झटका मारैं, आग दूनों घर लागी।
हिंदू तुरक की एक राह है, सतगुरु सोई लखाई।
कहहिं कबीर नो हो संतों, राम न कहूँ खुदाई ॥

•

माया महा ठगिनि हम जानी।
तिरगुन फाँस लिये कर डोलै, बोलै मधुरी बानी।
केसव के कँवला हवै बैठी, सिव के भौन भवानी।
पंडा के मूरति होय बैठी, तीरथ हूँ में पानी।
जोगी के जोगिनि होय बैठी, राजा के घर रानी।
काहू के हीरा होय बैठी, काहू के कौड़ी कानी।
भगता के भगिन होय बैठी, ब्रह्मा के ब्रह्मानी।
कहैं कबीर सुनो हो संतो, ई सभ अकथ कहानी।

•

इस गगन गुफा में अजर झरे
बिन बाजा झनकार उठे जहँ, समुझि परै जब ध्यान धरे।
बिना ताल जहाँ कँवल फुलाने, तेहि चढ़ि हंसा केलि करे।
बिना चंदा उजियारी दरसे, जहाँ तहाँ हंसा नजर परे।
दसवे द्वारे तारी लागी अलख पुरुष जाको ध्यान धरे।
काल कराल निकट नहिं आवै, काम क्रोध मद लोभ जरै।
जुगन जुगन की तृष्णा बुझानी, कर्म भर्म अद्य व्याधि जरे।
कहत कबीर सुनो भाई साधा, अमर होय कबहुँ न मरे।

•

मेरा तेरा मनुवाँ कहु कैसे एक होय रे।
मैं कहता हूँ आँखिन देखी, तू कहता है कागद लेखी।
मैं कहता सुरुझावन हारी, तू राखे अरुझाय रे।
मैं कहता हूँ जागत रहियौ, तू रहता है सोय रे।
मैं कहता निर्मोही रहियौ, तू जाता है भोय रे।
युगन युगन समुझावत हारा, कही न मानै कोय रे।
तू तो रंडी फिरै बिहंडी, सब धन डारा खोय रे।
सतगुरु धारा निर्मल वाहै, वा में काया धोय रे।
कहत कबीर सुनो भाई साधो, तबही वैसा होय रे।

•

झीनी झीनी बीनी चदरिया।
काहे कै ताना काहै कै भरनी, कौन तार से बीनी चदरिया।
इंगला पिंगला ताना भरनी, सुषमन तार से बीनी चदरिया।

अष्ठ कँवल दल चरखा डोलै, पाँच तत गुन तीनी चदरिया।
सांई को सीयत मास दस लागै, ठोक ठोक कै बीनी चदरिया।
सो चादर सुर नर मुनि ओढ़े ओढ़ि कै मैली कीनी चदरिया।
दास कबीर जतन से ओढ़ी, ज्यों की त्यों धर दीनी चदरिया।

•

साधो यह मुरदों का गाँव।
पीर मरै पैगंबर मर गये, मर गये जिंदा जोगी।
राजा मर गये परजा मर गये, मर गये वैद्य औ' रोगी
चंदा मरिहैं सुरजो मरहिं, मरिहैं धरनी अकासा।
चौदह भुवन कै चौधरी मरिहैं, इनहूँ की क्या आसा।
नव भी मर गये दस भी मर गये, मर गये सहस अठासी।
तैंतीस कोटि देवता मर गये, पड़ी काल की फाँसी।
नाम अनाम रहत है नित ही, दूजा तत्त्व न होई।
कहत कबीर सुनो भाई साधो, भटक मरो मत कोई।

•

तोको पीव मिलेंगे, घूँघट के पट खोल रे।
घट घट में वह सांई रमता, कटुक बचन मत बोल रे।
धन जोबन के गर्व न कीजै, झूठा पंचरंग चोल रे।
सून्य महल में दिवला बारि ले, आसा से मत डोल रे।
जोग जुग्ति से रंग महल में, पिय पायो अनमोल रे।
कहत कबीर भयो है, बाजत अनहद ढोल रे।

•

दुलहनि गावहु मंगलचर
हम घरि आये जो राजा राम भरतार-टेक
तन रत करि मैं मन रत करिहूँ पंच तत्त बराती
रांमदेव मोरैं पाहुनैं आये मैं जोबन मैंमाती।
सरीर सरोवर बेदी करिहूँ ब्रह्मा वेद उचारा।
रामदेव सँगे भांवरी लैहूँ धन धन भाग हमार।
सुर तेतीसूं कौतिग आये मुनि सहस अठयासी।
कहैं कबीर हम ब्याहि चले हैं पुरिष एक अविनासी।

•

जस मांसु पसु की तस मांसु नर की, रिधुर रिधुर एक सारा जी।
पसु के मांस भखै सभ कोई, नरहिं न भखै सियारा जी।

ब्रह्म कुलाल मेदिनी भरया, उपजि बिनसि कितगइया जी।
मांसु मछरिया तै पै खइया, जैंव खेतन मों बोइया जी
माटी के करि देवी देवा, काटि काटि जिऊ देइया जी।
जो तोहरा है साँचा देवा, खेत चरत क्यों न लेइया जी।
कहैं कबीर सुनो हो संतो, राम नाम नित लेइया जी।
जो कछु कियेउ जिभ्या के स्वारथ, बदल पराये देइया जी।

●

सबद

अकथ कहानी प्रेम की, कछु कही न जाई।
गूँगे केरि सरकरा, बैठे-बैठे मुसुकाई ॥ टेक ॥
भूमि बिना अरु बीज बिन, तरवर एक भाई।
अनँत फल प्रकासिया, गुर दीया बताई ॥
मन थिर बैसि बिचारिया, रामहि लौ लाई।
झूठी अनभै बिस्तरी, सब थोथी बाई ॥
कहै कबीर सकति कछु नाँही, गुरु भया सहाई।
आँवन जाँनी मिटि गई, मन मनहि समाई ॥

●

अपनो करम न मेटो जाई।
करमक लिखल मिटै धौं कैसे, जो जुग कोटि सिराई ॥
गुरु वसिष्ठ मिलि लगन सुधायो, सुरज मंत्र एक दीन्हा।
जो सीता रघुनाथ विवाही, पल एक संच न कीन्हा ॥
तीनि लोक के करता कहिए, बालि बधो बरियाई।

●

एक समै ऐसी बनि आई, उनहूँ औसर पाई ॥
नारद मुनि को बदन छिपायो, कीन्हो कपि को रूपा।
सिसुपाल की भुजा उपारिन, आपु भए हरि ठूंठा ॥
पारबती को बाँझ न कहिए, ईस न कहिए भिखारी।
कहैं कबीर करता की बातें, करम की बात निनारी ॥

●

अल्लह राम जिऊँ तेरै नाईं।
बंदै ऊपरि मिहरि करौ मेरे साईं ॥ टेक ॥
क्या लै मूड़ी भुइं सौं मारें, क्या जल देह न्हवाएँ।

खून करै मिसकीन कहावै, अवगुन रहै छिपाएँ।
क्या ऊजू जप मंजन कीए, क्या मसीति सिरुनाएं।
दिल महिं कपट निवाज गुजारै, क्या हज काबै जाएं।
बाह्मन ग्यारसि करै चौबीसौं, काजी मांह रमजांना।
ग्यारह मास कहौ क्यूँ खाली, एकहि मांहि नियांना।
जौ रे खुदाइ मसीति बसतु है, और मुलुक किस केरा।
तीरथि मूरति रांम निवासी, दुहु महिं किनहु न हेरा।
पूरब दिसा हरी का बासा, पच्छिमि अलह मुकांमा।
दिल महिं खोजि, दिलै दिलि खोजहु, इहंई रहीमां रामां।
जेते औरति मरद उपानें, सो सभ रूप तुम्हारा।
कबीर पुंगरा अलह राम का, सोइ गुर पीर हमारा ॥

•

अवधू ऐसा ग्यांन बिचारी।
तातैं भई पुरिख तैं नारी ॥ टेक ॥
नां हूँ परनीं नां हूँ क्वांरी, पूत जनमांवनहारी।
कारे मूंड कौ एक न छांड्यौ, अजहूँ अकन कुंवारी।
बांह्मन कै घरि बांह्मनि होती, जोगी कै घरि चेली।
कलमां पढ़ि पढ़ि भई तुरकिनी, अजहूँ फिरौं अकेली।
पीहर जाउँ न रहूँ सासुरै, पुरखहिं संग न लाऊँ।
कहै कबीर मैं जुग जुग जीऊँ, अंगहि अंग न छुवाऊँ ॥

•

अवधू मेरा मन मतिवारा।
उनमनि चढ़ा मगन रस पीवै, त्रिभुवन भया उजिआरा ॥
गुड़ करि ग्यांन ध्यांन कर महुवा, भव भाठी करि भारा।
सुषमन नारी सहजि समाँनी, पीवै पीवनहारा ॥
दोइ पुड़ जोरि चिगाई भाठी, चुआ महारस भारी।
काम क्रोध दोइ किया बलीता, छूटि गई संसारी ॥
सुंनि मंडल मैं मँदला बाजै, तहां मेरा मन नाचै।
गुर प्रसादि अमृत फल पाया, सहजि सुषमनां काछै ॥
पूरा मिला तबै सुख उपज्यौ, तन की तपति बुझानी।
कहै कबीर भव बंधन छूटै, जोतिहि जोति समानी ॥

•

ऐसा भेद बिगूचनि भारी।
वेद कतेव दीन अरु दुनियां, कौन पुरिख कौन नारी ॥ टेक ॥
एक रुधिर एकै मल मूतर, एक चांम एक गूदा।
एक बूँद तैं सृष्टि रची है, कौन बांह्मन कौन सूदा।
माटी का पिंड सहज उतपनां, नाद अरु बिंद समांनां।
बिनसि गया तैं का नांव धरिहौ, पढ़ि गुनि मरम न जांना।
रज गुन ब्रह्मां तम गुन संकर, सत गुन हरि है सोई।
कहै कबीर एक रामं जपहु रे, हिंदू तुरुक न कोई ॥

•

ऐसे लोगन सौं का कहिए।
जे नर भए भगति तैं न्यारै, तिनतैं सदा डरानै रहिए ॥ टेक ॥
हरि जस सुनहिं न हरि गुन गावहिं, बातन ही असमान गिरावहिं।
हिंदू तुरुक कहाँ तैं आए, किन एह राह चलाई।
दिल महि खोजि देखि खोजा दे, भिस्ति कहाँ तैं आई ॥
छांड़ि कतेब राम भजु बउरे, जुलुम करत है भारी।
कबीर पकरी टेक राम की, तुरुक रहे पचि हारी ॥

•

का नांगे का बाँधें चाँम।
जौ नहिं चीन्हसि आतमरांम ॥ टेक ॥
नांगे फिरें जोग जौ होई, बन का मिरिग मुकुति गया कोई।
मूंड मुडाएँ जौ सिधि होई, सरगहि भेंड़ न पहुँची कोई ॥
बिंदु राखि जौ तरिऐ भाई, तौ खुसरै क्यूँ न परम गति पाई।
कहै कबीर सुनौं रे भाई, रांम नांम बिनु किन सिधि पाई ॥

•

जारौं मैं या जग की चतुराई।
रांम भजन नहिं करत बावरे, जिनि यहु जुगुति बनायी ॥ टेक ॥
माया जोरि जोरि करै इकठी, हंम खैहैं लरिका ब्यौसाई।
सो धन चोर मूसि लै जावै, रहा सहा लै जाइ जंवाई ॥
यह माया जैसे कलवारिनि, मद पियाइ राखै बौराई।
एक तौ पड़े धरनि पर लोटैं, एक कहैं चोखी दे माई ॥
यां माया सुर नर मुनि डंहके, पीर पयंबर कौं धरि खाई।
जे जन रहैं राम कै सरनैं, हाथ मलै तिनकौं पछिताई ॥

कहै कबीर सुनौ भाई साधौ, लै फाँसी हमहूँ पे आई।
गुर परताप साध की संगति, हरि भजि चल्यौ निसांन बजाई ॥

•

जौ पै करता बरन बिचारै।
तौ जनतैं तीनि डांडि किन सारै ॥ टेक ॥
जे तूं बाभन बभनीं जाया, तौ आंन बाट होइ काहे न आया।
जे तूं तुरुक तुरुकिनी जाया, तौ भीतरि खतनां क्यूं न कराया।
कहै कबीर मद्धिम नहिं कोई, सो मद्धिम जा मुखि रांम न होई॥

•

झूठा लोग कहैं घर मेरा।
जा घर मांही भूला डोलै, सो घर नाहीं तेरा ॥ टेक ॥
हाथी, घोड़ा, बैल बाहनों, संग्रह किया घनेरा।
बस्ती माँहि तै दियौ खदेरा, जंगल किएहु बसेरा ॥
घर कौं खरच खबर नहिं पठयौ, बहुरि न कीन्हौं फेरा।
बीबी बाहर हरम महल मैं, बीच मियां का डेरा ॥
नौ मन सूत अरुझि नहिं सुरझै, जनमि जनमि उरझेरा।
कहै कबीर एक रांम भजहु, ज्यौं सहज होइ सुरझेरा ॥

•

तन धरि सुखिया कोइ न देखा जो देखा सो दुखिया हो।
उदै अस्त की बात कहतु हौ, सबका किया विवेका हो ॥ टेक ॥
घाटे बाटै सब जग दुखिया, क्या गिरही बैरागी हो।
सुकदेव अचारज दुःख के कारनि, गरभ सौं माया त्यागी हो ॥
जोगी दुखिया जंगम दुखिया, तपसी को दुःख दूनां हो।
आसा त्रिसनां सब कौं ब्यापै, कोई महल न सूनां हो ॥
साँच कहौं तौ कोई न मानै, झूठ कहा नहिं जाई हो।
ब्रह्मां बिस्नु महेसर दुखिया, जिन यहु राह चलाई हो ॥
अवधू दुखिया भूपति दुखिया, रंक दुखी बिपरीती हो।
कहै कबीर सकल जग दुखिया, संत सुखी मन जीती हो ॥

•

तेरा जनु एक आध है कोई।
काम क्रोध लोभ मोह विवरजित, हरि पद चीन्है सोई ॥ टेक ॥

असतुति निंदा दोउ विवरजित, तजहि मानु अभिमांनां।
लोहा कंचन सम करि जानहिं, ते मूरति भगवांनां ॥
रज गुन तम गुन सत गुन कहियै, यह सभ तेरी माया।
चउथै पद कौं जो जन चीन्हैं, तिनहिं परमपदु पाया ॥
चिंतै तौ माधव चिंतामनि, हरिपद रमैं उदासा ॥
चिंता अरु अभिमान रहित है, कहै कबीर सो दासा ॥

•

दुलहिनीं गावहु मंगलचार।
हम घरि आए राजा राम भरतार ॥
तन रत करि मैं मन रति करिहौं पाँचउ तत्त बराती।
रांम देव मोरै पाहुनै आए मैं जीवन मैंमाती ॥
सरीर सरोवर बेदी करिहौं ब्रह्मा बेद उचारा।
रांम देव संगि भांवरि लेइहौं धंनि धंनि भाग हमारा ॥
सुर तैंतीसों कोटिक आए मुनिवर सहस अठासी।
कहै कबीर हंम ब्याहि चले हैं पुरिख एक अबिनांसी ॥

•

पंडित बाद बदै सो झूठा।
रांम कहें दुनिया गति पावै खांड़ कहें मुख मीठा ॥ टेक ॥
पावक कहें पांव जे दाझै जल कहें त्रिखा बुझाई।
भोजन कहें भूख जे भाजै तो सब कोई तिरि जाई ॥
नर कै संगि सुवा हरि बोलै हरि परताप न जानैं।
जौ कबहूँ उड़ि जाइ जंगल मैं बहुरि सुरति नहिं आंनैं ॥
बिनु देखें बिनु अरस परस बिनु नांम लिए का होई।
धन के कहें धनिक जौ होई तौ निरधन रहै न कोई ॥
सांची प्रीति बिखै माया सौं हरि भगतन सौं हांसी।
कहै कबीर प्रेम नहिं उपजै तौ बाँधे जमपुर जासी ॥

•

पाँड़े बूझि पियहु तुम पानी।
जेहि मटिया के घर मँह बैठै, तामे सृष्टि समानी।
छपन कोटि जादव जँहं भीजे, मुनि जन सहस अठासी।
पैग पैग पैगंबर गाड़े, सो सब सरि भो माटी।
तेहि मटिया के भाँड़े पाड़े, बूझि पियहु तुम पानी।
मच्छ कच्छ घरियार बियाने, रुधिर नीर जल भरिया।

नदिया नीर नरक बहि आवै, पसु मानुष सब सरिया।
हाड़ झरी झरि गूद गलीगल, दूध कहाँ ते आया।
सो लै पाँडे जेंवन बैठे, मटियहि छूति लगायां।
बेद कितेब छाँडि देहु पांड़े, ई सब मन के भर्मा।
कहैं कबीर सुनो हो पांड़े, ई सब तुम्हरे कर्मा ॥

●

बाबू ऐसा है संसार तिहारो, ई है कलि ब्यौहारो।
को अब अनख सहै प्रतिदिन को, नाहिन रहनि हमारो ॥
सुम्रिति सुहाय सबै कोइ जानै, हृदया तत्त्व न बूझै।
निरजिव आगे सरजिव थापै, लोचन कछू न सूझै ॥
तजि अमृत बिख काहे को अँचवैं, गाँठी बाँधिन खोटा।
चोरन दीन्हा पाट सिंहासन, साहुन से भयो ओटा ॥
कहैं कबीर झूठे मिलि झूठा, ठगही ठग ब्यौहारा।
तीनि लोक भरपूर रहो है, नाहिन है पतियारा ॥

●

बालम आउ हमांरै गेह रे।
तुम्ह बिन दुखिया देह रे ॥ टेक ॥
सब कोइ कहै तुम्हारी नारी मोकौं यह अंदेह रे।
एकमेक ह्वै सेज न सोवै तब लगि कैसा नेह रे ॥
अन्न न भावै नींद न आवै ग्रिह बन धरै न धीर रे।
ज्यौं कामीं कौ कांमिनि प्यारी ज्यौं प्यासे कौ नीर रे॥
है कोई ऐसा पर उपगारी हरि सौं कहै सुनाइ रे।
अब तौ बेहाल कबीर भए हैं बिनु देखें जिउ जाइ रे॥

●

मन बानियाँ बाँनि न छोड़ै।
जाकै घर मैं कुबुधि बनांनीं पल-पल मैं चित चोरै ॥ टेक ॥
जनम जनम कौ मारा बनियाँ अजहूँ पूर न तोलै।
कूर कपट की पासंग डारै फूला फूला डोलै।
पाँच कुटुंबी महा हरांमीं अम्रित मैं बिख घोलै।
कहैं कबीर सुनौ भाई साधौ कुटिल गांठि नां खोलै ॥

●

माया महा ठगिनि हम जानीं।
तिरगुन फांसि लिए कर डोलै, बोलै मधुरी बानी ॥ टेक ॥

केसव कै कंवला होइ बैठी, सिब के भवन भवांनीं।
पंडा कै मूरति होइ बैठी, तीरथ हू मैं पांनी ॥
जोगी कै जोगिनि होइ बैठी, राजा कै घरि रांनीं।
काहू कै जोगिनि होइ बैठी, काहू कै कौड़ी कॉंनीं ॥
भगतां कै भगतिनि होइ बैठी, तुरकां कै तुरकांनीं।
दास कबीर साहब का बंदा, जाकै हाथ बिकांनीं ॥

•

लोग बोलैं दूरि गए कबीर, या मति कोइ कोइ जानै धीर।
दसरथ सुत तिहुँ लोकहिं जाना, राम नाम का मरम है आना ॥
जेहि जिव जानि परा जस लेखा, रजु को कहे उरग सम पेखा।
जद्यपि फल उत्तम गुन जाना, हरि छोड़ि मन मुक्ति अनुमाना।
हरि अधार जस मीनहि नीरा, और जतन कछु कहै कबीरा ॥

•

लोगा तुम हौ मति के भोरा।
जउ कासी तनु तजहि कबीरा तौ रामहिं कौन निहोरा ॥
जो जन भाउ भगति कछु जांनैं ताकौं अचरजु काहो।
जैसे जल जलही ढुरि मिलियौ त्यौं ढुरि मिल्यौ जुलाहो ॥
कहै कबीर सुनहु रे लोई भरमि न भूलहु कोई।
क्या कासी क्या मगहर ऊसर हिृदै राम जौ होई ॥

•

संतो अचरज एक भौ भारी, कहौं तो को पतियाई।
एकै पुरुष एक है नारी, ताकर करहु बिचारा।
एकै अंड सकल चौरासी, भर्म भुला संसारा ॥
एकै नारी जाल पसारा, जग महँ भया अंदेसा।
खोजत खोजत अंत न पाया, ब्रह्मा बिष्नु महेसा ॥
नाग फांस लीये घट भीतर, मूसिन सब जग झारी।
ग्यान खडग बिनु सब जग जूझै, पकरि न काहू पाई ॥
आपुहि मूल फूल फुलवारी, आपुहि चुनि चुनि खाई।
कहहिं कबीर तेई जन उबरे, जेहि गुरु लिया जगाई ॥

•

संतो घर में झगरा भारी।
राति दिवस मिलि उठि उठि लागै, पाँच ढोटा एक नारी ॥ टेक ॥

न्यारो न्यारो भोजन चाहैं, पाँचौ अधिक सवादी।
कोई काहु को हटा न मानै, आपुहि आप मुरादी ॥
दुर्मति केर दोहागिनि भेटै, ढोटहि चाँप चपेरे।
कहै कबीर सोई जन मेरा, जो घर की रारि निबेरे ॥

•

संतो देखत जग बौराना।
साँच कहौं तो मारन धावै, झूठे जग पतियाना ॥ टेक ॥
नेमी देखा धरमी देखा, प्रात करै असनाना।
आतम मारि पखान्नहि पूजै, उनमें कछु नहिं ज्ञाना ॥
बहुतक देखा पीर औलिया, पढ़ै कितेब कुराना।
कै मुरीद तदबीर बतावैं, उनमें उहै जो ज्ञाना ॥
आसन मारि डिंभ धरि बैठे, मन में बहुत गुमाना।
पीतर पाथर पूजन लागे, तीरथ गर्व भुलाना ॥
टोपी पहिरे माला पहिरे, छाप तिलक अनुमाना।
साखी सब्दहि गावत भूले, आतम खबरि न जाना ॥
हिंदू कहै मोहि राम पियारा, तुर्क कहै रहिमाना।
आपस में दोउ लरि लरि मूए, मर्म न काहू जाना ॥
घर घर मंतर देत फिरत हैं, महिमा के अभिमाना।
गुरु के सहित सिख्य सब बूड़े, अंत काल पछिताना ॥
कहै कबीर सुनो हो संतो, ई सब भर्म भुलाना।
केतिक कहौं कहा नहिं मानै, सहजै सहज समाना ॥

•

संतौ भाई आई ग्यांन की आँधी रे।
भ्रम की टाटी सभै उड़ांनी माया रहै न बाँधी रे ॥ टेक ॥
दुचिते की दोइ थूँनि गिरांनी मोह बलेंडा टूटा।
त्रिसनां छांनि परी घर ऊपरि दुरमति भांडा फूटा ॥
आंधी पाछै जो जल बरसै तिहिं तेरा जन भींनां।
कहै कबीर मनि भया प्रगासा उदै भानु जब चीनां ॥

•

संतो राह दुनौ हम दीठा।
हिंदू तुरुक हटा नहिं मानैं, स्वाद सबनि को मीठा ॥
हिंदू बरत एकादसि साधैं, दूध सिंघारा सेती।
अन को त्यागैं मन नहिं हटकैं, पारन करैं सगोती ॥

तुरुक रोजा निमाज गुजारैं, बिसमिल बाँग पुकारैं।
इनको भिस्त कहाँ ते होइहै, जो साँझै मुरगी मारैं ॥
हिंदू कि दया मेहर तुरकन की, दूनो घट से त्यागी।
वै हलाल वै झटका मारैं, आगि दुनौ घर लागी ॥
हिंदू तुरुक की एक राह है, सतगुरु इहै लखाई।
कहहिं कबीर सुनहु हो संतो, राम न कहेउ खुदाई ॥

●

हम न मरैं मरिहै संसारा।
हमकौ मिला जिआवनहारा ॥ टेक ॥
साकत मरहिं संत जन-जीवहिं भरि भरि राँम रसाइन पीवहिं।
हरि मरिहैं तौ हमहूँ मरिहैं, हरि न मरै हम काहे कौ मरहैं।
कहै कबीर मन मनहिं मिलावा, अमर भए सुखसागर पावा ॥

●

हरि जननी मैं बालक तेरा।
काहे न अवगुन बकसहु मेरा ॥ टेक ॥
सुत अपराध करत है केते, जननी के चित रहैं न तेते।
कर गहि केस करै जौ घाता, तऊ न हेत उतारै माता।
कहै कबीर इक बुद्धि बिचारी, बालक दुखी दुखी महतारी ॥

●

हरि मोरा पिउ मैं हरि की बहुरिया।
रांम बड़े मैं तनक लहुरिया ॥ टेक ॥
किएउं सिंगारु मिलन कै ताईं, हरि न मिले जग जीवन गुसाईं।
धनि पिउ एके संगि बसेरा, सेज एक पै मिलन दुहेरा।
धंनि सुहागिनि जो पिय भावै, कह कबीर फिरि जनमि न आवै॥

●

लोभ मोह के खंभा दोऊ मन से रच्यो हिंडोर।
झूलहि जीव जहान जहँ कतहूँ नहीं थिति ठौर।
चतुरा झूलहि चतुराइया झूलहि राजा सेस।
चाँद सूरज दोउ झूलहि उनहु न अग्या भेव।
लख चौरासी जीव झूलहि रविसुत धरिया ध्यान।
कोटि कल्प जुग बीतल, अजहुँ न मानै हान।
धरतिं अकास दोऊ झूलहि झूलहि पवना नीर।
देह धरे हरि झूलहि ठाढ़े देखहिं हंस कबीर ॥

रमैनी

जीव रूप यक अंतर-वासा, अंतर ज्योति कीन्ह परगासा।
इच्छा रूप नारि अवतरी, तासु नाम गायत्री धरी।
तेहि नारि के पुत्र तिन भयऊ, ब्रह्मा विष्णु महेश नाम धरेऊ।
तब ब्रह्मा पूछल महतारी, को तोर पुरुष काकरि तुम नारी।
तुम हम हंम तुम और न कोई, तुम मोर पुरुष हमैं तोरि जोई ॥

साखी– बाप पूत की एकै नारी, ओ एकै माय बिआय।
ऐसा पूत सपूत न देख्यो, जो बापै चीन्है धाय ॥

●

चलत चलत अति चरन पिराना, हारि परे तहाँ अति रिसियाना।
गन गंधर्व मुनि अंत न पाया, हरि अलोप जग धंधे लाया।
गहनी बंधन बानि नहिं सूझा, थाकि परे तब किछवो न बूझा।
भूलि परे जीव अधिक डेराई, रजनी अंध कूप होय आयीं।
माया मोह उहाँ भरपूरी, दादुर दामिनी पवन अपूरी।
बरिसै तपै अखंडित धारा, रैनि भयावन किछू न अधारा।

साखी– सबै लोग जँहडाइया, अंधा सबै भुलान।
कहा कोई मानै नहीं, सब एकहि माहिं समान ॥

●

दर की बात कहौ दरबेसा, पातसाह है कौने भेसा।
कहाँ कूच कहँ करै मुकामा, कवन सुरति के करहु सलामा।
मैं तोहिं पूछों मूसलमाना, लाल जरद की नाना बाना।
काजी काज करहु तुम कैसा, घर-घर जबह करावहु भैसा।
बकरी मुरगा किन फरमाया, किसके हुकुमतुपछुरी चलाया।
दरद न जानहु पीर कहावहु, बैता पढ़ि-पढ़ि जग भरमावहु।
कहहिं कबीर एक सैयद कहावै, आपु सरीखे जग कबुलावै ॥

साखी– दिन को रोजा रहतु हौ, राति हनत हो गाय।
यह तो खून वह बंदगी, क्यों कर खुसी खोदाय ॥

●

बोलना कासों बोलिय (रे) भाई, बोलत ही सब तत्तु नसाई।
बोलत बोलत बाढ़ विकारा, सो बोलिये जो परै विचारा।
मिलैं जु संत बचन दुइ कहिए, मिलैं असंत मौन होय रहिए।
पण्डित सो बोलिये हितकारी, मूरुख ते रहिये झख मारी।
कहहिं कबीर अर्ध घट डोलै, पूरा होय विचार लै बोलै ॥

●●●